JN444847

아동복지론

Child Welfare Theory

정영숙 저

대구대학교출판부

저자약력

정영숙

University of Illinois, 철학박사
University of Minnesota, Department of Family Social Science 객원교수
대구시 여성정책위원회 위원장
대구시 학교폭력대책지역위원회 부위원장
청도다문화가족지원센터 소장
대구대학교 아동복지연구소 소장
현 대구대학교 가정복지학과 교수

아동복지론

초판 발행 | 2015년 2월 28일
2판 1쇄 | 2017년 2월 20일

저 자 | 정영숙
발행자 | 홍덕률
발행처 | 대구대학교출판부
경북 경산시 진량읍 대구대로 201
전화 053) 850-5661~2 | 팩스 053) 850-5669
http://press.daegu.ac.kr/
인쇄소 | 다운미디어
ISBN 978-89-7794-659-0-93330
정 가 | 15,000원

서문 Preface

이 책은 네 부분으로 구분되어 있다. 1부에는 아동복지에 대한 이해와 관련된 내용으로 구성되어 있고, 2부에는 아동복지정책과 제도, 실천방법과 기술 등에 대한 내용을 담고 있다. 3부에는 아동복지실천분야로서 빈곤아동, 장애아동, 다문화아동 등과 같이 특별한 욕구를 가진 아동에 대한 내용이 포함되어 있다. 4부에는 아동복지실천분야로서 최근 사회적 이슈가 되고 있는 아동학대, 학교폭력, 인터넷 중독 등에 대한 문제를 다루고 있다.

이 책을 쓰는 동안 내 마음속에 줄곧 자리 잡고 있는 생각이 있다. 그것은 아동은 우리가 살고 있는 이 사회를 이끌어 나갈 중요한 인적자원이라는 점과 아동을 이해하고 보호하며 아동이 안전하고 행복하게 살기 좋은 세상을 만드는 것은 국가미래를 위한 투자라는 점이다. 아동은 아직 성장과정에 있고 몸과 마음이 미성숙한 단계에 있으므로 가정과 사회의 절대적 보호와 배려가 필요한 존재이다.

우리 사회는 그 동안 많은 발전을 해 왔다. 그러나 여전히 경제 성장과 번영의 이면에 발전의 혜택을 누리지 못하고 사각지대에 놓여 있는 아동이 다수 있고, 빈곤의 세습 속에서 잠재능력이 사장되고 있는 아동도 있다. 청소년 미혼모가 발생하고, 이혼률 증가와 가족 해체로 부모의 보호를 받지 못하는 아동도 적지 않다. 가정에서 학대받는 아동이 있고, 학교폭력에 시달리다 절망감에 빠져 극단적 선택을 하는 경우도 있다. 인터넷 중독으로 금단과 가상세계에 빠진 아동이 있고, 발달장애를 지닌 아동도 있으며, 언어지체가 있는 다문화아동이 있다. 이렇게 열거하면 우리의 보호와 배려가 필요한 아이들이 너무 많다.

이미 많은 다른 아동복지 관련 저서들이 있음에도 본 저서를 출간하는 의도는 교육자 입장에서 '우리 아동'을 위한 또 다른 애정 때문이다. 이 책이 아동복지의 본질에 대해 배우고 졸업 후 전문가로 활동하게 될 우리 학생들에게 현장에서 필요한 정보와 지식을 제공하여 이해와 보호와 실천이 필요한 아이들의 든든한 울타리가 되어 주길 기대한다.

본 서가 집필 원고에서 한 권의 책으로 세상에 나오기까지 협조와 도움을 주신 대구대학교 언론출판문화원 박지민 선생님과 기대 이상으로 꼼꼼하게 교정을 봐 준 나의 아들 이원에게 감사를 드린다.

대구대학교 연구실에서

정 영 숙

차례 Content

제1부 | 아동복지에 대한 이해

제3부 | 아동복지 실천분야: 특별한 욕구를 가진 아동

제9장 빈곤아동 • 181

제10장 다문화아동 • 198

제11장 발달장애아동 • 215

제4부 | 아동복지 실천분야: 사회적 이슈

제1부

아동복지에 대한 이해

제1장 아동복지의 기초
제2장 아동복지의 필요성과 원칙
제3장 아동 욕구와 발달이론
제4장 아동복지 대상과 서비스
제5장 아동복지발달사

제 1 장

아동복지의 기초

1. 아동복지 개념

아동은 신체적, 정신적으로 발달과정에 있는 18세 미만인 사람을 말한다. 아동은 여러 단계를 거쳐 성장하는데 성장과정에 필요한 정신적, 물질적 욕구가 가정과 학교, 지역사회를 통해 충족되어야 하고, 인격을 갖추고 환경에 적응하며 살 수 있는 능력을 키워야 한다. 아동에 대한 개념은 적용 목적 및 특성에 따라 연령 범위에 차이가 있다.

생물학적 측면에서의 아동은 출생 이후부터 신체적 성숙이 이루어지는 연령이 기준이 된다. 발달심리학 측면에서는 신체적 발달과 더불어 정서, 인지, 사회 발달까지 포함하는 5세~12세까지를 아동으로 간주한다. 교육학 측면에서는 초등교육과정에 해당되는 6세~12세까지를 아동으로 본다. 아동복지법에는 아동을 '출생에서 만18세 미만까지의 신체적, 정서적, 사회적, 인지적으로 미성숙한 단계의 인간' 으로 정의하고 있다.

영유아보육법에서 영유아란 6세 미만의 취학 전 아동을 말하는 반면 유아교육법에서 유아란 만3세부터 초등학교 취학 전까지의 어린이를 지칭한다. 제도적으로 만18세를 기준으로 한 법규는 아동복지법, 한부모가족지원법, 근로기준법, 헌법 등이고 만19세가 기준인 경우는 청소년보호법과 소년법이다. 그러나 청소년기본법에서 청소년이란 9세~24세 이하를 말한다.

〈표 1〉 아동 개념과 연령 기준

구 분		아동 개념	연령 기준
학계	발달심리학	아동기	5~12세
	교육학	초등교육 대상자	6~12세
보육 관련	영유아보육법	영유아	6세 미만의 취학 전
	유아교육법	유아	만3세~취학 전
법규	아동복지법	아동	만18세 미만
	헌법	아동	만18세 미만
	한부모가족지원법	아동	만18세 미만
	근로기준법	연소자	만18세 미만
	청소년기본법	청소년	9세~24세 이하
	청소년보호법	청소년	만19세 미만
	소년법	소년	만19세 미만

출처: 국가법령정보센터, http://www.law.go.kr.

아동복지란 아동(child)과 복지(welfare)가 통합된 합성어이다. 아동복지란 아동이 건강하게 출생하여 행복하고 안전하게 성장할 수 있도록 가정, 국가, 지역사회가 협력하여 법과 정책, 행정 및 전문가에 의해 제공되는 서비스나 프로그램을 통해 복지를 보장하는 것을 말한다. 여기서 서비스나 프로그램은 아동의 조화로운 인격 발달을 기할 수 있고 아동 인권 및 권리, 아동 이익 최우선 원칙에 부합하도록 계획하고 실행하는 활동을 의미한다.

사회복지사전에 의하면 '아동복지란 특수 아동은 물론 모든 아동이 가족 및 사회 일원으로 육체적, 정신적으로 건강하게 성장할 수 있도록 사회복지서비스 분야의 공·사 단체 및 기관들이 협력하여 아동복지사업을 계획하며 실행에 옮기는 조직적 활동' 이라고 명시되어 있다. 이러한 정의는 우리 사회가 아동복지를 제도적·보편적 서비스로서의 복지 이념을 토대로 하고 있다는 것을 말해 준다.

저출산 고령사회로 접어든 우리 사회는 과거 어느 때보다 아동복지에 대한 관심이 높아지고 있다. 아동은 미래사회의 동력이므로 아동의 권리를 보장하고 복지환경을 조성하는 것은 인적자원에 대한 복지투자란 면에서 중요하다.

1) 아동복지의 협의 및 광의 개념

아동복지에 대한 개념 정의는 다양한 시각에서 이루어져 있으나 이들 정의가 본질적으로 차이가 있는 것은 아니다. 아동복지란 아동의 건강한 성장과 발달에 목적을 둔 사회적이고 조직적인 활동이다.

아동복지에 대한 개념을 좁은 의미와 넓은 의미로 정의할 수 있다. 좁은 의미의 아동복지는 욕구[1]가 있는 아동을 중심으로 전문기관에서 서비스나 프로그램을 통해 이루어지는 복지활동을 말한다. 다시 말하면 부모가 양육할 수 없는 상황에 놓여 있는 아동, 보호가 필요한 아동과 그 가족을 위해 공공 및 민간기관에서 제공하는 서비스를 의미한다.

넓은 의미의 아동복지는 보편적 차원에서 모든 아동과 가족의 행복을 보장하고 건강하게 성장할 수 있도록 보호하기 위해 보육, 교육, 의료, 문화 등 다양한 복지 주체가 상호 유기적 연계 하에 체계적으로 이루어지는 복지활동을 말한다. 이러한 활동에는 사회복지사, 아동상담사 등을 비롯하여 교사, 의사, 법률가, 행정가, 사회사업가 등 다양한 전문가들이 참여한다.

카두신(Kadushin)[2]에 의하면 좁은 의미의 아동복지는 특수한 욕구를 가진 아동과 가족을 대상으로 사회복지기관에서 서비스를 제공하는 것이다. 그에 비해 넓은 의미의 아동복지는 모든 아동의 행복을 위해 신체적·사회적·심리적 발달을 보호하고 촉진하기 위한 계획과 실천이다. 프레드랜더(Friedlander)[3]는 아동복지는 빈곤,

---

1) 욕구와 필요는 개념적 차이가 있다. **욕구**(need)는 인간이 생존하고 존립하기 위해 무언가를 필요로 하는 것이다. 예를 들면, 최소한의 주거 공간, 기본 영양소를 갖춘 식사, 마실 수 있는 물, 육체적 자존감과 추위나 더위로부터 보호해 줄 수 있는 의복, 건강유지를 위한 의료 보호, 교육 받을 기회 등은 인간의 생존과 존립에 절대적으로 필요한 것이므로 욕구 범위에 속한다. **필요**(want)는 갖고 싶고 소유하면 좋은 것을 의미한다. 즉 생존 차원은 아니지만 갖고 싶고 가질 수 있으면 행복하고 좋은 것은 필요 범위에 속한다.

2) Kadushin, A. & Martin, J. (1988). *Child welfare services*. New York: Macmillan.

3) Friedlander, W. & Apte, R. (2001). *Introduction to social welfare (4th Ed.)*. Prentice-Hall.

방임, 학대, 유기, 질병, 장애 등을 지닌 아동, 환경에 적응하지 못해 비행 또는 문제 행동을 일으키는 아동에게만 관심을 두는 것이 아니라 모든 아동이 건강하게 신체적, 지적, 정서적 발달을 이루고 안전하고 행복하게 살 수 있도록 공공과 민간 기관에서 실시하는 사회적· 경제적·보건적인 제반 활동을 의미한다고 정의하고 있다. 이에 비해 장인협[4]은 아동복지란 사회구성원으로서 아동의 기본욕구를 충족하고 건전한 성장과 발달을 도모하기 위해 다양한 활동을 가능하게 하는 방법과 절차라고 규명하였다. 여기서 방법과 절차에는 아동관련 법령, 공공조직 및 민간기관의 활동, 사회복지 전문직 등과 같은 제도적 실천방법이 모두 포함된다.

어느 시대를 막론하고 자연적, 사회적 우연성이 아동의 삶에 영향을 미칠 수 있다. 따라서 국가는 재해, 질병, 장애, 빈곤, 폭력 등으로부터 아동을 보호 할 수 있도록 정책이나 프로그램을 구축한다. 이러한 정책이나 프로그램이 지향하는 것은 아동 인권을 보장하고 신체적, 정신적으로 건강하고 안전하게 자랄 수 있도록 도움을 주는 것이다. 아동복지의 또 다른 측면은 교육권, 주거권, 상담, 의료서비스 등과 같이 아동과 가족의 기본 욕구를 충족시킬 수 있는 서비스를 제공하는 것이다. 이와 같이 아동복지는 법과 정책 뿐 아니라 직접 서비스를 제공하는 활동을 포괄하는 개념이다.

아동복지를 구성하는 넓은 의미의 정의는 아동의 안전과 행복을 위한 모든 조직적 활동과 사회적 계획을 포함한다. 이는 사회구성원으로써 아동이 누려야 할 건강과 안전, 교육 기회 등을 포함하는 서비스와 관련 활동에 초점을 둔다. 또한 부모교육, 가족상담, 임상, 입양 등 아동복지를 증진시킬 수 있는 모든 활동이 포함된다.

이제 아동복지는 선별적·잔여적 관점에서 보편적 시각으로 전환되고 있다. 즉 사회적으로 취약한 계층에 속하는 아동만을 대상으로 기본생활의 유지 및 보호, 예방, 치료 등에 초점을 둔 선별적, 협의적 관점이 저출산, 여성의 사회참여 증대, 가족기능 약화 등의 사회변화와 의식변화에 의해 보편적 복지로 변화를 거듭하고 있다. 이와 같이 보편적 복지로 인식의 지평이 확대되면서 학계 및 현장에서도 아동복지를 모든 아동의 최적 발달에 대한 보장이라는 차원에 초점을 두고 있다.

4) 장인협·오정수 (2004). 아동청소년복지론, 서울대학교 출판부.

2) 아동복지에 대한 관점

아동복지에 대한 정의는 사회제도적, 사회체계적, 서비스 관점으로 구분할 수 있다. 이러한 관점에 대해 구체적으로 살펴보면 다음과 같다.[5)]

(1) 사회제도적 관점

사회란 두 사람 이상이 모인 집단이고, 사회제도란 사회 구성원이 기본 욕구를 충족하고 사회가 유지, 존속되도록 하기 위해 만든 집단의 역할과 규범적 체계를 의미한다. 사회제도 중 아동복지제도의 기능은 아동의 건강한 성장과 발달을 위해 가족 및 사회 구성원이 각자의 위치에서 적합한 역할을 수행 할 수 있도록 지원해 주는 것이다. 이러한 사회제도 측면에서 아동복지를 정의하면 '아동복지란 사회 구성원으로서 아동의 기본 욕구를 충족시키고 건강한 성장을 도모하기 위해 다양한 활동이 가능하도록 지원하는 공적 방법과 절차이다[6)]. 공적 방법과 절차에는 아동복지 관련 법령, 공공과 민간의 조직 및 활동, 사회복지 전문직 등과 같이 제도화 된 실천방법이 포함된다.

(2) 사회체계적 관점

아동복지를 사회의 한 하위체계로 간주하는 관점이다. 생태체계이론에 의하면 인간이 살아가는 환경은 다양한 체계로 구성되어 있으며 아동복지는 그러한 체계 중 한 하위체계로 사회·문화·교육·정치·경제 등의 인접체계와 상호작용하며 영향을 주고받는다. 또한 아동복지는 부모 및 가족과 밀접한 관련이 있으므로 가족과 상호 연계된 체계로 보는 가족시스템 이론의 합리성도 강조된다. 아동, 가족, 지역사회, 국가 등은 사회체계 내에서 서로 밀접하게 연관되어 있으므로 한 체계의 변화는 다른 체계에 영향을 미친다.

예를 들어, 발달장애 자녀의 출생은 아동 자신, 부부관계, 형제관계 등을 포함한 가족 내 상호작용에 영향을 미칠 뿐 아니라 경제적 기능, 일상생활 등의 모든 가족기

5) 이순형 외 (2003). 아동복지론. 학지사.
6) 장인협·오정수 (2004). 아동청소년복지론, 서울대학교 출판부.

능과도 연관이 있다. 또한 지역사회는 발달장애 아동과 가족을 위해 지역사회 내에서 활용 가능한 인적·물적 자원을 기반으로 정책이나 서비스를 지원해야 한다. 국가 역시 아동의 건강과 복지증진이 가능하도록 법과 제도를 정립하고 시행한다. 이처럼 가족, 지역사회, 국가 등은 역할은 달라도 상호 연계되어 있으므로 한 체계의 변화는 다른 체계에 직접 또는 간접적인 영향을 미친다.

(3) 서비스 관점

서비스 관점은 아동을 실천대상으로 하는 프로그램을 포괄하며, 아동복지서비스는 공적·사적 자원과 인력을 바탕으로 수행된다. 아동복지서비스가 전달되는 장소에 따라 재가서비스와 가정 밖 서비스로 분류 되고, 서비스 기능에 따라 지지적, 보조적, 대리적 서비스로 분류할 수 있다. 한 영역에 초점을 두고 분류할 수도 있는데 예를 들어, 아동보육은 유형에 따라 보호적, 발달적, 교육적 서비스로 구분할 수 있고, 대상에 따라 영아보육, 유아보육, 방과후 보육으로 구분할 수 있다.

2. 아동복지 이념

아동복지 이념이란 아동과 관련된 사회적 가치나 신념 체계를 말하며 한 사회의 아동복지 지향 및 활동을 이해하는데 중요한 기반이 된다. 아동복지법에 나타난 아동복지이념은 다음과 같다.

첫째, 아동은 자신 또는 부모의 성별, 연령, 종교, 사회적 신분, 재산, 장애유무, 출생지역, 인종 등에 따른 어떠한 차별도 받지 아니하고 자라야 한다.
둘째, 아동은 완전하고 조화로운 인격발달을 위하여 안정된 가정환경에서 행복하게 자라야 한다.
셋째, 아동에 관한 모든 활동에서 아동 이익이 최우선으로 고려되어야 한다.

법령에 명시된 아동복지 이념은 아동이 누려야 할 권리를 존중하고 아동의 삶의 질 향상과 조화로운 발달을 위해 정서적, 육체적 잠재력을 개발시켜 주어야 한다는 점을 분명히 하고 있다. 아동복지 이념을 실현하는 주체로는 국가와 지방자치단체, 민간단체로서의 공적·사적 아동복지기관이 있다. 반면 객체는 열악한 가정환경으로 인해 아동이 속한 가정에서 생활할 수 없는 아동, 발달장애를 지닌 아동, 사회적·법적 보호를 요하는 아동 뿐 아니라 일반아동을 포함한 모든 아동이 객체에 속한다.

1) 아동복지 이념과 국가의 역할

아동복지 이념은 아동과 관련된 사회적 가치나 신념과 밀접한 관련이 있는데 이러한 가치나 신념이 아동복지의 이념적 틀을 구성하는 기반이 된다. 시대에 따라 요구되는 국가의 역할과 범위는 변화되어 왔다. 국가와 사회가 아동을 어떻게 이해하고 아동복지를 어떻게 정의하는가에 따라 아동과 가족에 대한 국가의 역할과 정책방향 및 개입수준은 달라진다. 아동복지 이념 차원에서 국가의 역할을 살펴보면 자유방임주의, 국가부권주의, 가족중심주의로 구분된다.

(1) 자유방임주의

자유방임주의는 최소의 국가 기능이 최대의 자유를 보장한다는 논리 하에 국가 불간섭 원칙을 강조한다. 따라서 자유방임주의는 국가 간섭을 가능한 배제하고 극단적인 경우에만 개입하며, 개입은 개별 수준에서 이루어진다는 관념에 토대를 두고 있다. 만약 국가가 아동복지를 자유방임주의 사상에 기반을 둘 경우 국가 역할의 최소화를 지향하게 된다.

자유방임주의는 국가가 주도하는 복지가 개인의 자유를 억압하고 통제할 수 있으므로 아동복지 문제도 국가가 아닌 부모에게 기본 책임이 있다고 보고 부모의 권리를 중시한다. 그러나 부모가 아동보호 조건을 갖추지 못할 경우 국가는 개별 차원에서 최소한의 범위 내에서 개입하게 된다. 즉 아동에게 있어서 최선은 부모-자녀 간의 생물학적 유대가 확고한 가족의 보호와 돌봄인데 만약 이런 기본 조건이 충족되지 못할 경우에 국가가 개입한다. 따라서 자유방임주의는 아동보호에 있어서 우선적으로 부모의 책임과 권리를 강조한다.

(2) 국가부권주의

국가부권주의는 자유방임주의와 반대로 아동보호에 관한 광범위한 국가 개입을 인정한다. 최대의 국가 기능이 최대의 복지를 보장할 수 있다는 이념 하에 국가의 역할을 강조하고 아동이 부모로부터 적합한 보호를 받지 못할 경우 국가의 권위주의적 강제 개입이 가능하다. 여기서 부권주의란 가부장 사회를 거치면서 내면화 된 부권을 의미하며 아버지가 자식의 일에 관여하고 간섭하는 것과 같은 규제의 의미를 지닌다.[7] 국가부권주의가 등장하고 국가의 간섭이 가시적으로 표면화 된 이유는 시장의 한계로 인해 상대적 빈곤 및 박탈, 실업, 질병 등의 문제가 대두되고 그런 문제를 해결하기 위해 국가가 적극적으로 개입해야 된다는 것이다.

부권주의는 개인의 자유보다 집단의 형평성을 중시하며 국가는 가부장적 권위를 가지고 계획, 조정, 지도, 중재를 하게 된다. 국가부권주의는 시장의 실패와 형평성 유지의 한계를 극복하기 위한 이념이므로 근본적으로 권위주의 활동에 기반하고 있다. 아동보호 및 복지에 권위가 수반되어야 하는 이유는 욕구는 다양하고 그러한 욕구를 충족할 자원은 희소하기 때문에 이해관계가 상반된 집단 간에 갈등과 저항이 생길 수 있으므로 권위가 부여된 조정이 필요하다. 권위는 강압적 힘이 강제될 수 있는 합리적 조건이 갖추어진 경우에만 적용될 수 있는데 여기서 조건이란 어느 특정 개인을 위한 것이 아니라 국가 전체를 위한 것이어야 한다.

아동복지는 시장원리를 적용할 수 없는 특성을 지니고 있으므로 국가의 관여와 관리가 요구되는 분야이다. 사회보험 및 사회보장은 아동 및 가족의 기본생활을 보장하기 위해 국가 부조를 강화한 유형이다. 이 관점은 부모보다 아동의 권리 및 복지에 초점을 두고 있으며, 입양, 위탁보호, 대리보호 등은 아동보호를 위한 국가부권주의에 토대를 둔 정책이라 볼 수 있다.

국가부권주의가 가지는 긍정적 측면 이면에는 부정적인 면도 있다. 경기 침체가 심할 경우, 실업률 증가와 더불어 공공 지출에 대한 요구가 증가하고 조세 수입은 감소하여 재정적자가 늘어나게 된다. 이런 시기에는 복지국가의 기반을 취약하게 만들고 사회적 갈등을 수반하게 된다.

---

7) 정혜온 (2008). 자유주의에 있어서의 부권적 간섭의 의의 고찰, 교육문화연구 14(2), 175-192.

(3) 가족중심주의

가족중심주의는 가족이 혈연으로 맺어진 생물학적 공동체이므로 아동은 가족 내에서 성장하고 보호받는 것이 최선이라고 본다. 이러한 관점에서 볼 때 국가의 역할은 부모-자녀로 구성된 가족이 보호되고 유지되도록 정책과 제도를 통해 가족을 지지하는 것이다. 가족중심주의는 국가 역할이 자유방임주의와 같은 불간섭주의나 국가부권주의와 같은 간섭주의와는 차이가 있다. 즉 국가는 아동에게 위탁보호나 대리보호를 직접 제공하기보다 아동이 위탁보호나 대리보호가 필요하지 않도록 지지적 서비스를 제공하여 가족의 건강성이 유지되도록 해야 한다.

가족중심주의는 아동복지와 가족복지를 따로 보지 않는 통합적 이념이다. 아동을 위해 가족의 건강성에 초점을 두는 이유는 아동을 위한 최선의 환경은 부모가 양육하고 보호하는 것이기 때문이다. 실지로 아동복지는 가족체계와 밀접한 관련이 있다. 인간이 태어나 관계가 형성되는 일차적 집단은 가족이고, 그 중에 제일 먼저 만나는 사람은 부모 형제이다. 아동을 둘러싼 환경 중 부모-자녀 관계는 다른 무엇보다 중요하며 전 생애에 걸쳐 영향을 미친다. 아동에게 가족은 부모를 중심으로 형제자매와 건강한 교류를 맺고 적절한 돌봄을 받는 곳이다. 그러나 아동에게 정서적 안정과 돌봄을 제공해야 할 가족이 문제가 있어 적절한 돌봄과 보호를 하지 못할 경우 국가는 지지적 서비스를 통해 원가정이 제 기능을 회복하고 건강성을 유지할 수 있도록 해야 한다. 아동권리주의에 대해서는 〈표 2〉를 기준으로 이념들 간에 공통점과 차이점이 무엇인지를 비교해 보자.

〈표 2〉 아동복지 이념과 국가의 역할

구분	자유방임주의	국가부권주의	가족중심주의	아동권리주의
아동	의존적이며 부모에 의해 보호받아야 하는 존재	성인의 보호를 받아야 하며 성인과 다른 욕구와 권리를 지닌 존재	미성숙하고 부모보호를 받아야 하는 존재	권리와 자유를 가지고 자기결정권과 선택권을 지닌 존재

구분	자유방임주의	국가부권주의	가족중심주의	아동권리주의
아동복지	부모-자녀 관계의 심리적 안정성과 확실성	최대 국가 기능이 최대 복지 보장 ; 부모에게 적합한 보호를 받지 못할 경우 대리 보호	생물학적 친자관계 중시	아동 자유의 극대화
가족	혈연보다 심리적 안정성 및 확실성, 관계, 핵가족 중시	혈연보다 심리적 안정성 중시 ; 양부모 등 대안 가족에 적극적 ; 핵가족 중시	생물학적 가족과 혈연 및 확대가족 중시	아동 선택에 따른 대안가족, 집단가정 및 지역사회 보호 선호
아동보호원인	부모의 심리적 결함 ; 심리치료, 사회사업의 원조 기능 강조	부모의 심리적 결함 ; 부적합한 친부모보다 건전한 양부모 선호	빈곤, 자원의 결여 등 사회 환경적 조건이 원인	성인의 부당한 대우
국가역할	최소 개입, 개별 수준의 개입	국가 역할 강조. ; 권위주의적, 강제적 개입가능 ; 개별적 수준의 개입	광범위한 개입 ; 복지국가의 역할 및 예방적, 지지적 서비스 강조	국가가 아동권리 보호에 적극적 ; 그 외 최소 개입
권리개념	부모 권리 중시	양육과 보호에 대한 아동의 권리 강조	친권강조	아동의 자기결정권 강조

출처: 김성경 외 (2009). 아동복지론, 양서원.

2) 아동복지 이념과 아동중심 교육

아동복지 이념은 국가가 아동을 어떻게 보고 이해하는가와 밀접한 관련이 있다. 과거에는 동서양을 막론하고 아동을 성인의 축소로 보았다. 그러나 현대에는 학자들이 공통적으로 아동이 성인과 다른 고유한 욕구와 인격과 존엄성을 지닌 독립된 개체이므로 아동중심 서비스나 교육이 이루어져야 한다고 주장하고 있다. 아동중심교육은 아동복지 이념의 근간이 되어야 하고 아동이 누려야 할 중요한 권리이다.

아동중심 교육은 20세기 초에 대두되었고 루소에서부터 듀이, 페스탈로치, 프뢰벨, 헤르바르트 등이 맥락을 이어왔다. 루소(Rousseau)는 저서 '에밀(1762)' 에서 아동의 타고난 천성과 특성을 중시하였다. 루소의 교육사상에 영향을 받은 바제도우(Basedow), 페스탈로치(Pestalozzi), 프뢰벨(Frobel)도 아동은 성인과 다른 심리적 욕구를 가지고 성장하므로 그에 적합한 교육과 서비스를 제공해야 한다고 주장하였다.

아동중심교육 사상은 아동의 호기심과 욕구를 존중하고 교육이 아동의 문화적 배경과 발달단계에 근거해서 이루어져야 한다는 것이다. 즉 아동중심교육은 교과 중심으로 교육과정을 결정했던 전통적인 교육 방식에서 벗어나 아동의 본성, 욕구, 흥미를 존중하는 차원에서 교육과정을 결정해야 한다고 보았다. 역사적으로 다수 철학자들이 아동중심교육에 대해 주장하였으며 대표적인 학자는 루소와 듀이 이다. 루소는 저서 에밀을 통해 교육은 자연원리에 초점을 두고 인간발달 단계에 맞는 교육을 해야 한다고 주장하였다. 감각은 이성보다 앞서 발달하며 이성이 발달할 때 감각이 선도 역할을 한다. 아동이 인식하는 모든 것은 감각을 통해 들어오므로 인간 최초의 이성은 감각이며 이것은 지성의 기초가 된다. 따라서 루소는 감각에서 이성으로, 신체적인 것에서 정신적인 것으로, 직관과 경험에서 관념의 형성으로 발전해간다고 보았다.

에밀은 인간 형성에 대한 이념과 이론적 탐구를 제시하고 있다. 루소는 인간이란 존재는 자연적인 상태에서는 자유롭고 행복하고 선한 본성을 유지할 수 있지만 인간이 만든 사회제도나 문화에 의해 부자연스럽고 불행해진다고 보았다. 자연과 인간성 회복이란 차원에서 에밀은 루소의 교육사상을 잘 반영하고 있다. 루소는 에밀에서 신생아기에서부터 청년기까지 다섯 단계로 나누어 단계별 성장과정과 적합한 교육이 무엇인지를 제시하고 있다.

미국도 초기에는 주입식 교육을 하였고 아동은 교사의 가르침을 일방적으로 받아들였다. 그러나 미국의 실용주의 철학자 존 듀이(J. Dewey)는 아동중심교육을 강조하였다. 듀이는 교육에서 가장 중요한 것은 경험이라고 보았다. 아동은 스스로 생각하고 활동할 수 있는 능동적 존재이기 때문에 교육은 아동에게 일방적 암기나 이해보다 다양한 경험을 통해 스스로 깨닫게 하는 것이다. 듀이의 아동중심교육은 교육의 주체가 교사나 학교가 아니라 스스로 경험을 통해 알아가는 아동이라는 점을 분명히 하고 있다.

루소와 듀이에서 출발한 아동교육에 대한 연구는 일반아동 뿐 아니라 특수아동에 이르기까지 포괄적으로 연구되어 왔다. 아동복지는 아동의 건전한 성장과 발달을 도모할 수 있도록, 아동이 지닌 잠재력을 최대한 발휘할 수 있도록, 건강한 사회인으로 성장할 수 있도록 지원하는 것이다. 이런 면에서 아동복지 이념에는 아동이 적합한 교육을 받을 권리가 토대가 되어야 한다.

3. 아동복지와 권리

1) 아동 권리주의

아동복지의 토대는 아동의 권리를 인정해 주는 것에서부터 시작되어야 한다. 즉 아동도 한 인간으로서 권리를 가진 존재이므로 아동복지는 이러한 권리를 보호하고 누릴 수 있도록 해야 한다. 아동은 보호 대상이 아니라 권리의 주체이다. 따라서 국가와 사회는 아동의 권리와 자유가 침해되지 않도록 보호하고 자율권과 선택권을 보장해 주어야 한다. 모든 아동은 하나의 독립된 인격체로서 열악한 환경 또는 부정적인 영향으로부터 보호 받을 권리가 있다. 그러므로 아동이 도움이 필요하거나 행동문제가 있을 경우 국가는 아동에게 필요한 지원을 해야 하고 행동문제의 정도와 유형에 따라 교육적, 임상치료적 지원을 받을 수 있도록 제반 권리를 보호해 주어야 한다.

과거에는 아동을 독립된 인격체로 간주하기보다 부모 보호가 필요한 돌봄 대상으로 간주해 왔다. 따라서 아동이 성인처럼 권리가 있는 인격체라고 생각하지 않았다. 즉 아동은 성장 과정에 있으므로 성인의 지도 감독과 보호가 필요한 존재일 뿐이라고 인식했던 것이다. 아동이 권리가 있는 인격체라고 간주하기 시작한 것은 유엔을 중심으로 한 아동권리협약이 채택되면서부터이다. 아동권리주의를 지향하는 국가는 법과 제도를 통해 아동이 권리 주체로서 갖는 다음의 특성[8]을 보장해 주어야 한다.

첫째, 아동은 기본 인권을 가져야 한다. 인권은 인간의 기본 권리이므로 아동도 인간이 누리는 보편적 인권을 가지고 보호받아야 한다.

둘째, 아동은 약자를 위한 권리를 보장받아야 한다. 인권은 약자를 위한 권리이므로 아동은 사회적 약자로써 보호와 배려가 필요한 존재이다. 아동이라는 이유로 자

8) 구정화 외 (2009). 유엔아동권리협약과 함께하는 아동 인권. 보건복지부.

신의 삶에 대한 선택권과 결정권이 제한 받지 않고 스스로 행할 권리를 가진다.

셋째, 아동은 발달특성을 고려한 권리를 보장받아야 한다. 태아기, 영아기, 유아기, 아동기 등 생애발달 단계를 고려하여 성장과 발달에 필요한 권리를 누릴 수 있어야 한다.

넷째, 아동은 권리를 누리기 위한 권리를 가져야 한다. 아동은 성인과 달리 자신의 권리를 행사하는데 한계가 있으므로 권리를 누리기 위한 권리가 보장되어야 한다. 아동이 자기결정권을 부모나 교사, 사회에 위임한 것이 아니므로 자신의 권리를 누릴 수 있도록 국가가 보장해야 한다.

2) 아동권리와 국제협약

아동복지 이념에 대한 배경은 아동의 권리를 강조한 국제협약에서부터 살펴볼 필요가 있다. 아동은 사회적 약자로서 돌봄의 대상으로 간주되어 왔으나 아동권리에 대한 국제협약이 채택되면서 아동도 권리의 주체라는 점을 인식하게 되었다. 아동권리선언은 1959년 유엔 총회에서 전문과 10개조로 구성된 '세계아동권리선언(UN Declaration on the Rights of the Child)'을 공포하면서 시작되었다. 이 선언은 아동이 보호 대상일 뿐 아니라 인권 및 자유의 주체로 보았다는 점에서 긍정적 평가를 받고 있다. 1975년에는 참여, 발달, 평화 등 세 가지 주요 영역을 정하고 영역별 지침을 개발하였으며, 1979년을 '국제 아동의 해'로 정하여 아동인권을 실현하기 위해 아동권리에 대한 협약 초안을 만들었다.

1989년에는 '아동권리에 관한 국제협약(UN Convention on the Rights of the Child)'을 채택하고 전 세계 아동의 경제, 사회, 문화에 대한 권리를 규정하였다. 협약은 전문과 54조로 이루어져 있으며, 아동의 권리를 포괄적으로 규정하고 있다. 협약에는 아동이 보호 대상이 아닌 '권리 주체'로 명시되어 있다. 국제인권의 A규약(경제적, 사회적, 문화적 권리)과 B규약(시민적, 정치적 권리)의 제반 권리를 아동에게도 적용하고 의견 표명권, 놀이·여가의 권리 등 아동 인권과 권리 확보를 위한 사항을 포함하고 있다. 아동권리선언에 이 세상 어린이는 누구나 마땅히 누려야 권리를 중심으로 4개의 원칙이 제시되어 있다.

① 아동 무차별 원칙

아동은 성별, 인종, 국적, 종교, 장애 등에 상관없이 어떠한 종류의 차별도 받지 않아야 한다는 원칙이다. 권리의 대상인 아동이라는 조건만으로 아동의 권리는 지켜져야 한다.

② 아동 이익 최우선 원칙

아동의 권리를 보장하는데 가장 중요하게 고려 할 것은 정책이나 제도가 아동 이익을 최우선에 두고 아동에게 가장 유익한 방향으로 결정되어야 한다는 것이다. 유엔의 아동권리협약에 따르면 아동의 권리를 논함에 있어서 이 원칙은 '언제나' 고려되어야 하고 '중요하게' 다루어져야 한다.

③ 아동의 생존·보호·발달의 원칙

아동의 권리가 인권과 구별되어야 하는 이유는 아동은 생애주기에서 몸과 마음이 성장과 발달과정에 있기 때문이다. 따라서 아동은 생존·보호·발달의 원칙 하에서 성인과 다른 차원의 보호를 받아야 할 권리를 가져야 한다. 생존의 권리(right to survival)란 아동이 적절한 생활수준을 누릴 권리, 안전한 주거지에서 살아갈 권리, 충분한 영양을 섭취하고 필요한 의료서비스를 받을 권리 등 기본적인 삶을 누리기 위한 권리를 말한다. 보호의 권리(right to protection)는 학대와 방임, 차별, 폭력, 부당한 노동, 약물과 성폭력 등 아동에게 유해한 것으로부터 보호받을 권리를 의미한다. 발달의 권리(right to development)란 잠재능력을 발휘하는데 필요한 교육을 받을 권리, 여가를 즐길 권리, 문화생활을 하고 정보를 얻을 권리, 생각과 양심과 종교의 자유를 누릴 수 있는 권리를 나타낸다.

④ 아동의 참여 및 의사 존중의 원칙

참여의 권리(right to participation)란 아동이 자신의 권리에 대하여 스스로 의사를 표명하며 이를 존중받고 권리의 주체임을 분명히 하는 원칙이다. 아동은 자신의 생활에 영향을 주는 일에 대해 의견을 말하고 존중받을 권리, 표현의 자유, 평화적인 모임을 열 수 있는 권리, 사생활을 보호받을 권리, 유익한 정보를 얻을 권리를 가진다.

국가인권위원회의 초등학생 일기장 검사에 대한 의견

국가인권위원회는 '초등학생의 일기장 검사'에 대해 다음과 같은 의견을 표명했다.

주문 : 초등학교에서 일기를 강제적으로 작성하게 하고 이를 검사·평가하는 것은 국제인권기준 및 헌법에서 보장하고 있는 아동의 사생활의 비밀과 자유, 양심의 자유 등 기본권을 침해할 우려가 크므로 이를 개선하고 초등학교의 일기쓰기 교육이 아동인권에 부합하는 방식으로 개선될 수 있도록 지도·감독해야 한다.

판단기준 : 초등학생의 일기장 검사로 인한 인권침해 소지 여부를 헌법 제17조의 사생활의 비밀과 자유, 제19조의 양심의 자유, 제37조의 기본권 제한의 원칙, 교육기본법 제12조의 교육과정에서의 학습자의 기본적 인권 존중 등의 국내법과 시민적 및 정치적 권리에 관한 국제규약 제17조와 제18조, 아동의 권리에 관한 협약 제14조와 제16조의 사생활 보호 및 양심의 자유에 대한 조항, 아동의 권리에 관한 협약 제3조의 아동 이익 최우선 원칙 등 국제인권기준에 의거하여 판단하였다.

초등학교 일기장 검사의 기본권 침해여부 : 초등학교에서 아동의 일기장을 검사할 경우, 아동이 자신의 의사와 무관하게 사생활 내용이 외부에 공개될 것을 예상하여 일기를 작성하게 되어 자유로운 사생활 범위를 방해받는 결과를 초래할 위험이 있다. 아동이 교사의 검사를 염두에 두고 일기를 작성하도록 함으로써 아동의 양심 형성에 교사 등이 실질적으로 관여하게 될 우려가 크고 아동 스스로 자신의 느낌이나 판단 등 내면의 내용이 검사·평가될 것이라는 불안을 제거하기 어려워 솔직한 서술을 사전에 억제하게 될 수 있다. 일기를 강제적으로 작성하게 하고 이를 검사·평가하는 것은 일기의 본래 의미에 비추어 볼 때 아동의 사생활과 양심의 자유를 침해할 소지가 크다.

출처: 국가인권위원회 인권정보. http://www.humanrights.go.kr

아동 개인의 일상이 담긴 콘텐츠에 대한 비밀 보장

아동도 자신만의 생활이 있다. 아동의 사생활은 부모와 교사라 하더라도 노출하고 싶지 않을 것이다. 그러나 다수 부모는 아동의 사생활을 궁금해 하며 휴대폰이나 일기장을 검사하는 것으로 나타났으며, 교사가 아동의 일기장을 검사하거나 가정에서 부모가 아동 몰래 또는 강제로 일기장을 빼앗아 내용을 살펴보는 경우가 많다. 아동들은 부모와 교사가 자신들의 사생활에 지나친 관심을 보여 힘들다고 이야기 하고 있다.

출처: Save the Children. Children's Voice. http://www.savethechildrenkorea

국제협약은 선언적 의미 뿐 아니라 회원국들이 정기적으로 협약준수에 대한 실태 보고서 제출을 의무화하는 법률적 구속력을 가지고 있는데 이를 통해 각 나라에서 아동이 직면한 상황을 개선하는 기반이 되고 있다는 점에서 의의가 있다. 그리고 아동을 적극적 권리 주체로 규정하여 아동의 의사표현권과 자기결정권을 보장하고 있어 다른 어떤 선언보다 아동의 최선·최대 권익을 우선한 규약이라고 평가받고 있다. 우리나라는 1990년에 아동권리에 관한 협약에 서명하고 그 다음 해에 비준하여 조약당사국이 되었다.

1990년에는 '아동을 위한 세계정상회담' (Word Summit for Children)이 뉴욕에서 개최되었고 158개국의 대표가 참석하여 아동의 생존, 보호, 발달을 위한 세계선언과 국가행동계획을 채택하였다. 이러한 세계정상회담의 성과는 1993년 캐나다에서 개최된 '인권과 민주주의 교육에 관한 세계행동계획' 으로 이어졌다. 이 회담은 인권문화와 의견불일치 및 갈등을 비폭력적 방법으로 해결해야 한다는 것을 강조하였다. 그리고 세계행동계획에는 학교 교과내용에 인권과 민주주의에 대한 내용과 아동이 접근하기 쉬운 인권 매체를 개발하는 내용이 포함되어 있다. 같은 해 오스트리아에서 개최된 세계 NGO 청소년 인권대회에서는 모든 인권 문제는 아동과 청소년으로부터 시작된다는 것을 강조하였다.

1995년에는 '청소년의 해' 10주기를 맞이하여 '세계청소년행동프로그램' 이 개발되었고 10개의 정책 우선영역이 정해졌다. 10개 영역은 교육, 취업, 기아와 빈곤, 보건, 환경, 약물남용, 청소년비행, 여가활동, 여성청소년, 의사결정에의 참여 등이다. 2003년에 개최된 유엔총회에서는 10개 영역 외에 세계화, 정보와 의사소통 기술, 에이즈, 청소년과 무력분쟁, 세대 간 관계 등의 5개 영역이 추가되었다.[9] 2011년 총회에서는 사회개발의제로 아동 의제가 포함되었으며 주된 영역은 아동보호와 인권보호 등이다.

유엔이 2016년에 발간한 청소년 보고서는 청소년의 시민적 참여(Youth Civic Engagement)를 강조하고 있다.[10] 이 보고서의 목적은 청소년이 살고 있는 지역의

9) United Nations (2005). World Youth Report : Young People Today, and in 2015. New York: United Nations Publication.

10) United Nations (2016). World Youth Report: Youth Civic Engagement. New York: United Nations Publication.

모든 면 즉 정치, 경제, 사회, 문화 등에 대해 완전히 그리고 효과적으로 참여할 수 있는 능력을 키우고 참여 환경을 조성하기 위한 새로운 시각과 혁신적인 아이디어를 제공하기 위한 것이다. 청소년의 시민적 참여 능력을 키우는 것이 중요한 이유는 청소년이 살고 있는 지역의 사회경제적, 정치적 환경이 청소년의 삶에 심각한 영향을 미칠 수 있고 또한 청소년기는 성인으로 이어지는 발달 전 단계에 있기 때문이다.

아동권리 인식에 대한 설문조사 결과

1. 아동권리에 대해 들어 본 적 있나요?
   전체 응답자 중 68%는 아동권리에 대해 들어본 적이 있고 32%는 들어본 적 없다고 응답하였다.

2. 권리에 대해 어디에서 들었나요?
   다수는 학교(63%)와 미디어(21%)를 통해 들었고 가정, 복지관 및 아동 관련 단체에서 들은 아동은 각각 11%, 5%로 나타났다.

3. 나의 권리가 잘 지켜지지 못한다면 누구와 이야기 할까요?
   자신의 권리가 존중 받지 못할 경우, 부모(69%), 친구(35%), 학교교사(26%), 형제(20%), 긴급전화(11%), 교회나 학원선생님(7%), 다른 가족(3%) 순으로 응답하였다. 복지관이나 아동단체를 선택한 아동은 한 명도 없었다.

출처: Save the Children Korea. Children's Voice. 유엔아동권리위원회에 보내는 대한민국 보고서.

3) 아동권리와 명문화된 헌장

우리나라의 아동권리는 1923년에 '어린이 날' 그리고 1957년에 '어린이 헌장'이 제정되면서 아동을 하나의 인격체로 인식하기 시작했고, 14세 이하 아동에게 노동을 시킬 수 없게 하고, 복지시설을 설치하는 것으로부터 출발하였다. 아동인권을 위해 제도적으로 명문화된 법으로는 아동복리법(1961), 미성년자보호법(1961), 학교보건법(1967), 모자보건법(1973), 특수교육진흥법(1977), 아동복지법(1981), 유아교육진흥법(1981), 청소년기본법(1991), 청소년보호법(1997), 청소년의 성보호에 관한 법률(2000), 청소년복지지원법(2004) 등이 있다.

이러한 제도가 정립되면서 아동의 권리 및 인권에 대한 인식이 점차 지평을 넓혀 오늘에 이르고 있다. 인권이 합법적으로 보호받기 위해서는 헌법과 법률이 뒷받침되어야 하고, 국제관습법에서 인정하는 인간 존엄의 가치와 권리 및 자유를 중시하는 국제인권조약이 토대가 되어야 한다.

(1) 어린이 헌장

어린이 헌장은 1957년에 한국동화작가협회에서 전문과 9개 항목을 중심으로 성문화하였고, 보건복지부가 이를 수정·보완하여 5월 5일에 어린이 헌장을 선포하였다. 이후 1988년에 보건복지부가 다음과 같이 11개 조항으로 재개정하였다.

1. 건전하게 태어나 따뜻한 가정에서 사랑 속에 자라야 한다.
2. 고른 영양을 취하고 질병의 예방과 치료를 받으며 깨끗한 환경에서 살아야 한다.
3. 좋은 교육시설에서 능력과 소질에 따라 교육을 받아야 한다.
4. 우리 문화를 이어받아 새롭게 창조하고 널리 펴나가는 힘을 길러야 한다.
5. 즐겁고 유익한 놀이와 오락을 위한 시설과 공간을 제공받아야 한다.
6. 예절과 질서를 지키며 서로 돕고 책임을 다하는 민주 시민으로 자라야 한다.
7. 자연과 예술을 사랑하고 과학을 탐구하는 마음과 태도를 길러야 한다.
8. 해로운 사회 환경과 위험으로부터 보호되어야 한다.
9. 학대 및 버림을 받아서는 안 되고 힘겨운 노동에 이용되지 말아야 한다.
10. 장애 어린이는 필요한 교육과 치료를 받아야 하고 빗나간 어린이는 선도되어야 한다.
11. 인류평화에 이바지 하는 세계인으로 자라야 한다.

어린이 헌장은 국가와 사회가 해야 할 일을 규명하고 있는데 선언적 의미는 있으나 법적 강제력은 없었다. 그러나 아동복지 이념 차원에서 아동의 권리에 대한 인식을 토대로 국제수준에 맞추려고 시도했다는 점에서 의미가 있다.

(2) 청소년 헌장

청소년 헌장은 1990년에 청소년의 건강하고 바른 성장을 위해 제정·공포 되었다. 헌장의 목적은 청소년 문제에 대한 사회적 관심을 모아 청소년을 바르게 선도하고 보호함으로써 바람직한 청소년상을 구현하기 위함이다. 아동권리에 대한 인식을 담고 있는 어린이 헌장은 청소년 권리에도 영향을 주어 청소년 헌장이 선포되기에 이르렀고 특히 청소년 인권에 관한 사회적 인식을 확고히 하는 계기가 되었다.

청소년 헌장 전문에는 청소년이 자신의 삶의 주인이라는 점, 인격체로서 존중 받을 권리와 시민으로서 미래를 열어 갈 권리를 가지며, 스스로 생각하고 선택하며 활동하는 삶의 주체로서 자율과 참여의 기회를 누린다는 점을 강조하고 있다. 또한 청소년은 생명의 가치를 존중하며 공동체 구성원으로 책임 있는 삶을 살아야 한다는 점과 가정, 학교, 사회, 국가는 청소년의 인간다운 삶을 보장하고 청소년 스스로 행복을 가꾸며 살아갈 수 있도록 여건과 환경을 조성해야 한다고 명시되어 있다.

청소년 헌장은 청소년의 주체적인 삶과 자율적인 참여를 보장하고 누려야 할 기본권리와 책임을 다음과 같이 나타내고 있다.

[청소년의 권리]

1. 생존에 필요한 기본적인 영양, 주거, 의료, 교육 등을 보장받아 정신적, 신체적으로 균형 있게 성장할 권리를 가진다.
2. 출신, 성별, 종교, 학력, 연령, 지역 등의 차이와 신체적, 정신적 장애 등을 이유로 차별 받지 않을 권리를 가진다.
3. 물리적 폭력, 공포와 억압 등의 정신적 폭력으로부터 보호받을 권리를 가진다.
4. 사적인 삶의 영역을 침해받지 않을 권리를 가진다.
5. 자신의 생각과 느낌을 자유롭게 펼칠 권리를 가진다.
6. 자유의사에 따라 건전한 모임을 만들고 올바른 신념에 따라 활동할 권리를 가진다.
7. 배움을 통해 진리를 추구하고 자아를 실현 할 권리를 가진다.
8. 일할 권리와 직업을 선택할 권리를 가진다.
9. 여가를 누릴 권리를 가진다.
10. 건전하고 다양한 문화, 예술 활동에 자유롭게 참여할 권리를 가진다.
11. 다양한 매체를 통해 자신의 삶에 필요한 정보에 접근할 권리를 가진다.
12. 자신의 삶과 관련된 정책결정에서 민주적 절차에 따라 참여할 권리를 가진다.

[청소년의 책임]

1. 자신의 삶을 소중히 여기며 자신이 선택한 삶에 책임을 진다.
2. 앞 세대가 물려준 지혜를 시대에 맞게 되살려 다음 세대에 물려줄 책임이 있다.

3. 가정, 학교, 사회, 국가, 인류공동체의 성원으로서 자기와 다른 삶의 방식도 존중할 줄 알아야 한다.
4. 삶의 터전인 자연을 소중히 여기고 모든 생명들과 더불어 살아간다.
5. 통일시대의 주역으로서 평화롭게 공존하는 방법을 익힌다.
6. 남녀평등의 가치를 배우고 이를 생활 속에서 실천한다.
7. 가정에서 책임을 다하며 조화롭고 평등한 가족문화를 만들어 간다.
8. 서로에게 정신적, 신체적 폭력을 행사하지 않는다.
9. 장애인을 비롯한 소외받기 쉬운 사람들과 더불어 살아간다.

우리나라는 유엔의 「아동권리에 관한 협약」에 따라 1994년에 아동권리위원회에 인권상황에 대한 1차 보고서를 제출하였고 2011년에 3~4차 보고서를 제출하여 심의를 받았다. 협약 비준 국가의 보고서가 제출될 때에는 아동의 권리 실현을 위해 민간단체에서도 국가의 협약 이행 상황을 평가하는 보고서를 제출할 수 있는데 우리나라 민간단체도 국가보고서 심의 일정에 맞춰 보고서를 제출하고 있다.

청소년 인권과 관련하여 청소년 육성 계획 패러다임을 청소년 인권과 자율 및 참여로 정함으로서 청소년이 국가정책의 주체로 부각되었고 청소년 인권의 새로운 지평을 열게 되었다.

4) 아동권리의 유형

아동권리를 유형별로 구분하면 생존권, 발달권, 보호권, 참여권으로 나눌 수 있다. 이러한 권리는 아동의 발달주기에 맞추어 실현되어야 한다. 아동권리에 대한 실행기반은 유엔아동권리협약이며 이를 토대로 국가인권정책 기본계획과 행동계획을 수립하고 관련 법제를 체계화하고 있다. 따라서 아동복지 전문가는 유엔아동권리협약 내용을 알고 있어야 현장에서 사례별로 아동권리 보장 여부를 판단할 수 있고 아동에게도 권리 의식을 심어줄 수 있다.

(1) 생존권

생존권은 아동의 생명과 건강을 유지하는데 필요한 제반 권리를 의미하며, 태어날 때부터 생존권을 가지고 태어난다. 생존권에는 영양적으로 균형 잡힌 음식, 깨끗한 물과 공기, 안전한 주거환경, 건강검진과 질병예방, 건강보험 및 의료혜택 등이 포함된다. 그리고 빈곤, 장애, 학대, 폭력, 방임 및 유기 등도 생존권을 위협하는 요인이다. 아동의 생존권을 보호해야 할 일차적 책임은 부모에게 있다. 그러나 부모의 사망, 가출, 이혼, 빈곤, 학대 등으로 적절한 양육을 받지 못하거나 위기상황에 놓인 요보호 아동의 생존권은 국가와 사회가 보호해야 한다.

(2) 발달권

아동의 발달단계는 태아기, 영아기, 유아기, 아동기, 청소년기 등으로 구분되는데 이렇게 구분하는 이유는 단계별 발달 욕구가 다르기 때문이다. 발달권은 아동의 단계별 발달 욕구를 충족하고 잠재능력을 발휘할 수 있도록 권리를 보호해 주는 것이다. 대표적인 권리에는 교육을 받을 권리, 신체적 · 정서적 · 사회적 성장에 필요한 생활을 누릴 권리 등이 있다. 학습권, 여가문화 활동권, 생활보장권 등은 발달에 필요한 권리이므로 보장해 주어야 한다.

다양한 권리 중 우리 사회가 관심을 많이 가지는 것은 역시 교육권이다. 영유아에게 표준보육과정을 적용해서 신체적 · 정서적 · 사회적 성장에 필요한 교육을 받게 하고, 일 · 가정 양립 부모를 위한 방과 후 프로그램을 지원하는 것도 아동의 발달권에 해당된다. 또한 발달지체 아동, 빈곤 아동, 다문화 아동, 학습부진 아동을 위한 교육서비스 전달체계를 확충하는 것도 중요하다. 청소년을 유해 환경으로부터 보호하고 건강한 정신, 건전한 또래관계를 유지할 수 있도록 전문적 상담체계를 확충하는 것을 비롯하여 부모교육 활성화, 공교육 정상화 및 내실화, 진로교육 및 인성교육 강화, 문화예술 활성화를 위한 문화인프라 확충 등도 발달권에 해당된다.

(3) 보호권

아동은 다양한 형태의 위험에 노출될 수 있다. 보호권은 모든 형태의 차별, 학대와 방임, 폭력, 중독 등 아동에게 유해한 영향을 미치는 것으로부터 보호 받을 권리를 말한다. 방임 아동에 대한 돌봄 서비스, 학대 받은 아동을 보호하기 위한 신속대응체계 및 인프라 확충, 학교폭력 예방 및 대책 마련 등은 아동을 보호하기 위한 것이다. 보호 대상 아동으로는 빈곤아동, 입양아동, 근로보호아동, 방임 및 방치 된 아동, 신체적 · 성적 학대를 받은 아동, 소년소녀가장 아동 등이 포함된다.

(4) 참여권

참여권은 아동이 자신의 성장 및 발달과 관련된 사안에 대해 의견을 표현할 수 있는 권리를 말한다. 아동권리협약 12조에 아동에 대한 의사존중의 원칙이 있고, 자신의 견해를 형성할 능력이 있는 아동에 대하여 본인에게 영향을 미치는 모든 문제에 대해 의견을 자유스럽게 표현할 권리를 보장하며 아동의 견해에 대해 아동의 연령과 성숙도에 따라 정당한 비중이 부여되어야 한다고 명시되어 있다. 이러한 권리를 보장하기 위해 아동에게 영향을 미치는 사법적 · 행정적 절차에 대해서도 직접 또는 간접적으로 의견을 진술할 기회가 주어져야 한다.

아동의 권리 중 생존권, 발달권, 보호권은 어느 정도 체계를 갖추고 있지만 참여권은 아직 매우 낮은 수준에 머무르고 있다. 참여권 중 주요 쟁점으로 부각되고 있는 사안은 학교운영에 대한 학생참여의 제도화와 아동의 참여권에 대한 성인의 인식 제고이다. 이는 아동의 의견을 간과하고 부모, 교사, 성인이 아동의 의견을 대변할 수 있다는 잘못된 인식이 작용하기 때문이다. 유엔아동권리위원회는 아동이 교내 등에서 정치활동에 참여하거나 수행하고, 학교 운영위원회에 실질적 참여를 허용해야 하며, 집회와 표현의 자유를 누릴 수 있도록 보장할 것을 권고하고 있다. 학생회 자치활동을 활성화하고, 교칙 운영에 대한 의사결정 과정에 참여할 수 있도록 하는 것은 참여권을 보장하는 것이다.

성인의 인식 제고와 관련하여 행정기구 및 법원 등에서는 아동에게 영향을 미치는 사안에 대해 아동의 의견진술권을 보장해야 한다. 의견진술권은 특히 부모의 이혼으로 인한 친권 · 양육권 결정과정에서 자녀의 의견을 폭넓게 반영해야 한다는 당위성을 내포하고 있다. 그리고 이혼 후 안정적이고 자발적인 면접 교섭이 진행될 수 있도록 면접교섭권도 보장해야 한다.

참여권의 좋은 본보기를 예로 들면 미국의 청소년백악관회의이다. 이 회의에는 연방정부 협의 하에 대통령이 소집하고 정부 대표, 청소년 현장전문가, 청소년 등 시민대표가 참석하여 의견을 개진하며 청소년 건강과 복지수준, 청소년 요구 등에 대한 보고서를 작성해서 널리 알리고 있다. 우리 사회도 이러한 예를 참고하여 아동의 참여권이 실질적으로 보장될 수 있도록 중앙정부와 지방자치단체가 제도를 확충하고 실천적인 노력을 기울여야 할 것이다.

제 2 장

아동복지의 필요성과 원칙

1. 아동복지의 필요성

저출산 고령시대에 접어든 우리 사회가 미래의 인적자원인 아동의 생활환경과 복지에 대해 관심을 가지는 것은 당연하다. 아동복지를 이해하고 실천하기 위해 아동복지가 왜 필요한지를 구체적으로 살펴 볼 필요가 있다. 아동복지의 필요성을 관점에 따라 분류하면 개인적, 사회적, 예방적 관점으로 구분할 수 있고[1], 사회변화에 따라 분류하면 가족구조의 변화와 가치관의 변화를 들 수 있다.

1) 관점에 따른 필요성

(1) 개인적 관점

아동은 한 인간으로서 기본생활이 보장 되어야 한다. 아동의 기본생활 보장은 가족이 기반이 되어야 하므로 아동복지는 가족복지라고 할 정도로 가족의 사회경제적 체계와 밀접한 관련이 있다. 부모가 자녀를 양육하는데 있어 경제적 어려움을 겪는다면 아동 역시 기본생활이 보장되지 못한다. 기본생활 보장 차원에서 부모의 경제

1) 곽형식 외 (2010). 아동복지론, 공동체.

적 어려움이 아동에게 미치는 영향 중 가장 심각한 것은 식생활과 영양 불균형이다. 아동의 영양상태가 부적절 할 경우 두뇌발달에 영향을 미쳐 인지력, 어휘력, 산술능력 등 모든 능력이 떨어진다. 아동의 영양실조는 사회적 행동을 위축시키고 운동능력을 저하시킬 뿐 아니라 신체발달에도 부정적인 영향을 미친다.

어린이 헌장에도 어린이는 고른 영양을 취하고 질병의 예방과 치료를 받으며 건강한 환경에서 살아야 한다고 명시되어 있고, 청소년 권리헌장에도 생존에 필요한 기본적인 영양, 주거, 의료, 교육 등을 보장받아 정신적, 신체적으로 균형 있게 성장할 권리를 가진다고 되어 있다. 아동복지에서 성장과 발달의 개념은 중요한데 이에 영향을 미치는 요인에는 유전적 요인과 환경적 요인이 있다. 아동의 성장과 발달이란 면에서 대표적인 환경적 요인은 식생활과 영양 섭취이다.

아동의 올바른 식생활과 영양 섭취는 신체와 정서발달에 직접적인 영향을 미치므로 부적절한 식생활은 정상적인 발달을 저해할 뿐 아니라 다시 영양장애로 이어질 수 있다. 연구에 의하면 식품은 ADHD와 같은 행동장애와 밀접한 관련이 있으며 전체 아동의 5%는 영양 불균형으로 인해 주의력 및 집중력 결여, 과도한 활동, 주의산만, 충동성 등의 증상을 보이는 것으로 나타났다.[2)3)]

영양 불균형이 행동에 미치는 영향을 알아보기 위해 장애아동을 대상으로 한 실험연구[4)]에 의하면 실험기간(5주) 동안 아동들은 균형 식단으로 식사를 하였고 그 결과, 아동들 중 78%가 문제행동의 빈도와 정도가 약화 되는 것으로 나타났다. 영양 불균형과 행동과의 관계를 종단연구로 반복 실험한 결과, 균형 잡힌 식사를 한 경우 태도와 인성을 비롯하여 자존감까지 향상되는 것으로 나타났다.[5)]

이러한 결과는 아동의 기본생활 보장은 개별 아동의 신체적, 정서적 발달과 밀접한 관계가 있다는 것을 말해 준다. 따라서 아동의 기본생활이 위협 받을 경우 아동복

---

2) Wilson, L. (2009). *How nutrition affects emotions and behavior*. The Center for Development.
3) Bentrup, A. (2011, February). Food affects behavior. *Natural News*, Retrieved from http://www.naturalnews.com/031414_food_behavior.
4) Pelsser, L. (2011). Effects of a restricted elimination diet on the behaviour of children with attention-deficit hyperactivity disorder. *Journal of The Lancet* 377(9764): 494-503
5) Stitt, B. R. (2004). *Food and behavior: A natural connection*. eBook, Retrieved from http://www.amazon.com.br/Food-Behavior-Natural-Connection-ebook/dp.

지 차원에서 보장하고 보호해야 한다.

(2) 사회적 관점

아동복지는 국가발전을 위한 인적자원 보호 및 육성이라는 의미에서 중요하기 때문에 사회적 관점에서 아동복지 증진을 위한 제반 여건이 조성되어야 한다. 1960년대에 빈곤가정의 아동을 위한 미국의 헤드스타트(Head Start) 프로그램은 아동 보호 및 육성을 위한 복지정책의 출발점이라고 볼 수 있다. 우리나라는 저소득층 아동을 위해 2004년부터 위스타트(We Start) 운동을 시작하였는데 이 운동은 아동이 가난의 대물림에서 벗어날 수 있도록 아동에게 기회균등을 보장하기 위해 복지(Welfare)와 교육(Education)을 통합한 프로그램이다. 드림스타트(Dream Start) 역시 빈곤아동의 전인적 발달을 지원할 수 있도록 복지·건강·교육이 연계된 서비스를 통해 아동의 인적자원 개발을 목적으로 한 것이다.

아동의 인적자원이란 면에서 부모와의 상호작용은 아동의 정서발달에 매우 중요한 영향을 미친다. 아동의 두뇌가 형성되는 시기에는 일관된 긍정적인 상호작용이 필요하며 이러한 상호작용은 아동의 두뇌 활동에 직접적인 영향을 미친다. 따라서 보육환경이 열악하면 아동의 정서 및 두뇌활동을 감퇴시키고 환경적 자극이나 호기심을 제한하며 상호작용 능력을 저해하게 된다. 연구에 의하면 가족과 함께 살고 있지만 열악한 환경에서 자란 아동에 비해 질적으로 양호한 보육시설에서 성장한 아동은 빈곤층이라 할지라도 지적 발달 수준이 높은 것으로 나타났다.[6] 이러한 연구결과는 아동복지가 국가발전을 위한 인력 보호와 육성이란 측면에서 시사하는 바가 크다.

(3) 예방적 관점

아동복지는 아동에게 부정적인 영향을 미치거나 그것이 궁극적으로 사회문제로 귀결되는 현상을 미연에 방지해야 하는 적극적 필요성을 지닌다. 다문화아동을 대상으로 한 조사에 의하면 10명 중 5명이 외모 등으로 따돌림을 당한 경험이 있는 것으로 나타났다. 이러한 통계는 다문화아동에 대한 집단따돌림이 심각한 사회적 갈등으로

---

6) Burchinal, M., Lee M., & Ramey, C. (1989), Type of day care and preschool intellectual development in disadvantaged children, *Child Development*, 60(1), pp. 128-137.

이어질 개연성이 크다는 것을 말해 준다. 이러한 개연성은 우리보다 앞서 다문화사회를 형성한 국가들의 예를 통해 알 수 있다.[7] 이렇게 예견된 문제를 간과할 경우 우리 사회도 가까운 미래에 적지 않은 사회적 비용을 치를 수 있다.

따라서 다문화 아동이 사회에 적응하고 정착하는 교육도 필요할 뿐 아니라 일반인을 대상으로 다문화가족과 아동을 이해하고 배려하는 교육이 필요하다. 다문화 아동은 사회의 구조적 변화와 국제화가 낳은 산물이기도 하다. 우리는 국제화와 세계화를 말하면서 정작 그러한 개념을 내면화하고 실천하는데 적극적이지 못한 부분이 있다. 그러므로 가장 인간적이어야 할 교육 현장에서부터 다문화 아동에 대한 관심과 배려가 있어야 할 것이다.

또 다른 예로 발달연령에서 기대되는 발달수준이 지체되거나 발달장애를 경험한 아동에 대한 보호와 교육은 특수아동의 가족만의 과제로 남겨 둘 수는 없다. 한 가정에서 발달장애아동을 자녀로 둔다는 것은 실제적으로 자연재해와 같은 어려움에 직면해 있다고 보아야 한다. 따라서 이들 아동과 가족은 사회적·국가적 보호 범위에 있어야 하고 복지정책 대상 집단에 해당한다. 아동복지 이념에 근거한 실천은 예견할 수 있는 사회문제를 미연에 방지한다는 차원에서 우선적으로 관심을 두고 지원해야 한다.

2) 사회변화에 따른 필요성

(1) 가족구조의 변화

가족은 사회변동에 따라 의미나 형태가 변화되어 왔으나 다른 제도에 비해 변화에 대한 저항력이 비교적 강하기 때문에 급격한 변화는 일어나지 않았다. 그러나 현대에 들어 사회적 역동성이 가속화 되면서 가족구조에도 큰 변화가 있고 가족은 과거 어느 때보다 다양한 문제를 경험하고 있다. 저출산률 세계 1위, 이혼율 OECD 국가 중 3위, 재혼율 상승, 맞벌이 가구 증가, 한부모 가구 증가, 다문화 가족 증가, 기러기 아빠 등이 오늘날 한국가족의 모습이다.[8] 이러한 현상은 자녀수 감소, 핵가족화, 부모자녀

7) 2005년 7월, 동시다발적으로 일어난 런던의 인종폭동 사례는 기존의 다문화주의를 영국적 정체성과 문화 다원성을 동시에 추구하는 경향으로 전환하는 계기로 작용하였다. (출처: 김성수·박치환, 2008. 영국의 다문화성향과 다문화주의, 『EU연구』. 23호, 65-88.

관계 약화, 세대 간 분리, 개인주의 등과 맞물려 가족구조를 변화시키고 있다.

확대가족이 핵가족으로 변하는 것은 단순히 외형적 변화에만 그치는 것이 아니라 가족기능, 가족관계, 가족역할, 가족에 대한 인식 등 부수적으로 수반되는 변화가 더 크다. 일부에서는 현대사회의 핵가족과 개인주의를 부정적인 시각으로 보고 전통 가족주의 가치가 퇴색되는 것에 대해 우려하기도 한다. 그럼에도 불구하고 가족 내에서 일어나고 있는 변화는 멈추지 않고 지속되고 있다.

가족 변화를 구조적 측면에서 살펴보면, 우선 가족수 감소로 인한 가구 규모의 축소를 들 수 있다. 과거 가족계획이 실시되던 때에는 평균 가족수가 5명에서 4명으로 줄어드는데 10년 정도 걸렸다. 이는 서구사회에서 40~50년이 걸리는데 비하면 급격한 변화이다. 여성의 사회참여, 일·가정 양립, 자녀양육 및 교육비 상승은 출산율을 더욱 낮추는 요인으로 작용하고 있다. 이러한 변화는 내면적으로 가족관계 및 역할, 가족원 간의 상호역동성이란 면에서 과거의 가족형태와는 많이 다르다.

사회변화와 더불어 가족도 근본적인 변화를 겪고 있고 이런 변화 속에서 우리의 의식과 행동도 바뀌어 전통적 가치 체계는 적지 않은 충격을 받고 있다. 가족이 겪고 있는 변화 중 가장 뚜렷한 변화가 한부모가족인데, 미혼모 및 이혼율 증가와 더불어 한부모가족을 형성하는 가구가 지속적으로 증가하고 있다. 이는 일시적 현상이 아니라 사회구조의 변화, 여성의 사회경제력 향상과 역할의 변화, 사회규범과 가치관의 변화가 가져온 결과이다.

문제는 한부모가족 중 다수 아동이 열악한 환경에 처해 있다는 것이다. 한부모는 양부모에 비해 경제적·정서적 문제, 제한된 대인관계망, 자녀양육 등 다양한 어려움에 직면해 있다. 그리고 한부모는 홀로 가정을 유지해야 하므로 기본적으로 역할 갈등 및 과중의 소지를 안고 있다. 한부모가 자녀를 양육하고 가장의 역할을 양립해야 하는 상황에서 적지 않은 아동이 방임 상태에 놓일 수 있고 또 경우에 따라 부모가 정서적으로 불안정할 경우 신체적, 정신적 학대를 당할 수 있다.

일반적으로 아동학대는 부모의 유전적, 정신적인 문제이기 보다 사회·경제적 스트레스로 인한 환경적 요인의 영향을 받는 것으로 알려져 있다. 실제 연구에서도 아동

8) 김미숙 외 (2007). 정부 내 바람직한 아동정책 수행체계 개발. 정책보고서 2007-14호. 보건복지부 · 한국보건사회연구원.

방임의 경우 부모의 사회·경제적 스트레스가 주된 요인으로 작용하는 것으로 나타나 아동방임이 빈곤과 역할갈등 및 과중으로 인한 정서적 스트레스와 밀접한 관련이 있다는 것을 말해 준다. 이러한 점을 감안하면 방임될 개연성이 높은 빈곤아동과 그 가족을 위해 아동을 보호할 수 있는 서비스나 프로그램을 제공해야 한다.

(2) 가치관의 변화

현대에는 여성의 학력 상승과 더불어 경제적 자립에 대한 욕구가 높고 결혼 후에도 직업을 통해 자아실현을 하려는 의지가 강하다. 부부 역할에도 남성은 가장, 여성은 가사노동의 이분화 된 가치관이 약화되고 기존의 남성 중심 부양에서 남녀 모두 부양하는 맞벌이가 보편화되고 있다. 또한 여성이 주 생계 담당자로서의 역할이 증가하고, 자녀양육비와 교육비 부담은 여성을 경제활동에 참여하게 하는 동기로 작용하고 있다.

남녀가 결혼해서 가정을 이루는 목적은 다양하지만 주된 목적은 친자생산과 자녀양육이다. 그러나 여성의 취업기회와 경제활동 참가율이 증가하면 자녀양육 시간은 감소하게 된다. 이제 맞벌이 부부는 보편화된 가족유형이므로 직장에서 일하는 엄마들이 마음 놓고 경제활동과 자녀양육을 병행 할 수 있도록 수요자 중심의 보육환경을 조성해야 하는데 이는 아동복지 차원에서 해결해야 할 중요한 과제이다.

가치관 변화와 맥락을 같이하는 또 다른 현상은 가족기능 저하와 공보육에 대한 인식 강화이다. 가족은 아동양육 및 돌봄 기능을 수행해 왔다. 그러나 산업화, 도시화, 핵가족화로 인해 가족기능의 일부가 사회화되면서 과거 본연의 기능이라고 간주되었던 부분이 사회에 의해 수행되고 있다. 대표적인 예가 바로 보육이다. 과거에는 가정이 전적으로 양육과 돌봄 기능을 전담해 왔으나 현대에는 이러한 기능의 상당 부분이 사회로 이전되었다. 이제는 보육도 단순한 보호 차원을 넘어 교육을 토대로 한 개념으로 전환되었다.

이러한 변화는 약화된 가족기능을 대체하고 아동기에 양질의 보호 및 교육환경을 제공하는 적극적인 복지정책이 필요하다는 것을 말해 준다. 이제 아동복지는 보편적 복지와 인적자원 투자 차원에서 사회가 책임지고 해결해야 한다. 아동기는 개인의 최종 지능 80%가 발달하는 지적 발달의 결정적 시기로서, 인지·정서·사회성 등의 기초능력이 형성된다. 연구에 의하면, 지적 성숙이 최고조에 달하는 17세 지능을 100으로 할 때, 0~4세는 지능의 50%, 4~8세는 30%, 8세 이후는 나머지 20%가 발달한다.[9)]

생애주기별로 투자비용을 동일하게 산정할 경우, 아동기의 인적자원 투자 대비 수익률이 가장 크다. 국가가 아동 1명이 양질의 보육기관에 다니도록 100을 지원하는 것은 가난한 부모 수입을 60정도 직접 지원하는 것과 동일한 효과를 가져 오는 것으로 알려져 있다. 이러한 결과는 아동 보호 및 교육투자에 대한 가치관을 더욱 강화시키는 요인으로 작용한다.

이제 아동복지는 사회적 돌봄이란 측면에서 공적 체계로 구성되어야 하고 가족 돌봄의 사회화가 근간이 되어야 한다. 아직도 우리 사회는 돌봄을 전적으로 가족의 몫이라고 인식하는 경향이 있는데 이런 인식이 공적 체계를 정착시키는데 걸림돌이 될 수 있다. 재택근무, 유연한 직장시간, 부모가 자녀를 돌보고 교육할 적합한 환경, 공공 복지시스템 등을 통합적으로 고려한 정책이 체계화되어야 한다.

3) 아동과 사회문제

현대사회의 아동문제는 빈곤, 방임, 학대 등을 포함하여 최근 사회적 이슈가 되고 있는 가정폭력, 학교폭력, 10대 미혼모, 비행, 새터민 및 다문화 아동의 부적응 등 매우 다양하다.

(1) 빈곤과 발달장애아동

우리 경제는 그 동안 괄목할 만한 발전을 하였고 국민 일인당 소득도 증가하였다. 그러나 이러한 성장과 번영의 이면에 여전히 경제발전의 혜택을 누리지 못한 채 경제적 어려움 속에서 살고 있는 다수의 빈곤 집단이 존재하고 있다.

소득계층과 발달장애아동 가구의 분포를 보면 빈곤가구에서 발달장애아동이 출현할 확률이 더 높다. 그리고 이들 빈곤계층에 속한 가구 중 일부는 처음에 중산층이었으나 아동이 발달장애 문제를 보인 다음부터 치료교육 및 다중 역할로 인한 실업 등

---

9) Bloom, B.S. (1964). *Stability and Change in Human Characteristics.* New York: Wiley.

으로 경제적 부담을 견디지 못해 빈곤층으로 전락한 경우도 적지 않다. 이들 가족이 겪는 경제문제는 수입 감소, 실업, 주택 마련 및 이전 곤란, 치료 및 교육비 부족, 부모와 자녀의 노후에 대한 불안 등으로 나타나고 있다.

아동의 유년기에 대한 중요성이 강조될수록 빈곤은 결정적 요인으로 작용하며 가장 영향력이 큰 변수이다. 부모의 양육문제와 가족 간 갈등, 부모자녀 간 정서적 불일치 등은 빈곤과 상호관련성을 가지고 있다. 자녀의 발달장애는 부모의 양육 갈등을 증폭시키고 자녀양육에 따른 보람이 아동의 발달장애 문제로 상쇄되어 적합한 양육환경을 제공할 수 없게 만들기도 한다. 이런 상황에서 실업이나 빈곤 등의 경제적 어려움이 겹치면 문제는 더욱 심각해진다. 따라서 장애아동의 치료교육 방향은 아동의 장애 정도 뿐 아니라 가족환경에 대한 통합적 시각에서 이루어져야 한다.

(2) 청소년 미혼모

사회적으로 보호와 관심이 필요한 청소년 미혼모 역시 심각한 사회문제로 부각되고 있다. 여성가족부 자료에 의하면 미혼모 시설에 입소한 청소년 미혼모 비율이 32%이며, 교제 중 원치 않은 임신이 66%로 가장 많고 피임 실패가 16%이다. 이는 시설에 입소한 미혼모 다수가 아이를 원하지 않으며 피임을 하지 않았거나 방법을 몰라서 피임에 실패했다는 것을 말해 준다. 출산 한 경우에는 낙태시기를 놓친 사례가 가장 많고 그 다음이 자발적으로 출산한 경우이다.

임신 후 미혼부와의 관계를 보면, 10명 중 6명은 헤어졌고, 관계가 유지되는 경우는 2명 정도에 불과하다. 이는 미혼부들이 이성교제를 할 때는 혼전 성관계에 대해 자유로운 생각을 가지고 있다가 예상치 않은 임신에 대한 책임은 주로 미혼모 혼자 감당하고 있다는 것을 말해 준다. 출산 후에는 10명 중 7명이 입양을 원하고 3명은 양육을 선택하는 경향이 있다. 입양을 선택한 미혼모 중 4명은 경제적 지원이 있으면 아이를 양육할 의사가 있는 것으로 조사되었다.

청소년 미혼모는 양육지식이 부족할 뿐 아니라 다수가 빈곤층에 속해 있고 경제활동을 할 수 있는 인적 자원도 부족하다. 그리고 자존감도 낮아 가족과의 관계에서도 많은 갈등을 겪고 있다. 일반적으로 미혼모 가정은 자녀 요구보다 다른 요구를 우선순위에 놓는 경향이 있다. 이런 경우, 결합된 위기 요소들이 아동의 정서·행동 발달에 더욱 심각한 영향을 미칠 수 있다. 청소년 미혼모는 자신의 신체적·정신적 건강뿐 아니라 가족 형성 및 양육 등을 비롯하여 다음과 같은 문제에 직면하게 된다.[10]

첫째, 청소년 미혼모는 신체적으로 미성숙한 상태에서 임신을 하게 되므로 고위험 임신군에 포함된다. 생물학적으로 청소년기에는 성장이 빠른 시기로 자신의 성장만으로도 영양이 부족한데 임신까지 하게 되면 성숙한 연령의 산모에 비해 임신성 고혈압과 같은 고위험 상태를 초래하여 모성과 태아 모두 위험에 빠질 수 있다. 특히 철분결핍성 빈혈은 10대 산모에게서 주로 나타나는 경향이 있다.

둘째, 미혼모 임신은 가출, 흡연, 약물중독 등이 동반되는 경우가 많다. 흡연과 음주는 태아에게 직접 영향을 미쳐 조산, 태아 알코올 증후군 등과 같은 미숙아 및 기형아를 출산할 개연성이 있다는 것은 잘 알려진 사실이다. 또한 미혼모는 가족과 사회로부터 소외를 당하는 경향이 있다. 미혼모를 가족의 불명예로 생각하고 돌보지 않을 경우 가출과 더불어 또다시 원치 않는 임신을 하게 될 수 있다.

셋째, 미혼모에 대한 사회적 이슈로 대두되고 있는 '학업 중단 종용'이 미혼모의 학습권 침해로 이어지고 있다. 한국여성정책연구원 조사[11]에 의하면 청소년 미혼모의 71%가 임신 사실을 알게 된 직후 학교를 그만두었고, 학업중단자 88%가 학업 지속을 원하는 것으로 나타났다. 그러나 학부모나 학교로부터 학업 분위기에 부정적인 영향을 미친다는 이유로 학교가 강제적으로 자퇴를 종용하는 사례가 많아 학습권 침해에 대한 논란이 있다. 이러한 현상은 청소년 미혼모에 대한 사회적 인식 개선이 시급하다는 것을 말해 준다. 국가인권위원회는 미혼모의 학습권 보장과 관련하여 청소년 임신을 이유로 강제 자퇴, 전학, 휴학을 종용하는 행위는 개인의 교육권 침해로 규정하고 교육부, 여성가족부, 보건복지부 장관 및 시도교육감에게 학습권 보장과 관련된 권고안을 제시하였다.

(3) 다문화아동

우리 사회에 다문화가족이 증가하고 있는 것은 잘 알려진 사실이다. 다문화가족은 국적에 따른 차별성보다 한 가족 내에 다양한 문화가 공존하는 가족을 의미한다. 다

10) 박정한 외 (2011), 행복한 삶과 가족, 동아문화사.
11) 한국여성정책연구원 (2012). 미혼모 자녀양육 및 자립지원을 위한 정책과제.

문화가족 중 사회가 관심을 가져야 할 대상은 아동이다. 부모가 자녀와 의사소통에 불편함을 느낀다면 자녀 역시 마찬가지일 것이다. 중요한 시기에 많은 시간을 같이 보내는 부모와의 대화가 원활하지 않다면 이는 다문화가족의 문제를 넘어 미래 사회의 인적자원의 질이란 측면에서 적지 않은 사회적 비용을 치를 수 있기 때문에 중요한 사안이다.

아동 보호는 아동 소외를 방지하는 것에서부터 출발해야 한다. 특히 관심과 배려를 필요로 하는 아동기는 가족의 보호와 더불어 학교 환경이 절대적으로 중요한 요소임에도 불구하고 무관심해 지기 쉽다. 아동 보호는 사회의 주 관심사이고 취약계층 아동의 소외문제는 언제든 발생할 수 있으므로 개별 가족의 과제로 남겨 둘 수 없는 사안이다.

아동이 언어지체나 그로 인한 정서지체 문제를 가지고 있다는 사실은 이들에 대한 복지차원의 배려가 개별 가족을 벗어난 사회적 문제이며, 적합한 대책이 요구되는 '정책대상 집단' 이라는 것을 말해 준다. 언어지체와 정체성 혼란은 대인관계 형성에도 부정적인 영향을 미친다. 집단 따돌림이나 놀림을 당하기도 하고 자신감 결여로 학교 교육에 대한 흥미가 줄어들고 학교로부터 주변인으로 밀려 날 수 있다.

이러한 현상은 이주민 여성이 결혼과 동시에 입국하여 언어적, 문화적 적응이 덜 된 상태에서 자녀를 출산하고 양육하는데서 비롯된 문제이다. 다문화아동들은 다수가 성장과정에서 언어지체, 정체성 혼란 등을 경험하게 된다. 다문화아동에 대한 지원은 개별 아동이 지닌 잠재능력을 개발할 수 있도록 '기회의 평등' 과 연계되어야 하고 그러기 위해 언어지체나 정체성 혼란을 겪지 않도록 학교와 사회가 보호하고 지켜주어야 한다.

2. 아동복지의 의의

아동복지의 의의는 아동의 기본생활보장, 인적자원의 보호와 육성, 사회문제 예방이란 측면에서 살펴볼 수 있다.[12)]

---

12) 이순형 (2008). 아동복지, 이론과 실천, 학지사.

1) 기본생활보장

아동은 가족의 도움 없이 생존 자체가 불가능하고 인간발달의 기초가 형성되는 시기로서 신체, 인지, 정서 발달이 급속하게 이루어진다. 따라서 아동은 가족의 보호와 사회적 배려가 절대적으로 필요한 존재이다. 가족이 아동을 보호하기 위해서는 우선 기본생활이 보장되어야 한다.

아동복지정책의 객체는 기본생활보장이나 서비스 혜택을 받아야 할 아동이다. 아동복지정책 대상을 적용범위에 따라 규정하면 좁은 의미로는 기본생활 능력이 없는 아동과 그 가족의 기본생활을 보장하는 것이다. 그러나 넓은 의미로는 현재 기본생활 능력이 없는 아동과 가족 뿐 아니라 앞으로 생활의 위협을 받을 가능성이 있는 아동과 가족의 기본생활보장까지 포함하므로 아동복지에서 기본생활보장의 객체는 아동과 가족이라고 보아야 한다.

기본생활보장은 부모의 실업, 질병, 재해 등으로 인한 경제적 불안을 덜어 주어 아동이 가족과 함께 건강하고 인간으로서의 존엄성을 보장받을 수 있는 최소한의 경제적 조건을 보장하는 기능을 가지고 있다. 생계유지가 곤란하거나 빈곤선 이하의 생활을 하는 아동과 가족에게는 국가가 기본생활보장과 기초생활보장 측면에서 책임을 다해야 한다. 부모나 가족이 신체적, 정서적, 경제적 어려움으로 아동 보호와 양육 기능을 다하지 못할 경우, 필요한 인적·물적 자원을 지원해서 아동이 가족 내에서 기본생활을 유지하고 건전하게 성장할 수 있도록 사회적 보장 체계를 갖추는 것이 아동복지의 일차적 의의이다.

2) 인적자원의 보호와 육성

아동은 미래사회를 이끌어 갈 인적자원이므로 이들을 보호하고 교육을 통해 육성하는 것은 국가를 위한 투자이다. 우리 사회는 교육을 백년지대계로 보고, 한 국가의 흥망성쇠를 좌우하는 요소 중 하나로 교육을 통한 인적자원의 보호와 육성을 손꼽을 만큼 중요성이 강조되어 왔다. 자연자원이 부족한 우리나라는 인적자원을 배출한다는 의미에서 개별 가족 뿐 아니라 국가도 교육투자에 지대한 관심을 가져 왔고, 교육

투자로 배출된 인력이 오늘날 국가발전에 기여한 바는 매우 크다.

인적자원의 중요성은 국민으로 하여금 다른 어떤 정책보다 교육정책에 관심을 가지게 했고, 정책과 제도에 변화가 있을 때마다 찬반 논란이 적지 않게 있다. 이러한 논란과 관심은 인적자원에 대한 보호와 육성 의지를 반영하는 것이다. 따라서 아동에게 필요한 인적자원을 육성하고 건전한 인격을 갖춘 인간으로 성장할 수 있도록 지원하는 것은 아동복지를 위한 기본 전제가 되어야 한다.

인적자원에 대해 논할 때 고려해야 할 요인은 빈곤, 가족해체, 가족기능 부재 등과 같은 환경적 제약이다. 빈곤 아동과 가족에 대한 문제는 우리 뿐 아니라 세계적으로 아동복지의 중심 이슈이다. 경제 성장과 번영의 이면에 경제발전의 혜택을 누리지 못하고 사각지대에 놓여 있는 다수 아동들의 존재는 교육기회의 부재 등으로 인해 빈곤의 세습화, 잠재적 능력 저하라는 면에서 문제의 심각성이 있다.

열악한 환경에 처해 있는 아동의 복지증진을 위해 세계는 교육·문화·의료시설에 투자하고 건전육성을 도모하고 있다. 대표적으로 1960년대에 시작된 미국의 헤드스타트(Head Start) 운동은 복지정책의 성공사례로 손꼽히고 있다. 이 운동의 취지는 문화실조를 경험하고 있는 빈곤가정의 자녀에게 국가가 제도적으로 교육혜택을 부여함으로써 사회적 계층 상승을 가능케 하는 역할을 했다. 이는 부모의 가난이 자녀에게 대물림되는 빈곤의 악순환을 단절시킬 수 있는 정책인 동시에 미래 인적자원의 질을 향상시켜 국가 발전에 기여한 정책으로 평가받고 있다.

인적자원의 보호, 육성을 위한 투자 효율성을 살펴보면 영유아기는 인간의 최종 지능의 80%가 발달되는 지적 발달의 결정적 시기로서, 인지·정서·사회 등의 기초능력이 집중적으로 형성되는 시기이다.[13] 생애주기별로 비교하면 아동기의 인적자원 수익률이 가장 높게 나타나고 있다. 미국 Perry Preschool Project[14]에 의하면, 영유아 교육에 1달러를 투자하면 $16 달러의 이득이 발생한다. 영국의 EPPE Project[15]는 한 명의 아동이 교육을 받도록 2,500 파운드를 지원하는 것은 가난한 부모의

13) Bloom (1964)의 주장. 기획재정부, 교육과학기술부 외 (2011). 「만5세 공통과정」 보고서에서 재인용.

14) Schweinhart, L., Montie, J., Xiang, Z., Barnett, W., Belfield, C., & Nores, M. (2005). *Lifetime effects: The High/Scope Perry Preschool study through age 40.* Monographs of the High/Scope Educational Research Foundation, MI: High/Scope Press.

수입을 17,500 파운드 지원하는 것과 동일한 효과가 있는 것으로 보고하고 있다. 그리고 생애 초기 교육환경과 소득 격차에 따른 기본발달의 차이는 이후 누적적 차이를 가져오는 것으로 알려져 있다.[16)]

우리나라도 1980년대 이후부터 저출산과 더불어 아동이 국가의 주역임을 인식하고 이들의 인적자원을 보호·육성하기 위해 노력해 왔다. 대표적인 예로 아동복지법에 근거한 지역아동센터, 위스타트 운동, 드림스타트 사업 등을 들 수 있다. 지역아동센터는 지역사회 내에서 아동이 부모의 빈곤 및 가출, 맞벌이 등에 의해 적절한 보호를 받지 못할 경우, 아동의 권리를 보호하기 위하여 생존권, 복지권, 문화권, 발달권, 학습권 등을 기반으로 한 아동복지 통합서비스를 제공하는 것에 목적을 두고 있다.

위스타트 사업은 2004년에 언론사, 사회공동모금회, 한국복지재단 등의 단체가 모여 위스타트 본부를 창립하면서 시작되었다. 위스타트(We Start)란 복지(Welfare), 교육(Education), 출발(Start)을 합성한 개념이다. 저소득층 아동이 가난의 굴레에서 벗어날 수 있도록 보호와 교육 기회를 제공함으로써 모든 아동이 동등한 삶의 출발선에 설 수 있도록 하자는 운동이다. 따라서 위스타트는 저소득층 아동의 개별 사례관리를 통해 위스타트 마을 만들기와 방과후 교실을 열어 학업부진 아동을 지원하고, 방과후 부모 보호를 받지 못하는 아동에게 휴식과 학습의 공간을 제공하고 있다.

드림스타트는 민간주도 사업인 위스타트의 한계를 극복하기 위해 지방 행정 조직을 통해 빈곤 아동에게 필요한 통합서비스를 제공하고 공평한 출발을 할 수 있도록 기회균등을 보장함으로써 인적자원을 보호, 육성하는데 목적을 두고 있다. 드림스타트는 전담 조직으로 구성되어 있고 사업비용은 국비에서 지원된다. 사업은 기본, 필수, 선택 사업으로 구분되며, 필수서비스에 건강검진 및 예방, 기초학습 지원, 문화체험, 양육지원, 부모교육 등이 포함되어 있다. 지원 목적은 복지, 건강, 교육이 연계

---

15) Sammons, P., Sylva, K., Melhuish, E., Siraj-Blatchford, I., Taggart, B., Grabbe, Y., & Barreau, S. (2007). *The Effective Pre-School and Primary Education 3-11 Project (EPPE 3-11)*. London: Institute of Education, University of London.

16) Heckman, J. & Masterov, D. (2007). The Productivity Argument for Investing in Young Children. Paper presented at Schultz Award Lecture at the Allied Social Sciences Association annual meeting, Chicago, January 5-7.

된 서비스를 통해 아동의 인적자원을 보호, 육성하고 이를 통해 사회통합과 지속적인 성장을 이루는데 있다.

아동에 대한 인적자원 투자는 관련 부서에서 효율적 방안을 어느 정도 심도 있게 추진하느냐에 따라 달라진다. 인적자원의 보호·육성은 국가복지와 밀접한 관련이 있으므로 적용가능성이 높은 방향으로 추진되어야 한다.

3) 빈곤과 아동의 성장욕구

아동은 다양한 욕구를 가지고 있다. 아동복지에서 욕구를 중요하게 다루는 이유는 아동의 욕구가 잠재된 능력의 표출이고 스스로 성장하려는 능력의 표현이기 때문이다. 아동은 본질적으로 성장욕구를 가지고 태어난다. 아동의 몸과 마음에는 자기표현을 추구하는 지성적 욕구가 내재해 있는데 이런 욕구는 근원적 추구인 동시에 진리이다.

중세부터 근대에 이르기까지 철학자들은 아동의 욕구를 신성이라고 표현 했다. 신성은 타고나는 것이고 욕구를 통해 성장한다. 즉 아동의 욕구는 성장 및 발달과 밀접한 관련이 있으므로 아동복지는 아동의 욕구를 충족시키는 사회시스템 구축에서부터 시작되어야 한다. 따라서 부모나 가족이 아동의 욕구를 충족시킬 수 있는 인적·물적 자원이 부족할 경우 국가가 이를 지원해 주어야 한다.

아동기에는 생존을 위한 생리적 욕구, 물리적 환경으로부터의 보호와 안전에 대한 욕구, 잠재능력 개발을 위한 인적자원 개발 욕구 등 충족 되어야 할 기본 욕구가 다양하다. 아동이 기본 욕구를 충족하지 못하면 욕구좌절을 경험하고 정서불안, 부적응을 겪게 되며 청소년기에 이르러 일탈, 가출, 비행, 폭력 등의 사회문제를 야기 할 수 있다.

아동이 처한 열악한 환경 중 기본욕구 충족과 관련된 요인은 빈곤이다. 빈곤은 물적 자원의 결핍 뿐 아니라 교육 기회, 보건의료 체계 접근, 바람직한 생활환경으로부터의 결핍을 비롯하여 성취동기, 열망, 자아실현 등의 심리적 차원과 문화적 가치로부터의 소외를 포괄하는 개념이다. 빈곤이 아동복지에 미치는 영향에 대해 논할 경우 건강, 인적자원, 물리적·정서적 환경이 주 요인으로 대두된다.

(1) 영양결핍과 보건의료체계 접근성

빈곤이 건강에 미치는 영향은 세 요인으로 구분할 수 있다.

첫째는 영양결핍인데 영양이 결핍된 아동은 그렇지 않은 아동에 비해 피로, 두통, 감기, 주의력 결여 등에 노출될 확률이 더 높다. 이러한 위험에 노출되어 있는 아동이 부모의 보살핌을 받지 못할 경우 발달지체로 연결될 수 있다. 예를 들어, 빈번한 감기로 시달리는 아이가 적시에 치료를 받지 못하면 중이염 등으로 발전할 수 있고 이를 간과할 경우 청각장애로 이어질 수 있다. 주의력 결핍 문제를 지닌 아동에게 적절한 조기중재 및 치료교육을 제공하지 못하면 학습장애로 발전할 개연성이 있다.

두 번째 요인은 '임신 중의 영양결핍'으로 어머니가 임신기간 중에 충분한 영양을 섭취하지 못하면 저체중아를 분만하게 되고 또 어머니의 산후 건강 여부도 아이의 성장에 영향을 미치게 된다.[17] 불충분한 영양섭취와 부적절한 아동양육으로 인해 미성숙아가 출생할 확률은 빈곤가족에게서 더 높게 나타나고 있다.

세 번째 요인은 '보건의료체계 접근성'이다. 빈곤은 가족구성원 모두에게 자원제한으로 인한 문제를 안겨준다. 자원제한은 인간에게 있어서 기본욕구인 보건의료체계에 대한 접근을 제한하여 의사나 임상 전문가로부터 의료서비스를 받을 수 없게 한다. 최근 저소득층을 위한 의료보장서비스가 확대되고 있지만 아직도 적지 않은 수의 아동이 필요한 의료서비스를 받지 못하고 있다.

(2) 교육 욕구와 인적 자원

빈곤은 아동의 잠재 능력을 저하시켜 인지발달 및 교육 욕구에 부정적인 영향을 미친다. 빈곤가정은 아동에게 양질의 교육환경을 제공할 수 없고 학습에 필요한 도구, 캠프, 탐구 및 예술 활동을 시킬 여력이 없다. 아동의 초기 인지발달과 학습능력은 다양한 경험에서 비롯되는데 빈곤가정은 이러한 경험을 제공할 경제력이 부족하므로 기회의 평등이란 점에서 불리한 환경에 놓여있다.

경제력이 취약하여 기본 의식주를 해결하는 데 급급한 경우 아동의 지적발달과 언

17) McLoyd, V. C. (1998), Socioeconomic disadvantage and child development, *American Psychologist*, 53, 185-204.

어발달을 위한 교육적 자극을 제공할 수 있는 기회가 제한될 수 밖에 없다. 이런 상황에서 아동에게 발달장애가 있을 경우 빈곤이 미치는 영향은 더욱 심각해진다. 지적능력과 빈곤과의 관계를 검증한 연구에 의하면 가족의 사회경제적 지위는 아동의 지적능력을 설명하는 데 가장 중요한 변수인 것으로 나타났다[18].

(3) 물리적 환경

물리적 환경 역시 아동의 성장 욕구와 밀접한 관련이 있다. 주거공간을 포함한 물리적 환경을 논함에 있어서 이웃이나 지역사회문화는 아동복지에 직접 영향을 미치는 요인이다. 물리적 환경 범주에는 공간, 안전, 학교, 지역사회 등이 포함되나 아동복지와의 관련성이란 면에서 다음의 두 요인에 관심을 가질 필요가 있다.

첫째는 '가정환경' 이다. 안전하고 쾌적한 주거공간은 아동복지의 기본 요소이다. 빈곤가족은 이러한 기본요소가 결여된 공간에서 살고 있으며 냉난방이 미비한 상태에 있거나 좁은 공간에 다수 구성원이 생활하고 비위생적 환경에 노출될 개연성이 높다. 빈곤은 가정환경에 영향을 미치고, 가정환경은 다시 아동의 인적자원, 정서적 복지, 가족구성원의 건강에 영향을 미치는 순환적 측면을 가지고 있다.

둘째로 '주변 환경' 을 들 수 있다. 빈곤가족이 건강한 주거공간을 확보할 여력이 없다는 것은 이들이 적합한 환경을 선택할 기회가 없다는 것을 의미한다. 빈곤아동은 양질의 보육시설과 교육 환경, 안전한 놀이 공간, 긍정적인 성인의 역할을 경험할 기회가 부족하다. 이웃환경이 부모와 아동의 행동에 어떤 영향을 미치는지에 대해 살펴보면 빈곤지역에 거주하는 아동이 그렇지 않은 아동에 비해 문제행동에 노출될 확률이 더 큰 경향이 있다. 빈곤아동의 부모들은 공격적 성향을 지닐 수 있고 그들 스스로 공격적 성향을 인지하고 있으나 개선하지 않는다. 이유는 공격적 성향은 빈곤가구가 밀집한 지역에서 살아가는 데 필요한 성향이기 때문이다.

---

18) Scott, D., & Munson, W. (1994), Perceived constraints to park usage among individuals with low incomes, *Journal of Park and Recreation Administration*, 12(4), 79-96.

3. 아동복지의 원칙

아동기는 가족과 사회의 보호와 지원 하에 발달하는 시기이다. 그런 의미에서 가족복지는 아동복지의 전제 조건이라고 볼 수 있다. 아동복지 실현은 부모·아동·사회의 조화로운 관계 속에서 가능하며, 이들 삼자는 각각의 권리와 의무를 지니게 된다. 따라서 이 삼자의 축을 중심으로 한 관계 속에서 권리와 의무 간에 균형을 이룰 때 아동복지 원칙은 지켜질 수 있다. 아동복지 원칙에는 권리와 책임, 보편성과 선별성, 개발적 기능, 포괄성, 전문성 등의 다섯 가지가 있다.[19)]

1) 권리와 책임의 원칙

아동복지의 주체는 아동, 부모, 국가 및 지방자치단체인데 아동복지는 이들 세 주체가 지닌 권리와 책임을 바탕으로 상호작용과 협력 속에서 수행되어야 한다.

(1) 아동의 권리와 책임

아동은 태어날 때부터 한 인간으로서 권리와 책임을 가진다. 아동의 권리에는 교육과 문화적 혜택, 안전에 대한 권리, 신념, 언어, 가족배경을 존중받을 권리, 자신의 삶에 대해 알 권리, 사생활 보호권 등이 있다. 아동의 권리는 「세계 아동의 권리선언, 1959」을 비롯하여 「아동의 권리에 관한 협약, 1989」 우리나라의 「어린이 헌장, 1957, 1988」, 「청소년 헌장, 1990」에 이르기까지 아동의 권리가 법적으로 명시되어 있다. 이러한 권리 규정은 아동복지 이념의 기반이 된다.

아동은 권리를 가짐과 동시에 책임도 있다. 아동은 가족과 사회가 추구하는 긍정적 기대를 충족시켜야하고, 합리적 요구를 받아들여 자신의 책임을 다하는 가운데 성장·발달 할 수 있도록 노력해야 한다.

(2) 부모의 권리와 책임

아동 보호와 양육에 대한 일차적인 권리와 책임은 부모에게 있다. 부모는 아동이

---

19) 장인협·오정수 (2004), 아동청소년복지론, 서울대학교 출판부.

생활하는데 필요한 환경을 제공하고 긍정적 상호작용을 통해 아동이 바르게 성장할 수 있도록 해야 한다. 부모는 아동의 생활방식과 행동기준을 결정할 권리를 가지며, 아동이 건전한 시민으로 성장할 수 있도록 양육하고 교육시켜야 할 의무와 책임이 있다. 부모는 아동을 신체적·정서적으로 보호하고 양육에 필요한 경제적 책임을 져야 한다. 부모가 이러한 책임을 다하지 못하면 부모교육과 상담, 가족치료 등을 지원하고 경우에 따라 부모의 권리를 제한할 수 있다. 최근 저출산과 더불어 부모의 권리와 책임이 사회나 국가로 이양된 부분이 있으나 여전히 일차적 책임은 부모와 가족에게 있다.

(3) 국가와 사회의 권리와 책임

국가와 사회는 아동의 인권을 보호하고 권리를 증진할 책임이 있다. 아동은 미래 사회의 인적자원이므로 이들을 보호하고 교육하는 것은 국가 미래를 위한 투자이다. 따라서 아동이 국가발전에 기여하고 건전한 인격을 갖춘 인간으로 성장할 수 있도록 국가는 제반 권한을 행사하여 입법조치와 교육 등 실질적 대책을 마련해야 한다. 의무교육을 통해 아동이 교육 받을 수 있는 권리를 보장하고, 폭력, 비행 등 유해환경에 노출되지 않도록 법률을 제정·시행함으로써 아동을 보호해야 한다. 또 부모의 양육보호가 법이 규정하는 수준에 미치지 못할 때 부모 권한을 제한 할 수 있고 아동을 강제보호하거나 위탁가정 및 아동복지시설의 보호를 받도록 해야 한다. 아동에 대한 국가와 사회의 권리와 책임은 아동관계법에 명시하고 있다.

2) 보편성과 선별성의 원칙

아동복지 수급자격을 정할 때 목적에 따라 보편성과 선별성 원칙을 적용할 수 있다. 보편성과 선별성은 배타적 개념이 아닌 포괄적 개념이며 전체 아동을 대상으로 급여나 서비스를 제공하는 원칙이다. 이러한 원칙은 아동문제가 불완전한 정보와 불공평한 사회체계가 원인이라는 점에서 출발한다. 보편성과 선별성 원칙을 토대로 한 아동복지 제도에 아동수당, 가족수당, 무상의무교육, 무상급식 등이 있다. 아동의 개별 욕구와 관계없이 균등급여를 할 것인지에 대해서는 논의가 필요하지만 균등급여

보장을 위한 보편성은 우리 사회가 지속적으로 추구해 온 바이다.

선별성 원칙은 빈곤아동이나 기본 욕구가 충족되지 않은 아동에게 급여나 서비스를 제공하는 것이다. 이 원칙에 의한 급여나 서비스는 욕구를 보충하거나 해소하기 위한 최소한의 보호적 장치이다. 선별성에 입각한 급여와 서비스는 일시적·보완적·잔여적 성격이 강하고, 시혜적·범주적이며 열등처우 원칙에 의한 것이어서 낙인을 동반할 개연성이 있다. 전통적으로 시설 중심의 아동복지사업은 선별성 원칙에 의해 이루어져 왔다. 그러나 아동 인권과 권리를 보장하기 위해서는 선별성 만으로는 부족하고 보편성에 입각해야 한다.

3) 개발기능 원칙

개발기능 원칙이란 문제가 발생한 후 대응하는 사후 치료적, 잔여적 서비스에서 벗어나 사전 예방적, 보편적 서비스로 확대하는 변화를 가져올 수 있는 복지 기능을 의미한다. 과거에는 복지 기능이 구호 차원의 사후 치료적, 잔여적이었으나 이러한 기능은 사회변화에서 파생되는 문제를 해결하는데 한계가 있었다. 현대에는 개발기능 원칙이 강조되고 있어 치료적, 미시적 차원에서 예방적, 거시적 차원에 초점을 두고 있다. 미시적 차원은 개별 가족 단위를 그리고 거시적 차원은 지역사회 및 국가 단위를 의미한다.

개발기능 원칙은 사회문제가 사회변화 과정에서 구조적으로 발생한다는 인식에 기반을 두고 있다. 따라서 근본적으로 문제를 야기하는 사회구조나 조건의 변화를 정책이나 제도적 접근으로 사회문제를 해소하고 발전을 도모해야 한다. 아동복지를 위한 개발기능은 아동의 욕구를 파악하고 그러한 욕구를 충족할 수 있는 자원 개발, 시민 참여, 지도자 개발, 기관 및 집단 간 네트워킹 등에 초점을 맞추어야 한다.

4) 포괄성의 원칙

아동복지사업 및 서비스는 포괄성 원칙이 준수되어야 한다. 아동은 발달과정에 있고 신체, 정서, 인지 등이 상호 관련성을 가지고 있기 때문에 아동 욕구에 대해 통합적 관점으로 접근해야 한다. 아동의 건강한 발달과 복지욕구를 충족하기 위한 정책과 서비스는 안전, 교육, 보건, 주거, 여가문화 등을 포괄하는 차원에서 구성되어야 한다. 따라서 아동복지 관련기관은 정책이나 서비스를 결정할 때 사회 전반적 구조 뿐 아니라 정책형성 및 채택과정에서 고려해야 할 문제를 부처 간의 유기적 관계와 협력 하에서 포괄적으로 조정할 수 있도록 체계를 구축해야 한다.

5) 전문성의 원칙

전문성의 원칙이란 아동복지 적용대상 집단을 중심으로 전문가들의 문제해결에 대한 책임과 의무, 객관적·실증적 정보와 지식에 대한 요구 등을 의미한다. 아동복지 전문가는 서비스 적용대상 집단에 대한 정확한 정보가 있어야 한다. 정보란 아동이 직면한 문제 뿐 아니라 가까운 미래에 일어날 수 있는 변화에 대한 정보를 의미한다. 정보 획득은 적용대상 아동의 안녕과 복지를 위해 매우 중요하며, 과학적으로 검증된 자료는 아동복지를 위한 결정에 판단의 근거가 된다.

전문성은 아동복지사업 성과를 좌우하는 원칙이다. 아동복지사업은 전문기구 및 전문성을 갖춘 인력에 의해 수행되어야 한다. 아동은 발달과정에 다양한 욕구를 표출하고 문제행동을 야기할 수 있다. 아동의 욕구나 문제행동에 대한 전문지식이나 기술 없이 문제해결을 기대하기 어렵다. 따라서 아동학, 심리학, 사회복지학 등 관련 분야 전문가의 활동은 아동복지정책이나 사업을 성공적으로 이끄는 데 있어서 결정 요인으로 작용한다.

따라서 현직 종사자는 변화하는 사회에 맞추어 체계적인 교육과 훈련을 통해 전문성을 유지해야 한다. 현재 다수의 아동복지기관이 아동복지를 위한 조직의 목적을 명확히 정하고 조직운영에 초점을 맞추고 있으나 서비스나 프로그램의 기획 및 실천에 필요한 전문성을 키우는 것에 대한 관심은 다소 미약하다. 앞으로 아동복지 전문 인력을 양성하기 위해 사회적 관심과 제도적 지원이 수반되어야 하고 이러한 관심과 지원이 아동복지 성과를 보장 할 수 있을 것이다.

제 3 장

아동 욕구와 발달이론

1. 아동 욕구

1) 욕구의 개념과 중요성

욕구란 아동의 생존·성장·발달을 위해 신체적·정서적·사회적 필요에 따라 구하는 것이다. 마그라비(Magrabi)[1]는 욕구란 아동이 살아가는데 필요한 것이 결핍된 상태이고 이상적 상태(desirable state)나 표준을 나타내는 개념이라고 정의하였다. 따라서 욕구 이면에 이상적 상태나 표준에 도달하려는 인식이 내재되어 있고 현실과 표준 간 차이로 인한 문제를 엿볼 수 있다. 욕구 개념은 관점이 절대적인지 상대적인지, 변화와 관련된 것인지 그렇지 않은 것인지에 따라 다르게 정의할 수 있다. 욕구를 절대적 기준에 둔다면 연령별 발달단계가 중요한 변수이다. 그러나 상대적 기준에 둔다면 개별 아동의 욕구는 같은 연령대의 다른 아동 및 집단의 표준과 비교하게 된다.

욕구와 표준을 과학적으로 규명하기 위한 노력은 끊임없이 지속되고 있다. 만약

1) Magrabi, F.M., Chung, Y.S. Cha, S.S. & Yang, S. (1991). *The Economics of Household Consumption*. Praeger

우리가 표준을 객관적 형태로 표시할 수 있다면 표준 개념은 아동복지를 규정하는 데 유용한 척도가 될 것이다. 왜냐하면 표준이란 욕구가 지향하는 수준이고 아동복지는 그러한 표준에 도달하기 위한 활동이기 때문이다. 아동과 가족은 사회인구학적 상황에 따라 욕구의 특성, 범주, 수준 및 표준 등이 각기 다르다. 욕구의 본질과 체계에 대해 살펴보면 다음과 같다.

2) 욕구단계설

매슬로우(Maslow)는 욕구를 5개 범주로 구분하고 욕구는 수준이 가장 낮은 생리적 욕구에서 가장 높은 자아실현 욕구로 상향하면서 단계적으로 발생한다고 보았다.

(1) 생리적 욕구

생리적 욕구는 배고픔, 갈증, 휴식, 주거, 추위나 더위로부터의 보호 등 인간이 기본적으로 생존하기 위해 필수적으로 충족되어야 하는 것이다. 이 욕구가 충족되면 그 다음 단계인 안전에 대한 욕구가 발생한다.

(2) 안전에 대한 욕구

안전에 대한 욕구는 위협이나 궁핍으로부터의 보호를 포함한다. 여기에는 물리적 환경으로부터의 보호뿐 아니라 기회의 박탈과 같은 심리적 욕구까지 포함된다. 예를 들면, 주거환경권 내의 안전, 범죄 위협 없이 아이들이 놀 수 있는 환경, 보육기관이나 교육기관 내에서의 안전한 생활 등을 비롯하여 부모의 직업 및 소득에 대한 경제적 안정성 등은 안전에 대한 욕구에 해당된다. 이러한 욕구는 현재를 포함한 미래의 개념이 내포되어 있다.

(3) 소속감에 대한 욕구

생리적 욕구와 안전에 대한 욕구가 충족되면 애착, 사랑, 배려, 연대, 또래로부터의 인정 등과 같은 소속감에 대한 욕구가 부각된다. 가족과 또래, 교사 등과 친밀한 관계를 유지하며 소속된 집단 내에서 자신의 존재를 인정해 주고 사랑받으며 정서적 소속감을 갖기를 원한다. 이러한 욕구로 인해 아동은 친구를 사귀고 또래집단을 형성하며 그 속에서 집단 규범을 지키고 소속되기를 원한다.

(4) 자존감에 대한 욕구

자존감에 대한 욕구는 아동 자신이 스스로를 존중하는 것 뿐 아니라 가족과 또래로부터 존중 받는 것에서 비롯된다. 인간은 본질적으로 사회적 성향을 가지고 있기 때문에 또래로부터 자신의 능력, 재능, 성과를 인정받고 싶어 하고 다양한 방법으로 자신의 존재와 우월성을 과시하는 경향이 있다. 이러한 욕구가 충족되면 아동은 자신감, 성취감, 활력 등을 갖게 되지만 충족되지 못하면 자존감이 손상되어 욕구좌절, 열등감, 상실감에 빠지게 된다.

(5) 자아실현의 욕구

자아실현은 가장 수준 높은 욕구이며 하위 욕구가 충족되면 자연스럽게 상위 욕구인 자아실현을 추구하게 된다. 따라서 자아실현 욕구가 있는 아동은 생리적 욕구를 비롯하여 안전 및 소속감, 자존감 등의 욕구가 충족된 상태에 있는 것이다. 아동은 표현, 성취, 탐구, 창의 등을 통하여 자아를 개발하고 실현하려는 욕구를 가지고 있다. 성숙주의 학자는 이를 신성으로 표현했다. 루소와 페스탈로치의 영향을 받은 프뢰벨은 교육은 아동에게 내재된 신성이 발현될 수 있도록 도와주는 것이고 본질적으로 존재하는 자기 내면의 신성 즉 자아를 실현하는 것이라고 하였다.

3) 존재·관계·성장 욕구

아더퍼(Alderfer)는 욕구를 존재, 관계, 성장 욕구로 구분하였다. 아더퍼와 매슬로우의 공통점은 욕구를 범주별로 낮은 차원에서 높은 차원으로 계층화한 것이다. 차이점은 아더퍼의 경우 욕구단계설이 반드시 계층화된 범주 내에서 단계적 과정을 거치는 것이 아니라는 것이다.

(1) 존재 욕구

존재 욕구는 매슬로우 욕구단계설의 처음 두 단계 즉 생리적 욕구 및 안전에 대한 욕구와 부합된다. 배고픔, 갈증, 추위, 안식처 등의 생리적 욕구와 부모의 직업, 경제력 등의 물질적 욕구는 아동이 기본적으로 존재하기 위해 필요한 욕구이므로 존재 욕구에 해당된다.

(2) 관계 욕구

관계 욕구는 욕구단계설의 소속감 및 자존감에 대한 욕구를 반영한다. 가족과의 건강한 애착관계, 또래와의 친구관계 등은 상호간의 신뢰, 이해, 배려, 공감 등을 전제한 욕구이며 이들 요소는 공유와 상호 간 정서에 의존하게 된다. 아동기에 부모와 갖는 건강한 애착관계는 두뇌, 정서, 인지발달에 직접 영향을 미치는 가장 중요한 관계이다.

(3) 성장 욕구

성장 욕구는 자아실현 욕구와 자존감 욕구를 포괄하는 개념이다. 성장 욕구는 아동의 잠재력을 최대한 발휘하고 새로운 능력을 계발하는 데 필요한 기회와 경험을 통해 충족된다. 성장욕구와 관련하여 비고츠키는 근접발달영역을 강조하였다. 즉 아동이 실제적 발달수준을 넘어 성인의 안내와 또래와의 협동을 통해 도달할 수 있는 근접발달영역 및 잠재적 발달영역은 성장 욕구와 관련이 있다.

2. 아동발달의 개념과 이해

인간은 생명이 잉태되는 순간부터 전 생애를 통해 발달한다. 그러나 아동기 발달은 질적·양적으로 가장 왕성하고 이때의 발달이 일생을 좌우할 정도로 중요한 시기이다. 아동복지는 욕구가 있는 대상에게 관련 욕구가 충족될 수 있도록 지원하는 활동인데 아동기에 발생하는 욕구의 대부분은 아동발달과 밀접한 관련이 있으므로 아동발달의 특성과 이론에 대해 알아야 한다. 아동발달에 대한 지식이 있어야 현장에서 필요한 서비스나 프로그램을 제공할 수 있고 욕구에 부합되는 중재방안을 모색하여 아동과 의사소통을 할 수 있다. 아동발달을 토대로 욕구에 부합되는 환경을 조성하는 것이 아동복지를 증진시키는 방안이다.

5) 양적·질적 발달

발달이란 생명이 시작되는 수정의 순간부터 전 생애를 통해 신체적, 사회심리적, 정서적, 문화적으로 다양한 변화가 이루어지는 과정을 말한다. 발달은 체계적으로 양적 발달과 질적 발달을 거치게 된다. 양적 발달은 키, 체중, 활동성, 알고 있는 단어의 수 등과 같이 관찰이 가능한 신체적 변화를 의미한다. 질적 발달은 인지, 감성, 판단력, 주의력, 관찰력 등과 같이 내면적 특성이 포함된다. 키가 크고 몸무게가 느는 것은 양적 발달이다. 아이가 뒤집고, 앉고, 서는 것도 양적 발달이다.

질적 발달은 기능 및 인지와 관련된 부분으로 양적 발달처럼 지속적으로 일어나지 않고 처음에 미숙하지만 점차 기능적으로 능숙해 지거나, 위험한 상황(계단이나 뜨거운 물건 등)에 대해 인지하고 안전 모드로 전환하거나 몸을 움직일 때 대근육에서 소근육 운동으로 세분화되는 것을 의미한다.

발달은 상승과 하강을 수반하는데 상승적 변화란 태아기, 영아기, 유아기, 아동기, 청년기 등과 같이 발달이 양적 증가 및 기능 강화와 더불어 상승적으로 이루어지는 과정을 말한다. 상승적 변화가 정점에 달하면 양적 감소, 기능 약화, 심리적 변화 등을 동반하는 하강적 변화가 일어나는데 중년기, 장년기, 노년기가 이에 속한다.

2) 성장과 성숙 vs. 경험과 학습

아동발달에 영향을 미치는 요인은 성장, 성숙, 경험, 학습 등 다양하다. 성장(growth)은 외적 성장으로 연령 증가에 따라 신체적, 심리적 기능이 증대되는 것을 의미한다. '아이가 잘 자란다' , '많이 컸다' 등의 표현은 성장을 의미한다. 성숙(maturation)은 내적 성장으로 신체적, 심리적 변화가 일어나는 생물학적, 생득적 체계를 말한다. 사춘기의 이차적 성 특징, 월경 등은 성장 과정에 나타나는 질적 변화이다. '생각이 깊어졌다, 품성이 원만하다' , '친구를 배려한다' 등은 성숙을 의미한다.

경험(experience)[2)]은 주어진 환경에서 심리적, 물리적인 상호작용을 통해 체험한 것을 말한다. 경험은 학습(learning)과 밀접한 관련이 있다. 학습은 경험의 결과이고 경험을 통해 학습된 것이 외적, 내적 변화를 만든다. 아동은 부모 형제, 학교, 또래와의 상호작용을 통해 경험하고 가치, 역할, 신념, 사고 및 행동방식을 학습하게 된다.

학습은 다양한 경험을 필요로 하는데 바우드(Boud)[3)]는 경험과 학습을 통합하여 경험학습(experience-based learning) 개념을 정립하였다. 이러한 개념은 발달이 성장과 성숙 그리고 경험과 학습을 포괄하는 개념이라는 것을 말해 준다. 아동은 발달을 통해 성장, 성숙하고 학습 및 경험을 통해 심리적, 사회적, 인지적인 면에서 양적·질적 변화를 거치게 된다.

3. 아동발달의 원리와 특성

1) 아동발달의 원리

아동발달은 아동복지의 중요한 토대가 되는 영역이다. 그런 만큼 다수 학자들이 아동을 관찰하여 발달이론을 정립하고 아동에 대한 통찰력을 키워왔다. 이러한 노력은 아동의 신체, 정서, 인지 발달이 어디서 시작되고 어떤 과정을 거치는지에 대한 지식을 제공하고 인식의 지평을 넓혀 준다. 게젤(Gesell)에 의하면 아동에게는 타고난 발달패턴이 있으며 보편적인 원리가 작용한다.

(1) 발달에는 일정한 순서가 있고 누적적이다.

아동발달은 일정한 순서에 따라 누적적으로 이루어진다. 목 운동이 가능해야 앉고 걸을 수 있듯이 발달에는 일정한 순서가 있다. 이런 양상은 언어 및 인지발달과도 맥락을 같이 한다. 원을 그린 다음 사각형을 그릴 수 있고, 한 두 단어를 구사할 수 있

---

2) Kolb, D., Boyatzis, R.E., Mainemelis, C (2000). Experiential learning theory: Previous research and new directions. *Perspectives on cognitive, learning, and thinking styles* (R. J. Sternberg & L. F. Zhang, Eds.). NJ: Lawrence Erlbaum,

3) Boud, D., Cohen, R. & Walker, D. (1993). *Using Experience for Learning.* Buckingham: SRHE and Open University Press.

을 때 단문, 복문으로 누적되어 자기표현이 가능해진다. 글씨도 기본 철자를 배우고 철자들이 어떻게 결합하여 문장으로 구성되는지 이해하게 된다.

(2) 발달은 일정한 방향으로 진행된다.

발달은 무작위로 진행되는 것이 아니라 다음과 같이 일정한 방향으로 진행된다.

① 두미 방향의 원칙

발달은 위에서 아래로 진행된다. 머리를 자유로 움직일 수 있을 때 팔과 다리를 움직일 수 있다. 영아는 머리가 먼저 발달하여 신체의 다른 부분보다 불균형적으로 크기 때문에 목을 가누기 어렵다. 이러한 불균형도 시간이 지날수록 균형적인 모습을 갖추게 된다. 아이들이 목을 가누고 머리를 들고 고개를 돌릴 수 있는 시기는 생후 2개월 이내이다. 이후에 팔을 사용하고 6~12개월이 되면 다리를 움직일 수 있으며, 기고, 서고, 걸을 수 있다.

② 근원 방향의 원칙

발달은 중심에서 말초로 진행된다. 몸의 중심부인 심장이 먼저 발달하고 그 다음 손가락, 발가락 등 심장 외부 방향으로 발달하게 된다. 아동의 머리와 몸은 팔과 다리보다 먼저 발달하고, 팔과 다리는 손가락, 발가락보다 먼저 발달한다. 기능도 중심부인 머리, 가슴, 어깨 등이 먼저 발달하고 그 다음에 팔, 손, 손가락 등의 순으로 발달한다.

③ 세분화 방향의 원칙

신체는 전체에서 세분화된 방향으로, 일반적인 부분에서 구체적인 부분으로 발달한다. 행동도 몸 전체를 사용하는 동작에서 세부적인 동작으로 변화한다. 물건을 잡을 때 처음에 손 전체를 사용하다가 점차 근육의 움직임이 세분화되면서 손가락을 사용한다. 즉 처음에 대근육부터 시작해서 점차 소근육 발달로 이어진다. 인지발달도 초기에는 간단히 인지할 수 있는 부분에서 점차 세분화된다. 수에 대한 인지는 1, 2,

3 또는 가, 나, 다부터 시작해서 시간이 갈수록 인지능력이 향상되어 숫자를 더하고 뺄 수 있다.

(3) 발달은 연속적이지만 발달 속도는 일정하지 않다.

발달은 연속적이지만 발달 속도는 일정하지 않은 것을 '비동시적 성장' 이라고 한다. 발달 속도는 아동의 성별, 연령, 환경에 따라 차이가 있다. 일반적으로 아동기에는 남아에 비해 여아의 성장 속도가 빠르다. 이런 성별 간 차이는 아동기를 벗어날 때 쯤 남아의 성장 속도가 빨라지면서 남녀 간 차이가 사라진다. 환경적 자극도 발달에 영향을 미친다. 발달이 진행될수록 더 높은 수준의 기능을 습득하여 더 나은 과업 성과로 이어진다.

(4) 발달에는 개인차가 있다.

발달은 순서에 따라 이루어지며 유전과 환경에 따라 발달 속도에 개인차가 있다. 아동은 각자 개성을 가지고 태어나며 이 세상의 어느 누구도 똑같지 않다. 어떤 아이는 말이 빠르고 어떤 아이는 운동신경이 빨리 발달한다. 그러나 대부분의 아동은 발달 규준에서 다소 편차를 보일 수 있으나 평균의 범위를 크게 벗어나지 않기 때문에 공통점과 유사점이 있다. 이러한 공통점과 유사점을 세밀하게 관찰하면 발달 정도를 예측할 수 있다.

(5) 발달은 분화와 통합의 과정을 거친다.

아동은 분화와 통합 과정을 거치면서 발달한다. 발달 초기에는 심신이 미분화된 상태에서 미숙한 모습을 보이다가 점차 각 기관이 분화되면서 신체 각 부분을 사용할 수 있다. 처음에는 수저를 잡지 못하다가 손목과 손가락이 분화되면서 수저를 잡고 음식을 입으로 가져갈 수 있다. 물건을 잡기 위해 몸을 구부리고 팔을 뻗고 손목을 움직이고 손가락으로 원하는 물건을 잡는 일련의 과정을 통해 분화가 진행되고 이러한 분화가 통합되면서 원하는 행동을 할 수 있게 된다.

(6) 발달에는 최적 시기가 있다.

발달은 전 생애에 걸쳐 진행되지만 쉽고 빠르게 이루어지는 최적 시기가 있는데 이를 민감기(sensitive period)라고 한다. 민감기는 생애초기에 집중되어 아동의 잠재력을 최대한 개발할 수 있는 시기이므로 아동기는 일생 중 가장 중요한 시기이다. 이 시기에 정상 발달이 이루어지지 못하면 그 영향은 장기적이고 심각한 결과로 이어질 수 있다. 특히 애착관계와 언어발달은 최적 시기에 이루어지지 않으면 이후 발달에 지속적으로 부정적인 영향을 주게 된다. 아동기는 최종 지능의 80%가 발달하는 지적 발달의 최적 시기로서, 인지·정서·사회성 등의 기초능력이 집중적으로 형성된다. 지적 성숙이 최고조에 달하는 17세 지능을 100으로 할 때, 0~4세는 지능의 50%, 4~8세는 30%가 발달하고, 8세 이후에 나머지 20%가 발달하는 것으로 알려져 있다.

(7) 발달 영역은 밀접하게 연관되어 있다.

신체의 각 부위는 상호 유기적으로 연결되어 있다. 언어는 의사소통만이 아니라 지각력과 분별력을 증가시킨다.[4] 아이들이 혼잣말을 하는 것은 효과적인데 이유는 혼잣말은 자기지향적인 말(self-directed speech)로써 인지력과 관계가 있기 때문이다. 이는 언어발달이 지각력 및 분별력과 연관되어 있다는 것을 의미한다. 정서적으로 불안정한 아동은 또래 관계가 원만하지 않아 사회성 발달이 늦고 행동문제에도 영향을 미친다.

(8) 발달은 유전과 환경과의 상호작용에 의해 이루어진다.

유전과 환경의 상호작용은 아동발달 범위를 결정한다. 음악적 재능이 있으나 그런 재능이 발현될 수 있도록 환경이 뒷받침되지 않으면 만족스러운 발달을 기대하기 어렵다. 타고난 기질, 유전, 환경적 영향은 상호 연관되어 있다. 예를 들면, 일란성 쌍둥이를 따로 양육할 경우 신체적, 정서적으로 차이를 보이는데 이런 차이는 부모와의 상호작용, 교육적 자극, 양육환경 등이 다를 때 더욱 커진다.[5] 즉 동일한 유전자

---

4) The UK Life. http://content.yudu.com/Library/A1wmyq/999S20120503/resources/25.htm 2012년 5월 3일 999호 p. 25.

5) Gottlieb, G. (1992), *Individual developmental and evolution*. New York: Oxford University Press.

를 보유하고 있더라도 각기 다른 환경에서 성장하면 개별적인 차이가 난다.

환경적 영향은 지적, 인지력과 연결될 때 더욱 큰 차이를 드러낸다. 지적, 인지력 발달이 늦은 아동을 대상으로 종단조사를 실시한 결과 발달을 촉진하는 자극이 환경적 요인과 연계하여 작용할 경우 지적, 인지력이 정상에 가깝게 발달하는 것으로 나타났다. 그러나 유전과 환경과의 상호작용 효과를 구분하기가 쉽지 않다. 이유는 아동은 환경에 의해 영향을 받기도 하지만 환경을 선택하는 능동성도 가지고 태어나기 때문이다.

2) 아동발달의 특성

아동의 단계별 발달과업에는 특성이 있다. 이러한 특성은 성장 과정에 내재적 요인으로 작용한다. 아동발달 특성은 기초성, 적기성, 누적성, 불가역성으로 구분되는데 이러한 특성은 상호 연관이 있다.

(1) 기초성

아동발달은 어릴 때의 발달경험 여부가 그 후 발달의 초석이 된다. 인간발달 과업의 토대가 초기에 이루어지는데 이 발달이 후일의 발달에 영향을 미친다. 어릴 때의 경험이 후의 발달 성취와 밀접한 관계가 있으므로 어릴 때 다양한 경험과 학습을 해야 한다.

(2) 적기성

적기성이란 발달에는 적절한 시기가 있는데 그 시기에 발달과업이 이루어지지 못하면 다음 단계의 발달에 지장을 초래하게 된다. 따라서 단계별 과업이나 학습, 경험 등을 할 수 있는 적합한 시기를 놓치면 그 다음 단계에서 동일한 학습과 경험을 해도 발달과업에 미치는 효과가 적거나 없을 수 있다.

(3) 누적성

누적성이란 발달과정에 결손이 생기면 그 결손이 다음 단계의 발달에 영향을 준다는 것이다. 같은 맥락에서 긍정적 요인의 작용으로 발달에 속도가 붙으면 다음 단계에까지 이어지는 것도 누적성의 원리가 작용하기 때문이다.

(4) 불가역성

불가역성은 아동발달이 기초와 적기를 놓칠 경우 회복되지 않는 것을 말한다. 한 단계에서 잘한 것 또는 지체된 것은 다음 단계에 영향을 미치지만, 역으로 다음 단계에서 잘한 것은 그 전 단계의 발달지체를 보충하거나 교정하는데 한계가 있다.

아동발달의 특성을 이해하면 아동의 성장과 발달 문제가 바로 현재의 문제이며 미룰 수 없는 속성을 지니고 있다는 것을 알 수 있다. 아동은 무한한 성장에너지를 보유하고 있으므로 발달과정에 건강하게 성장할 수 있도록 적합한 환경과 교육 기회가 주어져야 한다는 것은 아무리 강조해도 지나치지 않을 것이다. 이런 측면에서 아동발달은 아동복지의 핵심이라고 볼 수 있다.

4. 아동발달이론 : 성숙주의

아동발달이론은 발달의 결정요인이 무엇인지에 따라 성숙주의, 행동주의, 구성주의로 구분한다. 성숙주의는 아동발달이 정해져 있는 내용과 순서에 따라 일어나며, 유전 및 성숙이 중요하다고 강조한다. 아동발달은 환경에 의해 영향을 받지만 환경적 영향도 유전적 특성에 의해 달라질 수 있다고 봄으로써 아동의 능동성을 중시한다.

성숙주의 이론에 입각하면 아동발달은 유전에 의해 결정되므로 내재된 성장가능성 이상의 발달을 요구하는 것은 바람직하지 않다. 아동에게 타고난 가능성 이상의 발달을 요구하면 아동은 좌절을 경험하고 자존감이 낮아질 수 있기 때문이다. 따라서 성숙주의를 지향하는 부모, 교사, 전문가는 아동의 성장을 주도하기보다 성장을 돕고 촉진하는 역할을 해야 한다. 발달의 사전결정론과 자연주의에 토대를 둔 성숙주의 이론의 창시자는 루소이며 그 뒤를 이어 게젤이 체계화하였다.

1) 루소의 자연주의

루소(Rousseau)의 사상은 자연주의, 합리주의, 자유주의에 있다. 자연성 회복을 주장한 그는 인간 본성은 선하고 자연과 인간은 연관되어 있으며, 인간의 본성, 선, 자연은 합하여 하나를 이룬다고 보았다. 루소의 교육론은 자연주의와 아동존중사상이 그 중심에 있다. 자연주의란 아동보호 및 교육은 자연적 순리가 기준이 되어야 하므로 과잉보호 및 애정은 아동발달을 저해하며 신체적 체벌은 반대하지만 자연적 체벌은 바람직하다고 본다.

루소의 교육원리를 살펴보면 첫째, 소극적 교육이다. 교육은 가르치는 것이 아니라 안내하는 것이며 진리와 지식을 발견하는 방법을 가르쳐야 한다. 방법을 가르치기 전에 사물에 대한 호기심과 배우고 싶은 욕구를 자극하는 방법이 더 중요하다. 둘째, 개별화 원칙인데 아동은 특유의 감정과 사고양식을 가지고 있으므로 외부 간섭에서 벗어나 스스로 생각하고 행동하도록 두어야 한다. 셋째, 감각을 통한 교육이 이루어져야 한다. 자연환경을 통한 감각 훈련은 이성을 발달시킨다. 넷째, 실물중심 교육이 중요하므로 언어위주의 교육보다 생활 속에서 아동 스스로 경험하고 행동할 때 지식과 진리를 발견하게 된다. 아동에게 진정한 교사란 경험과 감각이며 경험은 실제를 중시하고 실물중심의 교육방법을 통해서 학습될 수 있다. 이러한 원리는 관찰 및 실험 교육과 아동중심 교육이 활동의 주가 된다는 것을 말해 준다.

2) 게젤의 성장모형

게젤(Gesell)은 루소의 자연주의 모델을 아동발달연구에 과학적으로 적용하였다. 발달이란 아동 내부에서 자연스럽게 이루어지므로 모든 아동은 유전적으로 성장방향이 결정되어 있는 성장모형(growth matrix)을 가지고 있다. 아동은 보편적 발달양상을 보이며 아동이 경험하는 환경의 영향은 유전적 특성에 의해 달라질 수 있다고 봄으로써 아동이 능동적 존재라는 점을 분명히 하고 있다. 인간발달은 내적 힘인 성숙에 의해 이루어진다고 강조한 게젤은 아동발달 원리를 제시하였다.

(1) 두미발달과 근원발달

신체의 특정 부분이 다른 부분보다 먼저 발달한다. 발달방향은 두미원리와 근원원리로 구분된다. 두미원리는 발달이 머리에서 발쪽으로 진행되는 것을 말하는데 영아는 다리보다 머리가 더 빨리 성숙하고 팔의 협응이 다리의 협응보다 먼저 발달한다. 근원원리는 신체 중심이 말초 부위보다 먼저 발달하는 것을 의미한다. 따라서 아동의 어깨 움직임이 손가락의 움직임보다 먼저 발달한다.

(2) 상호교류

발달은 상반되는 두 특성이 균형을 유지하는 가운데 이루어진다. 인간의 몸은 이원적 특성이 있어 두뇌는 좌뇌, 우뇌로 구성되고 눈, 손, 다리도 두 개씩이다. 행동도 이원적인데 눈을 뜰 수도 감을 수도 있으며 사지를 굽힐 수도 펼 수도 있다. 상호교류 원리는 이러한 두 가지 특성이 효율적으로 체계화 되면서 발달하는 것을 말한다. 게젤은 상호교류 원리가 신체 발달 뿐 아니라 성격 발달에도 나타난다고 보았다. 아동은 성장 과정에 내향성과 외향성을 거듭하면서 통합적인 발달을 하는데 이는 상호교류 원리가 작용하기 때문이다.

(3) 기능적 비대칭

상호교류를 통해 인간의 이원적 본질은 균형을 이루지만 완벽한 균형을 이루지는 못하고 어느 정도 비대칭이 존재하는데 이러한 비대칭성이 오히려 기능적이라는 것이다. 게젤은 영아의 비대칭을 경직성 목반사를 예로 들고 있다. 생후 3개월 동안 영아는 머리를 한쪽 방향으로만 돌리고 눕는다. 이러한 목반사는 손과 눈의 협응력을 촉진시키는 기능이 있으며 점진적으로 신경계의 발달과 함께 사라진다. 기능적 비대칭은 어느 한 손 또는 한 눈이 다른 쪽보다 우세하게 발달하는 것과 관련이 있고 이후의 발달에도 영향을 미친다.

(4) 자기조정

인간은 내부적 조정시스템을 가지고 있어 자신의 발달을 스스로 조정 할 수 있다.

언제 수유할 것인지를 부모가 정하지 않고 아기가 원할 때 하게 되면 성인이 정한 시간에 맞춰 먹이는 것보다 일찍 조직화되는 경향이 있다. 유아는 자기조정 원리에 의해 하루에 먹는 횟수를 스스로 조정하고 성장하면서 점진적으로 횟수를 줄이는 성숙한 패턴을 보인다. 이러한 특징은 아동의 정서발달과 행동에서도 나타난다. 정서발달은 주기적으로 안정과 불안정의 시기를 거치면서 진행되며 이를 통해 아동 스스로 정상적인 성장 패턴을 유지한다.

(5) 개체성

개체성은 아동 개개인의 고유성에 대한 원리이다. 모든 아동의 성장과 발달 순서는 동일하지만 속도는 차이가 있고 기질이나 성격도 각기 다르다. 그런 의미에서 아동은 각각 고유한 존재이며 신체적 성숙, 지적 능력, 성격 및 기질 등에서 개체성이 나타난다. 아동의 개체성은 유전에 의해 영향을 많이 받는데 비슷한 환경에서 자란 아동들 간에 개인차가 생기는 것도 이러한 요인의 영향이다.

5. 아동발달이론 : 행동주의

행동주의는 유전보다 환경에 토대를 두고 환경을 조절함으로써 아동행동을 변화시킬 수 있다고 주장한다. 행동주의 학파는 객관적 관찰이 가능한 행동만이 가치가 있다고 보았다. 자극과 반응 개념을 적용하여 학습이란 자극과 반응의 연합이며 인간행동은 환경적으로 예측과 통제가 가능한데 이유는 인간이 생존을 위해 환경에 적응하기 때문이다. 이런 면에서 행동주의 심리이론을 S-R(stimulus-response)이론이라고 한다.

1) 왓슨의 행동주의

왓슨(Watson)[6]은 파블로프의 고전적 조건형성이 인간행동에 어떻게 적용되는지 규명하고 심리학을 과학적 방법에 적용하였다. 아동발달이 환경에 의해 영향을 받는

6) Watson, John B. (1930). *Behaviorism*. New York: People' s Institute.

다고 강조하고 인간행동은 학습된 것이며 유전적 영향은 인정하지 않았다. 즉 아동발달은 내적 요소가 아닌 외부의 환경적 자극에 의해 이루어진다는 것이다. 인간은 경험을 통해 학습한 방식대로 자극에 반응하는데 이러한 반응 차이가 개인적 특성을 결정한다. 인간행동은 환경적 사건에 의해 조건이 형성되고 학습은 환경적 사건의 결과라고 보았다. 왓슨 이론의 중심축을 이루는 두 개념이 있다.

첫째, 정서적 조건형성이다. 영아가 엄마 젖이나 젖병을 보면 입맛을 다시는 것은 모유나 우유라는 무조건 자극이 정서적 조건형성과 연합된 결과이다. 정서적 조건형성을 아동에게 적용하면 위험한 물건(뜨겁고 날카로운 것 등)에 손대지 못하게 회피반응을 학습시킬 수 있다. 뜨거운 것에 손을 대 본 경험이 있는 아동이 주전자를 만지려고 할 때 '뜨거워' 라고 말하면 회피반응이 유도 된다. 이는 아동의 정서적 반응은 생활 속에서 자극과 반응의 연합에 의해 학습된 것이라는 점을 말해 준다. 정서적 조건형성 개념은 상담 및 임상 현장에서 아동의 행동문제 수정에 널리 적용되고 있다.

둘째, 탈조건 형성인데 조건 형성된 정서를 '탈조건화' 하는 것이다. 아동이 특정 대상이나 행동 또는 상황에 두려움을 갖게 되면 그것에 대해 겁을 먹고 과민한 반응을 보이며 스트레스를 받고 정도가 심하면 정서 및 신체 발달에 부정적인 영향을 줄 수 있다. 두려움은 불안과 회피 행동을 동반하기 때문에 극복해야 하는데 방법은 두려움을 주는 대상을 처음에는 멀리서 제시한 다음 점진적으로 가까이 접근시킨다. 이를 반복하면 아동은 어느 순간 그 대상에게 다가갈 수 있다. 탈조건화를 행동수정기법에 적용하여 체계적 둔감화를 치료목표로 삼을 수 있다. 불안이나 공포를 유발하거나 스트레스를 받는 자극에 점진적으로 노출시킴으로써 관련 감정을 둔화시키는 기법이 체계적 둔감화이다. 이 기법은 과민성 완화요법 또는 혐오요법에도 적용할 수 있다.

두려움과 불안에 대한 치료목표는 아동을 두려움과 불안을 유발시키는 자극에 대해 둔감하도록 하는 것이다. 방법은 다양하나 치료 과정은 점차적으로 아동이 관련 자극에 직면할 수 있도록 하는 활동을 포함한다. 아동복지 현장에서는 행동치료기법이 두려움 또는 불안을 느끼는 아동에게 매우 효과적인 것으로 알려져 있다.

2) 스키너의 조작적 조건형성

스키너(Skinner)에 의하면 아동의 기질은 타고 나는 것이 아니라 환경의 영향과 경험에 의해 형성되고 통제된다. 아동의 특정 행동에 대해 강화 또는 벌로 선택적 보상을 부여하면 관련 반응이 일어날 확률을 증가 또는 감소시킬 수 있다. 보상은 특정 행동을 증가시키지만 벌은 관련 행동을 감소시킨다.

강화란 특정 행동 후에 원하는 것을 제공하는 것인데 조작적 조건화가 이루어지는 과정에 중요한 역할을 한다. 행동의 빈도를 높이는 자극을 '강화인' 이라 하며 일차적 강화인과 이차적 강화인으로 구분된다. 일차적 강화인은 행동을 직접 증가시키는 것인데 사탕이나 초콜릿 등이 예가 될 수 있다. 이차적 강화인은 행동을 바로 증가시키지 않고 일차적 강화인과 연결하여 증가시키는 것이다. 스티커, 쿠폰 등은 이차적 강화인에 해당된다.

아동의 특정 행동이 보상이나 강화를 받으면 관련 행동이 반복되지만 주의나 벌을 받으면 감소된다. 스키너 이론은 인간행동은 보상과 강화에 의해 학습된다는 것을 과학적으로 보여준다. 그리고 인지, 언어, 정서, 사회성 등의 발달은 환경의 영향과 연습에 의해 증가하며 이때 강화가 주어지면 발달은 더욱 촉진된다.

3) 반두라의 사회학습이론

반두라(Bandura)는 인간행동을 모방 개념으로 설명하였고 이를 중심으로 사회학습이론을 정립하였다. 학습은 모방과 동일시를 통해 이루어진다.[7] 아동은 강화를 통한 경험에 의해 학습하기도 하지만 관찰과 모방을 통해 배운다. 모방이 사회생활 속에서 이루어지기 때문에 사회학습이론이라고 하며 현상에 대한 주의 → 기억 → 재생 → 동기유발의 과정을 통해 이루어진다. 친구 또는 텔레비전에 나오는 인물이나 캐릭터를 모방하여 동일시함으로써 관계와 배려, 공격적 성향 등을 배우게 된다.

반두라는 인간행동의 변화를 설명하는 원리로 모델링과 관찰학습 개념을 토대로 하였고 아동이 특정 행동을 보기 만해도 공격적 성향에 노출된다는 사실을 입증하였

7) Bandura, A. (1973). *Aggression: A social learning analysis*. Englewood Cliffs, NJ: Prentice Hall.

다. 사회학습이론은 특정 행동(예를 들어 공격성)이 두 가지 학습과정 즉 모방과 강화를 통해 습득된다는 것이다. 공격성을 보이는 가족과 공격성을 긍정적으로 수용하는 가족문화는 공격성을 모방하게 하는 환경적 요인으로 작용한다. 따라서 환경적 사건을 통해 공격성을 유발하는 요인을 조절하면 공격성을 감소시킬 수 있다.

특정 행동을 습득하는데 강화 역시 중요한 요인이다. 강화는 아동이 특정 행동을 할 때 자극을 주거나 자극을 철회하는 방법으로 향후 그런 행동이 일어날 확률을 증가시킬 수 있다. 그러나 벌은 아동이 특정 행동을 할 확률을 감소시킨다. 사회학습이론은 이런 두 자극 중 아동이 목표행동을 성취하도록 돕는데 벌보다 강화가 동기부여에 더 효과적이고 바람직하다고 주장한다.[8]

강화에는 긍정적 강화와 부정적 강화가 있다. 긍정적 강화는 자극을 줌으로써 바람직한 행동을 증가시키고, 부정적 강화는 자극을 철회함으로써 바람직한 행동을 증가시킨다. 예를 들어 특정 행동에 대한 칭찬과 관심은 긍정적 강화요인이다. 부정적 강화는 교사가 아동에게 수학숙제를 내 준 상태에서 다시 열 개의 문제를 낸 다음 이 중 일곱 개 이상을 풀면 숙제를 감면해 준다고 하면 아동은 문제를 풀기 위해 노력할 것이다. 이런 경우 숙제라는 자극을 철회하는 부정적 강화를 통해 문제 푸는 행동을 증가시킬 수 있다. 사회학습이론은 아동상담 및 교육현장에 적용되고 있다.

4) 행동주의 이론의 현장 적용

행동주의 이론은 현장에서 다음과 같이 아동의 행동교정에 적용되고 있다. 첫째, 차등보상기법인데 문제행동이 일정 기간 일어나지 않으면 그 기간 끝에 강화인을 제공한다. 둘째, 행동보상인데 표적행동의 성취에 이어 강화인이 주어지는 것이다. 셋째, 고립(time-out)인데 아이가 현재 즐기고 있는 상황으로부터 격리시키는 것이다. 주의할 점은 격리된 동안 아이가 다른 행동을 못하도록 통제하고 격리시간을 짧게는 30초, 길게는 3~5분 정도 제한한다. 10분이 넘으면 벌의 효과를 상실하기 때문에 10분을 넘기지 않는 것이 효과적이다.[9]

강화인을 제공할 때 경제성과 다양성을 고려할 필요가 있다. 목표행동을 유도하기

8) 이상복·이효신·김정일 (2001). 유·아동기 행동관리. 대구대학교 출판부.
9) 강위영·이상복 외 (1997). 아동의 이해와 심리·행동 치료교육. 대구대학교 출판부.

위해 중재에서 사용되는 동기유발 보상은 아동의 부적응 행동에 대해 최소 비용으로 최대 효과를 얻을 수 있어야 한다. 즉 행동을 하는 이유를 정확하게 분석하여 중재함으로써 보상의 경제성을 유지하는 것이다. 그리고 적합한 교육기회를 제공하여 시간 낭비를 줄이고 동기유발 및 촉진에 부정적 영향을 주는 요인을 최소화해야 한다.

경제성과 다양성을 실현하기 위해 체계적인 보상계획이 전제되어야 한다. 보상이 지나치거나 체계적이지 못할 경우 동기유발을 위한 목적이 기능을 상실하여 오히려 부정적 결과를 초래할 수 있다. 따라서 강화를 제공할 때 최소 비용으로 최대 효과를 거둘 수 있는 방향으로 적용해야 한다.[10] 강화를 통해 목표행동을 수정할 때 행동변화를 유도할 수 있는 원칙은 다음과 같다.[11]

① 강화는 목표행동에 대해서만 주어져야 한다. 목표행동이 아닌 것에 강화를 하면 목표행동이 무엇인지 혼란을 줄 수 있다.
② 강화는 목표행동 발생 즉시 주어야 한다. 시간이 지나면 어느 행동이 목표행동이며 강화 대상인지 혼란을 줄 수 있다.
③ 행동변화가 있는 초기에는 목표행동이 발생할 때마다 강화한다. 초기에는 행동이 형성되는 시기이므로 매번 강화하여 목표행동을 확립할 필요가 있다.
④ 목표행동이 만족할만한 수준에 도달하면 강화를 간헐적으로 준다. 그러다가 점차 강화 빈도와 강도를 줄이면서 강화 없이 목표행동이 유지되도록 한다.
⑤ 유아를 대상으로 강화를 제공할 때는 물질적 강화(예, 먹을 것, 토큰)와 함께 주어야 한다. 그런 다음 목표행동이 진척됨에 따라 물질적 강화는 최소화하고 사회적 강화를 제공한다.
⑥ 강화 시에 행동에 대해 관심과 열의를 보여 주고 아동이 원하면 관련 행동에 대해 이야기를 나눈다.

강화의 종류와 내용은 다양할수록 효과적이다. 이유는 아동의 선호 체계가 수시로 변하고 보상 내용이나 종류도 학습매개로써의 특성을 지니기 때문이다.

---

10) 이상복·Tsai, L.Y. & 김정일 (2002). 자폐성 영·유·아동의 조기중재. 대구대학교 출판부.
11) 이상복·이효신·김정일 (2001). 유·아동기 행동관리. 대구대학교 출판부.

6. 아동발달이론 : 구성주의

구성주의는 아동발달이 유전과 환경의 교류에 의해 이루어진다는 전제 하에 지능과 학습은 아동에 의해 구성된다고 주장하였다. 즉 아동이 기존 지식을 토대로 경험과 학습에 의해 새로운 지식을 구성해 나간다는 것이다. 구성주의가 대두되기 전에는 아동은 지식과 정보를 부모, 교사, 또래로부터 수동적으로 전수받는다고 믿었다. 그러나 구성주의는 아동이 지식과 정보를 전수 받기보다 아동 스스로 구성한다는 것이다. 구성주의를 대표하는 이론은 피아제의 인지발달론과 비고츠키의 사회발달론이다.

1) 인지발달론

피아제(Piaget)는 아동이 지식을 어떻게 구성하고 자신의 세계를 어떻게 이해하는지에 대해 관심을 가졌다. 오랜 연구를 통해 아동은 성장과정에 환경과 지속적으로 교류하는 가운데 지식을 구성하고 또 재구성한다는 것을 파악하였다. 구성주의는 인간이 지식을 어떻게 구성하는가에 대한 인식론 관점에서 출발한다. 피아제는 인식의 근원을 아동 내부에서 찾고 아동은 환경적 자극을 구성하는 내재적 능동성을 가지고 태어난다고 보았다.

아동은 경험을 통해 지식을 습득하고 동화와 조절을 통해 확장해 나간다. 동화는 새로운 정보나 경험을 통해 자신의 인지구조 내에서 해석하는 것이고, 조절은 새로운 상황에 맞게 기존 인지구조를 변화시켜 반응하는 것이다. 여기서 동화와 조절은 균형을 이루는 것이 좋은데 이유는 사고의 변화는 균형을 통해 이루어지기 때문이다.

피아제는 '무엇을 안다' 는 것은 지식 습득이나 과제를 성공적으로 수행하는 것이 아니라 아동이 환경과 교류하는 동안 개별 사실 간 관계를 파악하여 동화와 조절을 통해 구성함으로써 인지가 발달한다고 보았다. 즉 인지발달은 아동이 환경에 적응하면서 새로운 인지구조를 구성해 나가는 과정이다. 이 구성은 아동이 태어나면서부터 가지고 있는 조직화와 적응이라는 기능과 더불어 인지구조를 균형 상태로 유지하려는 성향 때문에 가능하다. 인지구조는 4단계로 구분된다.[12)]

12) 정정희 (2016), 부모-자녀관계, 행복한 삶과 가족(박정한, 정영숙 외), 동아문화사.

(1) 감각운동기

감각운동기(0~2세)에는 지식 형성이 운동의 형태로 나타나며 영아의 본능적 반사 행동이 시작되어 상징적 사고를 시작하는 2세쯤에 끝난다. 이 단계는 언어발달 전 단계로 시각, 청각, 감각 등을 통해서 보고, 듣고, 만지고, 느끼는 것에 의존하고 감각기관을 통해 받아들인 정보가 인지발달에 영향을 준다. 이 시기에 나타나는 특징은 대상영속성이며 대상이 보이지 않더라도 존재한다는 것을 알게 된다. 초기에는 대상이 눈앞에서 사라지면 존재하지 않는 것으로 인지하다가 점차 대상이 눈앞에서 사라져도 존재한다는 것을 인지하게 된다. 그리고 눈에 보이지 않는 사물 및 사건을 정신적으로 그려내기 시작하는 정신적 표상이 가능하고 초기의 본능적 반사행동은 사라지고 점차 자신의 의도에 따라 계획된 행동을 하게 된다.

(2) 전조작기

전조작기(2~7세)에는 직관적 사고가 가능하다. 조작이란 논리적 사고를 통해 조작하는 것을 의미하는데 전조작이란 조작이 가능한 전 단계라는 의미이다. 전조작기의 특성은 상징적 사고를 한다는 것이다. 언어습득과 상상력이 풍부해지는 유아기에는 정신적 표상이 가능하기 때문에 모방과 가상놀이를 할 수 있다. 이러한 놀이를 통해 유아는 정보와 기술을 적용하고 강화할 수 있는 기회를 가지게 된다. 자기중심적인 특성과 더불어 모든 물체에 생명이 있다고 믿는 물활론적 사고, 그리고 크기, 모양, 색깔 등의 속성을 기준으로 대상을 이해하는 직관적 사고가 나타난다. 그러나 전조작기에는 대상의 외양은 바뀌어도 속성은 변하지 않는다는 보존개념에 대해서는 아직 이해하지 못한다.

(3) 구체적 조작기

논리적 사고가 가능한 구체적 조작기(8~11세)에는 자기중심적 사고가 탈중심적 사고로 전환되고 정보를 논리적으로 이해하며 통합 개념이 형성된다. 산수가 가능하고 언어와 상징, 대상 분류, 문자와 단어 간 관계를 이해할 수 있다. 이 시기의 주요 특징은 같은 양의 물을 모양이 다른 컵에 부어도 물의 양은 변하지 않는다는 것을 이해하는 보존개념과 분류능력 및 서열화 개념이 형성된다. 따라서 보존개념이 형성된 아동은 모양이 달라도 양이나 수는 보존된다는 것을 이해한다. 보존개념을 이해하는 시기는 내용에 따라 차이가 있는데 이 시기에 수의 보존개념이 먼저 발달하고 길이와 액체의 보존개념도 이해한다.

(4) 형식적 조작기

형식적 조작기(12세 이후)에는 추상적 개념을 토대로 가설적 상황을 인지하고 합리성과 논리성이 발달된다. 비판적 사고를 하고 기존 사실에 의문을 가지며 이상, 신념, 가치에 대해 생각한다. 성인과의 대화에서 논리적 모순을 발견하면 문제 제기를 통해 반항적 성향을 나타내는데 이런 성향은 인지발달 과정에 나타나는 자연스런 현상이다. 구체적 사물에 한정되지 않고 추상적인 것을 생각하고 이념이나 사회문제에 대한 논리적 추론도 가능하다. 타인의 입장이나 감정을 고려하는 사회인지 능력도 발달하게 된다.

2) 사회발달론

비고츠키(Vygotsky)는 인간은 사회문화적 존재이기 때문에 인간행동도 이런 맥락에서 이해할 수 있고 인지발달은 부모, 교사, 또래와의 사회적 상호작용을 통해 이루어진다고 주장하였다. 아동이 호기심을 가지고 환경을 탐색하는 가운데 인지발달이 이루어진다고 보는 관점은 피아제와 일치한다. 그러나 피아제는 아동 스스로 환경과의 상호작용을 통해 지식을 구성한다고 보았으나 비고츠키는 사회적 기여를 강조하였다.

아동은 감각, 지각 등 소수 기능만을 가지고 태어나지만 이런 기능이 사회문화적 경험에 의해 확대되고 수준 높은 기능으로 발달한다. 아동은 특정 현상을 보고 인지하는 방법을 배우고 사회는 추구하는 가치와 신념을 전달하기 위해 아동의 인지발달에 영향을 미친다. 이는 아동의 인지발달에 미치는 사회문화적 영향력이 매우 크다는 것을 말해 준다.

사회발달이론의 기본 가정은 첫째, 행동이 사고를 낳는다는 것이다. 즉 사고에 의해 행동방향이 결정되는 것이 아니라 행동에 따라 사고방식이 결정된다. 둘째, 발달은 문화적 맥락에서 이루어지므로 아동발달을 이해하기 위해 문화적 배경을 이해해야 한다. 이와 같이 비고츠키는 아동발달에서 사회문화적 영향을 강조하였다.

비고츠키 이론의 중심 개념은 아동의 근접발달영역이다. 발달영역은 아동이 혼자 문제를 해결할 수 있는 영역과 그렇지 않은 영역으로 구분되는데 전자가 실제적 발달수준이다. 후자는 다른 사람의 도움을 받아 해결할 수 있는 영역과 그렇지 않은 영역으로 구분할 수 있고 성인의 안내 및 또래와의 협동을 통해 문제를 해결할 수 있는 영역은 잠재적 발달수준이다. 그리고 잠재적 발달수준과 실제적 수준 간의 거리가 근접발달영역이다. 아동은 실재적 발달수준과 근접발달영역 내에서 사회적 상호작용을 통해 문제를 해결할 수 있다고 보는 것이 이론의 핵심이다.

비고츠키에게 교육이란 아동이 근접발달영역 내에서 성인의 안내와 더불어 다양한 경험을 할 수 있도록 학습 발판을 제공하는 것이고, 학습은 발달에 앞서 이루어진다. 그리고 아동이 스스로 도달할 수 있는 능력과 주변의 도움을 받아 도달할 수 있는 능력으로 구분하고 새로운 인지발달은 근접발달영역에서 가능하다고 보았다.

실제적 발달수준은 아동이 독립적으로 문제해결을 할 수 있는 단계이지만 잠재적 발달수준은 부모나 교사가 어떤 학습 발판을 제공하는가에 달려 있다. 근접발달영역은 성숙 과정에 있기 때문에 아직 성숙되지 않은 기능과 능력을 이끌어낼 수 있다. 이 과정에 적합한 성인의 '도움(assistance)'은 아동의 발달적 성취를 확대하고 수행능력을 증가시켜 근접발달영역을 넓히는 역할을 하게 된다.

사회발달이론에서는 학습이 중시되며 좋은 학습이란 근접발달영역을 만들어 내는 것이다. 학습과 경험을 통해 내적 발달이 이루어지면 그것이 아동발달의 일부가 되고 이런 과정이 반복되면서 축적된다. 좋은 학습으로 오늘의 잠재적 발달수준이 실제적 발달수준이 되면 미래에 새로운 잠재적 발달수준과 근접발달영역이 형성된다. 피아제 이론은 아동발달 수준을 현 시점에 두고 있으나 비고츠키 이론은 현재를 포함한 미래의 잠재력 개발에 두고 있다는 점에서 차이가 있다. 비고츠키에 의하면 훌륭한 부모, 훌륭한 교사란 근접발달영역에서 나타나는 발달과정을 일깨워 줄 수 있어야 하고 아동 스스로 문제를 해결할 수 있도록 학습발판을 만들어 주어야 한다.

제 4 장

아동복지 대상과 서비스

1. 아동복지 대상과 사회적 배경

1) 저출산과 아동인구 감소

사회복지 영역 중 아동복지가 과거 어느 때 보다 사회적 관심의 대상이 되는 이유는 저출산으로 인한 아동인구 감소와 고령화, 여성의 사회참여 등이다. 제2차 세계대전 이후 베이비붐 같은 일시적 현상을 제외하고 출산율은 지속적인 감소추세를 보이고 있다. 베이비붐 세대(' 55~' 63년생)가 노인 연령에 진입하고 저출산 세대(' 01년생 이후)가 가임 연령에 도달하면 저출산 현상은 더욱 가속될 것이다.

저출산은 인구고령화로 이어지는데 고령화가 문제가 되는 이유는 노인부양율과 노동력 감소 때문이다. 현재의 속도로 고령화가 지속되면 노인부양율은 근본적으로 사회구조를 바꾸고 국가경쟁력을 위기 상황으로 몰 수 있다. 고령화는 경제활동인구를 감소시키고 그로 인해 조세수입 및 사회보장기금이 감소하여 세입기반을 축소시킨다. 뿐만 아니라 복지비용 증가는 재정수지 악화요인으로 작용하고 이러한 상황은 생산가능 인구의 노인부양 비용을 증가시켜 조세부담의 적정성 및 형평성 차원에서 세대 간 갈등을 심화시킬 것이다.[1)]

저출산의 주원인은 여성의 학력과 사회참여 증가라고 볼 수 있다. 남녀가 결혼으로 가정을 형성하는 목적은 다양하나 주목적은 자녀출산과 양육이다. 그러나 여성의 학력증가, 임금상승, 취업기회 확대에 따라 여성의 경제활동 참가율은 증가하고 출산율은 감소하고 있다. 여성의 임금이 상승하면 자녀양육에 대한 기회비용도 증가하므로 여성의 경제력 증가는 결국 출산율을 감소시키게 된다. 일반적으로 경제가 발전한 나라일수록 자녀수가 적은 것은 부모의 시간 특히 어머니의 시간가치가 높기 때문이다.

아동은 국가의 인적자원이며 가족은 인적자원인 자녀를 생산하는 기능을 보유하고 있다. 가족이 사회의 기본 단위임에도 불구하고 저출산 현상이 사회문제로 대두되기까지 아동과 가족은 주변적 요소로 간주되어 왔다. 그러나 저출산이 인구감소와 더불어 고령화, 노인부양비 확대, 경제성장 동력 감퇴 등을 수반하면서 국가의 미래를 위협할 정도로 심각한 문제라는 것을 인식하게 되었다. 이와 더불어 아동복지 대상도 선별성에 입각한 요보호아동 뿐 아니라 보편성을 토대로 모든 아동의 행복한 삶을 보장하는 방향으로 강화되고 있다.

2) 가족구조 및 기능의 약화

가족구조의 변화와 이혼으로 인한 가족해체 현상은 아동복지 대상과 서비스를 확대하는 요인으로 작용하고 있다. 현대의 가족유형은 매우 다양하다. 산업화를 거치면서 경제 규모가 늘어났고 사회는 근본적인 변화를 겪고 있으며 의식과 행동도 바뀌고 있다. 가족이 겪고 있는 가장 큰 변화는 미혼모 및 이혼율 증가와 더불어 한부모가족이 많아지고 있다는 것이다. 이러한 변화는 사회변화에 대한 이차적 증상으로써 빠른 경제 성장 속에서 예상되는 잔류수준을 넘고 있다. 사회에서 미혼모와 한부모가족을 보는 시각은 다양하지만 이제 이들 가족을 새로운 유형의 가족으로 보기보다 새로운 시각을 요구하는 가족으로 보아야 한다. 따라서 이들 가족과 아동이 직면한 문제에 대해 사회는 관심을 가져야 한다.

특히 미혼모와 한부모가족에 대해 관심을 가져야 하는 이유는 이들 다수가 열악한

---

1) 정영숙 (2016), 출산경제론, 행복한 삶과 가족(박정한 외), 동아문화사.

환경에서 살고 있기 때문이다. 자녀를 데리고 홀로 가정을 꾸려야 하므로 역할갈등 및 역할과중 문제를 안고 있고, 혼자 가족을 부양하는 생산적 역할과 자녀양육 및 가사노동의 재생산 역할을 양립할 수밖에 없어 아동복지가 위협받고 있다. 한부모는 양부모에 비해 경제적·정서적 문제, 대인관계망, 자녀양육 및 역할 재조정 등 직면하고 있는 문제가 다양하다. 따라서 한부모가족에게 어떤 지원이 필요한지를 알아야 한다.

우리 사회의 전통가족은 공동체 성격이 강하여 자신의 직계가족은 물론 친인척으로 구성된 관계망 속에서 생활해 왔다. 따라서 한부모가족이 된다고 해도 단절이나 고립 속에 있기보다 친인척의 폭넓은 관계망 속에서 생계에 필요한 지원을 받으며 생활을 지속할 수 있었다. 또한 정서적 문제나 자녀양육 및 교육도 대가족 속에서 이루어졌고 한 개인의 책무로 두지 않았다.

그러나 핵가족이 보편화 되면서 가족공동체 관계망을 상실했고 한부모가족은 부분적으로 사회적 단절을 경험하고 있다. 핵가족 사회에서 친족 간의 상호관계가 미약하므로 혼자 자녀를 데리고 살아가기가 쉽지 않다. 전통사회에서 대가족의 상부상조로 해결될 문제를 현대사회에서는 자신의 가족 테두리 내에서 해결해야 하므로 한부모가 겪는 고충이 클 거라는 점에 대해서는 재론의 여지가 없다.

미혼모와 한부모가족이 직면한 문제는 정서적 고립과 경제적 어려움으로 분류할 수 있는데 이러한 문제는 스스로 해결할 수 있는 부분도 있지만 사회적 지원과 배려가 필요한 부분도 상당히 많다. 이러한 점을 고려할 때 아동복지 대상은 모든 아동이지만 특히 열악한 환경에 처해 있고 사회적 보호가 필요한 미혼모 및 한부모가족을 위해 적합한 복지서비스를 지원해야 한다.

2. 아동복지 대상

아동복지 대상에는 일반아동과 요보호아동이 있다. 성인과 달리 아동은 발달 과정에 있고 부모와 가족의 돌봄이 절대적으로 필요하기 때문에 가족도 아동복지 대상 범위에 포함된다.

1) 일반아동

아동복지 대상에 일반아동이 포함된 과정을 관련법의 흐름을 통해 살펴볼 필요가 있다. 1961년 제정된 아동복리법에 의하면 '아동이 보호자로부터 유실, 유기, 이탈되었을 경우, 보호자가 아동을 육성하기에 부적당하거나 양육할 수 없는 경우, 아동의 건전한 출생을 기할 수 없는 경우에 아동이 건전하고 행복하게 육성되도록 복리를 보장함을 목적으로 한다' 고 되어 있어 아동복지 대상을 요보호아동으로 규정하였다. 그러나 1981년 전면 개정된 아동복지법에는 모든 아동을 대상으로 보편적 복지를 추구한다는 점을 명시하였다.

아동복지에서 일반아동이란 건강한 가정에서 양육되고 부모 형제와 상호작용 속에서 적절한 돌봄을 받고 있어 국가와 사회로부터 특별한 보호나 도움을 받지 않는 아동을 의미한다. 아동복지법에는 아동이 건강하게 출생하여 안전하게 성장하도록 복지를 보장함을 목적으로 한다고 규정하고 있다. 이러한 규정은 아동복지의 예방적 차원에 의의를 두고 있다. 일반아동을 위한 복지사업에는 아동수당, 보육, 육아휴직, 의무교육 등을 비롯하여 아동안전 및 건강지원, 아동권리 증진, 아동학대 예방, 놀이 및 여가시설 확충 등이 포함된다.

일반아동이 아동복지 대상이 되는 이유는 변화하는 사회 속에서 가족의 돌봄을 받고 있는 일반아동도 부모의 경제적·정서적 상황에 따라 요보호대상이 될 개연성이 있기 때문이다. 따라서 요보호아동 중심의 사후대책 차원의 복지서비스보다 예방차원의 서비스를 모색한다는 취지에서 일반아동도 아동복지 대상에 포함시키고 있다. 일반아동을 위한 복지사업 및 서비스는 다음과 같다.

- 아동심신 및 건강 지원 : 아동복지시설과 아동용품에 대한 안전기준 정립, 안전교육(성폭력 및 아동학대 예방, 실종·유괴 예방과 방지를 위한 아동안전 보호, 약물 오남용 예방 등), 필수예방접종 등
- 아동교육 및 보육 : 취학 전 및 초·중등 무상교육, 보육사업, 방과후 아동지도사업 등
- 아동보호 : 유괴 등 범죄 위험으로부터 아동을 보호하기 위하여 아동보호 구역에 영상정보처리기기 설치 등

• 아동수당 : 부모에게 지급하는 아동수당은 저출산 문제를 해결하기 위한 정책으로 아동 양육과 교육에 대한 책임을 가족과 국가가 나누어지기 위한 복지사업
• 놀이시설 확충 : 놀이터, 회관 및 수련원, 공원 및 캠프장, 체육시설 등 아동전용 시설 마련
• 아동권리사상 보급 : 아동권리협약 비준국가로 협약내용을 실천함으로써 아동복지 사회 구현 및 아동복지사업의 이념적 토대를 제공

2) 요보호아동

아동복지법이 처음 만들어졌을 때 복지서비스의 주 대상은 요보호아동이었다. 지금은 보편적 복지 차원에서 일반아동도 포함되지만 여전히 사회적 관심과 배려가 필요한 대상은 요보호아동이다. 요보호아동이란 부모나 보호자가 없거나, 부모 및 보호자가 아동에게 필요한 욕구를 충족시켜 주지 못하거나, 부모나 보호자가 아동을 학대하는 등 양육기능을 상실하여 아동양육에 부적합하거나 양육 능력이 없는 경우를 말한다. 부모나 보호자가 양육기능을 상실하여 아동에게 필요한 물적 자원, 정서적 안정, 교육, 건강 등의 욕구를 충족해 줄 수 없는 경우에는 사회가 해결해야 한다.

요보호아동의 분류 기준은 양육환경이 부절적하여 양육보호가 필요한 아동, 신체적·정서적 문제가 있거나 발달장애가 있어 특수교육 및 재활심리가 필요한 아동, 사회적·법적 보호가 필요한 아동, 특별보호가 필요한 아동 등으로 구분할 수 있다. 보호 영역 및 내용은 〈표 1〉과 같다.

〈표 1〉 요보호아동 분류

보호가 필요한 아동	대 상
양육보호	가족구조 및 기능의 결함으로 건강한 양육환경에서 성장하기 힘든 경우 ; 빈곤·결손가정아동, 부모부재아동
특수교육 및 재활심리	아동의 신체적·정서적 결함으로 정상적 사회참여에 제한이 있고, 독립된 인격체로서의 존엄성이 보호되어야 할 경우 ; 신체장애아동, 정신장애아동, 정서장애아동 등
사회적·법적 보호	가출아동, 비행아동
특별보호	학대 및 유기된 아동, 미혼모 아동

출처: 장인협 · 오정수 (2004), 아동청소년복지론, 서울대학교 출판부.

요보호아동에 대한 개념 정의는 비교적 일치하나 분류기준은 학자에 따라 차이가 있다. 카두신이 제안한 분류기준은 부모 사망 및 이혼, 신체적·정신적 문제로 아동에게 부모역할을 할 사람이 없는 경우, 학대 및 유기, 태만 등으로 부모역할을 거부하는 경우, 알코올 및 약물중독, 무지 등으로 부모가 무능력한 경우, 아동에게 장애가 있는 경우, 지역사회의 자원 배분 문제 등으로 구분된다.

〈표 2〉 아동복지 대상 분류

보호가 필요한 경우	대 상
부모역할의 부재	부모의 사망, 별거, 이혼, 신체적·정신적 질환, 장기복역, 입원 등
부모역할의 거부	태만, 자포자기, 신체학대, 유기 등
부모의 무능력	부모의 신체적·정신적 결함 및 장애, 인적자원 부족, 알코올 및 약물중독 등
아동의 발달장애	아동의 신체적·정서적 결함, 지체, 장애 등
지역사회 자원의 결함	부적절한 주택, 실업 등

출처: Kadushin, A. & Martin, J.A. (1988). *Child Welfare Services*(4th ed.), Pearson Education Inc.

요보호아동을 발생유형과 보호유형으로 구분하여 살펴보면 발생유형에서 부모에게 원인이 있는 경우는 빈곤, 실직, 학대, 질병, 이혼 등이다. 반면 아동에게 원인이 있는 경우는 비행이나 가출을 들 수 있다. 일단 요보호아동이 발생하면 아동양육시설, 일시보호시설, 장애아동시설, 공동생활가정 등 시설보호를 받는 것이 일반적이다. 시설보호를 받는 이유는 공개 입양이 보편화되어 있지 않는 입양문화와 혈연중심의 가족문화 등으로 입양이나 가정위탁보다 시설보호 위주로 이루어져 왔기 때문이다. 따라서 요보호아동을 위한 진정한 의미의 복지가 실현되기 위해 가정위탁사업과 국내입양 활성화를 통해 가정보호 정책을 대폭 확대해야 한다.

3) 부모와 가족

아동 보호 및 양육의 일차적 책임은 부모와 가족에게 있으므로 이들도 아동복지 대상에 포함된다. 부모와 가족은 아동에게 절대적으로 중요하고 밀접한 관계를 맺는 대상이다. 아동에게 가정은 부모 형제와 건강한 교류를 맺고 적절한 돌봄을 받는 곳이다. 그러나 가정에서 적절한 돌봄을 받지 못할 경우 아동복지는 근본적으로 위협받게 된다. 아동복지가 가족복지와 같은 맥락에 있어야 하고, 가족이 아동복지 대상이 되어야 하는 이유는 다음과 같다.

(1) 부모와 가족은 아동의 신체 및 정서발달에 직접 영향을 미친다.

부모갈등이 양육부적응을 초래할 뿐 아니라 아동의 부적응과도 밀접한 관련이 있다. 즉 부모갈등이 신체적·정신적 전환기에 있는 아동에게 영향을 미쳐 심리적 역기능을 초래할 수 있고 자녀가 부모갈등을 어떻게 인지하는지에 따라 적응 양상도 달라진다. 아동은 부모갈등이 자신 때문이라고 생각하고 스스로를 비난하는 경향이 있고 부모갈등으로 인해 두려움과 위협을 느끼기도 한다. 부모가 다툴 때 이혼 할까봐, 나쁜 일이 일어날까봐 두려워 심리적 위협을 받게 된다. 결국 부모갈등은 부모에서 그치지 않고 아동의 자아형성에도 영향을 미치게 되는데 특히 정서적, 사회적, 관계적 자아에 부정적인 영향을 미치고 이러한 영향은 성인에 이르기까지 지속될 수 있다.[2)]

(2) 빈곤은 아동복지가 가족중심을 지향해야 하는 이유이다.

부모와 가족의 경제력을 반영하는 빈곤은 아동복지가 가족중심을 지향해야 하는 이유를 단적으로 보여 준다. 빈곤은 아동의 성장과 발달에 결정적인 영향을 미친다. 퍼거슨(Ferguson) 연구[3)]에 의하면, 학급수와 학급규모는 아동의 성취도에 8% 영향을 미치고, 교사 자질의 영향력은 43%인데 비해 부모의 소득이나 학력 등은 아동의 성취도에 49%나 높은 영향을 미치는 것으로 나타났다. 그리고 일반아동은 16%만이 빈곤계층에 속하는데 비해 장애아동은 28%가 속하는 것으로 파악되었다. 미국의 NCCP[4)]에 의하면 전체 아동 중 21%가 빈곤층(federal poverty threshold)에 속하며, 이들 아동의 다수는 빈곤으로 인해 학습능력 저하와 신체적, 정신적 발달장애에

---

2) 정영숙, 홍명선 (2013). 청소년이 인지한 부모갈등차원이 자아개념에 미치는 영향, 재활심리연구, 20(2), 1-20.

3) Ferguson, R. (1991). Paying for public education: New evidence of how and why money matters. *Harvard Journal on Legislation*, 28, 465-498.

4) NCCP, National Center for Children in Poverty (2016). Child Poverty. New York: Columbia University. Retrieved from http://www.nccp.org/topics/childpoverty.html

직면할 확률이 높은 것으로 나타났다.

이 외에 부모와 가족의 정신적 · 신체적 문제, 역할 및 기능 상실과 부재 등을 비롯하여 아동의 삶에 영향을 미치는 요인은 다양하다. 최근 증가하는 가족해체 현상으로 인해 가족공동체 의식을 강화할 필요가 있다는 논리가 설득력을 얻고 있다. 그리고 아동복지제도나 서비스가 제 기능을 하기 위해 일반아동과 요보호아동 뿐 아니라 그 가족을 대상으로 한 아동중심의 가족친화적 복지체계가 구축되어야 한다.

3. 아동복지서비스의 기본원칙

1) 선택성

아동복지서비스의 대상과 프로그램은 다양하다. 선택성의 원칙이란 다양한 대상, 방법, 프로그램을 선택할 때 어떤 원칙에 의할 것인지와 관련이 있다. 모든 결정에는 비용과 혜택이 따른다. 그리고 비용과 혜택은 양면성을 지니고 있으므로 서비스 결정과정에 자원의 희소성과 프로그램의 효과에 대해 고려해야 한다. 자원이 풍부하다면 선택의 문제나 우선순위에 대해 고려 할 필요가 없다. 그러나 현실적으로 사회적 욕구에 비해 자원이 부족하기 때문에 서비스 비용과 혜택을 분석한 뒤 잠재적 비용보다 혜택이 큰 쪽을 선택해야 한다.

선택성 원칙이 왜 중요한지에 대해 한 가지 예를 들면, 미국의 한부모가족 지원서비스인 AFDC[5]의 원래 목적은 어린 자녀가 있는 저소득층 한부모에게 소득보장 차원에서 최저생계비를 지원하는 것이었다. 그러나 서비스 적용 결과를 분석해 보면 사회적으로 득보다 실이 큰 것으로 나타났다. 즉 AFDC는 여성의 경제활동 참가율을 감소시키고 비합법적 출산율을 증가시키는 등 부정적 측면이 적지 않았다. 왜냐하면 서비스 적용상 한부모가구의 자녀수가 많을수록 보조금이 증가하기 때문에 자녀에 대한 수요는 높아진 반면 자녀의 질은 낮아지는 결과를 초래한 것이다. 그리고 이러한 서비스는 직업이 없는 여성에게만 정부보조금을 제공했으므로 여성의 경제활동 참가율을 감소시켰다. 이와 같이 한부모가족 지원 서비스는 이들 가족의 경제적 어려움을 지원하는

5) AFDC=Aid for Families with Dependent Children.

부분도 있지만 사회적으로 적지 않은 비용을 치르는 결과를 낳기도 했다.

따라서 어떤 서비스를 제공할 것인지를 결정할 때 관련 서비스가 아동복지에 미치는 혜택이 적용과정에 발생하는 비용보다 커야 하며, 그러기 위해 다양한 서비스에 대한 기회비용을 고려하여 우선순위를 정하고 선택적으로 제공해야 한다.

2) 통합성

아동복지서비스는 특성상 조직의 한 부처의 업무이기 보다 다양한 분야가 상호 연관성을 가지고 있으므로 통합적으로 운영되어야 한다. 아동복지서비스를 적용하는 데 있어서 통합성에 대한 중요성은 아무리 강조해도 지나치지 않을 것이다. 일반적으로 서비스는 내용과 목적에 따라 다양하게 분류되는데 각각의 프로그램은 상호연계성을 가지고 있다. 현대에는 정부와 민간조직이 분화되어 있고 부서 간 서비스도 연계되어 있으나 부처이기주의로 통합성을 간과하여 불필요한 자원 낭비를 초래하는 사례가 종종 있다. 따라서 아동복지서비스 프로그램을 만들고 적용하는 과정에 부서를 초월하여 순환적 연계 속에서 통합적으로 이루어져야 한다.

3) 제도성

아동복지서비스의 일관성을 유지하기 위해 제도성의 원칙이 준수되어야 한다. 사회적 자원이 복지 욕구만큼 무한하다면 서비스를 제공하는 데 원칙이 필요하지 않을 것이다. 필요한 만큼 욕구가 있는 아동과 가족에게 지원하면 되니까. 그러나 자원의 희소성이란 현실적 문제로 인해 항상 자원보다 욕구를 가진 집단이 많기 때문에 집단 간에 이해관계가 형성된다. 이해관계를 가진 집단의 욕구를 제한된 자원으로 조정하는 것이 제도권 내에서 이루어져야 자원 배분에 일관성과 합리성이 유지된다.

제도성은 희소한 자원을 배분하는 데 있어서 어떤 기준과 이념을 토대로 할 것인지와 관련이 있다. 즉 희소한 자원으로 인해 욕구대상 집단 간에 갈등이 있으므로 제도 속에서 권위가 부여된 힘에 의한 조정이 필요하다. 마그라비(Magrabi)[6]는 사회적 동의가 이루어진 가운데 형성된 가치나 목표를 추구하는 과정에 다음의 의문을 제기

---

6) 정영숙, 한상일 (2011). 사회복지정책론. 도서출판 공동체.

할 필요가 있다고 주장한다. 사회의 소외계층이나 취약집단의 복지를 위해 어떤 제도가 필요한가? 제도를 정립해야 한다면 어떤 부분에 초점을 두어야 하는가? 욕구를 해결할 수 있는 합리적 제도를 세우기 위해 현재 뿐 아니라 미래에 발생할 수 있는 문제와 변화를 예측할 수 있어야 한다.

4. 아동복지서비스의 분류

아동복지서비스는 서비스가 가지고 있는 기능에 따라, 개입 및 보호 정도를 반영하는 방어선 위치에 따라, 서비스 제공 장소에 따라 다양하게 분류할 수 있다.

1) 서비스 기능에 따른 분류 : 카두신 모델

아동복지서비스를 기능에 따라 분류한 대표적인 모델이 카두신(Kadushin)[7]의 3S 모델이다. 3S 모델에 의하면 아동 양육의 1차적 책임은 부모에게 있고, 부모가 양육 책임을 다하지 못할 때 사회가 양육기능을 지원하고 대리한다. 아동복지서비스가 어떤 기능을 하는 가에 따라 지지적, 보충적, 대리적 서비스로 구분한다.

(1) 지지적 서비스

지지적(supportive) 서비스란 부모자녀 간에 갈등이나 어려움이 있는 경우 부모와 자녀가 각자의 역할을 효율적으로 할 수 있도록 지원하는 것이다. 지지적 서비스는 아동이 원가정에서 생활하는 범위 내에서 부모가 역할을 제대로 수행할 수 있도록 외부에서 지원하는 것이다. 이 서비스는 부모자녀 간의 관계 뿐 아니라 미혼 남녀에게 결혼준비교육, 부모준비교육 등을 통해 부모 됨이 무엇인지, 어떤 역할을 해야 하는 지를 알려 줌으로써 아동복지를 위협할 수 있는 문제를 사전에 예방하는 활동까지 포함한다. 지지적 서비스는 기능에 따른 분류 중 최소 기능을 가지고 있다.

지지적 서비스를 제공하는 기관은 교육사업, 상담사업, 가족치료 및 정신보건서비스, 문화사업 등을 통해 부모와 자녀가 본래의 기능을 할 수 있도록 지원하고 강화하

---

7) Kadushin, A., & Martin, J. (1988) *Child welfare services* (4th ed.). New York: MacMillan.

는데 초점을 둔다. 현장에서 적용되는 지지적 서비스는 부모자녀 관계에 갈등이 있는 경우, 자녀의 학교생활이나 친구관계가 원만하지 않은 경우, 부모가 자신의 역할에 회의적이거나 만족하지 못하는 경우, 부부갈등이 심하여 자녀양육에 부정적인 영향을 미치는 경우, 건강한 자녀관 및 부부관 형성이 필요한 경우에 제공된다.

(2) 보완적 서비스

보완적(supplemental) 서비스는 부적절하거나 부족한 부모 역할을 보완해 주는 기능을 가지고 있다. 즉 부모가 아동을 양육할 수 없는 경우, 부모가 자신의 역할을 수행하기 어려운 경우에 가정을 유지하는 가운데 부모의 기능을 보완하거나 대행해 주는 서비스를 말한다. 이 서비스는 부모가 실업, 정신적·신체적 질병 및 장애 등으로 인해 겪는 어려움을 보완해 주는 것이 목적이므로 경제적 지원, 가사조력 및 아동보육 서비스를 비롯하여 아동학대 및 방임으로부터 아동을 보호하기 위한 서비스까지 포함된다.

경제적 지원은 생계급여, 공적 부조, 사회보험을 통해 부족한 생계비를 보완해 주는 것이다. 가사조력서비스는 부모 부재나 업무과다로 부모역할을 수행할 수 없거나 부적절한 경우에 서비스를 일정 기간 제공함으로써 정상적인 가정생활이 유지될 수 있도록 하는 데 목적이 있다. 아동보육 서비스는 부모가 직장이나 건강상 문제로 자녀양육에 어려움이 있을 경우, 보육기관에서 일정 기간 보육해 주는 것이다. 방과후 프로그램은 일하는 부모를 위한 대표적인 보육서비스이다. 아동학대 및 방임으로 신체 및 정서 문제를 지닌 아동을 보호하기 위해 전문기관이 개입하여 적합한 조치를 하는 것은 보완적 서비스에 해당된다.

(3) 대리적 서비스

지지적 서비스와 보완적 서비스는 아동이 부모와 같이 살면서 필요한 서비스를 지원 받는 것이다. 그러나 대리적(substitutive) 서비스는 아동이 부모와 가족을 떠나 위탁가정 또는 입양 및 보호시설에서 부모 역할을 일시적 또는 장기적으로 대리해 주는 기관에서 생활한다는 점에서 차이가 있다. 서비스 중 최대 기능을 가진 대리적 서비스가 필요한 상황은 부모나 가족이 본래의 기능을 상실하여 아동의 성장에 필요한 최소한의 환경과 보호를 제공할 수 없는 경우, 부모가 자녀양육을 포기함으로써 새로운 가정이 필요한 경우 등이다.

공동생활가정(그룹홈), 가정위탁보호, 입양, 시설보호 등은 대리적 서비스에 해당된다. 보호가 필요 한 아동에게 가정과 같은 환경을 제공하는 그룹홈은 경제적 위기, 부부갈등 및 별거, 아동학대 및 성폭력 등으로 인해 아동이 부모나 가족과 함께 거주할 수 없는 경우에 적용하는 서비스인데 문제의 심각성에 따라 단기보호나 장기보호를 받을 수 있다. 가정위탁보호는 일정기간 동안 위탁가정이 아동을 보호하는 서비스이다. 입양서비스의 기능은 입양특례법에 나타나 있다. 즉 모든 아동은 태어난 가정에서 건강하게 자라야 하며, 국가는 아동이 원가정에서 생활하기 어려울 경우 건강하게 성장할 수 있는 다른 가정을 제공하기 위해 필요한 조치와 지원을 해야 한다.

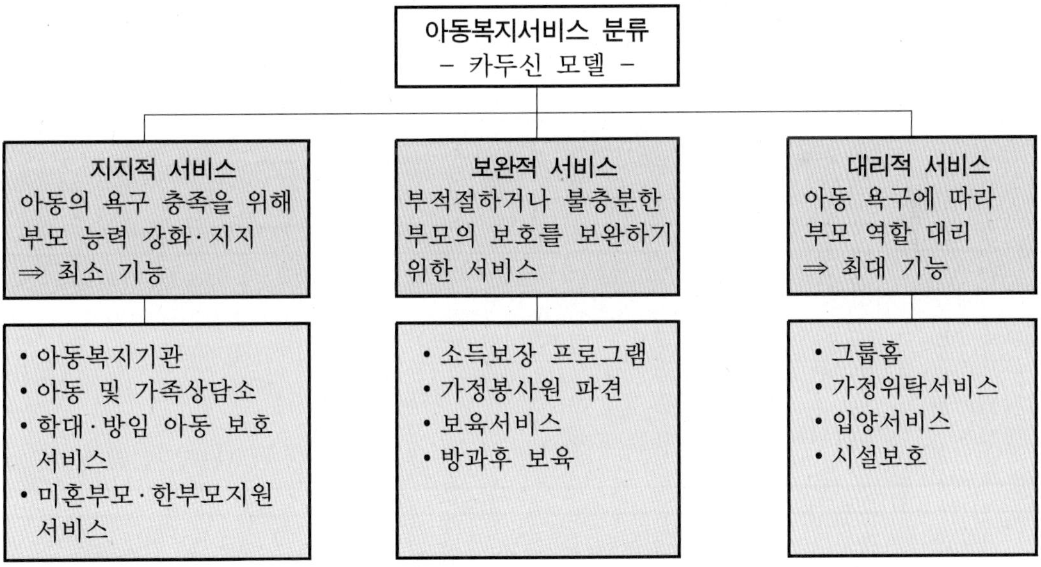

출처: Kadushin, A., & Martin, J. (1988) *Child welfare services* (4th ed.). New York: MacMillan.

2) 서비스 기능에 따른 분류 : 세갈 모델

세갈(Segal)[8]은 아동복지서비스 기능을 예방적, 발달적, 개입적 서비스로 분류하

---

8) Segal, U. (2004), Child welfare programs and services: A comparison of the USA and Japan. *International Social Work*, 47(3), 370-390.

였다. 발달적 서비스는 특성상 치료적인 면과 예방적인 면을 모두 포함하는데 비해 개입적 서비스는 사후치료에 초점을 두고 있다.

예방적(preventive) 서비스는 지원이 필요하게 될 개연성이 있는 사람이나 집단을 대상으로 사전에 서비스를 제공하는 것이다. 교육을 비롯하여 고용보험, 국민연금, 의료보험 등과 같은 사회보험과 소득보장 및 세제지원 등의 재정적 지원이 포함된다.

발달적(developmental) 서비스란 아동발달에 필요한 서비스로 양육 및 보육서비스가 있다. 아동은 영아기, 유아기, 아동기 등의 발달단계에 따라 욕구가 다르기 때문에 서비스 기능도 달라야 한다. 영아기와 유아기는 신체발달과 인지발달이 중요하고 아동기는 신체발달과 더불어 사회적, 정서적 필요를 충족시키는 서비스가 필요하다.

개입적((intervention) 서비스는 문제에 직면한 아동과 가족을 대상으로 개입을 통하여 문제를 해결하는 서비스를 의미한다. 대표적인 서비스는 상담, 가족지원, 아동학대 및 방임 보호, 미혼모 지원, 가정위탁, 입양, 시설보호 등이 포함된다. 필요한 경우 의료적 개입(약물 요법)도 할 수 있다.

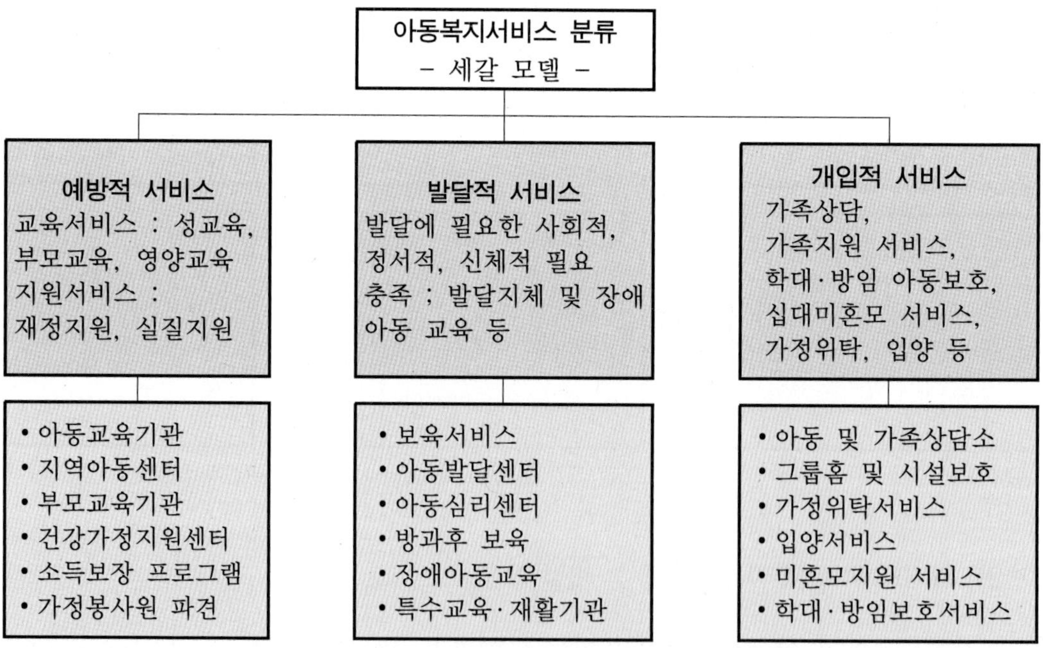

주: Segal 분류를 토대로 구성하였음. Segal, U. (2004), Child welfare programs and services. *International Social Work*, 47(3), 370-390.

3) 방어선 위치에 따른 분류

카두신은 아동복지서비스의 기능을 기준으로 분류하였으나 쥬크만(Zuckerman)[9]은 방어선 개념을 적용하여 단계별 서비스를 제시하였다. 카두신과 쥬크만 분류가 내용면에서 유사한 부분이 있으나 적용 개념 및 범위에는 차이가 있다.

(1) 1차 방어선 : 가정지원 서비스

가정은 아동에게 1차 방어선의 기능을 한다. 따라서 가정이 아동발달에 필요한 기본 욕구를 충족해 주지 못하거나 부모자녀 관계에 갈등 및 문제가 있는 경우 가정이 1차 방어 기능을 회복할 수 있도록 지원해야 한다. 다수의 아동복지사업은 1차 방어선에 속하며 아동복지서비스를 제공함으로써 문제를 치료하고 예방할 수 있다. 아동 및 가족상담, 아동 및 부모교육, 문화사업, 보건의료 서비스, 소득보장 등은 1차 방어선 서비스이다. 1차 방어선은 서비스 지원 수준 및 방향이 카두신의 지지적, 보완적 서비스와 유사한 개념이다.

(2) 2차 방어선 : 대리가정 서비스

2차 방어선은 대리가정 서비스에 해당되며 가정이 정상 기능을 수행할 수 없을 경우 아동이 대리부모를 통해 필요한 욕구를 충족하고 정상적인 생활을 할 수 있도록 지원한다. 아동이 살아가는데 필요한 최적의 환경은 가정과 부모라는 전제 하에 지원되는 서비스이며 그런 의미에서 대리가정은 시설보호에 비해 자유롭고 가정환경과 유사한 보호의 장이 되어야 한다. 가정위탁보호 및 입양서비스는 대표적인 2차 방어선 서비스이다.

(3) 3차 방어선 : 시설보호 서비스

1차, 2차 방어선으로 아동을 보호하지 못할 경우 시설보호를 의미하는 3차 방어선을 적용하게 된다. 3차 방어선은 최대서비스 기능을 가지고 있다. 아동이 국가의 보호가 필요할 경우 즉시 3차 방어선을 적용하지 않지만 기본적으로 아동이 출생가정

---

9) Zuckerman, E. (1983). *Child welfare*. New York : Free Press.

이나 대리가정에 의해 보호 받을 수 없을 경우 결국 시설보호를 받게 된다. 특성상 원가족을 대리한다는 점에서 2차 방어선과 유사하지만 집단생활을 해야 한다는 점에서 차이가 있다. 아동복지제도나 서비스의 궁극적 목적은 아동이 3차 방어선에 도달하기 전에 1차, 2차 방어선에서 필요한 복지서비스를 제공함으로써 문제 해결을 하는 것이다.

4) 서비스 제공 장소에 따른 분류

아동복지서비스는 서비스가 실천되는 장소에 따라 재가복지서비스와 가정외서비스로 구분할 수 있다.

(1) 재가복지서비스

재가복지서비스는 적합한 교육과 훈련을 받은 전문인이 클라이언트가 직면한 문제와 욕구를 해결할 수 있도록 도움을 주는 것이며 가족기능을 향상시킬 수 있는 보완적 서비스를 제공하는 것이다. 재가복지서비스는 아동이 가정에서 가족과 함께 생활하면서 서비스를 받는 것이다. 재가복지는 아동복지법에도 명시되어 있듯이 아동의 가정 내 양육에 대한 중요성이 강화되면서 점차 이에 대한 서비스 욕구가 증가하고 있다.

서비스 대상은 모든 아동이지만 특히 욕구가 높은 경우는 비행소년, 학대받는 아동, 보호자가 없는 아동, 빈곤가족 아동 등과 같이 요보호아동이 주 대상이다. 서비스 대상 가족에는 미혼부모 가족, 조손가정, 발달지체 및 장애아 가족 등과 같이 부모 역할에 한계가 있거나 부족한 상황, 가족 기능에 문제가 있는 가정들이다. 이러한 가정을 위해 재가서비스를 제공하여 결핍된 기능을 보완해 줌으로써 가족위기 및 해체를 막을 수 있다.

(2) 가정외서비스

가정외서비스는 아동이 자신의 원가정을 떠나 위탁가정이나 시설에서 단기 또는 장기에 걸쳐 생활하면서 양육 및 보호를 받는 것이다. 위탁가정이나 시설에서 보호서비스를 제공하는 데 있어서 준수해야 할 이념적 가치는 인본주의 차원에서 서비스 대상 아동의 존엄성과 권리가 유지되는 가운데 보호를 받을 수 있도록 보장해야 한다는 것이다.

가정외서비스의 전형적인 형태는 가정위탁보호, 입양, 그룹홈, 쉼터 및 긴급피난처, 아동보육 및 치료보호시설 등이다. 가정외서비스도 상황에 따라 아동이 속한 가정에서 생활하면서 특정기간 동안 가정외 시설에 있을 수 있다. 취업모 가정이나 한부모 가정의 아동이 보육시설에서 보호 및 교육을 받는 것은 서비스의 실천 장소 면에서 시설복지에 해당된다. 보육에는 아동이 자기 집에서 보육 받는 자가보육이 있고, 다른 사람의 집에서 보육을 받는 보육자 가정보육이 있으며, 아동이 가정이 아닌 시설에서 집단으로 보육 받는 시설보육이 있다. 세 유형 중 보육자 가정보육과 시설보육이 가정외서비스에 해당된다. 국·공립 보육시설, 법인·민간 보육시설, 직장보육시설, 부모협동 보육시설 등은 모두 시설보육에 포함된다.

제 5 장

아동복지발달사

1. 아동에 대한 인식

1) 고대사회

아동복지발달사는 시대변천에 따른 사회상과 아동을 보는 관점에서 출발한다. 고대사회는 가족 중심의 원시사회였고 자녀는 부부관계에 의해 생긴 산물이며 아동은 종족보존 및 생산수단으로 간주되었다. 아동은 인격적 존재이기 보다 본능적 존재로 간주되었고 존엄성이란 개념은 없었다. 그런 이유로 인해 영아 유기 및 낙태, 아동 인신매매 등이 이루어지기도 하였다.

고대 그리스 국가에서는 부모가 자신의 의사에 따라 자녀를 교육했다. 그러나 스파르타에서는 부모 뿐 아니라 아동도 국가가 정하는 훈련을 거치지 않으면 시민으로서의 권리를 가질 수 없었으며 세부사항까지 국가의 통제를 받았다. 신생아가 허약한 아이로 판정되면 죽도록 버려두거나 농노에게 넘겨주었고 건강한 아이는 일곱 살까지 어머니가 양육하다가 그 이후 남자 아이는 지역사회에 소속되어 엄격한 훈련을 받는 관습이 있었다.[1] 아마존 강 유역에 거주한 인디언들은 아이들이 출생한 후 강

1) Boyd, W. (2008). 서양교육사 (이홍우 외 2인 역). 교육과학사.

물에 던져 살아난 건강한 아이만 양육한 것으로 알려져 있다. 따라서 고대사회에서는 신체적 결함이 있거나 병약한 아이는 풍습과 미신으로 인해 생명의 위협을 받았고 무력한 존재로 여겨졌으며 아동복지라는 개념 자체가 없었다.

2) 중세사회

중세에도 아동은 신분에 따라 경제력, 군사력 확보수단으로 간주되었다. 이 시기는 계급 구조가 지배하는 봉건주의 사회였고 신분 간 주종관계가 엄격하였다. 중세는 종교적 영향이 절대적이었고 현세의 삶보다 기독교 교리에 입각한 내세의 삶을 준비하는 것을 중시하였다. 종교적 이념은 교육에도 영향을 미쳐 단일 교육제도를 형성하였고 기독교 교리를 중심으로 한 종교학교 제도가 발달하였다. 그리고 교회는 권위를 가지고 교육의 실질적 지도자 역할을 하였다.

중세 후반에 봉건제도가 붕괴되고 도시가 발달하여 서민학교가 설립되기 전까지 농민의 자녀는 가정에서 생활과업을 배웠다. 교회공동체는 기독교 교리를 토대로 문답학교를 세웠는데 학교 설립의 일차적 목적은 성직자 양성이며 교사들 다수도 성직자였다. 그러나 중세 후반기에 일부 수도원에서 일반 아동도 수용하여 가르치기도 했다.

중세의 아동관은 인간의 타고난 본질은 선하지 않으므로 원죄에서 구원되려면 기독교 교리에 의한 훈련과 감독이 필요하고 보았다. 아동을 성인의 축소판으로 인식하고 아동의 발달적 특성을 무시하였다. 유아기에 모유수유를 그만 해도 될 때부터 어머니의 보호가 필요 없다고 간주하고 성인 사회의 구성원이 되게 하였다. 성인의 정신적, 사회적, 도덕적 특성은 타고나는 것이므로 아동은 성인의 축소판이란 인식하에 아동의 정신적, 도덕적 특성도 같은 맥락에서 이해되었다. 중세사회도 아동이 성장과정에 환경과의 상호작용 속에서 몸과 마음이 성장한다는 것을 인지하지 못하였다. 아동을 경시하거나 돌보지 않은 것은 아니지만 아동기에 대한 개념이 정립되지 못한 것이다.

3) 근대사회

근대사회는 상공업이 발달하고 산업혁명이 시작되었으며 봉건제도의 붕괴와 더불어 자본주의가 탄생하였다. 이 시기에는 아동을 포함한 약자에 대한 보호가 사회문제로 대두되었고, 빈곤문제는 개인적 요인보다 사회구조의 변화에 따라 발생한다는 점에서 국가의 책임이 강조되었다. 근대의 교육사상가 페스탈로치(Pestalozzi)는 고아와 빈곤 아동을 위해 교육에 헌신한 교육실천가였다. 그는 아동을 하나의 인격체로 보았는데 이런 인식이 그 당시에는 혁신적이었다. 페스탈로치는 루소의 자연주의 사상에 영향을 받았고 종교적 심성과 모성애에 의한 교육을 중시하였다. 그러나 루소나 페스탈로치 등의 일부 교육실천가를 제외하고 아동의 고유 특성을 고려한 시각은 정립되지 못하였다.

산업혁명과 더불어 공장주는 빈곤아동을 저렴하게 고용하여 10시간 이상 일을 시킴으로 인해 노동력 착취와 교육기회 박탈에 대한 문제가 대두되었다. 영국은 공장법(1802)을 제정하여 최저 근로연령과 근로시간을 법적으로 정하고 아동보호를 위한 입법 조치를 하였으며 프랑스와 미국도 이에 영향을 받아 아동 노동을 위한 법령을 만들었다. 산업혁명과 더불어 취업모가 증가하면서 이들에 대한 보호대책으로 민간주도의 탁아시설이 설립되었다. 영국의 오웬은 1861년에 처음으로 직장 내 유아학교를 설립하였다. 19세기부터는 아동보호 시설이 생겼으나 시설수용 환경이 열악하여 사망에 이르는 사례들이 발생하였다. 열악한 환경으로 인해 노출된 문제는 시설보호 대신 구빈법과 연계하여 위탁가정운동으로 이어졌다.

우리나라에서는 종교단체가 중심이 되어 포교를 목적으로 아동보호사업을 수행하였다. 불란서 신부의 고아구제사업(1855년)은 근대 육아사업의 효시이며, 미국 선교사가 설립한 태화사회관(1921)은 아동보건 및 사회사업에 중점을 두었다. 한국인 최초 고아원은 1946년에 설립되었고 한국전쟁 이후 1950년대부터 아동보호사업이 급속히 증가되었다. 1961년에는 아동복리법이 제정되어 요보호아동에 대한 국가책임 원칙을 처음으로 법제화하였고 관련법들이 정비되면서 아동복지의 기본구조가 형성되었다. 이러한 원칙은 근대사회에서 아동복지의 상징적, 외형적 발전이란 면에서 의의가 있다. 그러나 근대사회의 아동복지는 기본적으로 가정보호가 강조되었고 선별적, 잔여적 복지이념이 토대가 되었다. 이 시기의 보호대상은 보호자로부터 유실, 유기, 이탈, 보호자 양육이 불가능한 경우 등 요보호아동만을 대상으로 하였다.

4) 현대사회

현대의 아동복지는 1960년대의 아동구호시대, 1970년~1980년의 아동보호시대를 거쳐 1990년 이후부터 실제적 의미의 아동복지시대로 접어들었다.[2] 1980년대에는 급격한 경제성장을 이루었고 그 결과 절대적 빈곤문제는 어느 정도 극복했으나 경제성장 이면에 존재하는 상대적 빈곤 및 박탈 문제가 심화되면서 아동문제에도 그러한 그늘이 부분적으로 표면화 되었다.

1981년에 아동복리법이 아동복지법으로 개정되어 모든 아동이 복지 대상인 보편적 복지시대로 진입하였다. 이 시기를 전후로 아동관련 기관 및 단체가 다수 설립되었는데 대표적인 기관이 아동학대고발센터(79), 아동권익보호신고소(85), 아동학대신고센터(89) 등이다. 제도적으로는 유아교육진흥법(82), 아동복지법(81), 생활보호법 개정(82), 청소년육성법(87), 모자보건법(89) 등이 정립되었다. 1990년대 중반부터는 학교사회사업에 대한 관심이 증가하였고 아동복지와 교육복지를 통합하여 학교사회사업을 제도화하기 위한 노력과 연구가 이루어졌다.

근대를 거쳐 현대에 이르기까지 아동복지는 선별적 시대를 넘어 보편적 시대로 전환되었고 사후 관리가 아닌 예방 차원에서 아동복지의 보편화 및 전문화 그리고 특히 교육서비스의 중요성이 강조되고 있다. 아동복지서비스 영역도 지지적, 보조적, 대리적 서비스로 세분화되어 모든 아동을 대상으로 욕구에 부합되는 서비스를 제공하고 권리중심의 아동복지 시대로 바뀌고 있다.

2. 외국의 아동복지정책

1) 미국

(1) 가족중심 서비스 및 가정유지

각국의 아동복지 체계에는 추구하는 정책 방향과 본질이 반영되어 있다. 미국은 기본적으로 사후치료적 접근에 기반을 둔 선별주의를 지향하며 가족이 중심이 된 서

---

2) 문선화 외 (2012). 한국사회와 아동복지, 양서원.

비스에 토대를 두고 있다. 아동복지서비스에서 중요한 것은 가정유지와 영구보호 계획이며 아동에게 있어서 가정보다 더 좋은 환경은 없다는 전제를 하고 있다. 따라서 정부 정책은 아동이 가족과 함께 생활할 수 있고 부모의 역할수행에 어려움이 없도록 가족중심 서비스를 지원한다.

미국도 초기에는 아동복지 환경이 열악했다. 시설에 있는 아동들이 신체적 체벌을 받는 것은 일반적 현상이었고 발달욕구도 고려되지 않았다. 아동 문제에 대해 본격적으로 인식하기 시작한 것은 1909년 제1회 백악관 회의 이후이며 19세기 후반부터 근대적 의미의 아동복지 개념이 정립되었고 20세기 초에 복지정책 및 제도, 서비스 지향 활동이 활발히 전개되었다.

1912년에 아동국이 창설되었고 연방정부가 아동서비스 분야에 공식적으로 관여하게 되었다. 그 후 아동복지연맹이 창설되어 아동복지 이슈에 대한 연구나 법제화 등을 추진하였다. 1935년에 사회보장법이 제정되면서 아동부양세대보조(AFDC)[3]를 비롯한 아동복지서비스 제도를 강화하였다. 그리고 빈곤이 아동복지 문제의 주된 원인이라는 점과 가능하면 아동이 가족 내에서 보호 받아야 한다는 점을 강조하였다.

미국에서는 아동복지를 위한 민간부문의 역할이 크다. 공공기관은 재정 지원을 담당하고 민간기관은 지원받은 재원으로 욕구에 부합되는 서비스를 제공한다. 대표적인 서비스는 가족보존서비스, 부모교육, 가족지원, 위탁보호, 입양 등이다. 공공과 민간은 유기적 연계를 통해 아동복지를 보장하고 있다. '아동 및 가족서비스 증진법'[4]은 안정된 가족 프로그램을 구축하는 것이 목적이고 '아동 및 가족 안전유지법'[5]은 '아동학대 방지 및 관리법'[6]이 개정된 것으로 학대와 방임에 대해 엄격히 규정하고 있다.[7]

(2) 헤드스타트와 CDF

1960년대 이후 급격한 경제성장을 배경으로 사회보장이 확대되면서 도시빈곤층

---

3) Aid to Families with Dependent Children.
4) The Child and Family Services Improvement Act
5) The Keeping Children and Families Safe Act
6) The Child Abuse Prevention and Treatment Act
7) 2008 아동·청소년 백서 (2007). 보건복지가족부.

자녀를 위한 헤드스타트(Head Start)를 시작하였다. 헤드스타트는 저소득층 아동의 취학준비를 목적으로 한 프로그램이다. 이 프로그램은 저소득층 아동을 대상으로 인지 및 언어발달 서비스, 의료 및 정신보건서비스, 영양 및 사회서비스 등을 제공함으로써 일반 아동과 동일 선상에서 출발할 수 있도록 지원한다.

1973년에 창설된 CDF(Children' s Defense Fund)는 아동학대, 유기, 십대 임신, 홈리스 등의 이슈와 지역사회 내 부모참여와 변화를 비롯하여 아동교육, 특수아동 대우, 아동의 권리보호, 아동법원제도의 개선, 위탁보호 아동을 위한 모니터링 등을 강조하였다. 이 외에 아동학대 예방과 조치법을 만들어 아동학대에 대한 의무적 보고, 아동학대 및 유기에 대한 인식, 예방, 대응에 관한 훈련을 필수적으로 받도록 하였다. 그리고 입양지원 및 아동복지개혁법을 만들어 아동을 위탁보호에 맡기기보다 영구 보호를 위해 입양에 중점을 두고 있다.

(3) 아동복지정책과 사회적 이슈

아동은 사회문제에 쉽게 노출되고 또 영향을 많이 받는다. 이런 경향은 모든 국가가 안고 있는 현실이다. 현재 미국에서 사회적 이슈가 되는 문제는 약물중독, 폭력, 빈곤, 홈리스 등인데 이런 문제에 직면한 다수가 여성과 아동이라는 점이다. 미국 CDF[8] 보고서에 나타난 일상적인 아동문제 실태를 살펴보면 다음과 같다.

- 학대 및 약물중독으로 사망하는 아동이 있고
- 아동 및 청소년이 자살하고
- 아동 및 청소년이 총에 맞거나 사고로 죽고
- 폭력 및 약물 범죄로 체포되는 아동이 있고
- 학교에서 신체적 체벌을 당하고
- 10대 미혼모에게서 태어나는 아이들이 있고
- 저체중으로 태어나는 아이들이 있고
- 기본 의료보험도 없이 태어나는 아이들이 있고

8) Children' s Defence Fund (2014). *The State of American' s Children* p. 12 (Each Day in America for All Children). www.childrensdefense.org

- 극심한 가난 속에서 태어나는 아이들이 있고
- 중도에 학업을 포기하는 청소년들이 있고
- 비혼 엄마(unmarried mothers)에게서 태어나는 아이들이 있다.

이상의 실태는 미국만의 문제는 아니며 모든 국가가 직면한 문제일 것이다. 이런 실태와 현황은 미국의 아동복지정책이 지향해야 하는 바가 무엇인지를 말해 준다.

(4) 아동 서비스 및 프로그램 강화

1980~1990년대에는 아동복지서비스에 간접적으로 영향을 미치는 관련법들이 제정되었다. 1987년에 제정된 공중건강법은 십대 임신 문제를 다루고 있고 1989년에는 영유아 특수교육법을 제정하여 발달장애아동을 위한 서비스를 제공하였다. 1993년, 가정유지 및 지원법을 만들어 위기가정을 지원하고 부모역할 및 아동보호를 위한 부모서비스를 강화함으로써 가족단위를 유지하는데 주력하였다. 1997년에 만든 입양과 안전가정법은 오늘에 이르기까지 위탁보호와 입양, 아동안전 관리에 큰 영향을 미치고 있다.

이후, 위탁보호자립지원법을 비롯하여 가출및노숙청소년법, 학교-직업사회 이행기회법(School-to-Work Opportunities Act) 등의 법령을 토대로 다양한 프로그램을 운영하고 있다. 가출청소년이 일정 기간 거주하면서 자립생활기술을 익히는 전환생활 프로젝트(Transitional Living Project), 위탁가정으로부터 독립한 청소년에게 교육비를 지원하는 교육훈련바우처(Educational Training Voucher) 등도 있다.

이러한 프로그램은 취약한 아동청소년을 위해 정서적, 교육적, 경제적 지원을 제공하고 이를 통해 건전한 성인기로 진입할 수 있도록 도와준다. 미국의 아동청소년복지 패러다임은 소극적 현금지원에서 적극적 자립지원 중심으로 변하고 있다. 출생에서 자립까지 필요한 서비스나 프로그램을 체계적이고 일관되게 추진함으로써 아동청소년기 문제가 성인기까지 이어지지 않도록 자율성과 독립심을 키워주는 방향으로 나가고 있다.

2) 영국

(1) 사회보장제도와 구빈법

영국은 아동보호를 포함한 아동복지제도를 가장 먼저 도입하고 선도적으로 복지국가의 토대를 마련하였다. 다른 국가와 달리 영국은 아동복지가 사회보장제도와 더불어 발달한 국가이다. 영국의 아동복지는 구빈법(1601)에서 출발하며 이 법은 빈곤층에 대한 국가보호를 최초로 입법화 하였다는 점과 아동복지의 효시가 되고 있다는 점에서 의미가 있다.

초기에는 산업혁명과 더불어 다양한 사회문제가 급속히 발생하기 시작했다. 빈곤가정, 결손가정 아동이 증가하였고, 아동에 대한 이해 부족으로 노인과 장애인을 함께 혼합시설에 보호하였으며, 아동사망률 역시 높았다. 국가는 이들을 보호하기 위해 건강, 교육 등 다양한 측면에서 대책을 마련하였다. 먼저 아동에 대한 노동력 착취와 노동으로 인한 교육기회 박탈을 방지하기 위해 공장법(1802)을 제정하여 아동근로시간을 12시간으로 제한하였다. 1861년에는 오웬(Owen)이 처음으로 공장 내 유아학교를 세웠다. 세계 최초로 5세부터 초등학교 의무교육을 실시(1870년)하였고, 유아생명보호법(1872), 아동학대방지법(1884) 등을 시행하였다.

그리고 학교무료급식(1906)과 사회보장제도의 기초가 된 국민보험법(1911)을 제정하였다. 구빈법(1934년)을 개정하여 9세 이하 아동의 노동을 금지하고, 장애아동을 위한 특수학교를 설립하였다. 구빈법은 아동보호가 국가의 책임이라는 것을 명시했다는 점에서 의의가 있다. 1945년에 가족수당제도, 1948년에 아동법 및 공적부조제도가 도입되었다. 1974년에는 아동수당법을 제정하여 모든 아동을 대상으로 지급하였고 1989년에 UN의 아동권리에 관한 국제협약에 가입하였다.

(2) 사회보험과 관련 서비스

영국은 1942년에 경제학자 베버리지가 보고서(Beveridge Report)를 제출하였는데 이 보고서가 영국형 사회보장제도의 근간이 되었다. 베버리지가 영국정부에 제출한 보고서 '사회보험과 관련서비스(social insurance & allied service)' 에 의하면, 사회보장은 실업, 질병, 재해 등에 의해 수입이 중단된 경우를 대비하기 위해 노령에 의한 퇴직이나 본인 이외의 사망에 대처하기 위한 소득보장을 의미한다. 베버리지 보고서에 제시된 사회보험의 6대 원칙은 다음과 같다.[9)]

① 균일생계급여 : 소득과 관계없이 전 국민에게 최저 수준으로 동일하게 지급한다.
② 균일기여 : 동일한 생계급여를 받기 위해 동일한 기여를 해야 한다.
③ 행정부처 단일화 : 경비절감, 부처 간 중복, 상호 모순된 부분을 없애기 위해 행정부처 단일화가 되어야 한다. 당시 영국 정부에는 소득보장 부처가 여러 개 있었고 각 부처가 독자적으로 소득보장을 실시함으로써 재원조달 방식도 단일화 되지 않아 서비스 중복 및 제외 등의 혼란이 있었다.
④ 급여수준 적정화 : 급여는 최저생활을 보장하는 기간과 금액이어야 한다.
⑤ 적용범위의 포괄성 : 모두가 직면할 수 있는 일반적이고 규칙적인 위험에 대해서는 적용범위도 포괄적이어야 한다.
⑥ 적용대상의 계층화 : 사회보험은 전 국민을 대상으로 하지만 아동, 노인, 실업자 등 피보험자를 분류하여 조정해야 한다.

베버리지는 빈곤과 결부시켜 사회보장은 '궁핍의 퇴치' 라고 정의하고 이는 국민소득의 재분배로 실현할 수 있으며 소득보장은 최저보장을 의미하는 것이라고 주장하였다.

(3) 아동복지제도의 근간

영국의 아동복지제도는 1989년에 도입된 아동법(The Children Act)이 근간을 이루고 있다. 이 법은 아동에게 우선권을 부여하고 아동과 가족을 위한 지원, 보육기관, 주간보호 등에 있어서 아동권리를 주요하게 다루었다. 아동법이 도입되기 전에는 이혼과 별거, 미혼모 증가 등으로 한부모가정을 지원 할 필요성이 대두되었다. 영국은 가족 속에서 아동이 양육되는 것이 최선이라는 신념을 바탕으로 원가족이 유지될 수 있도록, 부모가 양육 책임을 다 할 수 있도록 지원하기 위해 아동법을 도입한

9) Beveridge, W. (1942). Social Insurance and Allied Services. Presented to Parliament by Command of His Majesty November. http://www.fordham.edu/halsall/mod.

것이다.

영국의 아동복지 프로그램은 특성에 따라 예방적 프로그램과 보호적 프로그램으로 구분되는데 예방적 프로그램에는 빈곤, 아동학대, 맞벌이 부부에 의한 아동방치 등 취약한 환경에 노출된 아동과 가족을 중심으로 사회보장 급여를 통해 요보호아동이 되지 않도록 예방하는데 중점을 두고 있다. 보호적 프로그램에는 부모나 후견인이 아동을 적절하게 보호할 수 없을 경우 지방정부에서 아동을 보호하는 임의보호와 보호수속 절차와 형사수속 절차를 거쳐야 하는 강제보호 제도가 있다.

(4) 슈어스타트

슈어스타트(Sure Start)는 1998년에 4세 미만 아동과 부모에게 아동보호와 교육, 놀이, 출산 및 기타 의료서비스를 제공하기 위한 제도이다. 슈어스타트는 경제적으로 열악한 환경에서 자라는 아동을 위해 어려서부터 확실하게(Sure) 출발하도록(Start) 지원한다는 의미를 지니고 있다. 영국은 이 프로그램을 통해 4세 미만 아동에 대한 교육서비스를 일찍 시작하였다. 슈어스타트는 정부 주도하에 사회적 지원이 필요한 아동을 위한 대표 정책이며, 아동기의 박탈은 성인기의 사회적 배제로 이어진다는 논리에서 출발하였다. 따라서 아동기부터 교육에 주력함으로써 성인기에 빠질 수 있는 비행, 일탈, 실업 등의 문제를 사전에 예방한다는 취지를 지니고 있다.

서비스 목적은 아동의 사회, 정서 발달, 건강 증진, 학습능력 향상, 가족의 역량 강화 등에 있으며, 아동기부터 관련 서비스를 지원함으로써 인적 자원의 효용적 가치를 높이고 비행, 일탈, 실업 등으로 인해 파생되는 사회적 비용을 줄이는 것이다. 또한 가정방문으로 부모상담, 놀이와 학습, 아동을 위한 케어경험 지원, 아동발달과 가족건강에 대한 지역 의료보호와 안내 등의 서비스를 제공하고 있다. 서비스 대상은 신체장애, 저소득층, 한부모가정, 소수민족 및 이중 언어를 구사하는 아동이다. 프로그램 운영은 지역 단위별로 보편적 서비스를 확대하고 수혜 대상 및 기간을 늘려서 청소년기까지 적용하고 있다.

3) 스웨덴

(1) 아동복지의 기초

스웨덴에서 근대적 의미의 아동복지는 아동복지법(1902)을 제정하는 것에서부터 비롯되었다. 아동복지법은 청소년보호법(1934)과 아동수당제도(1947)와 더불어 아동복지의 기초를 이루고 있다. 1950년에 시작된 9년제 의무교육은 평생 무상교육으로 이어져 인적자원 개발의 밑거름이 되었다. 1956년에는 종래의 구빈법을 공적부조법으로 개정하여 요보호자를 위한 생활보호를 실시하였다. 1960년에는 '아동돌봄법' 이 제정되어 사후 문제해결 중심에서 벗어나 예방적 복지를 지향하였다. 이러한 예방적 서비스는 점차 확대되어 자녀부양가족을 대상으로 놀이, 연극, 스포츠 등의 프로그램을 방과 후나 휴일에도 지원하였다.

(2) 가족중심 아동복지정책

스웨덴에서 가족정책에 관심을 가지게 된 계기는 1920년대의 빈곤가족에 대한 사회적 책임과 1930년대의 출산율 저하에 따른 인구감소이다. 스웨덴은 문제 접근방식이 포괄적, 통합적이라는 점이 특징이다. 예를 들면, 출산은 모성만의 문제가 아니라 부모 모두의 사회생활과 가정생활 간의 조화 및 역할 분담과 관계가 있다고 보는 통합적인 시각을 가진다. 현재 실행되고 있는 아동복지서비스는 다음과 같다.

- 임신 및 출산에 대한 소득보장과 관련 서비스
- 육아·교육·주택 등 자녀 부양가족에 대한 사회보장
- 질병과 의료보험

기본적으로 '모든 아이는 모두의 아이' 라는 관점은 강조하는데 이는 스웨덴의 아동복지 이념을 충분히 반영하는 것이다. 이런 관점은 스웨덴 사회가 추구하는 보편적 복지규범이라는 점에서 주목할 필요가 있다.[10] 보편적 복지를 지향하는 스웨덴은 사

---

10) 신필균 (2011). 복지국가 스웨덴, 국민의 집으로 가는 길. 도서출판 후마디타스.

회적 돌봄이 필요한 아동·노인·장애·여성을 우선적으로 고려하고 가족 중심의 대상별 복지정책도 적용하고 있다.

가족정책은 기본적으로 생활안정 및 보장이며 사회정책의 큰 부분을 차지하고 있다. 이는 국가가 가족형성 및 유지를 지지하고 자녀가 있는 가정의 생활조건을 향상하키고자 하는 목적을 지니고 있다. 이런 맥락에서 미성년 자녀가 있는 부모에게는 자녀수당을 지급하고 이혼한 경우 부모 중 한 사람이 자녀양육비를 지급하지 않으면 국가가 이를 대불해 주기도 한다. 최근 맞벌이 부부의 증가로 보육 및 교육기관을 대폭 증설하고 있는데 이러한 지원을 가족정책의 일환으로 간주하고 있다.

(3) 학교내 돌봄서비스

과거에는 스웨덴도 학령기 아동에 대한 돌봄서비스를 학교 밖에서 제공하였고 주된 유형은 여가활동센터(6세~12세), 개방형 여가활동센터(10세~12세), 가정보육(1세~12세) 등으로 구분하였다. 그러다가 1990년에 초등학생을 대상으로 한 탄력적 운영 법안이 통과되면서 방과후 돌봄서비스는 유아학급과 더불어 초등교육에 통합되었고, 교육과 돌봄서비스를 학교라는 한 장소에서 제공하게 된 것이다.

스웨덴의 학교법에는 돌봄서비스에 대한 운영지침이 포함되어 있으며, 집단 규모, 활동의 적합성, 개별아동의 요구 존중 등이 명시되어 있다. 돌봄서비스는 80% 이상의 초등학생이 이용하고 있고 학교가 돌봄서비스의 주 공급자인 것이 특징이다. 그리고 학교 밖에서 제공되는 친인척 및 도우미에 의한 돌봄이나 가정보육 등 비공식 돌봄서비스가 거의 없다는 것 또한 특징이다.[11] 이러한 특징은 기본적으로 학교는 교육 기능 뿐 아니라 사회적 돌봄기능도 가지고 있다는 것을 말해 준다.

부모가 요청할 경우, 단기간 동안 정부가 학교내 돌봄서비스를 의무적으로 제공하고 부모부담비용 상한제에 따라 돌봄서비스 비용의 80% 이상을 정부가 지원하고 있다. 스웨덴의 학교내 돌봄서비스 기능은 취약계층 아동의 교육격차 해소와 부모의 일·가정 양립 욕구가 높은 우리 사회에 시사하는 바가 크다.

---

11) 문무경 (2013). 스웨덴의 학교 내 돌봄서비스와 시사점. 교육정책네트워크 정보센터.

4) 일본

(1) 아동복지의 역사적 배경

일본의 아동복지는 6세기 초에 불교 전례와 함께 민간단체가 주도하였고 아동복지 서비스는 불교사원에서 제공하거나 귀족의 자선사업에서 비롯되었다. 국가차원의 아동복지는 입헌군주국으로 출발한 19세기 말의 명치시대부터 시작되었다. 1887년에 처음으로 고아원이 설립되었고, 1900년에는 기독교 선교사들이 보육원을 설립하여 빈곤아동을 돌보았으며, 공립보육원은 1918년에 설립되었다. 아동복지법의 기초가 된 아동보호법은 1947년에 제정되었다. 같은 해, 교육기본법과 학교교육법을 토대로 의무교육을 실시하고 특수교육도 입법화하였다. 그리고 아동복지법이 제정되었고 1948년에는 소년법이 제정되었다.

경제성장기인 1960년대 이후에는 아동복지를 위한 조치들이 많이 이루어졌는데 예를 들면 아동부양수당법(1961), 특별아동부양 수당지급에 관한 법률(1964), 모자보건법(1965), 정신박약아 아동복지법(1965), 모자 및 과부복지법(1964), 아동수당법(1971) 등이다. 경제성장이 둔화되기 시작한 1970년대 중반부터 복지서비스가 난관에 부딪치기도 했으나 전반적 지원수준은 유지되고 있다.

(2) 아동을 위한 가족복지정책

일본은 지리적으로 아시아에 위치해 있으나 문호를 일찍 개방하여 서구 사회의 영향을 많이 받았고 그러한 영향이 아동복지제도나 이념에도 반영되어 서구 제도를 토대로 발전하였다. 그리고 아동복지제도를 가족복지와 연계하였다. 대표적인 정책이 엔젤플랜이다. 일본은 고령자 보건복지를 위한 골드플랜, 장애인플랜, 엔젤플랜 등 3대 복지플랜을 도입하였다. 엔젤플랜은 출산율 저하와 양육환경의 변화로 출산과 육아에 대한 지원이 중요한 사회적 이슈가 되면서 1994년에 아동양육지원 체계의 일환으로 구축되었다. 정책 방향은 자녀 양육하기 좋은 환경 만들기, 자녀양육비 부담 경감 등에 초점을 맞추었다.

아동가족복지를 위해 아동부양 수당 지원과 모자상담을 실시하였는데 상담 지원은 모자복지법를 토대로 하였다. 모자가족을 경제적으로 지원하기 위한 복지자금으로 생활자금, 창업자금, 기능습득자금, 자녀학자금, 아동부양자금 등이 있다.

일본의 사회복지 주관부서는 후생성이며 아동가정국과 사회국으로 구분된다. 아동가정국에서는 아동, 임산부, 모자가정, 특수아동 보호와 지원 등의 행정업무를 수행하고 있다. 사회국은 요보호가정과 저소득층 지원 등을 맡고 있으며 부속기관으로 중앙아동복지심의회가 있다.

3. 한국의 아동복지

1) 역사적 배경

우리나라는 불교와 유교의 영향을 많이 받았고 그러한 종교적 사상은 아동관에도 영향을 미쳐 아동을 훈육의 대상으로, 부모의 소유로 인식하였다. 고려시대에는 불교 사상을 토대로 고아, 기아, 빈곤아동이 사찰에서 위탁형태로 보호를 받았는데 이는 우리나라 최초의 시설구제로서의 의미를 지니고 있다.[12] 조선시대 현종 때에는 한성 각 부의 유아, 기아를 위해 관부 허가제에 의한 민가수양을 실시하였다. 그러나 법령은 제정되었지만 지켜지지 않았고 악용되는 사례가 많았다. 그 당시 유기 아동이나 부랑아 수양은 민가 노비로 이용되는 경향이 있었고 인신매매와 유괴 문제가 빈번히 발생하여 조선 중기부터 민가수양을 금지하고 공인제도로 전환하여 국가 규정대로 수양관계를 맺도록 하였다.

아동복지 법령으로는 성종 때(1470) 경국대전 혜휼조(惠恤條,), 숙종(1696) 때에는 수양임시사목(收養臨時事目)이 제정되었고, 정조(1783) 때는 자휼전칙(字恤典則)을 제정 반포하였다. 이러한 법령은 영국의 구빈법과 유사하다. 자휼전칙 중 '유기 및 부랑걸식아동보호법' 은 아동복지제도의 초기 기반이라고 볼 수 있다.[13]

자휼전칙은 이전 법령에 비해 유기, 걸식 아동에 대한 국가 책임을 확대 하였다는 점과 아동복지의 출발이라는 점에서 의의가 있다. 자휼전칙은 자연재해로 인한 흉년으로 걸식하거나 버려진 아동(10세 이하)을 구호하는 방법을 규정한 법령으로 1책 5

12) 김성경 외 (2009). 아동복지론, 양서원.
13) 곽효문 (2001). 조선조 자율전칙의 복지행정사적 의의. 행정논총, 39(3), 53-70.

장으로 구성되어 있다. 법령에 의하면 유기된 아동이나 걸식아동은 진휼청에서 아동이나 유모에게 최소한의 의식주를 배급하거나 진휼청 허락 하에 자녀 또는 노비로 삼을 수 있었다.[14] 자휼전칙에는 행걸아 책임이 1차적으로 친족에게 있다는 점, 그리고 급여 면에서 민가수양과 진휼청 보호로 구분하고 수양부모가 가난할 경우에 식량을 제공한다고 명시되어 있다.

2) 아동복지 발전단계

시대에 따라 아동에 대한 인식은 변하였고 초기에는 아동이 고유한 욕구를 가진 독립된 인격체로 보지 않았다. 그러나 점차 아동을 부모의 소유가 아닌 존엄성을 가진 독립된 인격체로 인식하면서부터 아동복지의 제도적 기반과 발전도 탄력을 받게 되었다. 본 장에서는 아동복지의 제도적 흐름과 발전단계를 태동기, 도입기, 확대기로 나누어 살펴보고자 한다.

(1) 아동복지 태동기

태동기는 아동복지 기틀이 마련되기 전인 1961년 이전까지의 시기이다. 아동복지사업은 1921년 서울 태화기독교 사회복지관이 빈민아동을 위한 구제 사업으로 탁아프로그램을 운영하면서 시작되었다. 1946년에 '아동노동법규' 그리고 1947년에는 '미성년자노동보호법'이 제정되었다. 한국전쟁 이후에 전쟁고아, 전쟁미망인 자녀, 기아 및 부랑아가 발생함으로써 빈민아동 구호서비스가 주를 이루었다. 국내 민간단체와 외국 원조단체 재정에 의존하여 응급구호 및 시설입소를 실시하였으며 아동상담소 설치 및 아동보호사업이 증가하였다. 아동복지시설이 급속히 많아지면서 60년대에는 전체 사회복지시설의 80%에 달할 정도였다.[15]

1958년에 제정된 '소년법'은 반사회성이 있는 비행 청소년(19세 미만)을 대상으로 보호처분 및 특별조치를 통해 청소년의 건전 육성을 목적으로 한 법률이다. 여기서 반사회성은 집단으로 몰려다니며 주위에 불안감을 조성하거나 정당한 이유 없이 가출하고 술 마시고 소란을 피우거나 유해환경에 노출되어 법에 저촉될 우려가 있는 행

14) 한국정신문화연구원 (1999). 한국민족문화대백과사전 19.
15) 2008 아동·청소년 백서 (2007). 보건복지가족부.

위를 의미한다.[16] 1961년에는 아동복리법이 제정되어 요보호아동에 대한 국가 책임 원칙을 법제화하였고 종래의 구빈사업이 아동복리 증진을 위한 사업으로 발전하였다. 같은 해, 미성년자보호법, 생활보호법, 고아입양특례법이 제정되었다.

(2) 아동복지 도입기

아동복지 태동기 이후부터 1980년대 후반까지를 도입기라고 볼 수 있다. 이 시기에 국가는 모자보건법, 입양특례법 등 아동복지 관련법을 공포하고 아동복지정책을 국가중심체제로 전환하였다. 선별주의를 토대로 시설보호 서비스를 제공하다가 1980년대에 보편주의를 중심으로 한 복지서비스를 제공하였다.

도입기 동안 청소년보호대책위원회(1962)가 정부 산하 내부부에 설치되어 청소년을 정책 대상으로 인식하였고 1977년에는 '청소년대책위원회' 로 명칭을 바꾸어 기능을 보강하고 국무총리실로 이관하여 청소년복지정책 기반을 조성하였다. 위원회의 주요 사업은 통일안보교육, 새마을운동교육, 자연보호교육, 청소년심신단련 및 단체활동 등 교육을 위주로 한 선도가 목적이었다.

우리나라에서 특수교육은 1445년 맹교육을 운영하면서 시작되었다. 근대 특수교육은 유길준의 서유견문록을 통해 서구의 장애인 교육에 대해 알려지면서 장애인에게도 교육이 필요하다는 인식을 갖게 되었다. 특수교육은 외국 선교사들의 선교활동과 더불어 발전하였고 맹학교에 한정되어 있던 특수교육을 확대되었다. 해방 이후에는 국립맹아학교, 대구광명학교 등 특수학교가 설립되었고, 특수교육 5개년 계획 하에 장애유형별 교육과정이 체계적인 틀을 갖추기 시작했다. 1977년에 제정된 특수교육진흥법은 한국의 특수교육이 발전하는 토대가 되었다.

1981년에는 아동복리법을 전면 개정하여 아동복지법으로 바꾸고 국가 차원에서 아동복지정책에 대한 논의를 구체화하였다. 개정 방향은 복지 대상을 '요보호 아동' 에서 '모든 아동' 으로 확대하였는데 이는 아동복지에 대한 지향이 보편주의로 전환되었다는 점에서 의의가 있다. 요보호 아동의 연령 기준도 13세 이하에서 18세 미만으로 조정하여 일부 청소년을 포함시켰다는 점에서 청소년복지에 대한 계기를 마련했다고

---

16) 박상기 외 (2007). 형사정책, 한국형사정책연구원.

볼 수 있다. 그러나 청소년의 욕구나 특성을 고려하고 반영하기보다 아동의 연장선이란 의미에서 대상 범위를 넓히고 기본생존권만 보장하는 선에서 그쳤다는 한계점이 있다.

이 외에 사회교육법(1980), 한국청소년연맹육성법(1980), 유아교육진흥법(1982)이 제정되었다. 청소년정책은 1980년대 중반까지 전담 행정기구 없이 각 부처별로 산발적으로 추진되었고 내용도 문제청소년에 대한 규제 및 보호 위주의 정책에 머물러 있었다. 그러다가 1987년에 청소년육성법이 제정되었고 청소년 전담부서가 설치·운영되었다. 청소년육성법에는 청소년의 권리와 책임, 사회 및 국가의 책임이 명시되어 있고 청소년대책위원회 기능도 포함되어 있다. 청소년 수련시설, 청소년단체, 청소년 연구원, 청소년기금 등을 법으로 정해 청소년육성에 박차를 가했다는 점에서 의미가 있다.

(3) 아동복지 확대기

아동복지 확대기는 1980년대 후반부터 2000년까지의 시기이다. 이 시기의 특징은 아동복지가 보편성에 토대를 두었고 아동복지 서비스도 세분화, 전문화 되었으며 청소년과 아동보육이 보강되었다는 점이다. 그리고 요보호아동 보호대책 외에 아동인권, 아동안전 등과 관련된 정책을 추진하는 등 개별적 서비스와 더불어 보편적 서비스가 확대되었다.

확대기 동안의 발전과정을 살펴보면 1989년에 모자복지법이 제정되었는데 이 법은 모자가정이 건강하고 문화적인 생활을 할 수 있도록 생활안정과 복지증진에 초점을 두고 있다. 주 내용은 모자가정 복지증진에 국가의 책임 근거를 명시하고 모자복지위원회와 모자보건상담소를 설치하며 복지급여를 지급하는 것이다. 모자보호시설, 모자자립시설, 미혼모시설 등을 설립하였는데, 모자보호시설은 생활이 어려운 모자가정의 생계를 보호하고 퇴소 후 자립기반을 조성하도록 지원하는 것이 목적이다.[17] 그리고 1990년대부터 저출산 문제가 심각한 사회문제로 대두되었는데 이런 변화에 부응하기 위해 1991년에 영유아보육법을 제정하고 주관부처를 보건복지부로 일원화

17) 국가기록원. 연표와 기록, 모자복지법. http://theme.archives.go.kr.

하였다.

청소년 헌장은 1990년에 제정·공포 되었으며 청소년의 권리와 책임을 규정하고 있다. 이 헌장은 사회가 청소년 문제에 관심을 가지고 어떻게 선도 및 보호할 것인지에 대한 내용과 청소년 인권에 대한 부분을 명백히 하고 있다. 청소년은 자신의 삶의 주인이므로 스스로 생각하고 선택하며 활동하는 주체로서 자율과 참여의 기회를 누린다는 점도 포함되어 있다.

1991년에는 청소년기본법이 제정되었는데 이 법은 청소년 수련활동의 필수 요소인 청소년 지도자 양성 및 지원, 청소년 단체 육성, 수련활동 개발, 청소년 육성기금의 조성 등에 관한 내용을 담고 있다. 이 중 특히 수련활동에 대한 비중이 높았고 그 다음이 청소년 육성, 청소년 복지 등의 순으로 구성되어 있다.

(4) 아동복지 정착기

아동복지가 확대기 동안 양적 성장을 하였다면 2000년대 이후부터 현재를 포함하는 정착기에는 질적 성장에 초점을 두고 있다. 저출산과 더불어 영유아보육 수요가 증가하였고 아동학대 및 인권 문제가 드러나면서 아동권리에 대한 인식이 강화되고 있다. 연도별 변화를 살펴보면 2005년에 청소년복지지원법이 제정되었는데 청소년 복지에 대한 다양한 수요에 대응하고 청소년의 위기상황별 지원에 대한 내용을 담고 있다. 동 법은 2011년에 위기청소년 지원강화를 위해 전면 개정되었고 2015년에 일부 개정되었다.[18] 개정법에는 위기 청소년 예방 및 긴급구조·상담·보호 등의 추진 체계와 지역사회 통합지원체계 구축 및 운영에 관한 법적 근거가 명시되어 있다. 기존 센터를 '청소년상담복지센터'로 명칭을 변경하여 상담과 복지 지원 서비스를 일원화하였다. 그리고 학교폭력, 인터넷 중독 등으로 어려움을 겪는 청소년에게 상담·치료·생활지원 서비스를 제공하는 「국립중앙 청소년 치료재활센터」의 설치 근거를 마련하였다. 위기 청소년 문제를 예방하고 효과적으로 대처하기 위해 가족상담 및 부모교육을 실시하고 청소년 문제에 적극 개입할 수 있도록 하였다.

청소년복지지원법은 2016년에 다시 일부 개정되었는데 주된 내용은 「소년법」에

18) 여성가족부 (2016). 위기청소년 유형별 지원을 위한 청소년복지지원법 개정. www.mogef.go.kr

의해 처분을 받은 청소년에게 상담·주거·학업·자립 등을 지원하기 위해 청소년회복지원시설이 신설된 것이다. 또한 생활지원, 학업지원, 의료지원 등의 사회적·경제적 지원대상이 되는 위기청소년의 선정기준 중 소득기준을 해당 청소년이 속한 가구의 소득활동 유형, 가구원 수 및 예산사정 등을 고려하여 지원함으로써 위기청소년의 선정기준을 보다 현실에 적합하게 운영할 수 있도록 수정하였다.

정착기 동안 보완 된 영유아 복지에 대해 살펴보면 종전에 보호에 중점을 둔 육아사업이 보호와 교육을 통합한 보육(educare)으로 기능을 확대하였다. 보육시설은 국공립시설, 민간보육시설, 직장보육시설, 가정보육시설로 구분하며 기존의 민간보육시설과 놀이방을 법정시설에 포함하였다. 보육내용은 교육, 건강, 안전, 부모교육 및 상담, 지역사회와의 교류 등을 포함한 종합적인 서비스를 제공하는 것으로 구성되어 있다. 보육을 제도권 내에 통합시킴으로써 아동복지, 가족복지, 지역사회발전 등 인적자원 보호 체계를 구축하고 국가와 지방자치단체가 부모와 함께 영유아를 건강하게 보육할 책임을 부여하고 있다.

2004년에는 영유아보육법이 전면 개정되어 보육사업의 제도적 기반을 정비하고 보육시설 평가인증제를 도입하여 보육의 공공성과 보육서비스의 질적 향상을 위한 기초를 마련하였다. 2006년에 표준보육과정을 구성하고 기본생활, 신체운동, 사회관계, 의사소통, 자연탐구, 예술경험 등 6개 영역을 정하였다. 2009년에 「만5세 누리과정」을 도입하여 이원화 된 유치원과 어린이집 보육과정을 통합하여 일원화 하였고 보육비 지원을 통해 부모의 경제적 부담을 덜어주었다. 이는 국가가 영유아 교육을 책임지겠다는 의지가 반영된 것이다. 2013년부터는 누리과정을 만3~4세까지 확대하여 공보육 체계를 보강하였고, 2017년 현재에는 만3세~5세 아동은 유치원, 어린이집 구분없이 표준보육과정을 토대로 동일한 내용을 배우고 있다.

제2부

아동복지정책과 실천

제 6 장

아동복지정책과 제도

1. 아동복지정책의 이해

1) 아동복지정책의 개념

아동복지를 실현하는 방법에는 제도적 접근과 실천적 접근이 있다. 제도적 접근은 정책, 법 등을 의미하고, 실천적 접근은 현장에서 전문적, 임상적 적용을 통해 환경과의 상호작용을 지원함으로써 문제를 예방하고 치료하는 것을 의미한다. 따라서 아동복지정책은 아동복지실현을 위한 제도적 접근방법이다.

정책(policy)이란 사회적 동의하에 형성된 가치나 목표를 토대로 국가가 필요한 사업을 추진하기 위해 정한 행동원칙과 지침이다. 아동복지정책은 아동에게 영향을 미치는 정책과 프로그램 및 활동 등을 포함한다. 다운스(Downs)[1]는 가족서비스 및 가족보호를 위한 실천 지침에 비중을 두고 정책 개념을 정의하였는데 아동복지정책이란 아동문제를 해결하고 아동 및 가족복지 서비스를 제공하기 위해 국가가 정한 행동원칙과 지침을 의미한다고 하였다. 아동복지정책이 지향하는 궁극적인 목적은 아동

1) Downs, S., Moore, E., McFadden, E.J., & Costin, L.B. (2009). *Child Welfare and Family Services: Policies and Practice*. Pearson Education Inc.

보호와 가족 유지이다.

여기서 사회적 동의하에 형성된 가치나 목표를 추구하는 과정에 다음과 같은 의문을 제기해 볼 필요가 있다. 소외계층 및 취약집단에 속한 아동의 복지를 위해 어떤 행동원칙과 지침이 필요한가? 원칙과 지침을 세워야 한다면 어떤 점에 초점을 두어야 하는가? 정책을 만드는 사람들은 소외계층 및 취약집단에 속한 아동을 위해 이러한 질문을 토대로 합리적인 정책을 만들 수 있도록 현재와 미래에 발생할 수 있는 문제의 본질과 특성에 대해 알고 있어야 한다.

아동복지정책은 국가 이념과 원칙에 따라 개입수준과 방향이 정해지는데 일반적인 기준은 다음과 같다. 첫째, 아동복지 이념과 원칙을 실현할 수 있도록 계획하고 아동의 권리보장 면에서 타고난 잠재력을 발휘할 수 있는 교육과 경험의 장을 제공해야 한다. 둘째, 아동발달 단계와 욕구에 따라 필요한 서비스가 보장되어야 한다. 셋째, 가족복지를 포함하여 보육 및 교육복지, 지역사회복지 등이 뒷받침되어야 한다.

아동복지정책의 주체와 객체에 대해 살펴보면 정책의 주체는 정책을 만들고 집행하는 기관으로서 정부, 지방자치단체, 공공 및 민간복지기관 등이 포함된다. 정책결정 과정에서 아동문제가 사회적 이슈가 되고 정책의제로 형성되기까지 민간단체나 지역주민의 역할이 크다. 그러나 정책의제가 형성되고 나면 그 다음부터 정책이 결정되기까지 정부의 역할이 강화된다.

정책의 객체는 서비스나 프로그램의 지원과 혜택을 받는 아동과 가족이다. 정책대상을 일률적으로 규정할 수는 없고 정책의 특성과 목적에 따라 대상이 정해진다. 정책이 어떤 집단을 대상으로 할 것인가에 따라 정책내용과 그것을 뒷받침하는 논리적 근거가 다르므로 정책대상을 명확히 규정해야 한다.

정책의 객체를 적용범위에 따라 규정하면 좁은 의미로는 선별성에 입각하여 부모가 기본생활 능력이 없거나 국가로부터 필요한 서비스를 받아야 할 아동만을 의미한다. 넓은 의미로는 보편성에 입각하므로 모든 아동이 객체가 된다. 우리나라 아동복지제도의 발달단계에서 태동기와 도입기에는 선별성이 그리고 확대기와 정착기에는 보편성에 의해 모든 아동이 정책의 객체이다.

2) 아동복지정책 유형

(1) 아동보호 및 가족유지

아동복지정책 유형은 관점과 기능에 따라 다양하게 분류할 수 있는데 아동보호 및 가족유지라는 면에서 구분하면 다음과 같다.[2)]

① 가족지원서비스

아동보호 및 양육에 가장 좋은 조건은 친가정에서 부모의 돌봄과 보살핌을 받으며 생활하는 것이다. 따라서 가족이 건강하게 유지되는 것은 아동복지에서 절대적 의미를 지니므로 가족유지에 필요한 소득보장 및 의료보호가 가족지원서비스 정책을 통해 전달되어야 한다. 가족지원정책으로 세제지원도 할 수 있는데 세제지원은 아동교육, 보호, 양육 등에 부가되는 세금을 면제하거나 감면함으로써 세제혜택을 부여하는 것이다. 이러한 지원은 가계의 실질소득을 높이는 효과가 있다.

② 대체가정서비스

일시적 또는 영구적으로 부모가 제 기능과 역할을 다하지 못하여 아동이 친부모의 보호와 양육을 받을 수 없을 경우 친가정을 떠나 대체가정으로 전환해야 할 때 적용되는 정책이다. 대체가정서비스는 대체할 시간이 일시적인지 영구적인지에 따라 차이가 있는데 친족보호, 가정위탁, 주거시설보호 등은 일시적 보호인데 비해 입양은 영구적 보호에 해당된다.

③ 아동강제보호서비스

이 정책은 아동을 부모나 보호자로부터 분리하여 보호하는 것에 목적을 두고 있다. 아동강제보호서비스가 적용되는 예로는 아동이 학대를 받고 있거나 유기 및 방임, 성폭력 등으로 인해 아동의 인권과 권리가 침해 될 경우 관련법에 의해 부모나 보호자로부터 아동을 분리시켜 보호하게 된다. 분리를 해야 하는 이유는 학대나 성폭력

---

2) 장인협 · 오정수 (2004). 아동청소년복지론, 서울대학교 출판부.

등이 언제든 재발 할 수 있고 또 앞으로 어떤 일이 발생할지 우려가 되는 경우에 대비하여 아동의 안전과 보호를 우선적으로 고려하기 위함이다. 아동이 분리되어 보호받는 동안 관련 문제를 야기하는 요소를 제거할 수 있는지, 심리치료와 상담, 교육 등으로 부모의 역할과 가정의 기능이 회복 될 수 있는지 등을 점검해야 하고 여의치 않을 경우 아동보호와 보살핌을 위해 합법적인 계획을 수립하게 된다.

(2) 공공부조와 아동복지서비스

아동복지정책 유형은 정책이 가지고 있는 기능에 따라 공공부조, 사회보험, 아동복 지서비스로 구분할 수 있다.[3)]

① 아동관련 공공부조

이 유형은 아동이 있는 가족의 복지를 위한 공적 부조로 국민기초생활보장법, 한부모가족지원법(저소득 한부모 및 조손가족 지원, 청소년 한부모 자립지원) 등이 포함된다. 공공부조란 생활능력이 없을 때 국가나 공공단체가 생활보장 수단으로 최저급여를 보장하는 제도이다. 아동을 직접 대상으로 한 교육급여로는 입학금, 수업료, 학용품비 지원 등이 있다. 부양아동이 있는 저소득층 가정이 아동을 방임하거나 유기하는 것을 방지하기 위해 보육료를 지원하는 것도 일정 생활수준을 유지할 수 있도록 돕는다는 점에서 공공부조에 해당된다. 공공부조의 적용대상 아동은 소년소녀가정, 소득인정액이 최저생계비 이하의 빈곤가정의 아동, 시설보호 아동 등이다.

② 아동관련 사회보험

사회보험은 사회적 위험을 보험방식에 의해 대처함으로써 아동과 가족의 생활여건이 악화되는 것을 방지하고 건강과 소득을 보장하는 제도이다. 사회보험은 사회가 책임지고 가족생활을 위협하는 질병·사망·노령·실업 기타 위험한 상황이나 경제적 불안으로 인해 소득감소가 발생했을 때 보험방식에 의해 가족의 건강과 소득을 보장한다. 사회적 연대성과 강제성이 적용되는 사회보험은 운영 방법에서 보험원리를 따

---

3) Kamerman, S.B. (2000). Parental leave policies. *Social Policy Report*, 14(2), 3-15.

른다는 점에서 공공부조와 다르다. 이 제도는 다른 제도처럼 재원을 일반조세에 의존하는 것이 아니라 보험가입자가 부담하는 보험료에 의해 급여가 주어진다.

우리나라에 아동이 있는 가족만을 대상으로 한 별도의 사회보험은 발달하지 않았으나 사회보험이 모든 가구를 대상으로 하므로 부양 아동이 있는 가구에도 영향을 준다. 아동관련 사회보험에는 국민연금, 건강보험, 산업재해보상보험, 고용보험이 있고, 국민연금의 경우 부양가족연금과 유족연금이 있다. 사회보험이 발달한 스웨덴에는 사회보험을 질병, 출산, 자녀와 관련된 것으로 구분하고 부모보험을 비롯하여 자녀가 질병에 걸렸을 때를 대비하여 유럽의 다른 나라에서도 사용할 수 있는 건강보험카드를 발급해 주고 있다.

③ 아동복지서비스

아동복지서비스는 아동을 대상으로 보육, 상담 및 재활, 보장 및 보호 등의 복지서비스를 제공하는 것이다. 즉 아동복지서비스는 복지서비스가 필요한 아동의 욕구를 개별적으로 파악하고 그러한 필요와 욕구가 복지서비스를 통해 충족되도록 하는 제도이다. 우리나라 아동복지정책은 공공부조나 사회보험보다 아동복지서비스가 중심이 되고 있다. 아동복지서비스에 관한 정책은 아동복지법, 입양촉진 및 절차에 관한 특례법, 모·부자복지법 등 다양하다. 아동복지법에 근거한 서비스에는 가정보호사업과 아동건전육성사업이 있다.

[가정보호사업]

- 입양 : 보호자가 없거나 보호자로부터 이탈된 아동이 안정된 가정에서 건강하게 성장할 수 있도록 지원하는 사업
- 가정위탁 : 요보호아동을 적합한 가정에 위탁하여 양육함으로써 가족적인 환경에서 자랄 수 있도록 하는 사업
- 공동생활가정보호 : 요보호아동에게 가정 형태로 구성된 곳에서 보호자가 생활지도를 통해 건강하게 성장하고 사회적응력을 기를 수 있도록 지원하는 사업
- 소년소녀가장지원 : 소년소녀가정 아동에게 생활보호 제공을 통해 자립능력을 배양하고 건전한 사회인으로 육성할 수 있도록 돕는 사업

[아동건전육성사업]

- 아동학대예방센터 : 아동학대에 적극적, 체계적으로 대처하고 학대에 대한 인식 제고를 통해 아동의 건전육성과 권리증진을 도모하는 사업
- 아동급식지원 : 빈곤 및 가족기능 결여로 인해 결식하는 아동에게 급식을 제공함으로써 아동의 성장과 발달을 지원하는 사업
- 결연사업 : 시설보호아동, 소년소녀가정 등 어려움에 처한 아동을 위해 지역사회 내에서 이웃과의 결연으로 물질적, 정서적 지원을 하고 이를 통해 아동의 건전한 육성을 도모하는 사업
- 이 외 아동안전 및 건강지원, 방과후 아동지도사업, 상담 및 위기개입서비스, 취약계층 아동의 자립지원서비스 등

2. 아동복지와 사회보장제도

아동복지의 기본전제는 부모를 포함한 가족의 복지이다. 따라서 사회보장제도를 통해 아동이 속한 가족의 기본적 삶이 유지되도록 지원해야 한다. 사회보장제도는 아동에게 직접 제공하는 것은 많지 않지만 가족의 장애, 질환, 실업, 산업재해 등으로 인한 소득 상실을 사회보장, 사회보험, 공공부조를 통해 지원함으로써 아동의 기본 생활을 보장한다.

1) 사회보장의 목적

가족복지를 기반으로 한 아동복지정책은 사회보장제도에 토대를 두고 있다. 사회보장제도는 실업, 질병, 재해 등으로 수입이 중단된 경우에 대처하기 위한 소득보장이며 사회보험·공공부조·사회복지서비스 등이 있다. 베버리지(Beveridge)는 빈곤과 결부시켜 사회보장은 '궁핍의 퇴치' 인데 이는 국민소득의 재분배로 실현될 수 있으며 이를 통한 소득보장은 결국 국민생활의 최저보장을 의미하는 것이라고 주장하였다. ILO는 보고서 '사회보장에의 접근' 에 사회보장을 구성하는 4가지 요소를 제안하였다.

- 전 국민을 대상으로 한다.
- 전 국민의 최저생활을 보장한다.

- 모든 위험과 사고에 대하여 보호한다.
- 공공기관을 통하여 보호나 보장이 이루어져야 한다.

여기서 전 국민의 범위에 아동이 포함되고 아동의 기본생활이 보장되고 위험과 사고로부터 보호받기 위해 부모를 포함한 가족복지가 선행되어야 한다. 빈곤, 질병, 분만, 실업 등에서 비롯된 소득상실과 경제적 빈곤과 정서적, 심리적 문제로 인한 근심과 불안을 덜어줌으로써 가족과 아동의 복지를 보장해야 한다.

사회보장 개념은 사회안전망으로 대체되고 있고 사회통합을 저해하는 위험 요소로부터 보호하기 위한 제도적 장치로 작용하고 있다. 사회안전망은 현재 실시되고 있는 국민연금, 건강보험, 고용보험, 산업재해보험 등의 사회보험과 국민기초생활보장과 의료보호 등과 같은 공공부조를 포괄한다.

사회보장제도는 소득재분배와 사회통합을 추구함과 동시에 국민의 생존권을 보호하고 빈곤 경감 및 예방이 주목적이다. 이에 부합되는 제도를 예로 들면 가족수당, 아동수당 등이다. 또한 생활안전과 생활조건 개선을 통해 아동을 보호하고 가족의 삶의 질을 높이는 것도 중요한 목적에 해당된다.

〈표 1〉 사회보장과 관련제도

<table>
<tr><td rowspan="5">사회보장
[광의]</td><td rowspan="3">사회보장
[협의]</td><td>사회보험 : 연금보험, 건강보험, 산재보험, 고용(실업)보험, 노인장기요양보험</td></tr>
<tr><td>공적부조 : 생활보호, 의료보호, 재해보호</td></tr>
<tr><td>사회복지서비스 : 아동복지, 가족복지, 노인복지, 장애인복지 등</td></tr>
<tr><td rowspan="2">관련제도</td><td>주택 및 생활환경, 지역사회개발, 공중보건 및 의료</td></tr>
<tr><td>영양, 교육, 인구 및 고용대책</td></tr>
</table>

출처: 국민연금관리공단 인터넷 자료(www.npc.or.kr)

2) 사회보장의 기능

사회보장은 세 가지의 기능을 가지고 있다. 첫째, 최저생활의 보장이다. 사회보장제도는 실업, 질병, 재해 등으로 인한 개인의 사회·경제적 불안을 덜어 주어 아동과 가족이 인간으로서의 존엄성을 지킬 수 있는 최소한의 경제적 조건을 보장하는 기능을 가지고 있다. 생계유지가 곤란하거나 빈곤선 이하의 생활로 사회적 지원이 필요한 아동과 가족에게 국가가 기초생활보장 차원에서 생계유지에 대한 책임을 지는 것이다. 사회보장 가운데 가장 중요한 비중을 차지하는 부분은 소득보장이다.

두 번째 기능은 소득재분배이다. 소득재분배는 세제 및 누진세, 저소득 가구는 적게 부담하는 국민연금, 소득비례로 부담하는 건강보험 및 고용보험, 사용자가 부담하는 산재보험 등 다양한 형태로 이루어진다. 사회보장제도는 사회보험, 공공부조, 사회복지서비스 체계를 통해 소득을 재분배 한다. 국가는 지원이 필요한 가족과 아동을 돕기 위해 사회보장제도를 만들고 이런 제도는 소득재분배에 영향을 미치게 된다. 사회보장은 소득이전을 위한 목적으로 수립되는 것이 특징이며 이 과정에 재분배 효과가 나타난다.

세 번째 기능은 인적자원 보호이다. 사회보장제도가 지향하는 궁극적인 목적은 빈곤 제거인데 빈곤이 문제가 되는 것은 단순히 빈곤가족과 아동이 사회에서 소외된 계층으로 남게 되는 문제 뿐 아니라 이들 아동의 인적자원이 육성되지 못하기 때문이다. 아동복지는 국가발전을 위한 인적자원 보호 및 육성이라는 의미에서 중요하므로 빈곤아동을 위한 교육복지 정책에 주력해야 한다. 우리 사회에서 아동이 가난의 대물림에서 벗어날 수 있는 가장 합리적인 방법은 역시 교육이며 교육투자를 통해 아동의 인적자원을 보호하고 육성해야 한다.

3. 아동복지 관련법

아동복지법은 특성상 아동복지 기본법과 관련법으로 구분된다. 기본법은 아동이 정책의 직접적인 대상이 되는 법으로 아동복지정책의 기본 이념을 나타내며 헌법과 일반법을 연결해주는 역할을 한다. 아동복지 관련법은 사회복지관련법 중 아동복지와 직·간접으로 관련된 법으로 공통법적 특성을 지닌다. 아동복지 관련법은 아동을 일차적 대상하는 하는 법, 가족을 일차적 대상으로 하는 법, 기타 관련법으로 구분한다. 대상별로는 요보호아동을 위한 법과 일반아동을 위한 법이 있다.

〈표 2〉 아동복지 관련법

구 분	요보호아동	일반아동 (요보호아동 포함)
일차적 대상: 아동	• 입양촉진및절차에 관한 특례법 • 소년법 • 보호소년 등의 처우에 관한 법 • 특수교육법 • 실종아동 등의 보호 및 지원에 관한 법 • 보호시설 미성년자 후견직무에 관한 법 • 산업체 근로청소년의 교육을 위한 특별학급 등의 설치 기준령	• 아동복지법 • 청소년기본법 • 청소년보호법 • 아동청소년성보호법 • 학교폭력예방 및 대책법 • 영유아보육법 • 유아교육법 • 초 · 중등교육법 • 학교보건법
일차적 대상: 가족	• 한부모가족지원법 • 다문화가족지원법	• 모자보건법 • 건강가정지원법 • 일·가정양립지원법
기타 관련법	• 국민기초생활보장법 • 장애인복지법 • 가정폭력범죄 처벌 등에 관한 특례법 • 산업재해보험법 • 정신보건법 • 의료급여법	• 사회복지사업법 • 국민연금법 • 건강보험법 • 근로기준법 • 민법 • 식품위생법

1) 아동복지법

(1) 아동복지법의 배경

과거에는 아동의 권익이나 복지가 한 가정에 국한된다는 전제 하에 사회적 개입에 대한 인식 수준이 낮았고 소극적이었다. 그로 인해 아동 폭력 및 학대, 방임, 유기, 빈곤아동 등으로 인해 치른 사회적 비용이 적지 않았다. 그러나 이런 인식도 점차 변하였고 관련법들이 제정되기 시작했다.

하나의 문제가 사회문제로 부각되고 그 문제를 해결하기 위한 정책이 형성되기까지 상당한 기간이 필요하다. 아동폭력 및 학대에 대한 문제도 지금은 제도적 보호의 필요성과 절대성을 인지하고 미연에 방지할 수 있는 법을 마련하는데 적극적이다.

그러나 과거에는 아동폭력이 한 가정의 개인적인 문제에 불과하며 사회적 보호가 필요한 문제라고 보지 않았다.

아동폭력 및 학대 문제를 자녀가 부모에게 예속된 존재가 아니라 독립된 인격체로 인식했다면 아동학대에 관한 법률이 제정되는데 그렇게 오랜 시간이 걸리지는 않았을 것이다. 미국은 아동학대를 중요한 사회문제로 보고 국가가 적극 개입하여 아동을 보호하고 있다. 그러나 이런 변화가 있기까지 과거 수십 년 동안 부모에 의해 자행된 아동학대 문제는 장막에 가려져 있었다. 아동부(Children’s Bureau)가 생긴 1912년부터 아동학대에 대한 관심이 점진적으로 형성되기 시작했으나 본격적인 논의를 거쳐 아동학대보호법인 먼데일-브란던 법령(Mandale-Brandon Act)이 제정된 것은 1973년이었다. 이 법이 제정되기까지 60년이 걸린 셈이다. 이러한 법령이 힘없고 조직력 없는 아동이 아니고 성인이었다면 이렇게 오래 걸리지 않았을 것이다.

우리나라의 아동복지 문제는 과거에 비해 많이 개선되었고 출산율 저하와 더불어 사회적 관심을 가지고 있으나 미국이나 선진국에 비하면 아직도 열악한 상황이다. 가정에서 자행되고 있는 아동폭력과 학대 문제는 심각한 수준에 이르고 있다. 어떤 문제가 정책으로 형성되기까지 많은 시간이 걸리며 특히 이러한 경향은 정책적용 대상이 아동과 같이 조직력 없는 집단일 경우 더욱 그러하다는 점을 고려한다면 국가와 사회가 나서서 해결해야 한다.

아동복지법의 배경을 살펴보면 1961년에 아동복리법이 제정되었고 1981년에 아동복지법으로 변경되었다. 아동복리법은 요보호아동을 대상으로 선별성에 입각하여 구호적 복지혜택에 중점을 두었다면 아동복지법은 보편성에 기반을 두고 전체 아동의 복지를 보장하고 바람직한 인격 형성과 능력개발을 위한 여건 조성에 목적을 두고 있다. 2000년에 아동복지법이 전면개정 되었고 2016년에 일부개정 되면서 아동복지 수요와 여건의 변화에 부응하고 있다. 개정된 아동복지법은 아동복지시설을 단순 보호에서 전문서비스를 제공할 수 있도록 근거를 마련하였다. 그리고 학대아동에 대해서도 보호 및 안전에 대한 지원을 하기 위해 아동복지 지도원을 별정직 공무원에서 사회복지 전담공무원으로 지위를 변경하였다. 아동학대에 대한 정의와 금지유형을 규정하고, 아동학대에 대한 신고를 의무화하는 등 그 동안 사회문제로 지적되었던 점을 보완하였다.

아동복지법은 건강한 아동의 출생과 보육, 양육을 기본으로 하고 건전한 육성과 발전을 위해 적극적인 지원을 하는 것에 목적을 두고 있다. 오늘날 사회변화와 더불어 아동을 둘러싼 가족구조와 기능이 달라지고 있고 학교, 친구, 이웃과의 관계 양식도 변화하고 있으므로 가정에서 부모의 관심과 노력만으로는 한계가 있다. 따라서 아동복지법은 가정과 사회가 국가의 인적 자원인 아동을 공동의 노력과 책임으로 돌봄으로써 건강하고 창의적인 인재로 육성하는 것을 지향한다.

(2) 아동복지법의 목적과 이념

아동복지법은 아동이 건강하고 안전하게 자라도록 그 복지를 보장함을 목적으로 하고 있다. 이런 목적은 법이 명시한 기본 이념에 반영되어 있다.

첫째, 아동은 자신 또는 부모의 성별, 연령, 종교, 사회적 신분, 재산, 장애유무, 출생지역, 인종 등에 따른 어떠한 종류의 차별도 받지 아니하고 자라야 한다.

둘째, 아동은 완전하고 조화로운 인격발달을 위하여 안정된 가정환경에서 행복하게 자라야 한다.

셋째, 아동에 관한 모든 활동에 있어서 아동의 이익이 최우선적으로 고려되어야 한다.

넷째, 아동의 권리보장과 복지증진을 위하여 법에 따른 보호와 지원을 받을 권리를 가진다.

아동복지 이념을 실현하기 위해 국가와 지방자치단체는 아동의 건강과 복지증진을 위한 정책을 시행하고, 부모는 가정에서 아동이 건강하고 안전하게 자랄 수 있도록 해야 한다.

(3) 아동복지시설의 종류

아동복지법에 명시된 개념들 중 아동복지시설과 이동복지시설 종사자가 있다. 아동복지시설 종사자는 아동복지시설에서 상담, 지도, 치료, 보육 등에 관한 업무를 담당하는 자이다. 아동복지시설이란 아동복지법 규정에 의해 설치된 시설이며 종류는 다음과 같다.

• 아동양육시설 : 보호대상 아동을 입소시켜 보호, 양육 및 취업훈련, 자립지원 서비스 등을 제공하는 것을 목적으로 하는 시설
• 아동일시보호시설 : 보호대상아동을 일시보호하고 아동에 대한 향후의 양육대책 수립 및 보호조치를 행하는 것을 목적으로 하는 시설
• 아동보호치료시설 : 아동에게 보호 및 치료 서비스를 제공하는 시설이다. 주 대상은 불량행위를 하거나 불량행위를 할 우려가 있는 아동으로서 보호자가 없거나 친권자 및 후견인이 입소를 신청한 아동 또는 가정법원, 지방법원 소년부 지원에서 보호 위탁된 아동을 입소시켜 치료와 선도를 통하여 건전한 사회인으로 육성하는 것을 목적으로 하는 시설 ; 정서적、행동적 장애로 인하여 어려움을 겪고 있는 아동 또는 학대로 인하여 부모로부터 일시 격리되어 치료받을 필요가 있는 아동을 보호、치료하는 시설
• 공동생활가정: 보호대상아동에게 가정과 같은 주거여건과 보호, 양육, 자립지원 서비스를 제공하는 것을 목적으로 하는 시설
• 자립지원시설: 아동복지시설에서 퇴소한 사람에게 취업준비 기간 또는 취업 후 일정 기간 동안 보호함으로써 자립을 지원하는 것을 목적으로 하는 시설
• 아동상담소: 아동과 그 가족의 문제에 관한 상담, 치료, 예방 및 연구 등을 목적으로 하는 시설
• 아동전용시설: 어린이공원, 어린이놀이터, 아동회관, 체육、연극、영화、과학실험전시 시설, 아동휴게숙박시설, 야영장 등 아동에게 건전한 놀이、오락, 그 밖의 각종 편의를 제공하여 심신의 건강유지와 복지증진에 필요한 서비스를 제공하는 것을 목적으로 하는 시설
• 지역아동센터: 지역사회 아동의 보호、교육, 건전한 놀이와 오락의 제공, 보호자와 지역사회의 연계 등 아동의 건전육성을 위하여 종합적인 아동복지서비스를 제공하는 시설

아동복지시설은 각 시설 고유의 목적을 수행하고 시설별 설치기준 및 운영기준을 충족하는 경우 다음의 사업을 추가로 실시할 수 있다

• 아동가정지원사업 : 아동의 건전한 발달을 위하여 아동, 가정, 지역주민에게 상담, 조언 및 정보를 제공해 주는 사업
• 아동주간보호사업 : 가정에서 낮 동안 보호를 받을 수 없는 아동을 대상으로 개별적인 보호와 교육을 통하여 아동의 건전한 성장을 도모하는 사업
• 아동전문상담사업 : 학교부적응아동 등을 대상으로 올바른 인격형성을 위한 상담, 치료, 학교폭력예방을 실시하는 사업
• 학대아동보호사업 : 학대아동의 발견, 보호, 치료 및 아동학대의 예방을 전문적으로 실시하는 사업
• 공동생활가정사업 : 보호대상아동에게 가정과 같은 주거여건과 보호를 제공하는 것을 목적으로 하는 사업
• 방과후 아동지도사업 : 저소득층 아동을 대상으로 방과후 개별적인 보호와 교육을 통하여 건전한 인격형성을 목적으로 하는 사업

(4) 아동학대 예방 및 방지

아동의 인권과 권리를 침해하는 대표적인 사례가 바로 아동학대이다. 아동복지법에도 아동학대에 대한 공적개입 체계가 마련되어 있다. 아동학대 예방과 방지를 위한 국가의 임무는 정책 수립 및 시행, 연구 · 교육 · 홍보, 아동 학대 실태조사, 아동학대 신고체제 구축 · 운영, 피해아동의 보호와 치료, 피해아동의 가정에 대한 지원 등이다.

전국에 아동보호전문기관이 있고 학대받은 아동이 안전하게 성장할 수 있도록 제도적 기반이 마련되어 있다. 아동학대 예방의 날을 정하고 아동학대 신고의무자에 대한 교육을 법으로 정하여 아동학대에 대한 사회적 관심을 높이고 아동인권이 침해되지 않도록 한다. 또한 치료가 필요한 아동에게는 아동보호전문기관 또는 의료기관에 인도하여 아동이 신체적, 정신적으로 안전하게 보호받을 수 있도록 조치한다. 특히 아동학대 방지를 위해 아동복지 관련 기관 종사자는 직무를 수행하면서 아동학대 범죄를 알게 된 경우나 의심이 가는 경우에는 아동보호전문기관이나 수사기관에 신고해야할 의무가 있다.

사후관리 차원에서 아동보호전문기관은 피해아동 가정을 방문하거나 상담 등을 통

해 학대 재발 여부를 확인하여야 한다. 만약 아동학대 재발 방지를 위해 특정 조치가 필요하다고 인정되는 경우, 아동보호전문기관은 아동 안전과 재학대 방지, 건전한 부모역할 등을 위해 피해아동과 가족에게 상담, 교육, 의료적 · 심리적 치료 지원을 제공해야 한다. 여기서 지원 여부를 결정하는 과정에 피해아동의 이익을 최우선으로 고려해야 한다.

2) 아동복지 관련법

(1) 청소년기본법

청소년기본법은 청소년의 권리와 책임, 청소년을 위한 가정 · 사회 · 국가의 책임, 청소년육성정책에 대한 사항을 규정하고 있다. 기본적으로 청소년이 사회구성원으로서 합당한 대우와 권익을 보장받고, 스스로 생각하고 자유롭게 활동할 수 있도록 하며, 유해 환경으로부터 보호받아 건전한 인격으로 자랄 수 있도록 하는데 이념적 토대를 두고 있다. 이러한 기본이념을 구현하기 위해 청소년육성정책을 만들어 청소년의 참여를 보장하고, 창의성과 자율성에 기초한 능동적 삶을 실현할 수 있도록 하며, 청소년의 성장여건과 사회 환경을 개선하고 있다.

청소년의 기본 인권을 보장하고 차별을 배제하며 자유롭게 자신의 의사를 표명하고 스스로 결정할 권리를 가진다. 또한 안전하고 쾌적한 환경 속에서 자기발전을 추구하고 정신적·신체적 건강을 해칠 우려가 있는 환경으로부터 보호받을 수 있다. 청소년의 자치권 보장을 위해서는 사회구성원으로서 자신과 관련된 의사결정에 참여할 권리와 청소년 관련정책 수립 절차에 청소년의 참여 및 의견수렴을 보장해야 한다.

가정은 일차적 보호의무의 책임이 있으며 사랑과 관심을 통해 청소년이 자기발전을 실현하고 사회구성원으로서의 책임을 다할 수 있도록 노력해야 한다. 사회 역시 보호의무의 책임이 있는데 청소년의 사고와 행동양식을 인식하고 대화를 통해 청소년을 이해하고 지도하여 청소년 선도에 최선을 다해야 한다. 또한 청소년의 정신적 ·신체적 건강에 해를 끼치는 행위를 해서는 안 되며 유익한 환경이 조성되도록 해야 한다. 국가와 지방자치단체는 청소년 활동을 지원하고 복지증진과 보호를 위해 필요한 법적·제도적 장치를 마련해야 한다. 그리고 청소년의 권리에 대해 홍보하고 교육적 조치도 이루어져야 한다.

(2) 청소년보호법

청소년보호법은 청소년에게 유해 매체[4] 및 약물[5]이 유통되는 것과 유해 업소에 출입하는 것을 규제하고 보호함으로써 청소년이 건전한 인격체로 성장할 수 있도록 하는데 그 목적이 있다. 청소년을 보호하기 위해 가정의 역할과 책임이 중요한데 부모와 가족은 청소년이 유해 매체나 약물을 이용하지 않도록 지도해야 한다. 필요한 경우 청소년상담기관에 지원 및 협조를 요청할 수 있다.

사회적 책임으로는 청소년이 유해 환경에 노출되지 않도록 선도하고, 유해 매체 및 약물이 유통되거나 유해업소에 고용 및 출입하고 있음을 알게 되었을 때, 청소년이 폭력·학대 등의 피해를 입고 있음을 알게 되었을 때 관계 기관에 신고하고 필요한 조치를 취해야 한다.

청소년보호법에는 인터넷게임 중독 예방에 대한 내용을 중요하게 다루고 있다. 청소년이 특정 게임 사이트에 가입할 경우 친권자의 동의를 받아야 하고 청소년 가입자의 친권자에게 게임의 특성·등급, 인터넷게임 이용 및 제공시간 제한, 인터넷게임 이용에 따른 결제정보에 대해 알려주어야 한다. 그리고 인터넷 게임에 중독된 피해 청소년을 위한 지원도 해야 한다. 인터넷 게임 중독 및 매체의 오남용으로 인해 신체적·정신적·사회적 기능에 손상을 입었을 경우 예방, 상담, 치료, 재활 등의 서비스를 지원할 수 있다.

(3) 아동청소년 성보호에 관한 법률

우리 사회에서 가장 심각한 문제는 사회전반으로 만연되고 있는 폭력 문제이다. 그 중 아동청소년 성폭력 관련 사건도 매체를 통해 빈번하게 거론되고 있다. 이제 성폭력이 우리의 일상을 위협하는 심각한 범죄라는 사실에 재론의 여지가 없다. 성폭

4) 매체에는 영화 및 비디오물, 게임, 음반과 음악영상물, 공연, 음향 및 영상정보, 방송프로그램, 신문, 정보간행물 및 전자간행물, 전자출판물 및 외국간행물 등이 포함되는데, 여기서 유해 매체란 청소년의 정신적·신체적 건강을 해칠 우려가 있는 것을 의미한다.

5) 청소년유해약물에는 주류, 담배, 마약류, 환각물질, 그 외 습관성, 중독성, 내성 등을 유발하여 인체에 유해하게 작용하거나 청소년의 심신을 손상시킬 우려가 있는 약물이 포함된다.

력은 때와 장소를 가리지 않고 우발적이기까지 한 현대사회의 범죄 특성을 갖추고 있어 아동청소년의 성보호가 중요한 인권문제로 대두되고 있다.

아동청소년 성보호에 관한 법은 피해 아동청소년을 위한 구제 및 지원을 통해 범죄로부터 보호하고 건강한 사회구성원으로 성장할 수 있도록 하는데 목적이 있다. 이 법은 아동·청소년의 성(性)을 사거나 알선하는 행위, 성교 행위, 신체의 전부 또는 일부를 접촉·노출하는 행위, 성적 수치심이나 혐오감을 일으키는 말이나 행위 등에 적용된다.

국가와 지방자치단체는 성범죄인 성적 착취와 학대 행위로부터 아동·청소년을 보호하기 위해 조사·연구·교육·계도와 더불어 법적·제도적 장치를 마련할 책임을 다해야 한다. 사회는 아동·청소년이 피해자가 되거나 성범죄를 저지르지 않도록 사회환경을 정비하고 보호·선도·교육에 주력해야 한다. 그리고 무엇보다 피해 아동·청소년의 신체적·정신적 회복을 위해 상담 및 치료 서비스를 제공해야 하는데 이때 서비스 제공 범위에 부모·형제·자매도 포함된다.

(4) 학교폭력예방 및 대책에 관한 법률

최근 매체를 통해 학교폭력 피해 사례가 빈번이 보도 되고 주변에 폭력 피해를 경험한 사례를 쉽게 접할 수 있다. 문제는 이러한 학교폭력이 저연령화 및 집단화되고 있고 폭력 가해자와 피해자의 인식부족과 폭력의 일상화로 인해 피해 정도가 심각한 수준에 이르고 있다는 것이다. 이러한 문제를 예방하기 위한 것이 바로 학교폭력예방 및 대책에 관한 법률(약칭, 학교폭력예방법)이다.

이 법은 학교폭력의 예방과 대책에 필요한 사항을 규정하고 피해학생의 보호, 가해학생의 선도 및 교육, 피해학생과 가해학생 간의 분쟁조정 등을 통해 학생의 인권을 보호하고 건전한 사회구성원으로 육성하기 위한 법이다. 학교폭력에는 학교 내외에서 학생을 대상으로 발생한 상해, 폭행, 감금, 협박, 약취·유인, 명예훼손·모욕, 공갈, 강요·강제적인 심부름 및 성폭력, 따돌림[6], 사이버 따돌림[7], 정보통신망을 이용

6) 따돌림이란 학교 내외에서 두 명 이상의 학생이 특정인이나 특정집단의 학생을 대상으로 지속적, 반복적으로 신체적 또는 심리적 공격을 가하여 상대방이 고통을 느끼도록 하는 행위를 말한다.
7) 사이버 따돌림이란 정보통신기기(인터넷, 휴대전화 등)를 이용하여 특정 학생들을 대상으로 지속적, 반복적으로 심리적 공격을 가하거나, 특정 학생과 관련된 개인정보 또는 허위사실을 유포하

한 음란·폭력 정보 등에 의하여 신체·정신 또는 재산상의 피해를 수반하는 행위를 말한다.

국가는 학교폭력 예방과 대책에 관한 정책 목표와 방향을 설정하고 다음의 기본계획을 세워 의견을 수렴해야 한다.

- 학교폭력 근절을 위한 조사·연구·교육 및 계도
- 피해학생에 대한 치료·재활 등의 지원
- 학교폭력 관련 행정기관 및 교육기관 상호 간의 협조·지원
- 전문상담교사의 배치 및 행정적·재정적 지원
- 학교폭력 예방과 피해학생 및 가해학생의 치료·교육을 수행하는 청소년 단체 또는 전문가에 대한 행정적·재정적 지원

피해학생을 보호하기 위한 조치에는 심리상담, 일시보호, 치료를 위한 요양, 학급교체, 전학권고, 그 밖에 피해학생의 보호를 위한 필요한 조치 등이 있다. 이 법은 학교폭력 현장을 보거나 그 사실을 알게 된 자는 학교 등 관계 기관에 즉시 신고해야 하는 학교폭력의 신고의무에 대해서도 명시하고 있다. 신고 받은 기관은 가해학생 및 피해학생의 보호자와 소속 학교장에게 통보해야 한다. 그리고 누구든 학교폭력을 신고한 사람에게 신고행위를 이유로 불이익을 주어서는 안 된다는 조항도 포함되어 있다.

(5) 입양촉진 및 절차에 관한 특례법

이 법은 요보호아동의 입양을 촉진하고 입양아동의 보호와 복지증진을 위해 필요한 사항을 규정하고 있다. 모든 아동은 태어난 가정에서 건전하게 양육되어야 하고 국가와 사회는 아동이 건강하게 양육될 수 있도록 지원하는 것이 원칙이다. 그러나 아동이 태어난 가정에서 양육될 수 없는 경우 아동을 건강하게 양육할 수 있는 다른 가정에 입양하도록 필요한 조치와 지원을 해야 한다.

여 상대방이 고통을 느끼도록 하는 행위를 말한다.

국가 및 지방자치단체는 요보호아동의 입양 활성화와 입양 후 가정생활의 원만한 적응을 위하여 입양정책의 수립 및 시행, 입양 및 사후관리 절차의 구축 및 운영, 입양가족 지원, 입양 후 원만한 적응을 위한 상담 및 사회복지서비스 제공, 입양에 대한 교육 및 홍보, 입양의 날 취지에 적합한 행사 등의 사업을 실시해야 한다.

입양 요건은 보호자로부터 이탈된 아동의 부양 의무자를 확인할 수 없거나 부모나 직계존속, 후견인이 입양에 동의하여 입양기관에 보호 의뢰된 아동, 법원에 의해 부모가 친권상실 선고를 받고 보장시설에 보호 의뢰된 아동 등이다. 양친될 자의 요건은 양자를 부양할 재산이 있고, 종교의 자유를 인정하고, 사회 일원으로 상응한 양육과 교육을 할 수 있어야 한다. 양자로 삼을 경우 부모, 직계존속, 후견인의 동의를 얻어야 한다. 15세 이상인 아동을 양자로 삼을 경우 입양 동의 외에 양자 될 아동의 동의를 얻어야 한다.

(6) 한부모가족지원법

가족유형 중 보편적인 구조는 양부모를 중심으로 한 가족이지만 사회변화와 더불어 가장 뚜렷한 변화가 한부모가족인데 미혼모 및 이혼률 증가와 더불어 한부모가족을 형성하는 가구가 지속적으로 증가하고 있다. 이는 사회변화에 따른 이차적 증상으로 빠른 경제 성장 속에서 예상되는 잔류수준을 넘고 있다. 아동복지 차원에서 한부모가족에 대한 관심이 증가하는 이유는 이들 가족이 직면한 사회적 상황과 제반문제가 아동에게 직접 영향을 미치기 때문이다.

한부모가족지원법은 한부모가족이 건강하고 문화적인 생활을 할 수 있도록 지원함으로써 이들 가족의 생활 안정과 복지 증진에 이바지하는 것을 목적으로 한다. 국가는 한부모가족의 권익을 보호하기 위해 사회적 편견과 차별을 예방하고 한부모가족을 이해하고 존중할 수 있도록 교육 및 홍보 등 필요한 조치를 취해야 한다.

한부모가족은 복지급여를 신청할 수 있는데 급여 내용은 생계비, 아동교육지원비, 아동양육비 등이다. 아동양육비의 경우 미혼모나 미혼부가 영유아를 양육하거나 청소년 한부모가 아동을 양육하면 추가적인 복지 급여를 신청할 수 있다. 그리고 한부모가족의 생활안정과 자립을 위해 사업에 필요한 자금, 아동교육비, 의료비, 주택자금 등의 복지자금 대여도 가능하다. 고용촉진을 위해서는 한부모가족의 모 또는 부와 아동의 직업능력을 개발하기 위하여 적성을 고려한 직업능력 개발훈련을 실시하고 직업을 알선한다. 동 법은 가족지원서비스도 포함하고 있는데 주된 서비스는 아동 양육 및 교육, 가족관계 증진을 위한 부모교육 및 상담서비스, 자녀양육비 청구 등을 위한 법률상담, 소송대리 등 법률구조 서비스 등이다.

청소년 한부모를 위해 교육지원과 자립지원을 하는데 교육지원에는 학교에서의 학적 유지를 위한 지원 및 교육비 지원, 검정고시 지원, 평생교육시설에 대한 교육비 지원 등이 포함된다. 자립지원으로는 주거마련 등 자립에 필요한 자산을 형성할 수 있도록 재정적 지원을 한다.

(7) 다문화가족지원법

다문화가족과 아동은 문화적 차이와 상대적으로 열악한 환경에 처해 있어 사회적 지원이 필요하다. 다문화가족지원법은 다문화가족 구성원이 안정적인 가족생활을 할 수 있도록 함으로써 삶의 질 향상과 사회통합에 이바지함을 목적으로 한다. 동 법은 다문화가족에 대한 이해증진을 위해 사회적 차별 및 편견을 예방하고 사회구성원이 문화적 다양성을 인정하고 존중할 수 있도록 다문화 이해교육을 실시하고 홍보 등 필요한 조치를 하도록 규정하고 있다. 이를 위해 유아교육법, 초중등교육법, 고등교육법에 따라 학교에서 다문화가족에 대한 이해 교육을 실시한다.

다문화가족은 생활에 필요한 정보가 부족하기 때문에 기본 생활정보 제공과 교육지원이 필요하고 사회적응교육, 직업교육 및 훈련, 언어소통 능력 향상을 위한 한국어교육 등을 지원 받을 수 있다. 거주지 및 가정환경 등으로 인해 교육서비스에 소외되지 않도록 방문교육, 원격교육 등의 방법으로 지원하고 있다.

다문화가족지원법에는 '평등한 가족관계 유지를 위한 조치' 항목이 있다. 이는 다문화가족이 양성평등한 가족관계를 누릴 수 있도록 가족상담, 부부교육, 부모교육, 가족생활교육 등을 추진해야 한다는 것을 말해 준다. 이 외에 가정폭력 피해자에 대한 보호지원과 의료 및 건강관리를 위한 지원이 명시되어 있다. 아동 보육 및 교육지원에는 방과 후 교육 프로그램 지원, 아동의 언어발달을 위한 한국어 및 부 또는 모의 모국어 교육을 위한 교재 및 학습지원이 포함된다. 다국어 서비스는 결혼이민자의 의사소통에 따른 어려움을 해소하고 서비스 접근성을 제고하기 위함이다. 동 법에는 다문화가족지원센터의 업무에 대해 규정하고 있다.

- 다문화가족을 위한 교육·상담 지원사업
- 결혼이민자에 대한 한국어교육
- 다문화가족 지원서비스 정보제공 및 홍보
- 다문화가족 지원 관련 기관·단체와의 서비스 연계
- 일자리에 관한 정보제공 및 일자리 알선
- 다문화가족을 위한 통역·번역 지원사업

제 7 장

아동복지실천방법

1. 아동복지실천방법의 유형

아동복지실천방법에는 제도적 접근과 실천적 접근이 있다. 제도적 접근이란 사회의 구조적 문제로 인해 아동 및 가족의 기본 욕구가 충족되지 못했을 때 국가가 개입하여 집단적 지원체계를 구성하는 것이다. 그렇게 구성된 것은 법, 정책, 행정 등의 형태로 적용된다. 실천적 접근은 아동의 건강한 성장과 발달, 환경과의 상호작용을 위해 전문적, 임상적 실천기술을 적용하여 아동 문제를 예방하고 치료함으로써 아동복지를 실천하는 방법이다.

실천방법은 단위 및 규모에 따라 개별, 집단, 지역사회 등으로 구분할 수 있다. 그러나 이 세 가지 실천방법을 포괄적, 통합적으로 적용하는 것이 바람직하다. 왜냐하면 개인과 집단, 지역사회는 하나의 생태체계로 연결되어 있기 때문이다. 따라서 실천 활동을 개별, 집단, 지역사회 중 어느 한 부분에만 초점을 두고 적용하면 효과가 제한적일 수밖에 없다.

아동복지실천은 아동의 복지를 위해 전문가들이 서비스나 프로그램을 현장에 적용하는 활동이다. 실천은 현장에서 전문가의 개입방식에 따라 직접실천과 간접실천으로 구분된다. 직접실천은 개별 아동을 만나 문제의 원인을 규명하고 해결하기 위해 직접 개입하는 방식으로 상담 및 치료 기법을 주로 활용한다. 간접실천은 아동과 직접 만나지 않고 아동을 둘러싼 환경체계에 개입하여 사회적 지지나 자원과 연계하는 방법이다.

생태학적으로 아동문제의 원인은 개인이나 환경의 어느 한쪽에만 있기보다 가족과 환경 간의 상호작용에서 찾을 수 있으므로 아동복지 전문가는 이러한 상호작용을 고려하여 아동에게 영향을 미치는 사회체계에 관심을 가지고 아동을 중심으로 관련 요인들이 어떻게 상호작용하는지를 탐색하며 활동해야 한다.

2. 아동복지실천과 아동의 특성

아동은 발달과정에 있고, 미성숙한 상태이며, 주로 행동언어로 의사소통을 하고, 부모에게 의존하며, 또래관계에 대한 욕구를 가지고 있으므로 실천 과정에 클라이언트로서의 아동의 특성에 대해 알고 있어야 한다.[1]

1) 발달적 특성

아동은 발달과정에 있다. 이 말은 외부 영향을 많이 받을 수 있다는 의미다. 아동의 부적응 행동은 정서적 욕구나 과거의 결핍으로 인한 두려움, 상처, 분노 등을 반영하는 것이므로 이를 퇴행 행동으로 간주하기보다 발달과정에서 나타날 수 있는 발달과업상의 특성이라고 보아야 한다. 심리역동이론[2]에 의하면 아동의 이상행동은 무의식적 갈등 및 욕구의 표현이다. 따라서 전문가는 아동이 자신의 부적절한 행동이나 내면적 동기를 인지하지 못하고 통제도 쉽지 않다는 것을 이해하고 있어야 한다.

발달적 특성에 대한 이해가 부족하여 외현적 행동에만 초점을 두고 임상치료를 하게 되면 다른 증후로 대치시키는 결과를 초래할 수 있으므로 다음 사항을 고려해야 한다.[3]

---

1) 오정수 · 정익중 (2011). 아동복지론 (pp. 146~150). 학지사.

2) Newcomer, P.L. (2003). *Understanding and teaching emotionally disturbed children and adolescents* (3rd ed.). Austin, TX.

3) 강위영, 이상복 외 (1997). 아동의 이해와 심리·행동 치료교육. 대구대학교 출판부.

첫째, 아동은 자신의 행동에 대해 사전에 생각하거나 의식적으로 통제할 수 없기 때문에 부적응 행동을 했을 때 처벌에 의한 임상기법을 적용해서는 안 된다.

둘째, 부적응 행동은 다양한 무의식적 동기에 근원을 두고 있고, 아동의 감정이 임상전문가를 향한 반응이 아니므로 직접적인 불쾌감 및 적의를 나타내거나 모욕감을 주어서는 안 된다.

셋째, 아동이 내적 갈등에 반응하므로 임상전문가는 외적 행동과 상반되는 점을 찾도록 해야 한다.

넷째, 사정단계에서 아동의 발달단계와 요구되는 발달과업은 무엇인지, 이러한 과업을 아동은 어떻게 대처하고 있는지를 파악해야 한다.

다섯째, 개입 때 아동의 현재 모습이나 수준에 머무르지 말고 발달단계별로 성취할 수 있는 잠재적 가능성을 열어두고 그에 부합되는 개입 목표와 계획을 세워야 한다.

아동의 특정 행동은 발달과정에서 나타나는 일시적 혼란에 의해 발생한 것일 수 있다. 예를 들어, 특정 시기에 이유 없는 반항을 하고 부모의 말을 듣지 않거나 무시하는데 이런 문제행동은 성격적 결함이기보다 발달적 특성에 기인하는 경우가 있다. 따라서 문제행동의 심각성을 포함한 임상적 판단은 발달적 관점에서 보아야 하고 개입 계획을 세울 때도 아동의 발달적 특성에 대한 이해가 우선되어야 한다.

2) 행동언어

아동은 본질적으로 성장과 발달을 추구한다. 아동 내부에는 풍부한 자기표현을 추구하는 지성적 욕구가 내재되어 있다. 그러나 아동은 어휘력과 표현력이 부족하기 때문에 지성적 욕구를 행동언어로 의사소통을 하는 특성이 있다. 아동은 자신의 감정과 느낌을 즉각적으로 표현하고 행동으로 나타낸다. 따라서 전문가는 아동의 관점에서 생각하는 법을 배우고 아동의 행동과 즉각적인 반응을 면밀하게 관찰해야 한다. 아동은 물활론적 사고를 하므로 현실과 놀이 사이의 경계가 명확하지 않아 놀이를 현실로 간주하는 경향이 있다. 이런 점을 고려하여 아동을 관찰할 때 놀이 상황을 설정하거나 비언어적 도구를 사용하여 아동과 신뢰감 및 친밀감을 형성하여 행동언어가 말해 주는 부분을 읽을 수 있어야 한다.

그런 의미에서 상담실은 놀이터 기능을 갖출 수 있도록 구성해야 한다. 놀이치료는 행동문제가 있는 아동에게 적합한 기법이고 전문가는 아동과 환경 간에 조정자 또는 매개자로써 도움을 줄 수 있어야 한다. 놀이치료는 아동이 평소에 자기만의 방식대로 행동하며 편하게 놀 수 있는 환경 속에서 스스로 문제 해결을 할 수 있도록 도와주는 것이다. 놀이는 행동언어가 많은 부분을 차지하므로 언어적 의사소통에 한계가 있을 경우 놀이를 통해 문제해결 능력, 소통기술, 사회적 기술 등을 키울 수 있어 아동상담 및 치료기법으로 유용하게 활용되고 있다.

3) 부모에 대한 의존성

아동복지는 부모복지라고 할 정도로 아동은 부모와 밀접한 애착관계를 형성한다. 아동의 행동과 태도는 부모의 성격, 성장환경, 양육방식, 부모자녀 관계와 관련이 있으므로 아동의 문제행동의 원인을 규명할 때 부모 요인도 고려해야 한다. 아동의 부모에 대한 의존성을 가장 잘 보여주는 것이 분리불안이다. 분리불안이란 아동이 부모와 떨어져 있어야 할 상황에서 나타나는 정상 수준의 두려움이나 불안징후를 말한다. 분리불안의 어느 정도는 발달과정에서 나타나는 자연스러운 현상이며 성인에게도 나타날 수 있다. 문제는 부모와의 격리가 지나치게 과도한 불안을 동반할 경우 불안정 애착으로 발전할 가능성이 있다.

아동이 분리불안을 보이는 이유는 애착대상인 부모와 떨어져 있어야 할 경우 아동자신과 부모의 안전에 대해 지나친 걱정이나 염려 때문이다. 즉 부모와 떨어져 있을 때 부모에게 어떤 위해가 일어날지도 모른다는 비현실적 염려, 자신에게 나쁜 일이 발생할지도 모른다는 걱정, 부모로부터 버림받는 건 아닌가 하는 엉뚱한 염려가 아동을 불안하게 하는 것이다. 때론 애착대상 뿐 아니라 애착장소를 벗어날 때 신체적, 정신적 고통을 호소하기도 한다. 학교를 가야 하는 것과 같이 예정된 분리 상황에서도 부모에게 의존하고, 떨어져 있는 동안 불안해하는 경우도 있다. 이런 경우는 분명 분리불안 장애라고 볼 수 있다.

이러한 점은 아동의 문제행동이 타고난 기질 및 성격과도 관련이 있지만 부모의 양육태도와 방식, 부모자녀 관계의 애착 정도와 관련이 있으므로 아동의 문제행동에 대한 원인을 규명할 때 부모 요인을 고려해야 한다. 그리고 문제행동을 수정하기 위해 개입 할 때도 부모와의 협력체계가 목표달성 여부에 중요한 역할을 한다.

과거에는 임상과정에서 부모는 교육을 통해 필요한 지식과 정보를 전달받는 소극적 참여자였다. 그러나 문제의 원인을 규명하고 개입 효과를 얻기 위해서는 부모참여 형태로 전환되어야 하고 부모는 임상회의에 참석하거나 전문가가 요구하는 활동을 수행해 나가는 적극적 참여자 입장에 서야 한다. 또한 부모지원의 초점을 아동에게서 아동과 연계된 부모와 연결하여 개별 가족이 지니고 있는 문제와 욕구를 해결할 수 있는 방안을 전문가와 함께 모색해야 한다. 전문가는 부모의 필요와 욕구를 위해 조언해 주는 조력자가 될 필요가 있다. 그리고 아동의 행동문제를 다루는 임상현장에서 부모에 대한 의존성을 고려하여 가족의 본래 기능이 정착될 수 있도록 부모는 프로그램 구성의 구심점이 되어 전문가의 파트너로서 역할을 적극적으로 수행해야 한다.

4) 또래 관계

놀이는 아동에게 중요한 과업이며 활동이다. 그래서 놀이를 매개로 하는 서비스나 프로그램이 많이 개발되어 있다. 아동의 놀이 상대가 집에서는 가족이지만 유치원, 어린이집, 학교, 동네에서는 또래이다. 또래 관계가 원만한 아동도 있지만 또래와 반복적인 갈등을 일으키는 경우도 있다. 아동의 문제행동은 또래와의 상호작용 형태와 밀접한 관계가 있다. 전문가는 아동의 또래 관계나 또래와의 상호작용을 통해 문제가 어느 정도 심각한지 판단할 수 있는 정보를 얻을 수 있다.

또래 관계에서 위축된 아동은 고립된 아동과는 문제의 본질에 차이가 있다. 위축된 아동은 처음에는 사회적으로 능동적이고 위축되고 싶지 않았으나 어쩔 수 없이 위축되는 경향이 있다. 위축 정도는 또래와 같이 노는 시간이 줄어드는 것에서부터 다른 아이들과 같은 공간에 있는 것에 대한 인식도 없거나 접촉을 피하는 것에 이르기까지 다양하다. 또래 관계가 위축된 아동은 무의식 중에 역할도 위축되고 또래가 같이 놀자고 해도 거절한다. 때로는 아동 스스로 난폭하고 과격한 행동을 함으로써 다른 아이들이 접근하지 못하게 하거나 정서적으로 밀어내는 경우도 있다. 난폭하거나 반사회적인 행동, 틱 장애 등은 또래와의 상호작용이 원만하지 않을 때 나타나는 증상이기도 하다. 따라서 전문가는 문제행동 교정을 목적으로 개입할 때 또래 관계가 미치는 영향을 고려하여 상담 및 치료에 임해야 한다.

5) 비자발적 클라이언트

성장단계에 있는 아동은 미성숙하고 판단력도 부족하기 때문에 스스로 자신의 문제를 인지하지 못하는 경우가 많다. 따라서 초기에는 아동이 상담기관에 온 이유를 이해하지 못하거나 낯선 전문가와 만나는 것에 대한 두려움, 불안, 스트레스 등을 받을 수 있으며 그로 인해 장소에서 벗어나려는 행동을 하거나 전문가에게 저항 할 수도 있다. 아동이 행동문제를 지닌 채 비자발적 클라이언트로 오기 때문에 전문가는 상담기관에 온 이유를 아동이 이해할 수 있는 언어로 설명하고 전문가에게 신뢰감을 가지고 편하게 대할 수 있도록 해야 한다. 여기서 비자발적 클라이언트인 아동과 전문가와의 관계설정이 중요한데 행동문제와 기질 등의 상황에 맞추어 전문가는 교사나 치료사, 중재자나 대변자 등 다양한 역할이 요구된다.

아동이 지속적으로 비자발적 행동을 하면 행동문제를 수정하기 위한 개입에의 참여의지가 부족하거나 문제인식이 없을 수 있고 그로 인해 개입 효과가 늦게 나타나거나 오히려 행동문제를 강화시킬 수 있으므로 다양한 방법을 동원해서 자발적 클라이언트가 되도록 해야 한다. 전문가는 다음 사항을 고려하여 아동이 자발적 클라이언트가 되도록 유도한다.[4]

① 아동이 저항의 의미로 돌발 행동을 할 경우 유연성을 가지고 침착하게 대한다. 임상현장에서 아동을 만나면 갑자기 소리 지르며 이유 없이 화를 내거나 울거나 짜증을 내는 경우가 있는 가하면 때론 물건을 집어 던질 수도 있다. 이럴 때 전문가는 우선 침착해야 한다. 그리고 즉각적 대응은 하지 않는 게 좋다. 만약 즉각 대응을 하면 전문가 역시 아동과 똑같이 화를 내게 될 개연성이 커지기 때문이다. 아동이 돌발 행동을 할 때는 반드시 원인이 있으므로 상담전문가는 아동의 입장에서 보고 공감적 반응을 해 줄 필요가 있다.

② 아동에게 관심이 있다는 것을 보여 주어야 하지만 때론 아동이 울거나 까다롭게 굴 경우 무시기법 또는 문제파악 관찰 등으로 대처하는 것이 효과적이다. 이때 무익한 체벌은 하지 않아야 한다. 어떤 아동은 지나치게 산만하거나 높은 곳에

4) 이상복 · 정영숙 (2007). 특수아동지도. 도서출판 공동체.

올라가 전문가를 긴장시키기도 한다. 물건을 모두 꺼내서 사방으로 펼쳐두는 산만한 행동을 하는 경우도 있다. 반면에 낯선 장소, 특정 물건이나 대상에 대해 지나치게 불안증상을 보이고 우는 아이도 있다. 이럴 경우 일단 아이가 진정될 때까지 기다려 주며 관찰한다. 행동문제를 파악하기 위해 아동의 의사소통 및 행동 방식, 발달수준 등을 직접 관찰하는 것은 임상에 중요한 자료로 활용된다. 아동은 성인과 달리 언어로 자신을 표현하는데 한계가 있으므로 비언어적 측면에서 많은 단서를 얻을 수 있다.

③ 아동과의 상호작용에서 위협이 되는 큰소리는 자제하고 긍정적 언어를 사용한다. 말은 소리라는 전달체를 지니고 있으므로 소리가 밝고 안정적인 음으로 들리도록 해야 한다. 화난 얼굴로 높은 음의 말소리를 내는 것은 아동으로 하여금 두려움을 심어주거나 화나게 할 수 있다. 그리고 전문가 자신의 말소리와 말에 담긴 내용이 오히려 자신의 기분을 상하게도 한다. 따라서 긍정적 언어 사용을 유지하고 수용적 자세를 가져야 한다.

④ 전문가는 임상현장에서 객관적이고 중립적인 언어 사용을 통해 행동중심 지도를 해야 한다. 즉 '너' 중심에서 '행동' 중심의 말과 태도를 보이는 것이 효과적이다. 예를 들어, 아동이 울고 있을 경우 '너 왜 우니?', '너 왜 그래?' 라고 묻는 것은 비난적 의미가 내포되어 있다. 이런 비난성 반어법은 전문가가 자신의 답답함을 풀고자 하는 경우에 주로 나타나는 반응이다. 전문가는 임상현장에서 일상적 습관에 의한 '너' 중심의 비난성 말보다 '울고 있구나', '큰 소리로 울고 있네' 라고 표현하는 것이 바람직하다. 이런 객관적·중립적인 말과 태도는 아동으로 하여금 자신이 울고 있다는 것을 깨닫게 해 주는 계기로 작용한다.

⑤ 아동이 자발적 클라이언트가 될 수 있도록 전문가는 아동과의 상호작용 속에서 우호적 관계를 유지해야 한다. 따라서 끊임 없는 질문으로 아동이 심문 당하는 느낌이 들지 않도록 하고 상담내용은 비밀보장이 된다는 것을 아동에게 인지시켜 줄 필요가 있다. 그리고 자신의 감정을 어떤 제약도 받지 않고 표현할 수 있는 자유로움을 느끼도록 허용적인 분위기를 조성하는 것이 아동으로 하여금 자발적 클라이언트가 되도록 유도하는 길이다.

3. 아동복지실천방법 : 개별아동복지실천

개별아동복지실천은 실천대상이 아동 개인 또는 가족 개인 등과 같이 개별 클라이언트와 일대일 방식으로 문제해결을 돕는 방법이다. 이는 개별 클라이언트가 직면한 문제를 다양한 기법을 적용하여 해결할 수 있도록 도움을 주고 사회적, 정서적 결핍 상태를 완화시켜주는 활동이다. 그러나 개별 접근이라 하더라도 아동만을 대상으로 하지 않고 아동, 가족, 주변 환경 체계에 개입하여 바람직한 방향으로 영향을 미칠 수 있도록 변화를 유도한다. 학대아동 보호 및 가정에 대한 개입, 학교부적응 학생에 대한 상담 등은 일반적으로 개별 접근에 의해 이루어진다.

개별 접근은 아동 및 가족의 개별화 된 문제에 초점을 둔 클라이언트 중심의 미시적 방법이며 예방보다 치료 차원에서 문제해결을 한다. 주로 아동의 정서나 행동문제를 다루기 때문에 행동수정 기법이나 사회심리적 요인과 관련된 과제중심 프로그램을 적용하는 경향이 있다. 개별 중심 실천과정을 단계별로 제시하면 다음과 같다.

1) 인테이크

인테이크(intake)는 욕구가 있는 아동 및 가족이 상담기관에 방문하여 접수할 때 욕구를 확인하고 관련기관에서 적합한 서비스를 제공할 수 있는지 여부를 판단하는 단계이다. 이 단계에서 아동문제 및 욕구를 확인해야 할 뿐 아니라 가족배경도 알아야 하고 아동이 전문가에게 친근감과 신뢰감을 가지고 다가올 수 있도록 관계형성을 유도해야 한다.

일반적으로 문제나 욕구가 있는 아동은 부모를 포함한 가족 및 보호자와 같이 방문하므로 접수 및 면접도 부모나 보호자와 함께 진행하게 된다. 이 단계에서 상담전문가는 아동에게 어떤 일을 하도록 지시하기보다 안아 주거나 손을 잡는 등의 신체적 접촉, 눈 맞춤, 웃음, 부드러운 목소리 등을 통해 아동에게 좋은 이미지를 주면서 신뢰감을 형성해야 한다. 말은 아동에게 부드럽고 따스함을 줄 수 있어야 하는데 전문가의 말이 지닌 내용과 소리가 아동과 부모의 마음을 편하게 또는 상하게 하는 원인이 될 수도 있으므로 이 점을 유의해야 한다.

인테이크 단계에서 아동과 가족에 대한 자료수집은 아동의 문제와 욕구를 이해하고, 분석하고, 적합한 해결 방안을 세우는데 필요한 정보를 제공하므로 중요하다. 행동문제가 있는 아동의 경우 어떤 행동이, 언제 문제가 되는지를 알려주는 절대적 기준은 없다. 그러나 행동문제에 대한 빈도와 정도에 대한 기록을 모으면 하나의 체계가 구성되므로 이를 기초자료로 활용할 수 있다. 따라서 자료를 많이 모을수록 문제해결 방안에 정확하게 접근할 수 있고 자료수집 단계에 아동문제와 욕구를 명확하게 규명하여 개입 수준 및 방향을 정하게 된다.

실질적으로 자료수집은 개입 전 과정을 통해 이루어지지만 정보수집 차원의 자료수집은 초기에 집중적으로 이루어진다. 수집내용은 아동이 안고 있는 현재의 욕구와 문제 상황, 특성, 부모자녀 관계, 가족환경 등이 포함된다. 가족자료가 중요한 이유는 모든 아동은 자신만의 가족환경 속에서 살고 있으며 이런 가족환경은 아동행동에 직접 영향을 미치기 때문이다. 부모의 양육 패턴, 기대수준, 가치관 등은 아동의 행동과 밀접한 관련이 있다.

예를 들어, 아동의 특정 행동에 대해 어떤 부모는 전혀 문제로 인식하지 않는 반면 다른 부모는 민감하게 반응하며 단순한 개별적 특성이나 성향일 수도 있는 행동에 대해 심각하게 받아들이는 경우가 있다. 반대로 특정 행동이 애착장애로 이어질 수 있는 문제인데도 불구하고 부모가 대수롭지 않게 간과할 수도 있다. 이와 같이 아동발달에 영향을 미칠 수 있는 위험요소는 아동이 속한 가족의 기대수준이나 관점에 따라 잘못 인지할 수 있기 때문에 가족자료는 상담 및 치료의 중요한 지표가 된다.

2) 사정

사정(assessment)은 수집된 자료를 분석하여 문제의 본질을 규명하고 실천적 개입방향을 정하는 단계이다. 자료수집과 사정은 한 번에 끝나는 것이 아니라 개입의 전 과정을 통해 순환적으로 이루어진다. 예를 들어, 아동의 행동문제를 사정 할 경우 행동문제에 대한 정의가 전제되어야 하고, 행동이 무엇을 나타내는지에 대해 명확히 이해해야 한다. 사정의 목적은 첫째, 수집된 자료를 분석하여 아동에게 적절한 개입목표와 방법을 결정한다. 둘째, 개입 초기에 행동문제에 대한 개입 목표와 프로그램의 적합성 여부를 진단한다.

사정은 아동, 가족, 주변 환경에 대한 부분으로 구분할 수 있다. 사정 자료에 가계도와 생태도가 있으며 이 자료는 아동, 가족, 주변 환경 등 세 축으로 구성된 가정의 역동성을 보여 준다. 가계도는 가족의 과거와 현재를 보여주는 내용(예를 들면, 결혼, 이혼, 질병, 실업, 사망, 형제관계, 주요 생활사건 등)이므로 여러 세대에 걸친 가족문제나 기능 및 역할, 특성 등을 파악할 수 있다. 반면 생태도는 아동과 환경 간의 상호작용 체계를 보여 주는데 이를 토대로 아동을 둘러싼 가족 간 관계, 가족자원의 흐름 등을 판단할 수 있다. 가계도를 토대로 가족 내 문제가 무엇인지를 알 수 있다면 생태도는 아동과 가족이 주변 환경 및 사람과 어떤 관계를 가지는지, 상호작용은 어떻게 이루어지는지를 보여 준다.

가계도와 생태도 외에 진단검사, 성격유형검사, 각종 심리검사 등을 활용하여 아동의 기질과 특성을 파악할 수 있다. 사정 내용은 아동의 특성에 따라 다르지만 일반적으로 신체적·정신적 건강상태, 사회적·심리적 기능, 생활양식, 자조능력, 가족관계 및 가족가치관, 경제 상황 등이다.

3) 계획수립

계획수립 단계에서는 아동의 욕구나 문제를 해결하기 위해 무엇을 해야 하는지를 결정한다. 즉 다음 단계에 적용할 개입 목표와 방향을 정한다. 그리고 자료분석 결과를 토대로 개입방법, 참여대상 범위 등을 정한다. 이 단계에서 전문가는 아동의 특성을 고려한 상담 서비스와 프로그램 기획에 필요한 이론적 지식을 갖추고 있어야 한다. 즉 아동 문제 및 욕구를 해결하기 위한 계획수립 단계에서 관련 문제와 욕구의 본질 및 개념적 틀을 이해하고 사정절차와 자료분석 결과를 토대로 개별 프로그램을 입안해야 한다.

개입 목표는 개입 방향을 제시하기 때문에 구체적이고 실현가능한 형태로 정립되어야 하고 개입 종결 후 평가의 근거가 되므로 명확해야 한다. 목표설정 과정에 아동과 가족이 적합한 형태로 참여할 필요가 있는데 이런 참여를 통해 의사소통 효과를 높이고, 개입과정에 아동과 부모의 역할 및 기능, 개입기법과 평가방법 등에 대한 동의를 자연스럽게 얻을 수 있다. 목표 설정 후 부모에게 전문가의 역할, 시간, 장소 등에 대해 구체적으로 설명한다.

4) 개입

개입(intervention)이란 아동의 문제 및 욕구를 해결하기 위해 가족과 협의 하에 설정한 목표를 달성할 수 있도록 실천하는 단계이다. 처음 인테이크 단계에서 자료를 수집하고, 사정을 토대로 계획을 수립하는 모든 과정은 개입 중에 의도한 변화가 일어날 수 있도록 하기 위한 것이다. 아동의 문제와 욕구에 대한 개입 여부와 적합성을 평가하기 위해 고려해야 할 사항은 다음과 같다.

- 문제행동이 아동안전 및 복지에 미치는 영향
- 문제행동이 아동생활 영역 내 다른 사람의 복지에 미치는 영향
- 대안적 행동이 아동안전 및 복지에 미치는 영향
- 대안적 행동이 아동생활 영역 내 다른 사람의 복지에 미치는 영향
- 법으로 보장되어 있는 아동의 권리
- 자유로운 조건 및 환경에서 개입 할 수 있는지의 여부

개입 과정에 아동의 문제와 욕구의 심각성을 고려해야 할 뿐 아니라 가족을 포함하여 주변인에게 미치는 영향에 대해서도 숙고해야 한다. 따라서 목표를 실현하기 위해 개입단위를 정할 때 아동 개인으로만 할 것인지, 부모 · 형제 등 가족구성원을 포함시킬 것인지 아니면 또래까지 참여시킬지 등을 결정한다. 개입방법은 아동의 문제와 욕구 유형, 서비스 범위 등을 고려해서 정한다.

개입은 적절한 환경자극을 중심으로 아동의 특성 및 발달수준에 적합하고 안전성이 고려된 프로그램으로 구성되어야 한다. 또한 물리적, 심리적으로 강압적 분위기를 조성하거나 효과가 충분히 검증되지 않은 방법은 아동발달에 위험요소로 작용할 수 있다. 예를 들어, 지시 따르기를 목표로 아동을 오랜 시간 동안 앉혀 두거나 반복적으로 지시하는 것은 기계적 훈련에 불과할 수 있다. 개입이 성공적으로 이루어져 좋은 결과를 얻기 위해 프로그램이 체계적이고 전문성 있게 짜여야 한다. 개입 프로그램의 효과를 극대화하기 위해 지켜야 할 사항은 다음과 같다.[5]

---

5) 이상복 · 정영숙 (2007). 특수아동지도. 도서출판 공동체.

첫째, 행동목표가 명확한지, 목표에 맞게 진행하고 있는지를 주기적으로 점검하는 확인과정이 필요하다.

둘째, 개입할 때 임상전문가의 행동과 요구가 아동에게 명확히 전달되고 이해되어야 한다.

셋째, 아동의 발달수준에 적합한 과제를 부여하고 그에 대한 분석이 이루어져야 한다.

넷째, 개입 중에도 아동이 어느 정도 향상되었는지에 대해 정기적으로 평가한 후 그에 근거하여 개입내용 및 전략을 조정해야 한다.

위 사항을 고려하여 아동의 욕구와 발달수준에 맞는 개별화된 프로그램을 적용하고 중간에 목표에 맞게 적용하고 있는지를 자주 점검함으로써 개입 효과를 높일 수 있다.

5) 평가 및 종결

평가는 개입 후 나타난 결과를 토대로 판단하는 과정이며 최종 단계이다. 즉 개입 완료 후 초기에 설정한 개입 목표를 성공적으로 달성했는지를 평가하는 활동이다. 개입 효과는 개입 이전에 발생한 문제행동과 개입 후 나타난 상황이 긍정적인지 부정적인지에 따라 실천방법과 전략을 평가할 수 있다. 그리고 평가 할 때 문제행동에 대한 정의가 전제되어야 하고 문제행동이 무엇을 나타내는가에 대한 이해를 필요로 한다. 왜냐하면 문제행동은 한 아동의 심리적 반응이며 내적 또는 외적 자극과 개인 간의 상호작용을 반영하기 때문이다.

개입 프로그램이 잘 구성되었고 효율적으로 실행되었다 하더라도 평가단계에서 다음 사항에 대해 진단해 볼 필요가 있다.

- 개입 프로그램이 아동에게 긍정적인 영향을 미쳤는가?
- 개입 기간 중 윤리적, 규범적 차원의 노력을 하였는가?
- 개입하는데 필요한 인적·물적 자원으로 더 큰 효과가 있는 다른 대안이 있는 것은 아닌가?

개입결과를 평가 한 후 종결 여부에 대해서는 부모와 임상전문가가 개입결과를 토대로 논의해서 정하며 이때 아동의 의사도 비중 있게 고려해야 한다. 아동과 부모에게 종결에 대해 사전에 알려 주고 정서적, 심리적 준비를 할 수 있도록 한다. 그 이유는 사전 예고나 대비 없이 갑작스럽게 종결을 선언하면 아동은 두려움, 불신감, 저항감 등을 가질 수 있고 그로 인해 종결에 앞서 문제행동을 다시 유발할 수 있기 때문이다. 따라서 임상전문가는 종결 단계에서 아동이 보일 수 있는 서운함, 이별 등의 정서적 반응을 자연스럽게 수용하고 마음의 상처를 입지 않고 심리적 대비를 할 수 있도록 배려해야 한다. 그리고 개입과정에 형성된 상호 신뢰와 친밀감이 유지될 수 있도록 기술적으로 접근해야 한다.

전문가는 종결 후에도 부모와 협력적 관계를 유지하고 지역사회 내의 부모회, 가족협력 지원 프로그램, 지역사회 내 아동 캠프 등의 정보도 알려주는 게 바람직하다. 이러한 협력적 관계는 아동에게 적용했던 개입이 성공적으로 유지될 수 있도록 해 준다.

4. 아동복지실천방법 : 집단아동복지실천

집단아동복지실천에서 집단이란 공통의 경험과 관심을 지닌 사람들이 공동의 목표를 달성하기 위해 상호작용하는 두 사람 이상의 집합을 의미한다. 집단복지실천의 효과는 집단으로 구성된 사람들의 상호작용과 정서적 결속 정도 그리고 집단 형성의 목적에 달려 있다. 집단은 1차와 2차 집단으로 구분되는데 1차 집단은 집단 구성원이 친밀한 관계를 유지하며 공동의 목적을 달성하는 것이다. 2차 집단은 계약 및 협약에 의해 인위적으로 구성된 집단이 공동의 목적을 달성하는데 목적을 둔다. 일반적으로 과업이나 치료 목적으로 구성된 집단은 10명 정도가 적당하고 이 수를 초과할 경우 효과가 떨어지는 경향이 있다.

1) 집단아동복지실천 사업

집단아동복지실천 사업은 추구하는 목적에 따라 교육, 상담, 치료 및 재활, 예방, 가족지원 등으로 구분할 수 있다.

(1) 교육사업

집단아동복지를 위한 교육사업은 대상이 아동이기 때문에 아동의 성장과 발달에 중점을 둔다. 주 목적은 전인발달 지향, 건강한 신체와 정서 발달, 언어 및 지적능력의 발달, 사회성 및 도덕성 발달, 행동문제 수정 등을 비롯하여 미래의 인재로 키우는 것이다. 아동복지사업을 예로 들면 아동권리 교육사업, 아동학대예방 교육사업, 발달장애아동 교육사업, 빈곤아동 교육지원사업, 다문화아동 언어교육사업, 해외아동 교육지원사업[6] 등이다.

(2) 집단상담

집단상담은 일대 다수의 관계 속에서 진행되므로 구성원 간 상호작용과 집단의 역동성이 상담효과에 중요한 영향을 미친다. 개성이 다른 아동들이 모여 집단으로 구성되면서 나타나는 보편적 특성이 있다. 이 특성은 다수 아동이 모여 하나의 집단으로 결집되면서 나타난 것이다. 게슈탈트(Gestalt)에 의하면 집단은 아동 개개인의 단순한 합이 아니라 그 이상이다. 결국 집단상담은 공동의 목표를 달성하기 위해 상호작용하는 일종의 사회체제이며 그 속에서 서로 영향을 주고받으며 변화하고 적응한다.

아동은 집단상담이 진행되는 동안 공유된 정서와 의사소통을 통해 주어진 과업을 수행해 나가고 그 속에서 잠재능력과 사회성을 키우게 된다. 집단상담 프로그램으로는 의사소통 기술향상, 사회성 증진, 또래관계 증진, 정서 및 감정조절을 비롯하여 놀이치료, 미술치료, 음악치료, 독서치료 등이 있다.

(3) 치료 및 재활사업

재활이란 아동이 신체, 정서, 행동 문제를 회복하고 잠재능력을 최대한 발휘할 수 있도록 지원하는 것이다. 치료와 재활은 같은 맥락에 있으며 다양한 사업으로 연결되어 있다. 아동의 욕구에 따라 재활에 초점을 둘 경우 심리재활, 교육재활, 직업재

6) 세이브더칠드런(Save the Children)의 글로벌 캠페인을 통한 해외후원사업. 아프리카, 아시아 등 빈곤지역과 분쟁지역 내 교육접근성 향상을 추구하고 지역사회 참여를 유도하는 사업.

활, 의료재활, 사회적 재활 등으로 구분되고 치료에 중점을 둘 경우 언어치료, 인지행동치료, 미술치료, 심리치료, 음악치료, 놀이치료, 독서치료 등으로 구분된다.

치료와 재활을 통합한 프로그램을 예로 들면 장애아동재활치료사업[7]이 있는데 이 사업은 장애아동가족의 욕구를 반영하여 아동의 성장과 발달을 지원하기 위해 국가가 제공하는 전문 재활치료서비스이다. 이 사업이 중점을 두고 있는 것은 장애아동의 기능 향상과 행동발달을 위한 재활치료 서비스 지원 및 정보 제공 등이다. 민간시설에서도 장애아동 재활치료를 위해 그룹홈, 재가시설 등 다양한 서비스를 제공하고 있다.

(4) 예방사업

예방사업은 아동안전관리 차원에서 문제나 어려움이 발생하기 전에 미리 대처하고 필요한 교육이나 서비스를 제공하는데 중점을 두고 있다. 대표적인 예방사업으로는 성폭력 및 아동학대예방사업, 아동급식 위생관리 및 식중독 예방사업, 아동인권보호사업, 아동안전관리사업 등을 들 수 있다. 성폭력 및 아동학대예방사업은 성폭력과 아동학대를 예방하고 피해아동을 위한 보호지원을 통해 아동의 건강한 성장과 권리증진을 도모한다. 또한 동 사업은 모든 아동에게 위험한 상황에서 스스로 대처할 수 있도록 예방법을 가르쳐 자신을 보호할 수 있는 힘을 키우는 것을 지향한다.

아동급식 지원체계와 관련하여 위생관리 및 식중독 예방사업도 아동복지실천이란 면에서 관심을 가져야 한다. 현대에는 다수 아동이 유아 때부터 많은 시간을 보육기관에서 보내고 학교에서도 단체급식을 하고 있으므로 급식과 위생관리는 건강한 성장과 직결되는 문제이다. 따라서 보육기관, 교육기관, 사회복지관, 지역아동센터 등에서 집단급식소를 대상으로 한 위생교육은 위생관리 및 식중독 예방사업에 포함된다.

아동인권보호 사업은 학교폭력, 아동학대, 집단따돌림, 권리침해 등으로부터 보호하고 원만한 인간관계 속에서 살 수 있도록 지원하는 사업이다. 사업 목적 및 근거는 아동·청소년 인권조례에 명시되어 있다. 사업 적용대상은 아동, 부모, 교사 등이 포함되며 이들을 대상으로 아동복지시설 및 학교 등에서 집단교육이 이루어진다.

---

7) 보건복지부, 장애아동재활치료사업의 성과 및 치료유형별 사례분석.

아동안전관리 사업에는 아동의 안전한 성장환경 조성을 위해 아동안전을 위협하는 환경에 대한 실태조사, 아동안전관리 계획 수립 및 시행, 지역사회자원을 활용한 아동안전 모니터링 등이 포함된다. 아동안전관리를 위해 무엇보다 관련기관 및 단체와 유기적 협조가 이루어져야 안전보호 사업을 효과적으로 추진할 수 있다. 법령에 아동복지시설의 안전교육 및 보고 의무에 대한 규정이 있고 아동복지시설 기관장은 교통안전, 실종 · 유괴 예방과 방지, 약물 오남용 예방, 재난대비 안전 및 성폭력 예방 교육을 실시해야 한다.

(5) 가족지원사업

가족지원은 아동복지실천을 위해 중요한 축을 이루고 있는 사업으로 빈곤아동 가족을 위한 경제적 지원사업, 다문화가족을 위한 상담 및 교육지원사업, 한부모가족을 위한 일·가정양립지원사업, 발달장애아동을 위한 가족상담 및 교육지원 사업 등이 포함된다.

발달장애아동을 위한 가족지원사업의 변화과정을 살펴보면 과거 가족지원사업이 시행되던 초기 단계에서는 전문가에 의한 부모교육 수혜자로서, 가족은 단지 지식을 전달받는 소극적 참여자였다. 그 다음 단계에서는 가족참여 형태로 변화되어 가족이 회의에 참석하거나 전문가들이 요구하는 활동을 수행해 나가는 참여자의 입장에 서게 되었다. 세 번째 단계는 가족지원의 초점을 아동에게서 아동과 연계된 가족지원 체계로 확대되는 것에 중점을 두고 변화하였다. 개별 가족은 관심과 욕구를 전문가와 함께 나누고 전문가는 가족의 필요와 안정된 환경 조성을 위해 조언하는 역할을 한다. 이후 가족중심 개념이 정착되면서 가족지원은 서비스나 프로그램의 구심점이 되어 전문가의 파트너로서 기능을 수행하고 있다.

최근에는 전문가에 앞서 가족이 자신들의 필요와 욕구를 가장 잘 파악하는 가족선도자 입장에서 서비스나 프로그램의 구성과 실행에 대해 독립적인 의사결정을 한다. 가족지원에 대한 변화의 폭이 큰 이유는 아동복지가 가족 체계와 밀접한 관계를 가지고 있다는 것이 이론적으로 검증되었기 때문이다. 가족구성원 간에는 독특한 욕구를 지닌 사회적 시스템이 작용하고 있다. 즉 아동과 가족은 상호 연관되어 있으므로 한 요소의 변화는 다른 요소의 변화를 초래한다. 발달장애 자녀의 출생은 부부 간, 형제간 관계에 영향을 줄 뿐 아니라 가족의 정서적 · 경제적 기능, 일상생활 등 거의 모든 부분에 영향을 미친다. 따라서 가족지원사업은 이러한 가족 체계와 상호 연관성에 대한 이해를 바탕으로 구성되어야 한다.

2) 집단구분

아동복지실천의 목적에 따라 집단을 분류하면 치료집단과 과업집단으로 구분된다. 치료집단은 집단구성원의 욕구를 충족시키기 위한 목적으로 구성되며 지지집단, 성장집단, 교육집단, 치유집단, 사회화집단으로 구분된다. 과업집단은 특정한 과업이나 목표 달성을 위해 구성되며 수행해야 할 과업이 있다. 집단구성 기준은 과업 및 목표 달성에 대한 관심과 동기가 중요한 요인으로 작용하며 구성원 간 상호작용을 통해 특정 과업이나 공식 안건에 대한 결과물을 만든다.

① 실천목표

- 치료집단 : 신체적, 사회적, 정서적 욕구 만족과 행동문제 교정
- 과업집단 : 집단구성원의 개인적 성장보다 특정 과업을 수행하기 위해 토론 및 의사결정 과정에 참여하면서 특정 과업 완수

② 실천방법

- 치료집단 : 다양한 치료 서비스(임상치료, 미술치료, 심리치료 등)를 적용하여 언어적 또는 비언어적 의사소통 및 상호작용으로 문제 해결
- 과업집단 : 과업 중심이므로 의사소통 및 상호작용은 과업 달성에 필요한 경우에 적용

③ 집단구성원의 역할

- 치료집단 : 서비스나 프로그램이 지향하는 것과 언어적, 비언어적 의사소통 및 상호작용 정도에 따라 역할 부여
- 과업집단 : 집단구성원 개별 또는 공동에게 할당된 과업을 달성

3) 치료집단의 유형

(1) 지지집단

지지집단은 비슷한 문제를 안고 있거나 경험을 한 사람들이 모여 문제에 효과적으로 적응하기 위해 정보 공유, 대처방안 및 기술 향상 모색 등을 통해 삶의 위기를 극복하고 본연의 삶으로 회복할 수 있도록 상호 지지하는 집단이다. 지지집단은 직면한 문제나 경험이 비슷한 사람들이 모인 집단이기 때문에 구성원 간에 유대가 강하고 자기개방성이 높아 서로의 아픔이나 고민, 어려움 등을 공유한다. 이혼 가정의 취학아동 모임, 다문화아동 가족 모임, 워킹맘 모임, 장애아동부모 모임 등은 모두 지지집단에 속한다. ADHD, 언어장애, 학습장애, 행동장애 아동의 부모를 위한 지지집단은 치료과정에서 얻지 못하는 언어적, 비언어적 도움을 공유할 수 있다.

(2) 교육집단

교육집단은 교육을 통해 스스로를 보호하고 자신이 속한 사회에서 생활하는데 필요한 지식과 정보를 알고 배우기 위해 모인 집단이다. 집단구성원은 교육을 통한 사회학습이 목적이기 때문에 구성원 간 유대 및 자기개방성은 지지집단 보다 낮다. 청소년기 성교육, 아동학대 및 폭력 방지 예방교육, 아동안전 및 위생교육, 예비부모교육 등을 목적으로 구성된 집단은 교육집단에 속한다.

(3) 성장집단

성장집단은 개인적 변화를 이끌어낼 수 있는 기회를 제공하여 가치, 태도, 역할, 신념, 사고 및 행동방식 등을 포함한 사회심리적 성장과 정신건강 증진, 잠재력 향상 등을 지향한다. 예로는 청소년 자아향상 프로그램, 자기효능감 증진 프로그램, 의사소통 증진 프로그램, 자아분화 수준향상 프로그램 등이 있다.

(4) 치유집단

치유집단은 개인적인 행동변화와 사고의 전환을 통해 신체적·정서적 기능 상실, 비행, 약물중독, 성폭력, 학대, 가족 갈등 등에서 비롯된 심리적 부적응과 마음의 상처를 극복하고 치유하기 위해 구성된 집단이다. 치유집단은 공통의 문제나 욕구를 지닌 클라이언트로 구성되는데 학대에 대한 언어적·비언어적 표현하기 등의 프로그램은 학대 피해자의 치유를 목적으로 적용된다.

(5) 사회화 집단

사회화 집단은 사회적 관계를 형성하는데 어려움이 있는 아동을 중심으로 사회적 기술과 능력을 향상시키는 데 목적을 두고 있다. 다양한 프로그램을 토대로 원만한 관계 형성을 위해 필요한 사회적 기술과 행동방식을 학습하고 상호 지지하고 배려하고 공감하는 방법을 배운다. 대표적인 사회화 집단으로는 사회기술 훈련집단이 있는데 이 프로그램은 주로 가출청소년이나 비행청소년을 대상으로 적용한다.

제 8 장

아동복지실천기술

아동복지실천기술은 세 가지로 구분할 수 있다. 첫째, 인적자원의 보호와 육성이 목적인 교육, 둘째, 욕구가 있는 대상과 문제해결에 도움을 주는 전문가와의 상담, 셋째, 아동의 사회심리적, 정서적 어려움을 극복하도록 지원하는 치료가 있다.

1. 교육

아동복지제도가 선별적 기준에서 보편적 기준으로 전환되면서 아동교육에 대한 중요성은 더욱 부각되고 있다. 아동은 중요한 인적자원이므로 이들을 교육하는 것은 국가미래를 위한 투자이다. 우리나라는 과거부터 오늘에 이르기까지 교육을 통한 인적자원 보호와 육성에 대한 중요성이 강조되어 왔다. 교육을 통해 훌륭한 인적자원을 키워왔고 이러한 인력이 사회발전의 토대가 되고 있다. 아동복지실천기술이란 측면에서 교육은 아동을 대상으로 한 교육과 부모를 대상으로 한 부모교육으로 구분할 수 있다.

1) 아동 교육

아동에게 필요한 인적자원을 육성하고 건전한 인격을 갖춘 성인으로 성장할 수 있도록 지원하는 것은 아동복지를 위한 기본 전제이다. 아동은 발달단계에 따라 욕구가 다르기 때문에 교육 내용과 체계도 달라야 한다. 발달단계에 따른 교육으로 유아를 위한 누리과정, 유아교육법에 근거한 유아교육, 초·중등 교육 등은 모두 공교육 개념을 토대로 한 의무교육이다. 누리과정은 영유아의 전인적 성장을 도모하기 위해 건강·안전·바른생활 태도를 기르는 기본생활, 긍정적으로 신체를 인식하고 기본운동능력을 기르는 신체운동, 긍정적 자아개념을 형성하고 더불어 살아가는 능력을 기르는 사회관계, 언어생활의 기초가 되는 듣기·말하기·읽기·쓰기 능력을 기르는 의사소통, 탐색 및 문제해결 능력을 기르는 자연탐구, 예술적 요소를 경험하고 즐기는 예술경험 등 여섯 개 영역으로 구성된다.

아동복지법에 근거한 교육 사업으로는 지역아동센터에서 하는 교육과 위스타트 운동 및 드림스타트 교육사업 등이 있다. 지역아동센터는 부모의 빈곤 및 가출, 맞벌이 등으로 적절한 보호를 받지 못하는 아동을 대상으로 발달권, 학습권을 포함한 아동복지통합서비스를 제공하고 있다. 복지와 교육을 통합한 위스타트는 민간단체 주도로 저소득층 아동이 가난의 대물림에서 벗어날 수 있도록 복지와 교육의 기회를 제공한다. 또 방과후 교실을 열어 학업부진 아동을 지원하고, 방과후 부모의 보호를 받지 못하는 아동에게 학습 공간을 제공한다.

지방자치단체의 행정 조직 산하에 있는 드림스타트 역시 빈곤가구 아동의 기초학습 지원, 문화체험, 부모교육 등을 지원한다. 이러한 지원의 목적은 교육과 복지가 연계된 서비스를 통해 아동의 인적자원을 보호하고 육성하는데 있다. 앞으로 아동복지실천 차원에서 교육의 역할과 중요성은 더 커질 것이므로 지식의 전달 뿐 아니라 아동 스스로의 안전과 보호를 위한 교육이 아동발달 및 욕구에 부합되도록 체계화되어야 한다.

2) 부모 교육

아동에게 가정은 부모 형제와 건강한 교류를 맺고 적절한 돌봄을 받는 곳이다. 그러나 정서적 안정과 돌봄을 제공해야 할 부모가 양육태도에 문제가 있거나 기술이 부족하여 적절한 돌봄을 하지 못할 경우 아동은 다양한 어려움에 직면하게 된다. 부모의 양육태도와 기술 부족은 양육 부적응을 초래할 뿐 아니라 아동의 부적응과도 관련이 있다. 즉 부모의 양육태도와 기술 부족은 아동의 발달지체 및 심리적 역기능을 초래할 수 있고 부모자녀 간 관계에도 갈등을 초래할 수 있다. 아동복지는 부모복지 또는 가족복지라고 할 정도로 부모의 영향력이 절대적이며 부모교육은 아동발달의 극대화와 가족지원, 그로 인한 사회적 비용 절감 등과 밀접한 관계가 있다.

부모교육의 변화과정을 단계별로 살펴보면 다음과 같다.

첫 단계는 가족지원 시작단계로서 가족은 단지 지식을 전달받는 소극적 교육 참여자에 불과했고 부모 역할이나 기능에 대한 개념은 미약하였다.

두 번째 단계에서는 부모교육이 가족참여 형태로 변화되어 가족이 회의에 참석하거나 전문가가 요구하는 활동을 수행하는 참여자 입장에 있었다. 이상의 두 단계를 거치는 동안 부모교육의 내용은 아동 개인에게만 초점을 맞추는 것이었다.

세 번째 단계에서는 부모교육의 초점이 아동에게서 가족체계로 전환되었다. 전문가의 역할은 가족의 필요와 욕구가 충족될 수 있도록 그리고 안정된 생활환경을 조성할 수 있도록 교육을 통해 조언하고 지원하는 것이었다.

이상의 단계를 거치면서 부모교육은 아동복지의 구심점이 되어 아동교육의 파트너로서 그 기능을 적극적으로 수행하는 방향으로 발전하고 있다. 최근에는 가족이 자신들의 필요와 욕구를 가장 잘 파악할 수 있는 가족선도자의 위치에서 부모교육 프로그램을 구성하는 의사결정에 참여하고 있다. 부모교육을 통한 가족지원의 중요성이 강조되는 이유는 가족시스템 이론이 효과가 있기 때문이다. 즉 아동과 가족을 하나의 상호 연계된 체계로 규정하는 가족시스템 이론은 가족구성원이 상호 연관되어 있으므로 한 요소의 변화는 다른 요소에 영향을 준다는 것이다. 따라서 부모교육도 이러한 측면을 반영하여 욕구에 부합되는 교육서비스를 제공해야 한다. 부모교육을 통해 양육태도와 기술 향상에 필요한 지식과 정보를 제공함으로써 아동의 자기효능감과 자아존중감이 안정적으로 형성될 수 있도록 해야 한다. 이러한 교육적 지원은 아동복지실천기술을 적용하기 위한 선결과제이다.

2. 상담

상담은 도움을 필요로 하는 대상과 도움을 줄 수 있는 전문가 간의 개별적 관계를 통해 문제를 해결해 나가는 과정을 의미한다. 부모자녀 간 소통 부재 및 갈등, 또래와의 관계 부적응 및 집단따돌림, 신체·정서·행동 문제가 있는 경우 아동의 행동을 변화시키기 위해 전문가와의 상담이 필요하다. 현대에 들어 상담에 대한 기대와 수요가 증가하고 있다. 이는 급변하는 사회에서 아동과 가족에게 영향을 미치는 요인이 증가하고 아동복지실천기술 면에서 상담효과가 크기 때문이다. 카두신(Kadushin)은 아동상담을 아동복지의 일차적 사업으로 간주하고 바람직한 부모자녀 관계를 지지하고 강화하는 것이라고 보았다.

모든 상담에 전문성이 중요하지만 아동상담은 클라이언트가 자기 인지력과 표현력이 부족하고 비자발적이라는 점에서 더욱 요구된다. 아동상담 전문가는 아동의 성장과 발달에 따른 특성을 이해해야 한다. 그러기 위해 이론과 경험이 중요하다. 상담에서 경계해야 할 두 가지 경우가 있다. 하나는 이론적 지식 없이 경험만을 토대로 상담에 임하는 것이다. 다른 하나는 현장경험 없이 이론에만 의존하는 것이다. 두 경우 모두 문제가 될 수 있지만 둘 중에 더 경계해야 할 것은 이론적 지식 없이 현장경험만을 토대로 상담에 임하는 것이다. 다양한 상담이론은 객관적, 과학적 검증을 거쳐 정립된 것이기 때문에 전문가의 주관적 판단 및 견해로 인해 범할 수 있는 오류를 최소화할 수 있다. 따라서 아동상담 영역에 전문성을 갖추기 위해 이론적 지식과 실천현장에서의 임상경험을 두루 갖추어야 한다.

1) 아동상담

(1) 상담대상아동

아동상담서비스는 아동의 신체 및 심리적 문제, 부모자녀 갈등, 부부갈등으로 인해 파생된 아동문제로 어려움을 겪는 아동과 가족을 대상으로 전문가들이 다양한 상담기법을 적용하여 각자의 기능과 역할이 회복될 수 있도록 지원하는 것이 목적이다. 이러한 지원서비스는 아동이 건강하게 자라고 잠재능력을 발휘할 수 있도록 그리고 요보호아동이 발생하지 않도록 예방 차원에서 제공된다. 상담대상은 다음과 같다.

- 신체적, 인지적 이상이 없는데도 불구하고 학업성적이 부진한 경우

• 교사나 또래와의 관계에 지속적인 갈등이나 문제가 있는 경우
• 정상적인 환경에서 부적절한 행동이나 감정을 나타내는 경우
• 불안하고 우울한 기분으로 생활하는 경우
• 정서적 장애로 신체적 고통 및 공포심을 느끼는 경우
• 감각적 자극에 대한 반응, 언어, 인지에 문제가 있는 경우
• 가족환경 변화(부모의 질병이나 장애, 이혼, 취업 및 실직 등)에 부적응 행동을 보이는 경우
• 부모자녀 간 애착관계가 불안정하여 회피애착, 저항애착 등을 보일 경우
• 학대와 방임에 노출된 아동

상담대상이 아동이므로 발달과정에서 나타나는 욕구불만이나 부적응 행동은 부분적으로 자연스럽게 나타나는 현상일 수 있다. 그러나 관련 행동의 빈도나 정도가 지나치거나 장기간 지속되면 상담이 필요하다. 장기간 지속되고 있다는 것은 도움과 지원이 필요하다는 신호를 보내는 것이다. 그런 신호에도 불구하고 아동의 문제를 무시하거나 억누르면 아동의 자발적 욕구가 왜곡되어 행동문제가 심화되고 정서장애로 이어질 수 있다. 예를 들어, 틱증상은 유전, 뇌의 구조, 심리적 요인 등이 원인으로 작용한다. 심리적 요인은 스트레스와 관련이 있고 틱증상은 스트레스에 민감하다. 따라서 아동이 틱증상을 보이면 부분적으로 심리적 스트레스를 받고 있다는 신호를 보내는 것이다. 만약 이런 신호를 오해하고 야단치거나 벌을 주면 증상이 억압되어 정서 불안, 성격 변화 등으로 악화될 수 있다.

아동의 욕구와 문제를 해결하기 위해 부모상담은 필수적이며 아동상담 전에 이루어져야 한다. 예를 들어, 부모의 양육능력이 부족하거나 부적절한 경우, 부모와의 애착관계가 불안정한 경우, 학대와 방임 등은 상담 및 교육을 통해 부모의 태도와 역할 변화를 유도할 수 있으므로 부모상담은 아동상담 전에 이루어지는 것이 합리적이다.

(2) 아동 욕구에 대한 이해

상담 사례 다수는 아동의 욕구 문제와 관련이 있다. 따라서 전문가는 아동 욕구의 본질에 대해 이해하고 통찰력을 가지고 있어야 한다. 인간의 욕구는 몸과 마음을 연

결하는 가교 역할을 한다. 몸과 마음이 균형을 유지하기 위해 욕구가 발생하는 것이므로 욕구는 충족되어야 한다. 배가 고프다고 느끼는 것은 몸이 균형을 유지하기 위해 음식이 필요하다는 것을 알리는 신호이다. 스트레스를 받는다는 것은 심리적 또는 생물학적으로 스트레스 요인에 대항하려는 심신의 변화 과정을 의미하는데 이런 반응은 외부에서 위협이나 도전받을 받을 때 신체를 보호[1]하고자 나타나는 안전에 대한 욕구이다. 이런 욕구는 충족되어야 심신을 보호할 수 있다.

아동기에 욕구가 충족되지 않거나 억압될 경우 분노나 적대감이 쌓일 수 있고 이런 정서적 부적응이 가족의 이해와 배려로 수용되지 못하고 심층에 쌓이면 성격 및 자아형성에 영향을 미치게 된다. 분노나 적대감을 표출하는 것은 아동이 부적절한 정서적 욕구를 지녔거나 과거의 결핍에 대한 상처, 두려움, 분노 등이 이상행동으로 나타나는 것이다. 이상행동이란 무의식적 갈등의 증후[2]이다. 따라서 아동은 자신의 부적절한 행동을 의식하지 못하거나 스스로 그런 행동을 통제할 수 없으므로 부모의 이해와 전문가와의 상담이 필요하다.

다양한 욕구 중 즉시 충족되어야 하는 욕구도 있고 충족되기까지 기다려야 하는 것도 있다. 아동이 표출하는 욕구 중 어떤 욕구는 능력 또는 잠재력의 표현일 수 있다. 즉 어떤 일을 하고 싶어하는 욕구는 그것을 할 수 있는 능력 또는 잠재력을 나타내는 표현일 수 있다.[3] 음악이나 춤을 추고 싶은 욕구, 무언가를 그리고 싶은 욕구, 만들고 싶은 욕구 등은 스스로를 표현하고 발전시키고자 하는 예술적, 공간적 재능의 표현이다.

---

1) Smith, M., Segal, R., & Segal, J. (2014). Stress Symptoms, Signs, & Causes. http://www.helpguide.org/mental/stress.

2) Newcomer, P. L. (1980). *Understanding and Teaching Emotionally Disturbed Children*. Boston: Allyn & Bacon.

3) 성인 기준에서 아이가 조금 달라 보인다고 해서 그것을 문제라고 규정하는 주관적인 판단은 아동욕구에 대한 이해가 부족해서 이다. 오페라의 유령과 캣츠의 안무 감독을 맡았던 세계적인 발레리나 질리안 린에 대한 예를 들면, 8살 때 학교에서 집중을 못하고 주의력이 산만하다는 주의를 받았고 전문가와 상담을 했다. 전문가는 질리안의 행동을 관찰한 다음 상담실에 음악을 틀어놓고 밖으로 나가서 질리안을 지켜보았다. 질리안은 음악에 맞춰 춤을 추기 시작했다. 전문가는 질리안이 몸으로 표현하는 욕구가 강하고 타고난 댄서라는 것을 알아보았다. 몸으로 표현하는 욕구가 충족되지 못해 나타난 현상이 주의력 결핍과 산만이었던 것이다. 질리안은 수많은 뮤지컬과 안무감독을 맡으면서 몇 백만 달러씩 벌어들이는 여성으로 성공했다. 만약 전문가가 질리안이 가지고 있는 욕구의 본질을 이해하지 못하고 단순히 주의력 결핍 과잉행동(ADHD)으로 결론을 내렸다면 오늘날의 질리안이 탄생할 수 없었을 것이다.

아동은 본질적으로 성장과 발달을 지향하며 아동 내부에 자기표현을 추구하는 지성적 욕구가 내재되어 있다. 따라서 성장과 발달에 대한 갈망은 만물 속에 내재된 욕구이고 근원적 추구라고 볼 수 있다. 그러나 아동의 내재된 욕구를 이해하지 못할 경우 때로는 그것이 문제행동으로 비쳐질 수 있으므로 아동 욕구의 본질을 이해할 수 있어야 한다. 우리가 알아야 할 점은 아동은 자신의 욕구를 통해 성장하고 발달한다는 것이다.

(3) 아동상담과 놀이의 중요성

상담이란 신체적, 정서적, 심리적 욕구로 인해 도움을 필요로 하는 아동과 전문가가 다양한 실천기법으로 욕구 문제를 해결해 나가는 과정이다. 상담은 아동복지실천기술에서 기본이면서 핵심적인 지원활동이다. 아동은 성인과 달리 상담이 필요한지를 인지하지 못하고 부모 요청이나 교사 및 전문가의 판단에 의해 이루어진다. 다수 아동은 상담에 임할 때 비자발적 클라이언트이므로 아동친화적 환경에서 진행해야 상담효과를 높일 수 있다.

아동은 발달과정에 있고, 내면적 욕구나 정서를 언어로 표현하는데 한계가 있기 때문에 상담 시 놀이로 의사소통을 하면서 아동의 마음을 읽고 문제의 본질과 욕구를 규명해야 한다. 아동에게 놀이는 중요한 활동이다. 피아제(Piaget)는 아동에게 놀이는 주요 과업이며 놀이를 통해 성장한다고 하였고 이삭(Isaacs)은 놀이는 삶 자체이며 세상을 이해하는 수단이라고 주장하였다. 실제로 아동은 놀이를 통해 경험하고 성장한다. 놀이는 내재된 감정과 정서를 표현하는 언어이며 사고와 인지의 지평을 넓혀주는 수단이다. 아동이 잘 논다는 것은 자신의 감정과 정서를 자연스럽게 표현한다는 것을 의미한다.

따라서 전문가는 아동의 놀이를 통해 인지발달, 성향, 기질 등의 긍정적(자존감, 자신감, 안정애착 등) 또는 부정적(억제된 감정, 불안정애착, 분리불안 등)인 부분을 읽을 수 있다. 이런 면에서 놀이는 진단과 평가의 기능을 가지고 있다. 놀이는 다양한 매개가 필요한데 대표적인 것이 미술, 음악, 독서이고 매개와 놀이를 통합한 것이 모래놀이치료이다. 모래놀이치료는 모래상자 도구와 상징물을 이용하여 아동의 생각과 정서가 표현되도록 하고 이를 통해 아동 내면의 욕구를 읽을 수 있다.

(4) 아동상담과 공감의 중요성

공감(sympthie)은 그리스어(symptheia)에서 유래된 개념이며 어원상 '함께(syn)와 고통(pathos)'의 합성어로 타인의 감정이나 느낌을 공유한다는 뜻을 가지고 있다. 공감은 다른 사람의 입장에서 생각하고 그 사람의 감정을 이해하는 능력이다. 이를 위해 상담전문가는 아동의 생각을 읽고 아동이 처한 상황을 공감할 수 있어야 한다. 공감은 상담분야에서 감정이입과 더불어 치유의 수단으로 자리 잡고 있다.[4] 그런 의미에서 상담전문가는 아동과 공감하는 능력을 키워야 한다. 공감 능력이 있으면 비자발적 클라이언트인 아동과 소통 할 수 있고, 이해의 지평을 넓힐 수 있다. 그래서 상담에서 공감의 중요성이 강조되고 있는 것이다.[5] 아동 주변에서 일어나는 다양한 문제 즉 폭력, 왕따, 차별, 중독 등도 이해와 배려를 기반으로 한 공감의 부족에서 비롯된 현상이다.

최근 공감 중심의 아동교육이 부각되고 주입식 교육이 아닌 공감적 이해를 바탕으로 아동 각자가 스스로를 존중하고, 타인을 배려하는 공동체 의식을 강화해야 한다는 소리가 높다. 공감 중심의 상담은 전문가가 아동의 개별 상황을 인지하고 이해함으로써 아동 스스로 올바른 판단을 할 수 있도록 도와 줄 뿐 아니라 아동이 자신의 권리를 인지하고, 부당한 외부압력으로부터 자신을 보호하고 객관적 시각을 가질 수 있도록 도움을 준다. 이런 면에서 아동상담은 공감이 중심이 되어야 한다.

상담자는 공감 능력과 자세를 길러야 한다. 공감 능력과 자세가 부족하면 이해와 배려가 없는 기계적인 상담이 될 가능성이 크고 상담효과를 기대하기 어렵다. 공감은 상담의 기술이다. 그렇다면 어떻게 아동과 공감할 수 있을까? 기본적으로 상담자는 상담이론과 실제적 지식을 가지고 있어야 한다. 관련 이론과 지식을 갖춘다는 것은 아동을 간접적으로 경험하는 것이다. 그리고 무엇보다 다양한 방법으로 아동을 직접 경험하고 아동과의 관계 설정 능력을 키워야 한다. 아동과의 관계 설정은 아동뿐 아니라 상담자에게도 중요하다. 이유는 아동과의 관계 설정을 통해 친밀성과 상담관계를 유지할 수 있기 때문이다.

---

4) 박병준 (2014). 공감과 철학상담 : 막스 셸러의 공감 개념을 중심으로. 철학논집, 제36집, p.15.
5) 홍경자 (2014). 공감 중심의 어린이 철학교육과 어린이 집단철학상담 방법론 모색. 철학논집 제37집, 57-82.

2) 부모 상담

(1) 아동 욕구에 대한 부모의 이해

부모 상담에서 중요한 요소는 아동의 욕구에 대한 부모의 이해를 이끌어내는 것이다. 상담과정에서 부모를 대상으로 한 다양한 검사는 아동의 욕구를 이해할 수 있는 기초 정보를 제공해 준다. 이러한 정보를 토대로 상담전문가는 아동의 욕구와 그로 인한 행동문제의 원인을 찾을 수 있고 부모 상담 시 왜 아동이 그런 양상을 보이는지, 어떤 지지적 서비스가 필요한지를 제안할 수 있다.

또래와의 관계 형성에 문제에 있을 경우 부모는 아동을 어떻게 도와야 할지 잘 모르는 경우가 많다. 이유는 부모가 알고 있는 상식이나 경험만으로 해결할 수 없는 경우가 다수이기 때문이다. 따라서 임상전문가는 부모 상담을 통해 지지적 서비스를 제공해야 한다. 이때 상담전문가는 다음의 지식과 경험적 정보를 알고 있어야 한다.[6)]

① 아동상담 서비스에 대한 관련법규를 인지하고 있어야 하고 욕구나 행동문제를 다루는 지역사회 내의 상담 및 치료기관, 교육 및 보호기관 등에 대해 알고 있어야 한다.

② 아동욕구 및 행동관리 기술에 관한 정보와 자료를 가지고 있어야 한다. 부모의 교육수준에 부합되고 부모가 알고 싶어 하는 내용을 담은 적합한 도서나 비디오 등의 자료를 안내할 수 있어야 한다.

③ 아동의 욕구나 행동문제의 이면에는 부모 문제와 연결되어 있는 경우가 많다. 부부간의 불화, 경제적 어려움, 알코올 및 약물남용 등으로 부모가 경제적, 정신적 문제를 가지고 있을 경우 아동은 직접적인 영향을 받게 된다. 따라서 부모 문제를 도와줄 수 있는 지역사회 내 기관이나 인적자원을 알고 있어야 한다.

④ 부모를 위한 지지집단이나 모임에 대한 정보를 가지고 있어야 한다. 이러한 집단이나 모임은 상담과정에서 얻지 못하거나 놓칠 수 있는 다른 종류의 도움을 제공할 수 있기 때문이다.

---

6) 강위영 · 이상복 외 (1997). 아동의 이해와 심리·행동 치료교육. 대구대학교 출판부.

⑤ 부모 상담을 하다보면 신체적, 정신적 문제에 대한 의학적 조언이 필요할 수 있는데 이런 경우 관련 정보를 받을 수 있는 네트워킹을 구축할 필요가 있다. 이는 부모 상담 시 다른 전문가와의 협력체계 유지와 다학문적 접근이 중요하다는 것을 말해 준다.

(2) 가족환경조사

부모 상담 시 전문가가 우선적으로 해야 할 일은 표준화된 도구로 부모의 기질 및 특성, 가족의 인적·물적 환경 등이 아동의 욕구 및 행동문제와 어떤 연관성이 있는지를 점검하는 것이다. 부모 상담 때 주로 적용하는 면담기법은 가족환경조사이고 이를 기준으로 상담 과정에서 부모가 하는 말, 태도, 행동 등을 관찰하여 아동 상담에 연계하여 적용한다. 아동의 욕구와 관련된 관찰 내용을 예로 들면 다음과 같다.

- 부모의 성향과 기질
- 부모의 정서적 반응과 언어적 반응
- 부모 자녀 간 관계 양상
- 부모 자녀 간 의사소통 양상
- 자녀에 대한 관심도와 양육방식 및 태도

가족환경조사와 관찰 자료를 분석하여 부모가 유의할 점, 보상적 관점이 필요한 부분, 가족 내에서 양육환경 개선이 필요한 사항 등을 제안하고 이를 실행하도록 안내한다.

(3) 부모 및 가족지원 유의점

상담자는 부모 및 가족과 신뢰가 전제된 상담 관계를 형성하고 유지하기 위해 다음 사항을 고려해야 한다.

① 상담자의 태도가 긍정적이어야 한다.
② 아동의 욕구 해결에 필요한 능력 계발에 초점을 두어야 한다.

③ 부모 입장에서 상담자가 필요한 능력의 소유자임이 인식되어야 한다.
④ 부모와 가족의 우려와 욕구를 명확히 이해해야 한다.
⑤ 부모와 가족의 욕구에 부응하는 도움을 주어야 한다.
⑥ 해당 가족의 욕구가 타가족의 욕구와 다르다는 것을 지적하지 않는다.
⑦ 가족구성원의 지식, 능력, 독립성을 증가시켜야 한다.
⑧ 상담자와 가족이 동반관계라는 인식으로 공동의 노력을 보여야 한다.
⑨ 부모나 가족의 결정을 존중하고 지원해야 한다.

3) 상담기법

아동의 욕구나 행동문제는 부모의 기질, 양육환경, 가족문화와 관련이 있으므로 상담자는 부모가 아동의 욕구나 행동문제의 특성을 파악할 수 있도록 도움을 주어야 한다. 그리고 부모 상담을 통해 자녀 행동을 어떻게 수용하고 대응해야 하는지를 안내하는 역할도 하게 된다. 일정 연령대에 나타나는 행동의 특성은 무엇이며, 어떤 행동은 문제가 아니라 그 연령대에 나타나는 일시적 현상이라는 것을 상담을 통해 알려줌으로써 부모의 불안과 염려를 덜어줄 수 있다.

자녀를 어떻게 이해하고, 의사소통은 어떤 방법이 좋은지를 안내해 주는 것 또한 상담자의 주요 역할이다. 동일한 메시지를 전달하는 경우에도 전달하는 사람의 의사소통 능력 및 전략에 따라 받아들이는 정도에 차이가 있다. 종종 아동의 행동문제가 발달과정에서 자연스럽게 나타나는 일시적 현상일 수 있는데 이런 경우 상담이 효율적으로 이루어지면 부모상담 만으로 아동의 욕구와 행동문제를 해결할 수 있다. 이는 아동복지실천기술에서 상담이 차지하는 비중이 크고 중요하다는 것을 반영한다. 효과적인 상담기법을 제시하면 다음과 같다.[7)]

(1) 아동과 부모의 긍정적인 면에 초점을 맞추어 이야기한다.

상담자는 부모와 다른 입장에서 아동의 긍정적인 면에 초점을 두고 대화를 이끌고 그에 부합되는 중재를 할 수 있다. 그리고 가정에서도 부모로 하여금 아동이 가지고

---

7) 이상복, 정영숙 (2007). 특수아동지도. 도서출판 공동체.

있는 문제점 뿐 아니라 특히 장점이 무엇인지를 알려주고 그에 초점을 맞추어 자아효능감과 자존감을 키워갈 수 있도록 지원해야 한다. 아동의 자아효능감과 자존감을 증가시킬 수 있으면 성공적인 상담결과를 기대할 수 있다.

(2) 아동과 부모를 존중하고 배려하는 의사소통을 한다.

상담자는 아동과 부모를 존중하고 배려하는 자세를 가져야 한다. 아동은 많은 시간을 부모와 함께 지내면서 다른 사람이 대신할 수 없는 정서적 교류를 나눈다. 따라서 부모는 아동에 대해 가장 많은 정보를 가지고 있기 때문에 상담자는 아동에게 최상의 환경을 제공하고자 하는 부모의 권리를 존중하며 그들로부터 얻은 정보를 상담에 활용해야 한다. 부모의 양육 경험에 귀를 기울이고 아동이 가정이란 자연스러운 환경에서 나타난 특성이 무엇인가에 대한 정보를 부모로부터 얻어야 한다.

상담자는 부모와 함께 대화하듯 의사소통이 이루어져야 한다. 실지로 아동에 대한 정보 중 부모만이 구체적으로 알고 있는 사항이 상담 진행에 필수 정보가 되는 경우가 종종 있다. 그러나 상담 초기에 필수 정보를 얻지 못하고 어느 정도 상담이 진행된 다음 주요 정보를 얻게 되거나 이미 획득한 정보를 활용하지 않는다면 단시일 내에 효과적인 상담 결과를 얻을 수 있는 기회를 놓치게 된다.

(3) 객관적이고 신뢰할 수 있는 정보를 제공한다.

상담자와 부모는 아동 상담 과정에 필요한 정보를 교환한다. 부모에게 얻은 정보를 상담 때 적절히 적용하듯이 상담자로부터 얻은 정보는 부모가 아동과의 상호작용이나 가정교육에 활용할 수 있는 중요한 자료가 된다. 따라서 상담자는 부모에게 희망을 주기 위해 주관적이거나 근거가 확실하지 않은 정보 또는 지나간 정보를 제공함으로써 막연하고 비현실적인 기대감을 심어 주는 일이 발생되지 않도록 신중해야 한다.

객관적이고 신뢰할 만한 정보를 제공하기 위해 아동의 향상된 모습에 대해 구체적인 자료를 수집할 필요가 있다. 일정 기간 동안 아동의 행동이 어떻게 변화되었고 관련 문제의 빈도가 어느 정도 감소했는지 등에 대한 자료는 부모가 아동을 이해하고 상담효과를 구체적으로 확인할 수 있는 실질적인 정보이다. 이러한 객관적인 자료에 근거한 정보는 부모로 하여금 상담에 대한 신뢰를 갖게 하고 아동상담에 적극적으로 참여하도록 동기를 부여하게 된다.

아동의 행동이나 인지발달에 도움이 된다고 알려진 방법들에 대한 정보가 많이 있지만 실지로 부모 입장에서는 그런 정보에 대한 신뢰성을 확인하기가 쉽지 않다. 이런 상황에 상담자가 자신뿐 아니라 부모에게 도움이 되는 정보를 선별하고 실제 상담에 활용하기 위해 무엇보다 상담자의 자기개발 노력이 요구된다.

새로운 정보는 아동과 부모를 도울 수 있는 실질적인 방법을 제시해 준다. 상담자가 최신 정보와 지식에 대해 무감각하다면 아동은 그만큼 효과적인 상담 혜택의 기회를 잃게 되는 것이다. 관찰 및 탐구에 의해 수집한 최신 정보는 아동상담 서비스에 중점을 둔 부모교육이나 세미나, 워크숍 등을 통해 부모에게 전달되어야 한다.

(4) 일상적인 기회에 편안하게 대화한다.

상담자와 부모가 협력 관계를 형성하기 위해 특별히 많은 시간을 낼 필요는 없다. 별도의 시간을 낸다 하더라도 정해진 시간 내에 필요한 정보를 교환해야 한다는 의무감과 공식적, 의식적 분위기 속에서 대면할 가능성이 있다. 이런 문제를 해결하는 방법은 상담자와 부모가 아동을 매개로 한 일상적인 기회에 편안하게 대화하는 것이다. 상담자는 부모가 아동을 데리고 오가는 동안 잠깐씩 대화 할 수 있고 전화통화, 메모, 이메일 등을 통해 소통할 수 있다.

상담자가 부모와 의사소통을 할 기회는 일상적인 시간 외에도 상담 프로그램에서 의견 나누기, 오디오나 비디오 기록, 정기적인 아동 향상 소식지 등을 통해서도 가능하다. 또한 상담자와 부모가 소그룹 형태의 모임을 갖거나 부모 세미나, 설문지, 가정방문 등의 방법도 있다. 중요한 것은 어떤 기회에 어떤 방법으로 소통하든 사실에 근거한 긍정적 측면이 부각된 메시지를 제공하는 것이 바람직하다. 이런 접근은 아동과의 상담 기간 및 단계를 단축시킬 뿐 아니라 예후를 긍정적으로 이끌 수 있도록 부모의 적극적 참여 동기를 유발하는 데 도움이 된다.

3. 치료

아동이 행동문제를 보이는 것은 무의식적 갈등의 표출이라고 볼 수 있다. 갈등이 내재되면 심리적 고통을 받게 되므로 치료가 필요하다. 치료에는 신체치료와 심리치료가 있는데 일반적으로 아동복지서비스 차원의 치료는 심리치료를 의미한다. 심리치료란 아동이 전문가와 정기적인 만남을 통해 무의식적 갈등을 극복하고 심리적 건강을 되찾기 위해 치료하는 것이다. 이런 면에서 심리치료와 상담은 같은 맥락에 있다. 즉 상담이 심리적 갈등을 수반하는 문제에 대해 적합한 기법을 적용하게 되므로 심리치료와 상담은 불가분의 관계에 있다.

상담기관에 공식적으로 접수해서 받는 심리치료도 있지만 친구나 소통이 잘 되는 사람과 터놓고 이야기하는 것도 치료의 일종이다. 심리치료는 전문가가 아동의 입장에서 이해함으로써 아동이 직면한 문제의 원인을 규명하고 또 아동이 자신을 객관적으로 볼 수 있도록 도와주는 것이다. 치료 유형은 다양하지만 아동에게 주로 적용되는 기법으로 미술치료, 놀이치료, 음악치료 등이 있다.[8)]

1) 미술치료

(1) 미술치료의 배경

미술치료의 창시자인 나움버그(Margaret Naumberg)는 1940년대부터 치료 양식으로서의 미술 표현을 도입하여 개인의 무의식적 표출수단으로 미술을 활용하였다. 나움버그는 미술활동을 자유연상을 촉진시키는 도구로 간주하였고 미술활동을 통해 무의식적 내면세계를 이해할 수 있다고 보았다. 정신분석 접근에서 클라이언트가 그린 그림이 문제의 원인을 찾는데 도움이 된다는 것을 알게 되었고 그림에 나타나는 이미지를 분석하였다. 클라이언트에게 특정 주제를 주기보다 그리고 싶은 것을 자유롭게 그리도록 했고 필요할 경우 그림의 전이 관계를 중요하게 다루었다. 나움버그의 기본 가정은 클라이언트의 무의식적 사고와 감정이 그림에 표현된다는 것이다. 즉 그림은 클라이언트가 자신의 내면을 표현하는 상징적인 말이라고 주장하였다.

---

8) 강위영, 이상복 외 (1997). 아동의 이해와 심리·행동 치료교육. 대구대학교 출판부.

1950년대에는 크레이머(Kramer)가 아동을 대상으로 미술치료를 적용했으며 자기 표현과 승화 개념을 중요시 하였다. 크레이머는 아동이 미술작업을 통해 어떻게 자신의 갈등을 해소하고 긍정적 에너지로 승화하는 가에 주목하였다. 이러한 크레이머의 접근은 미술 창작과정 자체가 치료효과를 지닌다는 것을 보여주었다. 그리고 미술치료사의 역할은 해석하는 것이 아니라 승화와 통합의 과정을 돕는 것이라고 주장하였다.

미술치료 기법은 1960년대에 미국에서 본격적인 활동이 시작되었고 1966년에 미국미술치료학회가 창립되었다. 우리나라에서는 1992년에 한국미술치료학회가 창립되었고 현재 관련 학회 및 협회를 중심으로 미술치료사 및 미술임상전문가가 양성되고 있으며 상담, 교육, 재활, 정신치료 등의 다양한 분야로 확대되고 있다.

(2) 미술치료의 개념과 장점

미술치료는 심리치료에 적용되는 예술치료 또는 그림치료의 일종으로써 그림, 조소, 디자인 등과 같은 조형 활동을 통해 아동 내면의 문제를 진단하고 심리적, 정서적으로 완화시키는 심리치료 기법이다. 상담자는 미술을 매개로 내담자의 심리적 문제를 진단하고 치료한다. 즉 아동은 미술이라는 매체를 통해 자신의 생각이나 감정을 표현하고 자신의 문제에 대한 통찰을 통해 부적응 문제를 해결해 나갈 수 있는데 이를 도와주는 기법이 미술치료이다.

미술치료 기법은 진단기법과 치료기법으로 구분된다. 진단기법은 아동의 내면세계를 이해하고 문제를 파악하는 데 도움을 주는 기법으로 인물화검사(DAP)[9], 꼴라주[10], 만다라, 집·나무·사람 검사(HTP)[11], 동적가족화(KFD)[12]에 의한 가족체계진

9) 인물화검사 (DAP: Draw A Person) : 무의식적 심리 상태를 표현할 수 있는 기법으로 검사가 간단하고 단시간에 그릴 수 있으며 그림을 보고 해석 할 수 있다.

10) 꼴라주는 아동의 직감이나 감각을 이용한 치료기법이다. 아동에게 주제를 정해 주거나 자유화 형식으로 진행할 수 있으며 작품에 나타난 화면의 색채 및 구도, 아동이 작품을 설명하는 그림내용 등을 분석하고 해석하면서 치료해 나간다.

11) HTP (House, Tree, Person ; 집, 나무, 사람 검사) : 여러 장의 종이에 집, 나무, 사람의 남, 여를 그리는 심리검사이다. HTP는 비교적 저항이 적고 내담자의 그림을 통해 심리적 연동 관계를 파악할 수 있기 때문에 현장에서 많이 사용되는 기법이다.

12) KFD (Kinetic Family Drawing ; 동적가족화) : 아동이 의식적, 무의식적으로 그린 그림은 자신을 포함한 가족관계를 반영하기 때문에 가족의 역동성을 파악할 수 있다.

단법, 풍경구성법, 난화이야기법[13] 등 다양하다. 미술치료는 개별상담과 집단상담 모두에 적용되는데 미술활동 중에 게임 형태를 도입할 수도 있다. 이러한 기법은 아동에게 흥미와 동기를 부여하고 어떤 한계를 이해시키는데 도움을 줄 수 있다. 집단상담일 경우 전문가는 아동들에게 한 개의 과제를 중심으로 활동에 참가하도록 하거나 몇 개의 과제 중 아동들이 선택할 수 있도록 해도 좋다.

미술치료의 필요성에 대한 근거와 논의는 미술치료가 지닌 장점을 통해 살펴볼 수 있다.[14]

① 미술은 심상(image)의 표현이다.

아동은 언어 이전에 심상으로 사고한다. 엄마라는 말을 하기 전에 먼저 엄마의 이미지를 떠올린다. 미술치료는 언어적 표현이 아닌 아동의 그림 속에 반영된 심상을 보여준다. 심상은 삶의 초기 경험에 의해 형성되며 성격 발달에 중요한 역할을 한다.

② 미술은 비언어적 표현이므로 통제를 적게 받는다.

우리는 언어를 토대로 한 의사소통에 익숙해져 있으나 때로는 방어 차원에서 자신의 내면을 그대로 표현하지 않는다. 그러나 아동은 미술활동을 통해 방어 없이 자신의 내면을 자연스럽게 보여 준다. 아동이 의도와 달리 완전히 다른 그림을 그리고 있는 자신을 발견하기도 하는데 이러한 점은 왜 미술치료가 필요한지를 반영하는 것이다.

③ 구체화된 자료를 얻을 수 있다.

아동의 미술활동은 시각적으로 볼 수 있고 만질 수 있는 자료를 생성한다. 미술치료의 이런 면은 아동이 만든 미술작품을 통해 아동과 치료자 간에 소통 매체가 형성되는 것이다. 저항이 심하거나 내면적 표현을 꺼리는 아동의 경우 직접 다루기보다 그림을 통한 접근이 더 쉬울 수 있다. 아동의 감정이나 사고가 그림이나 조소로 구체

13) 난화 이야기법 : 이 기법은 자유롭게 선 및 형태를 그린 후 이미지화하여 그림의 형체를 만들고 전문가가 아동과의 상호작용을 통해 이야기를 만들어가는 방식이다.

14) 김동연·이영순·최은영 (2000). 또래협동 미술활동이 주의력 결핍 과잉행동 아동의 문제 행동과 사회 능력에 미치는 효과. 미술치료연구 7(1), 139-163.

화되기 때문에 자신의 작품을 보고 실존을 깨닫게 된다.

④ 자료의 영속성을 통해 정서적 상태를 비교할 수 있다.

미술을 통한 심상의 표현은 보관이 가능하므로 아동이 만든 작품을 필요한 시기에 재검토하는 과정에 통찰을 경험하기도 하고 이를 통해 치료효과를 높일 수 있다. 아동도 이전에 만든 작품을 보면서 당시 자신의 정서나 감정을 느낄 수 있다. 그림 및 조소는 주관적 기억의 왜곡을 방지할 수 있기 때문에 작품을 통해 어느 시점의 정서나 감정을 비교적 생생하게 인지할 수 있다. 그리고 아동의 작품 변화를 통해 치료과정에 나타난 효과를 보고 이해할 수 있게 된다.

⑤ 미술은 공간성을 지니고 있다.

언어는 일차적 의사소통 방식이며 언어적 표현에는 정해진 규칙과 문법이 있다. 그러나 미술 표현은 문법과 같은 언어적 규칙을 따를 필요가 없다. 즉, 미술 표현은 본질적으로 공간적인 것이고 시간적 요소는 없다. 미술작품 속에 있는 공간에는 연관성이 있으며 이러한 공간성은 삶의 경험을 복제한 것이다. 우리는 가족을 말로 소개하고 동시에 그림으로 나타낼 수 있다. 가깝고 먼 곳, 결속과 분리, 유사점과 차이점, 감정, 속성, 가족의 생활환경 등은 공간성 속에 표현되어 있다.

⑥ 미술은 창조성이 있으며 에너지를 생성한다.

아동이 미술 작업을 시작하기 전에는 의기소침하거나 침체되어 신체적 에너지가 다소 떨어지는 경향이 있더라도 미술 작업을 진행하고, 토론하며, 감상하고, 정리하는 동안 활기찬 모습을 띤다. 이는 체내의 에너지가 정적에서 동적으로 변화한다는 것을 느끼기 때문이다. 그것은 단순히 신체적 운동이기보다 '창조적 에너지'의 발산이다. 즉 미술치료는 하나의 작업이기보다 놀이와 여가에 내면적 열정이 어울러져 창조적 에너지를 발산하는 것이다.

(3) 형태의 의미와 상징

미술의 기본 요소는 형태이다. 정서적으로 부적응을 경험하는 아동은 원, 십자형,

교차형, 사각형을 많이 그리는 것으로 알려져 있다. 원도 단순 원 뿐 아니라 반복 원을 나타내는 특성이 있다. 정서적으로 위축된 아동은 중심 원을 향하여 반복 원을 나타내는 그림을 그린다.

① 원

원은 모서리가 없고 시작과 끝이 없는 곡선형이다. 그래서 원은 모든 것을 감싸 안는 어머니의 상징이기도 하다. 원의 상징성은 어머니와의 정서적인 관계를 나타낸다. 아동과 어머니와의 관계가 원만하지 못하고 거부, 배척, 분리 등을 경험한 아동의 그림에서 원 형태가 자주 나타나는데 이는 아동이 완전한 안식처인 태내 환경에 대한 욕구가 있다는 것을 의미하며 원으로 돌아가고 싶은 무의식적 동인이 작용하는 것으로 해석한다. 또한 원은 시간과 공간으로의 이동을 의미하는데 운동력이 결핍된 자폐아동의 자아중심 성향을 의미하거나 다른 장애아동과의 갈등을 나타내기도 한다.

② 십자형

십자형은 남성성과 여성성의 성적 자아를 상징하고 아동의 성역할에 대한 호기심과 의문 등의 심리적 상태를 반영하는 것으로 알려져 있다. 아동에게 성역할을 보여주는 주 모델은 부모이다. 따라서 부모 역할이 바람직한 경우 아동은 성역할에 대한 긍정적 정체성을 형성하게 되지만 부정적이거나 바람직하지 않을 경우 성역할에 대한 정체성 혼란을 경험할 수 있다.

③ 삼각형

삼각형은 각이 있는 형태의 기본이며 숫자 3과 맥락을 같이 하는 상징적 의미가 있다. 인간적 의미로는 출생, 삶, 죽음을 뜻하고 시간적 의미로는 과거, 현재, 미래를 의미한다. 또한 삼각형은 관계를 의미하는데 부모 자녀 간의 긴장과 갈등관계에서 보완과 균형관계로 전환하려는 욕구 등을 시사한다. 그리고 아동이 부모로부터 벗어나 독립성, 자율성을 유지하고자 하는 자의식을 반영하기도 한다.

④ 사각형

사각형의 긍정적 측면은 안전성, 조화, 균형과 관련이 있을 뿐 아니라 공동체 의식과 소속감을 반영하기도 한다. 그러나 부정적 의미도 있는데 아동의 신체적 자아의 위축, 노출되기 두려운 외부환경으로부터 자신을 보호해 주는 장벽이나 울타리로 간주하는 등 자기보호 욕구를 반영하는 심리적 상징으로 해석할 수 있다. 청소년기에는 사각형이 성적인 관심에 문제가 있음을 암시하는 부분도 있다.

⑤ 신체의 상징

가정폭력이 빈번한 부모에게서 성장한 아동의 그림에는 부모에 대한 반항과 원망의 표현으로 팔, 손, 다리, 발목 등을 생략한 그림을 그리는 경향이 있다. 가출 아동의 그림에는 머리, 손발 등이 없는 그림을 그리기도 하는데 이는 자신의 무기력함과 안정감의 결여를 나타내는 심리적 투사라고 해석한다. 주로 사용하는 색은 검은색, 파랑색, 자주색이다. 부모와 갈등이 심하거나 등교를 거부하거나, 또래 관계에 문제가 있는 아동의 수목화에는 나무와 가지, 잎들이 비뚤어진 형태를 하고 있거나 나무 몸통이 길고 나뭇가지의 수와 잎이 작은 경향이 있다.

2) 놀이치료

(1) 놀이치료의 배경

놀이를 심리치료 기법으로 처음 적용한 사람은 정신치료와 심리학의 기초를 세운 프로이드(Freud)이다. 프로이드는 내적 갈등과 좌절을 겪고 있던 5세 소년의 치료과정에서 소년의 아버지가 소년의 노는 모습을 관찰, 기록한 내용을 보고 아동의 심리상태를 해석하였다. 프로이드는 아동이 놀이를 통해 무의식적으로 잠재된 갈등과 좌절감을 초래한 요소들을 외현적으로 표현함으로서 갈등과 좌절감으로부터 해방 될 수 있다고 보았다.

안나 프로이드(Anna Freud), 클라인(Melanie Klein) 등의 정신분석학자도 심리치료를 할 때 아동과 친밀감을 유지하기 위해 놀이치료의 중요성을 강조했다. 이들은 프로이드의 뒤를 이어 놀이치료와 역할극(role play)을 아동심리치료에 적용했다. 클라인은 아동이 자연스럽게 자기표현을 할 수 있는 매체는 놀이고 언어적 표현에 한계가 있는 아동은 놀이를 통해 자신의 생각, 경험, 마음을 표현한다고 주장하였다.

레비(Levy)는 구조화 된 놀이 환경을 통해 아동 내면에 잠재된 어두웠던 경험을 돌아보게 함으로써 문제의 본질을 규명하고 부정적 정서나 느낌을 해소하게 도와줌으로써 치료할 수 있다고 하였다. 솔로몬(Solomon)은 과거의 상처받은 경험을 재연하지 않더라도 놀이를 통해 억제된 감정을 표출할 수 있으며 치료과정에 전문가와의 관계 속에서 바람직한 방향으로 행동하는 것을 배울 수 있는 능동적 의미의 놀이치료를 강조하였다.

놀이치료의 이론화에 기여한 엑슬린(Virginia Axline)은 아동중심 놀이치료인 비지시적 놀이치료를 체계화하였다. 이는 로저(Carl Rogers)의 비지시적 상담이론을 놀이치료에 적용한 것인데 치료자는 놀이 과정에서 아동의 행동을 관찰, 분석, 반응함으로써 아동 스스로 자신을 변화시키려고 노력한다는 의미에서 비지시적 개념을 정립한 것이다. 엑슬린 이후 심리학 발달과 더불어 미술치료도 접근 방법과 기법이 다양해졌고 적용 범위도 넓어지고 있다. 현장에서 적용하고 있는 놀이치료 기법은 치료자가 어떤 심리학 이론(정신분석주의, 행동주의, 인지발달론 등)을 기반으로 하는가에 따라 적용 기법에 차이가 있다.

(2) 놀이치료 개념과 장점

놀이를 통한 심리치료를 놀이치료라고 한다. 치료자가 심리적인 문제를 안고 있는 아동을 돕기 위해 체계적으로 놀이를 통해 의사소통을 하고 역할극 등으로 상황 판단을 할 수 있게 지원해 주는 것이다. 욕구나 문제가 있는 아동에게 가장 자연스럽게 접근할 수 있는 방법은 놀이를 이용하는 것이다. 아동은 놀이를 통해 상황을 판단하고, 선택하고, 자신의 행동을 회상하게 되므로 놀이는 치료 기능이 있다. 성인은 언어를 매개로 심리치료가 이루어지지만 아동은 생각이나 감정을 언어로 표현하는데 한계가 있기 때문에 놀이를 매개로 표현하고 의사소통을 하면서 발달한다. 놀이치료 기법에는 모래놀이, 발달놀이, 관계놀이, 역할놀이, 게임놀이 등 다양하다.

놀이치료를 통하여 아동은 내적인 긴장, 불안, 공격성, 두려움, 좌절 등을 표출할 수 있고 특정 감정을 조절하는 방법을 배우게 된다. 즉 놀이치료는 아동의 욕구와 문제를 해결하는 데 있어서 놀이를 통해 분석하고 완화할 수 있는 기회를 제공함으로써 아동 스스로 부적절한 행동이나 부적응 문제를 해결해 나가도록 도와주는 치료기법이다.

놀이치료는 부모에게도 유익한 정보를 제공한다. 실제 사례를 예로 들면, 회피애착을 가진 아동을 대상으로 놀이치료를 진행하는데 그 과정에 엄마 역시 아동처럼 감정을 억제하는 경향이 강하다는 것을 알게 되었다. 즉 엄마가 자신의 감정을 표현하기 어려웠던 것처럼 아동도 감정표현이 쉽지 않았던 것이다. 놀이치료 전문가는 아동이 바뀌기 위해서는 부모가 먼저 바뀌어야 한다고 조언했고 엄마는 부모교육과 감정코칭 프로그램에 참여했다. 그리고 다른 부모의 양육패턴을 영상으로 보고 자신을 객관적으로 돌아보도록 하였다. 엄마는 관련 영상을 통해 자신의 문제점을 인지하고 부모교육과 감정코칭을 받았던 내용을 아동을 위해 실천에 옮겼다. 그 후부터 아동은 점진적으로 안정애착을 보이기 시작했고 자신의 감정 표현도 조금씩 자유롭게 하는 모습을 보였다.

놀이치료는 놀이에서 나타나는 아동의 생각, 감정, 기질 등을 살펴볼 수 있고 아동의 욕구와 문제를 이해하는데 도움을 준다. 놀이는 아동이 일상생활 속에서 상황에 대처하는 방어수단으로 작용하므로 놀이가 왜곡되거나 일탈된 모습을 보인다면 이를 수정해 줌으로써 부적응 문제를 해결할 수 있다. 놀이치료의 장점을 구체적으로 제시하면 다음과 같다.

① 놀이는 아동이 만족하고 스스로 즐겨하는 활동이기 때문에 자연스러운 상황에서 관찰할 수 있다.
② 놀이는 아동의 내적 동기화에 의한 것이므로 자발적이고 창조적인 활동이다.
③ 놀이는 건강한 성장과 발달을 촉진하고 부적응 행동을 감소시키는 치료기능을 가지고 있다.
④ 놀이는 아동에게 신체적 조건, 주변 상황, 규율, 이상과 현실 간의 차이 등을 인지하게 해 준다.
⑤ 아동은 놀이를 통해 물건이나 놀이 매체를 공유하는 방법을 배우고 또래와 상호작용 하는 가운데 새로운 경험을 하고 생활기술을 터득한다.

4. 미술치료 프로그램 적용 사례[15)]

(1) 만다라[16)]를 통한 자아효능감 증진 프로그램 적용과정

본 프로그램은 청소년을 대상으로 부모갈등으로 인한 자기비난과 집단따돌림 그로 인해 인터넷 가상관계에 몰입하는 경향을 극복하고 긍정적 자아를 형성하도록 지원하기 위해 자아효능감 증진에 초점을 두고 구성되었다. 적용은 도입, 전개, 마무리 단계로 구분된다.

① 도입단계 : 프로그램에 대한 내용을 소개하고 참여 동기를 부여하는데 초점을 두었다.

② 전개단계 : 자기비난, 집단따돌림, 가상관계지향에 대한 부정적 경험을 진솔하게 표현하고 이를 통해 자신을 되돌아 볼 수 있도록 하였다.

③ 마무리 단계 : 인터넷 속에서의 가상관계가 아닌 현실적 공간에서 또래와의 상호작용과 긍정적 자아 형성을 위한 실천목록을 만들고 자아효능감을 높일 수 있도록 조화로운 삶의 모습을 그린다.

프로그램 적용 목적을 자아효능감 증진에 둔 이유는 결국 부모갈등으로 인한 자기비난이나 집단따돌림, 가상관계지향도 자아효능감이 높으면 충분히 극복할 수 있기 때문이다. 즉 자기비난이나 집단따돌림은 부분적으로 자기비하를 포함한 부정적 자아가 변수로 작용하고 그로 인해 또래로부터 스스로를 왕따 시키는 경향으로 이어질 수 있기 때문이다. 그리고 인터넷 몰입은 자기통제력 저하와 밀접한 관련이 있으므

---

15) 정영숙 (2013). 청소년의 집단따돌림 피해가 정서적 자아에 미치는 영향 : 만다라를 통한 자아효능감 증진 프로그램을 중심으로. 한국미술치료학회 학술대회 발표논문집.

16) 만다라(Maṇḍala)는 원(circle)을 의미하며, 원은 조화와 균형의 상징이다. 미술치료에 만다라가 도입된 것은 융과 프로이드에 의해서이다. 융(*Jung*)과 프로이드는 만다라가 자아를 반영한다고 보고 만다라 기법을 심리치료에 적용하였다. 캘로그(*Kellogg*)도 만다라와 만나는 것은 내적 세계와 연결되는 것이고 손상된 자아를 회복하도록 균형을 유지시켜 준다고 주장하였다. 미술치료에서 만다라에 나타난 색채는 생각, 느낌, 기질, 심리 상태 등의 내면적 본질을 반영한다. 핀처(*Fincher*)에 의하면 색에 대한 지각과 반응은 생활 경험 및 관습과 결합된 것이며 색의 선택은 무의식적으로 이루어진다는 것이다. 인간은 심리적으로 자신을 반영하는 색에 대해 본능적으로 반응하고 삶의 중요한 시기에 특정 색으로 자신을 표현하는 경향이 있다.

로 이런 문제를 극복하려면 결국 자아효능감 증진을 통해 바람직한 행동방향을 설정할 수 있다.

〈표 1〉 미술치료 기법 적용(만다라)을 통한 자아효능감 증진 프로그램

단계	목표	활동내용	기대효과	사용매체
도입	프로그램 내용 및 진행과정을 이해하고 프로그램 참여 동기를 부여 ; 마음 열기	프로그램 및 자기소개, 자신의 감정 표현하기 ; 좋아하는 색상 고르기 ; 자유롭게 그리기	신뢰감 형성 ; 참여 동기 유발 ; 자기 마음 이해하고 마음 열기	연필, 24색 색연필, 도화지
전개	부모갈등 속성과 그로 인한 자기비난의 본질에 대해 말하기	부모갈등의 원인과 가족관계에 대해 생각나누기 ; 만다라를 만드는 동안 내면적 대화에 마음열기	각 가정에 갈등이 있을 수 있고 부모갈등은 청소년 자신 때문만은 아니라는 인식 갖기 ; 새로운 시각 정립	24색 색연필, 도화지
	집단따돌림 경험에 대해 이야기하기 ; 긍정적 자아 형성하기	집단따돌림에 대한 경험과 마음 표현하기 ; 만다라를 만드는 동안 자신의 내면적 소리에 귀 기울이기	집단따돌림을 객관적인 시각으로 살펴보고 자기 보호 및 자아효능감을 키우는 방향으로 전환	24색 색연필, 도화지
	인터넷을 통한 가상관계지향에 대해 이야기하기 ; 현실적 관계 정립하기	인터넷을 통한 가상관계에서 비롯되는 긍정적, 부정적 경험 나누기 ; 만다라를 만드는 동안 내면적 대화에 마음열기	인터넷을 통한 가상관계의 한계점을 인식하고 또래와의 관계 정립을 통해 지지와 인정을 받을 수 있다는 자신감을 갖도록 인식 전환	24색 색연필, 도화지
마무리	현실적 관계에서 또래와의 상호작용과 긍정적 자아 정립을 통해 자아효능감 높이기	또래관계 정립 및 긍정적 자아형성을 위한 목록 만들고 실천하기 ; 긍정적 자아 형성 모드 모색하기	주어진 상황에서 적절한 행동을 할 수 있다는 기대와 신념을 가짐 ; 자기 발견과 성장 도모	24색 색연필, 도화지

(2) 적용 절차

① 집단구성

프로그램 참여 대상자는 중학생 남녀 17명으로 구성하였다. 대상 선정 기준은 부모갈등으로 인해 자기비난이 심하고, 학교에서 집단따돌림을 당한 경험이 있으며,

인터넷에 몰입하여 가상관계에 집착하는 경향을 보이고 자신에 대한 부정적 자아가 강한 경우이다.

② 사전검사

프로그램을 실시하기 전에 부모갈등으로 인한 자기비난, 집단따돌림 경험, 가상관계지향성, 정서적 자아를 반영하는 척도로 사전검사를 실시하였다.

③ 프로그램 실시

프로그램에 참가한 청소년을 대상으로 5주 동안 5회기 프로그램을 실시하였다. 회기 당 시간은 1시간 정도 걸렸다. 장소는 만다라를 느끼고 만다라에 색과 형태로 자기 마음과 생각을 투영할 수 있도록 하기 위해 일상적인 생활과 분리된 공간에서 실시하였다.

④ 사후검사

프로그램 종료 직후(5주 후) 부모갈등으로 인한 자기비난, 집단따돌림 경험, 가상관계지향성, 정서적 자아 등에 변화가 있는지를 알아보기 위해 사전검사 때 적용했던 동일한 척도를 사후검사에 적용하였다.

⑤ 자료 분석

사전검사와 사후검사 때 수집한 자료를 분석하여 프로그램이 미치는 효과를 분석하였다.

(3) 프로그램 적용 후의 정서적 자아 변화

미술치료 프로그램을 적용한 후 청소년들이 어느 정도 부정적 자아를 극복하고 긍정적 자아를 형성하였는지를 알아보기 위해 효과분석을 하였다. 효과분석은 사전·사후 검증을 통해 비교하였다. 정서적 자아를 반영하는 항목들을 대상으로 프로그램 적용 전과 후의 사전 vs. 사후검사 분포를 비교하면 정서적 자아를 반영하는 항목들 모두 사전감사에 비해 사후검사가 높게 나타났다. 이러한 결과는 만다라를 통한 자아효능감 증진 프로그램이 정서적 자아를 긍정적으로 변화시키는 효과가 있다는 것을 반영한다.

항목 5(쓸모없는 사람이라고 생각한다)의 경우 사전검사 때는 평균이 4.13이었으나 사후검사 결과, 점수가 3.46으로 감소하였다. 그리고 타인만큼 가치 있는 사람이라는 정서를 반영하는 항목 13도 사전, 사후 검사 간 차이(2.35 vs. 3.75)가 큰 것으로 나타났다.

〈표 2〉 정서적 자아 변화 : 사전 vs. 사후 검사 비교

번호	항 목	사전	사후	*t*
1	정직한 사람이라고 생각한다.	3.21	3.43	4.11**
2	명랑한 사람이라고 생각한다.	3.20	3.55	6.25**
3	도덕적인 사람이라고 생각한다.	3.23	3.51	5.26**
4	믿을 만한 사람이라고 생각한다.	3.34	3.68	6.43**
5	쓸모없는 사람이라고 생각한다.	4.13	3.46	11.50**
6	가끔 슬픔을 느낀다.	3.72	3.56	2.62*
7	나 자신을 존중한다.	3.26	3.54	5.47**
8	모든 일을 잘해 나갈 것이다.	2.96	3.22	4.76**
9	나 자신이 강한 사람이라고 생각한다.	2.97	3.21	4.23**
10	나는 의지가 약한 사람이라고 생각한다.	3.22	2.87	5.77**
11	부끄럼을 잘 탄다.	2.53	2.39	2.48*
12	나는 겁이 많다.	2.80	2.56	4.05**
13	타인들만큼 가치 있는 사람이다.	2.35	3.75	7.38**
14	가끔 이 세상에서 없어지고 싶은 생각이 든다.	3.74	3.16	8.47**

주: 척도는 5점으로 1점은 '전혀 그렇지 않다'를 5점은 '매우 그렇다'를 반영한다.
*$p < .05$ **$p < .001$

(4) 자기비난, 집단따돌림, 가상관계지향성 변화

긍정적 자아를 강화하기 위해 자아효능감 증진 프로그램을 적용한 결과 자기비난과 집단따돌림 그리고 가상관계지향성에도 변화가 있는 것으로 나타났다. 부모갈등

으로 인한 자기비난은 사전검사 때 4.01이었으나 사후검사 때는 3.89로 감소하였고, 특히 집단따돌림은 4.07 → 2.64로 크게 감소하는 모습을 보였다. 가상관계지향성도 4.14 → 3.63으로 감소하였다. 이러한 결과는 미술치료 기법을 토대로 한 자아효능감 증진 프로그램이 효과가 있다는 것을 말해 준다.

〈표 3〉 자기비난, 집단따돌림, 가상관계지향성에 대한 평균과 표준편차

항 목	사전검사 M (SD)	사후검사 M (SD)	t
자기비난	4.01 (0.86)	3.89 (0.78)	8.34**
집단따돌림	4.07 (0.46)	2.64 (0.60)	7.22**
가상관계지향성	4.14 (0.95)	3.63 (0.78)	9.76**

주: 항목별 척도는 5점으로 구성되었음.
*p <.05 **p <.001

(5) 프로그램 적용의 시사점

청소년의 집단따돌림이 자기비난 및 가상관계지향성과 더불어 정서적 자아에 어떤 영향을 미치는지를 분석한 결과는 다음의 시사점을 제공한다. 집단따돌림은 부분적으로 부모갈등으로 인한 자기비난이 원인으로 작용하고 있고, 그로 인해 인터넷 가상공간에서 형성된 관계를 지향하게 되며 이러한 경향이 결국 정서적 자아에 부정적인 영향을 미치게 된다.

이러한 결과는 미술치료 전문가에게 청소년의 집단따돌림이나 정서적 자아 문제를 다룰 때 모든 청소년을 동질적 집단으로 보기보다 부모갈등으로 인한 자기비난과 가상관계지향성 정도에 따라 프로그램의 적용방향도 달라야 한다는 것을 말해 준다. 이유는 청소년에 따라 부모갈등으로 인한 자기비난이나 가상관계지향 정도가 다르기 때문이다. 따라서 청소년이 심리적 균형감과 안정감을 유지하고 집단따돌림을 극복하도록 도와주기 위해 부모갈등으로 인한 자기비난에 대한 검토와 가상관계지향성을 토대로 한 접근은 청소년의 건강한 정서 형성에 목적을 둔 상담과 치료 효과를 높일 수 있다.

제3부

아동복지 실천분야

특별한 욕구를 가진 아동

제9장 빈곤아동

제10장 다문화아동

제11장 발달장애아동

제 9 장

빈곤아동

1. 빈곤이 아동발달에 미치는 영향

빈곤은 어느 시대 어느 사회를 막론하고 늘 복지 이슈의 중심에 있다. 특히 빈곤이 장애아동가족과 연결되면 문제는 더욱 심각해진다. 왜냐하면 장애아동가족이 빈곤층에 속할 가능성은 다른 집단보다 더 크기 때문이다. 부모는 장애아동을 돌보기 위해 경제활동을 못하고 그로 인한 경제적 어려움과 사회심리적 빈곤 문제를 동시에 안고 있다.

빈곤은 장애아동 뿐 아니라 일반아동에게도 결정적인 영향을 미친다. 퍼거슨(Ferguson)[1] 연구에 의하면 아동의 성취도에 학급수는 8%, 교사의 자질은 43% 영향을 미치지만 가족요인(소득, 부모 학력 등)은 49%까지 영향을 미친다. 그리고 빈곤층에 속하는 비율이 일반아동은 16%인데 비해 장애아동은 28%까지 증가하는 경향이 있다. 이러한 결과는 아동복지에 영향을 미치는 요인 중 빈곤의 영향력이 가장 크다는 것을 말해 준다. 따라서 빈곤아동은 아동복지정책에서 가장 중요한 현안으로 다루어야 한다. 여기서 빈곤아동이란 아동이 빈곤하기보다 아동이 속한 부모와 가족

1) Ferguson, R. (1991). Paying for public education: New evidence of how and why money matters, *Harvard Journal on Legislation*, 28, 465-98.

이 빈곤하다는 것을 의미한다. 빈곤이 아동의 성장과 발달에 미치는 영향을 살펴보면 다음과 같다.

(1) 불충분한 영양

빈곤이 아동복지에 미치는 영향 중 가장 심각한 것은 양양불균형으로 나타난다. 아동의 영양상태가 불충분하거나 부적절할 경우 두뇌 발달에 부정적인 영향을 미쳐 인지력, 어휘력, 독해력, 산술능력 등이 뒤떨어지는 경향이 있다. 또한 아동의 영양실조는 사회적 행동을 위축시키고 운동능력을 저하할 뿐 아니라 신체적 발달장애를 초래하게 된다.

올바른 영양공급은 신체와 정서발달에 직접적인 영향을 미치고 부적절한 식생활은 정상적인 행동발달을 저해하고 다시 영양장애로 이어질 수 있다.[2] 영양은 ADHD와 같은 아동의 행동장애 문제와 밀접한 관련이 있는데 전체 아동의 5% 정도는 영향불균형으로 인해 주의력 및 집중력 결여, 과도한 활동, 주의 산만성, 충동성 등의 증상을 보이는 것으로 나타났다.[3] 장애아동을 대상으로 실험한 연구에 의하면 균형 잡힌 식사를 한 아동들 중 78%가 문제행동의 빈도와 정도가 약화되었다.[4]

(2) 임산부의 약물 오남용

담배, 알코올, 약물중독 등이 임산부에게 결정적인 영향을 미친다는 것은 잘 알려진 사실이다. 빈곤층에 속하는 임산부의 다수는 담배나 알코올, 약물중독에 노출되는 경향이 있다. 연구에 의하면 담배나 약물중독이 아동에게 미치는 부정적인 영향은 뇌신경세포 발육의 저해를 초래하고 종국에는 신경정신성 장애로 연결된다.[5] 일

---

2) Wilson, L. (2009). *How nutrition affects emotions and behavior.* The Center for Development.

3) Schardt, D. (2000). Diet and behavior in children. *Journal of Nutrition Action*, March: 150-157.

4) Pelsser, L. (2011). Effects of a restricted elimination diet on the behaviour of children with attention- deficit hyperactivity disorder. *Journal of The Lancet* 377(9764): 494-503

5) Mayes, L. (1996), Early experience and the developing brain. Proceedings of Brain Development in Young Children: New Frontiers for Research, Policy & Practice. The University of Chicago.

반적으로 이러한 유해 작용은 임신 초기에는 태아의 기관 형성에 영향을 미치고 임신 말기에는 태아의 호흡이나 분만 중 위험과 관련이 있다. 그리고 임신 중 어머니의 알코올 섭취와 지적장애와의 연관성은 널리 알려진 바이다.[6)]

(3) 부모의 우울증

부모 특히 어머니가 우울증으로 시달리는 아동은 정신적, 정서적 안정감을 유지하기가 어렵다. 특히 이러한 부모의 우울증이 아동기에 나타날 경우 그 영향은 매우 크다. 종단연구에 의하면 아동기에 우울증 진단을 받은 경우를 대상으로 청소년기와 성인기까지 추적 조사한 결과 50%가 여전히 임상적으로 우울 증상을 보이는 것으로 나타났다.[7)] 그리고 부모에게서 우울증이 없는 경우보다 우울증이 있는 경우에 자녀의 우울증 빈도가 더 높고 발병도 더 이른 경향이 있다. 이러한 결과는 우울증에 시달리는 어머니는 아동에게 필요한 긍정적 반응과 정서적 욕구에 부응하는 상호작용을 할 수 없고 때로는 방임과 학대로 이어져 결국 아동의 정서적 위축과 장애, 주의력 결여 및 과잉행동, 언어지체 등을 초래하게 된다.[8)]

(4) 아동학대

아동기의 학대 경험이 정신건강에 미치는 영향은 지대하다. 연구에 의하면 학대 경험이 있는 아동은 그렇지 않은 아동에 비해 감정조절기능의 저하, 자아개념의 손상, 애착관계 문제, 충동 조절 및 또래관계 문제, 자기 파괴적 행동, 학교 부적응에 대한 문제가 더 많은 것으로 나타났다.[9)] 그리고 성장하면서 인지능력 저하와 사회부적응 문제를 더 많이 가지고 있고[10)] 정신질환 발병률이 더 높으며[11)] 외상 후 스트

---

6) Abel, E.L & Sokol, R.J. (1986). Fetal alcohol syndrome is now leading cause of mental retardation. *Lancet,* 2, 1222.

7) Poznanski, E.O, Krahenbuhl, V., & Zrull, J.P. (1976). Childhood depression: A longitudinal perspective. *Journal of the American Academy of Child Psychiatry*, 15(3), 491-501.

8) Belle, D. (1990), Poverty and women' s mental health, *American Psychologist*, 45(3), 385–389.

9) Dube, S.R., Felitti, V.J., Dong, M., Chapman, D.P., Giles, W.H., & Anda, R.F. (2003). Childhood abuse, neglect, and household dysfunction and the risk of illicit drug use. *Pediatrics,* 111, 564–572.

레스 장애가 더 많이 발생하는 것으로 알려져 있다.

학대 중 물리적 학대는 표면적으로 드러나지만 정서적·정신적 학대는 은폐되는 성향이 있으며 물리적 학대 못지않은 폐해를 낳는다. 정서적·정신적 학대에 다수 노출된 아동은 성장과정에서 낮은 자존감을 가지고 충동·공격적 성향을 지닐 가능성이 크다. 이러한 가능성은 빈곤가족 아동에게서 더 두드러지는 경향이 있다.[12] 가족의 빈곤은 아동에 대한 신체적 학대와 방임의 위험을 높이는데 이는 빈곤이 아동학대와 방임을 유발하는 요인으로 작용할 수 있다는 것을 말해 준다.[13]

2. 빈곤과 장애아동가족

우리 경제는 지속적으로 발전하였고 국민 일인당 소득도 상당히 증가하였다. 그러나 이러한 성장과 번영의 이면에 경제발전의 혜택을 누리지 못한 채 가난을 경험하며 생활하는 빈곤아동이 있다. 우리나라는 경제위기를 거치면서 절대적 빈곤층 뿐 아니라 특히 상대적 빈곤과 주관적 빈곤층이 늘고 있다. 이런 현상은 빈곤개념이 절대적 빈곤에서 상대적·주관적 빈곤으로 전환되고 있다는 것을 말해 준다.

빈곤 개념의 변화과정을 살펴보면 1960년대부터 1980년대에 걸친 경제성장기의 빈곤은 국민 다수가 겪었던 물질적 재화의 부족과 절대적 빈곤에 초점을 맞추었다. 물질적 욕구가 어느 정도 충족되는 1990년대 이후에는 상대적, 심리적 빈곤으로 인한 계층 간 위화감 및 박탈감이 심화되고 삶의 질의 결핍, 문화적 재화에 대한 접근 부족, 자아실현의 어려움 등의 비물질적 결핍이 사회적 논점으로 대두되었다. 이처럼 빈곤은 객관적인 면과 주관적인 면을 함께 내포하고 있다.

---

10) De Bellis, M.D., Woolley, D.P., & Hooper, S.R. (2013). Neuropsychological findings in pediatric maltreatment. *Child Maltreat,* 18, 171-183.

11) Teicher, M.H. & Samson, J.A. (2013). Childhood maltreatment and psychopathology. *American Journal of Psychiatry,* 170, 1114-1133.

12) Brooks-Gunn, J., Klebanov, P., Liaw, F., & Duncan, G. (1995). Toward an understanding of the effects of poverty upon children, In Fitzgerald, H. E., Lester, B. M., & Zuckerman, B. (Eds.), *Children of poverty.* New York: Garland Publishing, Inc.

13) 이봉주, 김광혁 (2007). 가족빈곤 및 가족구조가 아동학대와 방임에 미치는 영향. 아동권리연구, 11(3), 333-359.

빈곤계층에서 사회적 취약성에 보다 많이 노출된 가족들 중 빈곤 장애아동가족이 경험하는 문제에 대해 살펴볼 필요가 있다. 한국보건사회연구원 조사에 의하면 빈곤층 비율이 비장애인 가족은 28%이지만 장애인 가족은 이의 2배인 56%이며 이러한 비율이 극빈층으로 내려갈수록 더 높아지는 것으로 나타났다. 이를 통해 장애가족과 빈곤은 밀접한 관계가 있다는 것을 알 수 있다.

소득계층별로 발달장애아동 가구의 분포를 살펴보면 언어, 행동, 인지 등이 정상적으로 발달하는 일반 아동의 비율은 비빈곤가구가 74.6%인데 비해 빈곤가구는 62.2%로 나타나 빈곤가구에서 발달장애아동이 출현할 확률이 더 높은 경향이 있다. 발달장애 정도에 따라 저위험 집단과 고위험 집단으로 분류할 경우 고위험 뿐 아니라 저위험 아동의 비율도 빈곤가구에게서 더 높다. 이러한 결과는 아동의 성장과 발달에 있어서 유년기에 대한 중요성이 강조될수록 빈곤이 아동복지에 미치는 영향력이 더 커진다는 것을 말해 준다.

〈표 1〉 소득계층별 장애아동가구의 분포(%)

구 분	빈곤가구	비빈곤가구	전 체
일반 아동	62.2	74.6	72.7
발달장애아동 :			
저위험 아동	32.4	22.4	24.0
고위험 아동	5.4	2.9	3.3
전 체 %	15.3	84.7	100.0

주: 242가구를 대상으로 수집한 자료를 분석하였음.

빈곤문제에 있어서 제도적 지원이 장애아동가족에게 우선되어야 하는 이유는 장애아동이 출현하는 가족 다수가 빈곤층에 속해 있고 이러한 환경에서 건전한 아동발달을 기대하기 어렵다는 점이다. 또한 가족구성원 중에 장애가 있을 경우 일반 빈곤층과 다른 차원에서 사회적 고립을 경험하게 된다. 빈곤 장애아동가족은 심리적인 면에서 의욕 상실과 사회적 편견으로 인해 삶에 대한 개선 의지가 결여되어 있다.

장애아동가족이 직면한 문제는 다양하나 그 중 가장 큰 비중을 차지하는 것은 경제적 문제이며 치료비, 특수교육비 등 장애자녀를 위한 추가지출은 가계에 부담을 주어 가족 내 불평등을 초래한다. 그리고 소득 수준을 넘어선 지출은 장애아동가족을 빈곤층으로 전락시키고 상대적 빈곤층을 형성하는 요인으로 작용하고 있으므로 이들 가족에 대한 대책방안을 모색해야 한다.

장애아동가족의 빈곤문제는 절대적 빈곤도 있지만 사회구성원으로서 타인과 비교되는 상황에서 경험하는 상대적 빈곤과 개인의 주관적인 판단에 의해 추정된 주관적 빈곤이 더 큰 영향을 미친다. 즉 가족 내 장애아동의 출현으로 인한 양육 불안과 치료비와 특수교육비 부담은 장애아동가족의 경제문제가 단순히 물질적 결핍에서 그치는 것이 아니라 심리적·정서적 요인과 결합되어 복합적인 문제로 확대될 수 있다는 것을 말해 준다.

3. 빈곤과 가족구조

우리가 관심을 가져야 할 부분은 장애아동가족 중 한부모가족이 양부모가족에 비해 빈곤층에 속할 개연성이 더 높다는 것이다.[14] 장애아동이 있는 모부자가족은 사소한 자극에도 민감해지는 취약성을 가지고 있으며 준거집단과의 비교에서 작은 부분도 큰 영향을 받는 경향이 있으므로 이들이 경험하는 빈곤문제는 일반가족보다 더 심각할 수 있다.

빈곤과 장애가 높은 상관관계가 있다는 것은 이미 알려진 사실이다. 소유와 비소유, 평등과 불평등을 포함한 빈곤 특성이 어떤 방향으로 영향을 미치는가에 따라 아동이 직면할 수 있는 장애위험 정도는 다르다. 연구에 의하면 빈곤, 가족구조, 아동의 장애 간에 상관성이 있는데 두드러진 점은 빈곤 모자가족에게서 아동의 장애비율이 높다는 것이다. 빈곤은 아동의 저체중 및 학습장애와 관련되며 특히 이러한 요인이 빈곤 및 모부자가족과 불가분의 관계에 있다.[15]

빈곤 및 가족구조가 아동의 장애 유무와 어떤 관계가 있는지를 분석한 결과, 두 요인이 상호 밀접한 한 관계가 있고 빈곤과 가족구조가 아동의 장애 유무를 예측할 수

14) 정영숙, 이상복, 정보인 (2003). 발달장애아동과 가족복지의 실제. 현학사.
15) 정영숙, 이상복, 정보인, 홍강의 (2003). 발달장애 발생요인의 예측과 장애아 가족의 복지모형 개발연구. 현학사

있는 주요 변수인 것으로 파악되었다. 확률적으로 빈곤가족의 아동이 장애에 직면할 개연성은 일반가족에 비해 79%나 더 높고 가족구조가 미치는 영향력은 67%인 것으로 나타났다.

〈표 2〉 빈곤과 가족구조가 아동의 장애 유무에 미치는 영향

구 분	Odds Ratio	β	SE
빈곤	1.79	0.35	.172*
가족구조	1.67	0.78	.188**
설명력 (Nagelkerke R^2)		0.31	

*$p < .05$. **$p < .01$.

자료분석 결과가 말해 주는 것은 아동의 장애위험이 빈곤가족과 한부모가족에게서 더 뚜렷하다는 점이다. 아동의 장애유무와 정도를 예측하는데 있어서도 가족구조의 영향력과 빈곤과의 관련성은 같은 맥락에서 이해할 수 있다. 빈곤과 장애와의 관계에 대한 특수교육과 빈곤정책은 장애를 가진 특수한 계층의 존엄성과 권리를 옹호하는 것이라는 점이 강조되고 있다.

가족구조 및 소득계층이 아동발달에 미치는 영향에 대해 살펴보면 양부모가족의 경우 아동이 발달지체 문제를 안고 있는 비율이 24.0%인데 비해 한부모가족은 동 비율이 30.3%로 다소 높았다. 그러나 이러한 발달지체 아동도 적합한 환경을 조성해 주면 대부분 정상발달을 하게 되지만 그렇지 못하면 지체 정도가 더 심화될 수 있다. 가족구조에 따라 장애아동이 출현할 개연성은 분명한 차이가 있는데, 양부모 가족의 경우 100명의 아동 중 3명 정도는 장애로 분류되는 경향이 있으나 한부모가족의 비율은 배(6.5%)가 넘는 것으로 파악되었다. 소득계층에 따른 차이를 비교해 보면 비빈곤가족에 비해 빈곤가족의 아동이 단순 발달지체 뿐 아니라 장애를 가질 확률도 더 높은 것으로 나타났다.

〈표 3〉 가족구조 및 소득계층에 따른 아동발달

	구 분	정상 발달	발달 지체	장 애	전 체
가족구조	양부모가족	73.0	24.0	3.0	100
	한부모가족	60.5	30.3	6.5	100
소득계층	비빈곤층	74.6	22.5	2.9	100
	빈곤층	62.2	32.4	5.4	100

주: 발달지체는 평균에 비해 발달이 다소 늦은 상태이며 장애로 분류된 것은 아님.
자료: 장애 및 비장애 부모 242명을 대상으로 수집한 자료로 분석하였음.

4. 빈곤과 아동복지영역

빈곤이 아동복지에 미치는 영향을 영역별로 살펴보면 보건의료서비스 불평등을 포함한 건강불평등, 인적자원의 부족, 환경적 불평등(물리적 · 정서적 환경), 부모자녀 간 상호작용 결여 등으로 구분할 수 있다.

1) 건강불평등

빈곤이 건강에 미치는 가장 중요한 영향은 보건의료서비스 불평등에 대한 것이다. 보건의료는 다양한 면에서 건강불평등을 초래할 수 있다. 동일한 효능을 가진 의료적 개입이 사회경제적 위치에 따라 실제 효과가 다른 경향이 있다.[16] 이유는 사회계층에 따라 접근성에 차이가 있기 때문이다. 연구[17]에 의하면 부유한 사람과 가난한 사람 간의 접근성 차이는 76 vs. 45로 부유한 집단이 월등히 더 높은 것으로 나타났다. 부유한 사람과 가난한 사람 간의 의료서비스에 대한 형평성 효과를 비교하면 부유한 사람에게서 나타난 효과가 더 큰 것으로 분석되었다. 그리고 의료욕구가 상대적으로 더 큰 빈곤가구 밀집지역에는 오히려 의사와 의료기관이 더 적게 분포되어 있어 아동을 위한 접종 및 예방의료 서비스도 제한적이다. 이러한 요소가 건강불평등을 유발하는 요인으로 작용한다.

16) 조홍준 (2013). 보건의료에서의 형평성. 대한의사협회지, 56(3), 184-194.
17) Tugwell, P., de Savigny, D., Hawker, G. & Robinson, V. (2006). Applying clinical epidemiological methods to health equity. *Biomedical Journal*, 332, 358-361.

빈곤이 건강불평등에 미치는 또 다른 영향은 영양결핍으로 나타난다. 균형적인 식사로 영양을 충분히 섭취하지 못한 아동은 감기, 면역력 및 주의력 결여 등에 노출될 가능성이 크다. 그리고 영양공급은 아동의 두뇌 및 지능발달에 중요한 영향을 미친다. 또한 임신 중의 영양결핍은 아동의 건강과 직결되는 문제이다. 어머니가 임신 중에 충분한 영양을 섭취하지 못하면 저체중아를 분만하게 되는데 불충분한 영양 상태로 인해 미성숙한 태아가 출생할 확률은 빈곤가족이 상대적으로 더 높다.

저체중아 문제는 아동기, 청소년기, 그리고 성인기에 이르기까지 장기간에 걸쳐 영향을 미친다는 점에 주목할 필요가 있다. 엄마 뱃속에서 충분한 영양을 공급받지 못하면 태아는 중요한 장기 위주로 집중해서 발달하고 상대적으로 덜 중요하다고 생각되는 부위에는 영양분을 적게 보낸다. 즉 태아는 영양이 부족하면 영양분을 심장, 간, 췌장과 같은 장기로 보내는 대신 핵심 역할을 하는 뇌로 보낸다. 태아 입장에서는 현명한 전략이지만 뇌를 위해 다른 기관을 희생한 대가는 청소년 및 성인기에 이르기까지 질병으로 치르게 된다. 실지로 106명의 아동을 대상으로 9세가 될 때까지 추적 조사한 결과, 저체중아가 정상체중으로 태어난 아이에 비해 혈압, 콜레스테롤, 인슐린 등의 수치가 높은 것으로 나타났다. 저체중아는 분만 시 호흡 곤란을 겪는 경우가 많고 소화기능도 좋지 않으며 영유아기에 다양한 질병으로 전이될 확률도 높다.[18]

이러한 문제를 예방하기 위해 보건복지부는 저소득층을 대상으로 영양플러스 사업을 하고 있다. 대상은 중위소득 대비 80% 미만인 임산부 및 영유아 중 영양위험 요인(빈혈, 저체중, 성장부진, 영양섭취 불량 등)을 가진 대상자에게 영양교육 및 상담을 실시하고 보충 식품패키지를 제공함으로써 아동과 부모의 건강 증진에 기여하고 있다. 이는 임신을 단지 한 가정의 문제가 아니라 건강한 사회의 기초로 간주해야 한다는 사실을 말해준다.

2) 인적 자원의 질

가족의 경제력은 인적 자원의 질과 밀접한 관계가 있다. 빈곤은 아동의 인지발달

18) EBS 미디어 (2013). 퍼펙트 베이비. 완벽한 아이를 위한 결정적 조건. 와이즈 베리 미래앤.

과 배우고자 하는 열망 및 성취에 부정적인 영향을 미친다. 빈곤가족은 자녀에게 다양한 교육적 자극을 줄 여력이 없을 뿐 아니라 인지발달에 도움이 되는 교구, 캠프 활동, 음악과 미술 작업, 외국어 지도 등을 지원할 경제력이 없다. 아동의 인지발달은 지적 자극을 주는 다양한 경험과 격려 및 지지에서 비롯되는데 빈곤가족은 이런 경험을 제공할 경제력이 부족하기 때문에 기회의 평등이란 측면에서 빈곤아동은 상대적으로 불리한 그리고 불평등한 환경에 처하게 된다. 이는 부모의 사회경제적 지위가 아동의 지적 능력과 성공을 결정하는데 중요한 변수로 작용한다는 것을 말해 준다.

연구[19]에 의하면 부유한 가정에서 자라는 영유아(3세까지)는 평균 50만번의 격려와 8만번의 꾸지람을 듣는 것으로 조사되었다. 그러나 저소득층에서는 이와 반대 되는 결과가 나타났다. 즉 격려와 지지보다 꾸지람을 더 많이 하는 것이다. 이러한 통계는 빈곤아동의 성장기 환경을 개선하는 것이 인적 자원의 질을 높이는 것이라는 점을 말해 준다.

3) 물리적 환경

물리적 환경은 아동이 가족과 함께 사는 주거환경과 지역사회환경으로 구분할 수 있다. 안전하고 쾌적한 주거공간은 아동복지의 기본 요소이다. 빈곤가족은 이러한 기본 요소가 결여된 주거공간에서 살고 있으며 좁은 공간에 다수가 함께 생활하고 위생상태도 열악하다. 다수의 빈곤가족은 낡은 집에서 살고 있으며 그로 인한 환경적 위해도 무시할 수 없는 실정이다. 빈곤이 주거환경에 영향을 미치고, 주거환경이 다시 건강과 위생, 정서적 복지에 영향을 미친다는 것은 이들 요인이 순환적 관계를 가지고 있다는 것을 말해 준다. 빈곤가족이 쾌적한 주거공간을 확보할 여력이 없다는 것은 이들 가족이 쾌적한 환경을 선택할 기회가 없다는 것을 의미한다. 빈곤아동은 좋은 교육환경, 안전한 놀이 공간, 성인의 긍정적 역할에 노출될 기회가 부족하다.

지역사회환경이 어떻게 부모와 아동의 행동에 영향을 미치는지에 대해 조사한 연구[20]에 의하면 빈곤지역에 거주하는 아동이 그렇지 않은 아동에 비해 문제행동이 표

---

19) Lehrer, J. (2011). Why rich parents don't matter. *The Wall Street Journal*. http://www.wsj.com/articles.

면적으로 구체화될 확률이 더 큰 것으로 나타났다. 그리고 빈곤아동의 부모들은 공격적 성향을 가지고 있으며 그들 스스로 그런 성향을 인지하고 있으나 개선하고자 노력하지 않는다. 이유는 공격적 성향은 빈곤가구가 밀집한 지역에서 살아가는데 필요하기 때문이다. 장애아동가족의 경우 사회적지지 기반이 확대된 지역에 거주하는 것이 가족의 극복 능력을 향상시키는 것으로 알려져 있다.[21] 이러한 경향에서 지역사회환경은 아동 및 가족복지와 밀접한 관계가 있다.

4) 정서적 환경

정서적 환경은 부정적 사고, 낮은 자아존중감, 우울 및 불안, 스트레스 등과 같은 정서적 측면을 포함한다. 이들 요인 중 스트레스 및 자아존중감은 정서적 복지와 밀접한 관계가 있으므로 이들 두 요인을 구체적으로 살펴보고자 한다.

경제적 불안정은 부모 뿐 아니라 아동에게도 스트레스 요인으로 작용한다. 빈곤층으로 살아 온 시간과 아동의 정신건강과의 관계를 검증한 연구[22]에 의하면 빈곤층에 머문 시간이 길수록 아동의 스트레스 수준과 불행하다는 느낌, 불안, 공격성, 의존 등의 증세가 심화되는 것으로 나타났다. 또한 아동이 장기간, 지속적으로 빈곤을 경험할수록 그리고 빈곤 정도가 심할수록 우울 및 불안에 대한 빈곤의 영향력은 더 큰 것으로 파악되었다.[23] 이러한 연구결과는 빈곤이 아동의 정서발달에 중요한 영향을 미친다는 것을 말해 준다.

빈곤가족은 경제적 어려움(부채, 퇴출, 실업, 잦은 이사, 돈 걱정 등)으로 스트레스와 정신건강 문제에 직면할 가능성이 크다. 아동이 장애를 가지고 있을 경우 빈곤으로 인한 스트레스는 더욱 가중된다. 장애아동가족의 스트레스와 환경적응성을 살펴

---

20) Duncan, G. (1994), Families and neighbors as sources of disadvantage in the schooling decision of White and Black adolescents, *American Journal of Education*, 103. 20-53

21) Yau, M.K., & Li-Tsang, C.W. (1999), Adjustment and adaptation in parents of children with developmental disability in two-parent families, *British Journal of Developmental Disability*, 45(1), 38-51.

22) McLean, M. (1996), Child find, tracking, and screening, In M. McLean, D. B. Bailey, & M. Wolery(2nd ed.), *Assessing infants and preschoolers with special needs*(pp. 96-122). Englewood Cliffs, NY : Prentice-Hall.

23) 김광혁 (2010). 빈곤이 아동의 우울 불안에 미치는 영향. 한국청소년연구, 21(1). 5~31.

보면 고소득층이 저소득층에 비해 좀 더 다양한 기회와 극복방안을 가지고 있으며 부모 또는 어머니로서 장애아동에 대한 적응성도 높은 경향이 있다.

빈곤으로 인한 자원 부족은 부모의 자아존중감을 낮추고 이러한 낮은 자아존중감은 결국 아동에게도 부정적인 영향을 미치게 된다. 즉 빈곤이 아동의 자아존중감을 직접적으로 낮추지는 않지만 경제문제로 인한 부모의 갈등 및 불화, 건강문제 등에서 비롯되는 간접적인 영향을 받게 된다. 문제는 이러한 영향의 범위가 포괄적이어서 아동의 삶에도 광범위하게 영향을 미친다는 것이다. 자아존중감은 자신을 하나의 개체로 이해하고 자아에 대해 긍정적 또는 부정적인 태도를 갖는 것과 자신을 얼마나 가치 있게 인지하는지를 반영한다. 따라서 자아존중감이 높으면 자신에 대한 신념을 토대로 대인관계 분화 수준이 높아져 건강한 사회적 관계를 맺을 수 있다. 그러나 자아존중감이 낮으면 자신에 대한 신념과 확신이 부족하고 소외, 위축, 불안, 울화 등의 행동 양상을 보일 수 있다. 낮고 손상된 자아존중감은 청소년기 부적응에 영향을 줄 뿐 아니라 성인기까지 이어진다.

5) 부모-자녀 간 상호작용

부모-자녀 간의 긍정적인 상호작용은 아동에게 행복감과 신뢰감을 주고 부모와 안정애착을 형성하게 해 준다. 그리고 부모-자녀 간 상호작용은 아동의 정서지능 발달에도 중요한 변수로 작용한다. 아동과 부모는 서로 상호 영향을 미치며 관계를 형성한다. 그러나 빈곤은 부모로 하여금 아동과 긍정적 상호작용을 할 수 있는 여지를 제한하는 경향이 있다.

부모는 자신의 의도와 무관하게 경제적 궁핍으로 인해 아동과 부적절한 상호작용을 할 가능성이 크고, 자녀와의 관계에서 일관성이 결여된 행동을 할 수 있으며, 그로 인해 아동에게 혼란과 불안을 심어 줄 수 있다. 또한 부모는 아동에게 회피적이고 강압적인 양육 방법을 적용하는 경향이 있다. 즉 아동을 언어적, 신체적으로 학대하거나 방임하는 결과를 가져올 수 있다. 빈곤으로 인한 경제적 스트레스는 가족 간 갈등과 불화를 심화시킨다. 경제적 압력 및 부담은 부부 간 갈등을 증폭시킬 뿐 아니라 부모-자녀 간 갈등도 증폭시켜 아동에 대한 거부 등으로 부적절한 양육 환경을 초래할 수 있다.

집은 즐거워야 하고 부모는 자신의 안전지대라는 믿음과 기대를 심어줄 수 있는 안정적인 가정이 행복한 아이를 만든다는 것은 불변의 진리이다. 비고츠키(Vygotsky)는 인간은 사회문화적 존재이기 때문에 인간행동도 이런 맥락에서 이해할 수 있고 아동의 인지발달은 부모와의 상호작용을 통해 이루어진다고 주장하였다. 결국 아동이 부모를 거부하거나 회피하는 것은 아동의 기질 문제이기 보다 부모가 아동에게 보인 반응과 부모와 아동 간의 상호작용 때문이다.

가난한 부모가 반듯이 아동과의 상호작용을 부정적으로 하지는 않는다. 가난해도 아이 눈높이에서 마음을 헤아려주는 부모도 많다. 단지 가난으로 인한 스트레스와 경제적 압박감이 부모의 역할과 기능을 상실토록 만들 수 있기 때문에 아동복지 차원에서 경제적 지원 뿐 아니라 부모-자녀 간 상호작용이 긍정적으로 유지될 수 있도록 부모교육 프로그램에도 관심을 가져야 한다.

5. 빈곤과 복지모형

빈곤은 아동 및 가족 모두에게 영향을 미치고 아동발달은 부분적으로 이러한 경험이 결합된 결과이다. 즉 아동발달은 아동이 가족체계 내에서 경험하는 것과의 동적인 상호작용의 산출물이다. 이는 아동의 성장과 발달을 예측하는 데 있어서 아동 개인의 특성만을 고려할 경우 빈곤이 초래한 문제를 간과 할 수 있으므로 아동을 둘러싼 사회경제적 환경과의 상호작용에 대한 평가와 분석이 병행되어야 한다는 것을 말해 준다.

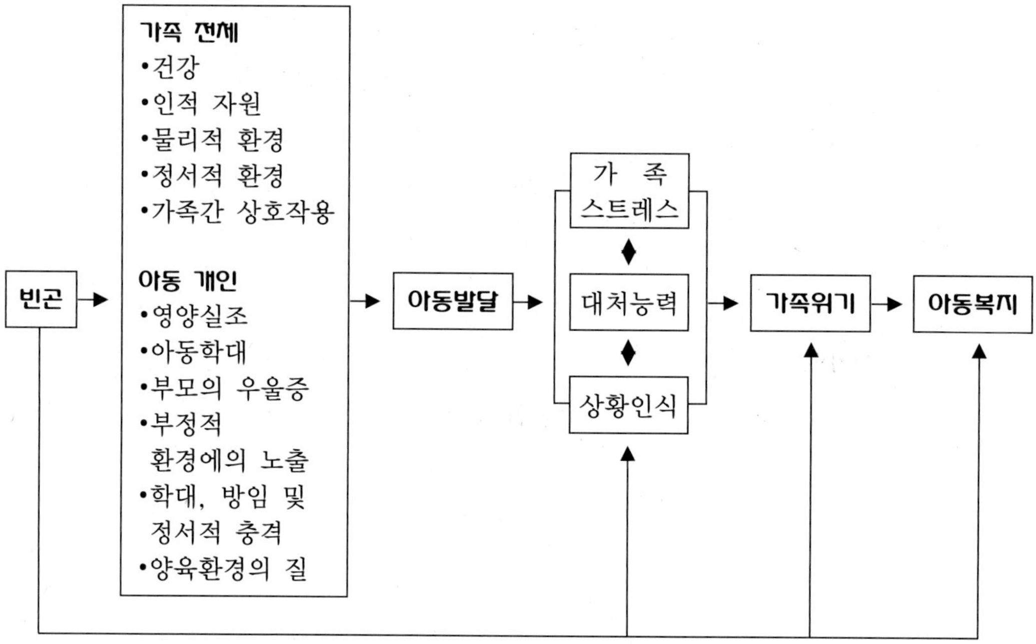

〈그림 1〉 빈곤이 아동복지에 미치는 영향

빈곤이 아동에게 미치는 영향은 다양하다. 가장 기본적인 욕구인 영양이 불충분하면 신체 발육이 부진할 뿐 아니라 학습능력과 인지발달이 늦어진다. 그리고 협응력, 운동능력이 지체되고 사회적 행동을 위축시킴으로 인해 전반적 발달장애를 초래할 수 있다. 저소득층 임산부에게서 담배나 약물중독 문제가 상대적으로 더 많이 발생하고, 그로 인해 아동은 뇌신경세포 발육 지체나 신경정신적 질병을 앓을 수 있다.

부모의 우울증 역시 아동의 정서적 욕구에 부합하지 못하는 부적절한 상호작용으로 이어지고, 그로 인해 아동은 정서적 위축과 주의력 결여 등의 문제에 직면할 수 있다. 환경적 위해가 아동에게 미치는 영향 역시 큰데 이러한 문제는 주로 빈곤아동에게서 더 빈번하게 나타난다. 아동에게 가해지는 물리적 학대나 방임은 아동으로 하여금 불안, 우울, 대인관계 장애 등을 경험하게 하고, 심하면 성장과정에 충동·공격적 성향을 동반한 반사회적 행동문제로 표출될 가능성이 크다.

이와 같이 빈곤은 가족 모두에게 영향을 줄 뿐 아니라 아동에게도 신체적, 지적, 정서적 발달을 지연시키는 결과를 낳게 된다. 문제는 이러한 발달지체가 시간이 지나도 극복되지 않고 장애로 연결될 가능성이 크다는 데 있다. 아동이 초기에 발달지체 문제가 있더라도 인적·물적 자원을 보유하고 있는 가족은 장애로까지 이어지지 않지만 빈곤가족일 경우에는 지체가 장애로 이어질 가능성이 크다.

아동발달이 지체되거나 장애로 이어질 경우 가족은 엄청난 스트레스를 받게 되고 그로 인해 대처능력 및 상황인식에 부정적인 영향을 미치게 된다. 즉 스트레스가 심해질수록 가족의 대처능력이 떨어지고 발달지체 및 장애아동이 가족구성원이 된 상황에 대해 위협, 좌절 및 상실감으로 받아들이게 된다. 가족이 경험하는 스트레스의 본질과 정도, 발달지체아동에 대한 인식, 대처능력 및 방안은 구조적 관계를 가지며 가족위기를 심화시키고 이러한 가족의 위기관리 및 극복능력 부족이 아동복지에 부정적인 영향을 미치게 된다.

6. 빈곤아동을 위한 복지정책 방향

빈곤이 아동복지에 미치는 영향을 규명하는 일은 이를 개선할 수 있는 정책 대안을 제시할 수 있다는 점에서 의미가 있다. 가족 스트레스, 상황에 대한 인식, 대처능력 및 방안 간의 인과관계가 가족위기를 초래하고 아동의 삶에 영향을 미친다는 것은 관련 문제를 미연에 방지하기 위해 어떤 정책 대안이 필요한지를 말해 준다. 이러한 대안은 빈곤 문제의 본질을 이해하고 합리적 정책을 수립하는 데 올바른 지향점이 될 것이다.

앞서 살펴 본 내용을 종합하면 비록 아동이 행동 및 발달문제를 가지고 있다 하더라도 아동에게 건강한 가족환경을 제공하고 전문기관과 가족이 협력체계를 구축하여 상담, 임상, 교육 기회 등을 제공한다면 아동의 잠재력과 인적 자원을 보호하고 육성할 수 있다. 그리고 빈곤을 포함한 가족환경이 구조적으로 연결되어 있으므로 한 요인에 변화가 생기면 다른 요인에 직접 또는 간접적인 영향을 미치게 되고 이러한 가족환경 체계가 아동복지를 좌우한다는 점을 염두에 두어야 한다.

사회적으로 빈곤이 문제가 되는 이유는 다음과 같다.

첫째, 빈곤은 사회에 부정적 계층을 형성한다. 빈곤이 문제가 되는 것은 단순히 빈곤층에 속한 사람들이 사회에서 소외계층으로 남는 것 뿐 아니라 위화감과 더불어 계층 간 갈등과 대립을 낳으며 사회에 부정적 계층을 형성하여 역동성과 경제발전 활력을 감퇴시키기 때문이다.

둘째, 빈곤은 아동의 잠재능력에 영향을 미친다. 사회구조적 요인으로 인해 현재의 능력보다 그 이상의 개발 가능한 잠재능력을 상실할 수 있다. 사회구조적 문제가 없었다면 빈곤아동도 현재보다 나은 잠재능력을 발휘할 수 있을 것이다. 예를 들어, 노동시장의 구조적인 문제로 인한 취업기회의 차단이나 차별 등은 빈곤아동 부모에게 경제적 어려움과 박탈감을 안겨주고 그로 인해 아동의 잠재능력도 영향을 받게 된다. 이런 경우 빈곤의 책임은 부모에게도 있지만 무엇보다 사회구조적 문제가 더 크게 작용한다.

셋째, 빈곤층에 속할 가능성이 높은 가족들이 있다. 대표적인 경우가 바로 경제적으로 취약한 한부모가족, 장애아동가족 등이다. 따라서 사회복지 수혜대상 가운데 한부모가족과 장애아동가족에 대한 정책적 고려는 우선되어야 한다. 빈곤을 탈피하기 위해 무엇보다 이들 가족이 문제해결에 대한 의지를 가지고 노력하는 것도 중요하고 더불어 빈곤문제를 해결하려는 국가적 관심 및 지원, 관련단체의 지지 등이 일체를 이루어야 한다.

빈곤은 다양하고 복합적인 원인에 의해 발생하므로 문제를 해결하기 위한 대안도 어느 한 면에 치우치지 않고 다양한 면을 고려한 가운데 모색해야 한다. 그러므로 한부모와 장애아동가족의 빈곤은 단일 정책이나 서비스로 해결하기 어렵고 다각적 접근이 이루어져야 한다. 양부모가 아닌 한부모이거나 가족구성원 가운데 장애아동을 포함함으로써 겪는 사회적 편견이나 부정적 시각은 빈곤가족에게 스트레스 요인으로 작용한다. 이러한 경향은 이들 가족의 상대적 빈곤감 및 박탈감을 심화시키고 그로 인해 빈곤에서 탈피하고자 하는 의지를 약화시켜 사회적 관계를 회피하거나 심리적으로 불안정한 상태로 몰고 갈 수 있다. 따라서 이들 가족이 직면한 문제에 대해 스스로 대안을 찾고 삶에 대한 의지를 회복할 수 있도록 적합한 정책과 서비스를 통해 사회적 지지를 해야 한다.

사회복지단체를 비롯한 지역사회는 이들 가정을 위해 프로그램 개발 및 자조집단 형성을 지원함으로써 서로에 대해 정서적 지지 및 정보 교환의 장을 마련해 줄 필요가 있다. 특히 비슷한 이해관계를 가진 자조집단 형성은 스스로 문제를 해결하려는 의지와 기회를 제공할 뿐 아니라 자신들 문제를 사회적 이슈로 부각시키는 기능도 있다. 그리고 자신감을 부여하고 정서적·심리적 빈곤에서 탈피할 수 있는 동기부여도 아동 및 가족복지를 향상시키는 방안이 될 것이다.

제 10 장

다문화아동

1. 다민족·다문화사회

국제화·세계화에 따른 인적·물적 교류가 활발해 지면서 인종을 초월한 문화적 다양성이 증가되고 있다. 우리나라도 산업화·도시화에 따라 농촌 미혼남성과 외국 여성간의 국제결혼이 증가하고, 이주노동자 유입, 탈북주민 증가, 유학생 유입 등으로 인해 다문화가족이 급속히 증가하고 있다는 것은 널리 알려진 사실이다. 국제결혼을 통한 다문화가족의 형성은 과거부터 지속되어 왔으나 최근 들어 두드러지고 있고 특히 한국인 남성과 외국인 여성간의 결혼이 증가세로 이어지고 있다는 것은 다문화아동의 수도 계속 증가한다는 것을 말해 준다. 이 같은 흐름은 이제 우리 사회도 다민족·다문화사회라는 것을 보여 준다.

그러나 급속한 다문화시대로의 진입은 우리 사회에 적지 않은 문제를 야기하고 있다. 인종과 문화적 국경을 넘은 다문화사회로의 진전은 세계적 추세이지만 결혼 제도를 기반으로 국내에 유입된 결혼이민자의 상당수가 아직 한국적 정서 및 가치와 융합하지 못하고 언어소통 문제, 문화적 갈등, 경제적 불안정을 비롯하여 가족관계 및 자녀교육에 적지 않은 어려움을 겪고 있다. 다문화아동이 직면한 주요 문제는 정체성 혼란을 비롯하여 언어지체, 집단따돌림, 외모에 대한 놀림, 소극적 대인관계 등이다.

이러한 문제로 인해 다문화아동과 가족은 사회 내의 소수집단, 소외계층으로 대두되고 있다. 최근 정부와 지자체를 비롯하여 교육계, 민간단체 등에서 다문화 수용과 공존의 필요성을 부각시키고 우리 문화와 생활방식에 대한 기본소양이 부족한 다문화가족의 지역사회 적응, 가족갈등 및 자녀문제를 미연에 방지할 필요가 있다는 인식 하에 필요한 정책과 제도를 만들고 있다.

2. 다문화가정의 아동문제

1) 소수집단의 소외문제

아동 보호는 아동 소외를 방지하는 것에서 출발해야 한다. 성장과정에 특별한 관심이 필요한 아동기는 가족의 보호와 더불어 학교 환경이 중요한 성장 요소임에도 불구하고 무관심해 지기 쉬운 취약 대상이 될 수 있다. 취약 인구에 대한 논의와 관심은 한명의 아동도 소외되지 않고 보호 받아야 한다는 당위성에 토대를 두고 있다. 아동기의 성장과 발달에 대한 사항은 부모의 공통 관심사이다. 그런 만큼 다문화아동에 대한 보호와 교육도 일반아동과 더불어 국가의 일차적 관심의 대상이어야 한다.

다문화아동이 증가하고 있다는 사실은 정책 입안에서부터 논의되어야 하고 특별한 관심이 필요한 아동에 대한 사회적 지지와 정책과제는 이들 아동에게 기회의 평등을 보장해 주는 것이어야 한다. 이유는 다문화아동과 같은 소수집단이 교육 소외 계층에 머물면서 따돌림과 같은 학교적응 문제, 기초학습 능력 및 언어능력 부족, 정서적 고통 등을 받을 수 있기 때문이다.

이러한 소외문제를 방지하고 교육의 평등, 기회의 평등을 보장하기 위해서 다문화아동 뿐 아니라 일반아동에게도 다문화교육을 해야 한다. 다문화교육은 사회통합을 지향한다는 점에 초점을 두고 다양성과 다원주의, 평등과 권리 등에 대한 내용이 포함되어야 한다. 다문화교육의 목표를 구체적으로 살펴보면 다음과 같다.

첫째, 다문화아동이 가정, 학교, 또래와 언어적 소통이 될 수 있도록 말하고 읽고 쓰는 능력을 키워야 한다. 둘째, 일반아동이 관계와 존중을 전제로 다른 문화를 이해하고 공감할 수 있도록 한다. 셋째, 각 나라의 역사와 문화에 대해 주류와 비주류, 우월과 열등, 호불호 등으로 구분하지 않고 다양한 시각이 공존한다는 것을 인식할 수 있어야 한다. 넷째, 특정 민족, 특정 인종의 신체적, 문화적 특징으로 인한 차이는 인정하지만 차별은 허용하지 않는 것에 목표를 두어야 한다. 이러한 교육은 소수집단의 소외문제를 사전에 예방하는 토대가 될 것이다.

2) 정체성 혼재

우리나라는 민족주의를 기반으로 단일민족의 혈통을 이어 왔다는 인식이 강하다. 그러나 실제로 단일민족은 개념적으로만 존재한다는 것이 일반적 시각이다. 종족의 특성은 다양하기 때문에 인간은 여러 개의 종족집단에서 비롯된 복합적인 혈통을 가지고 있으므로 순수 혈통은 과학적 근거가 미약하다.[1] 역사적으로 한국인의 족보를 살펴보면 귀화 성씨(姓氏)가 적지 않다. 단군 이래 수차례의 전쟁을 겪었고 그 과정에 혼혈이 발생하는 것은 당연한 현상이다. 즉 혈통 및 민족 문제도 정도의 차이는 있으나 주변국들과의 전쟁과 교류를 통해 타민족의 피가 섞여 있다고 보는 게 타당할 것이다.

오랜 세월 동안 우리 민족은 순혈주의 관점에서 단일 혈통과 민족을 유지해 왔다는 신념을 가지고 있다. 그러나 순수 혈통을 추구하고 단일민족 인식이 강할 경우 혼혈을 배척하는 경향으로 이어질 수 있다. 교육청 시범학교 보고서에 의하면 초등학교 재학 중인 다문화아동은 정체성 형성 과정에서 혼란을 느끼고 있는 것으로 확인되었다. 부와 모의 두 나라 문화가 혼재된 가정교육과 한국의 학교교육을 동시에 경험하면서 이른바 주변인 또는 비주류인으로 성장해 가고 있는 것이다.[2] 집단 따돌림이나 놀림을 당하기도 하고 그로 인해 자신감이 결여되어 학교 교육에 대한 흥미가 줄어들고 학교에서 소외된다는 느낌을 받게 되는 것이다.

이는 어머니가 결혼과 동시에 입국하여 언어적, 문화적 적응이 되지 않은 상태에

---

1) 설동훈 (2006). 한국의 결혼이민자 가족: 현황과 정책. 한국가정관리학회 학술발표대회 자료집, 1-20.

2) 김예희 (2008), 다문화가족을 위한 지역사회 복지 프로그램. 대구대학교 가정복지학과 세미나 발표자료집.

서 자녀를 출산, 양육하고, 아버지는 상대적으로 자녀교육에 소홀함으로써 시작된 문제들이다. 이런 상황에 다문화아동은 성장과정에서 언어나 문화적 정체성에 대한 배움의 기회가 부족하고 관심을 받지 못한 채 초등학교에 입학하게 된다. 따라서 학교와 교육계는 다문화아동이 정체성 혼란을 겪지 않도록 체험 및 교육 프로그램을 다양하게 개발하여 적용할 필요가 있는데 이때 부모교육도 함께 이루어져야 한다.

3) 사회심리적 부적응

다문화아동이 겪는 심리사회적 부적응에는 두 가지 원인이 있다.[3)]

첫째는 가정환경이다. 아동기에는 부모와의 관계 속에서 안정애착과 사회·정서 발달의 토대가 형성되는데 이 시기의 안정애착과 건강한 발달은 이후 발달에 지속적으로 영향을 미친다. 이와 같이 가정환경은 아동의 사회적, 심리적 적응과 밀접한 관계가 있다. 그러나 다문화가족들 중 사회적 취약계층에 속하는 경우가 다수이고 어머니가 외국인일 경우 자녀와의 상호작용 수준이 같은 또래에 비해 더 열악하다. 특히 결혼이주여성은 한국의 사회생활에서 스트레스를 경험하고 있으며 가정생활에 대한 적응에도 어려움을 겪고 있다. 이러한 국제결혼 가정의 어려움은 양육행동에 반영되어 안정애착, 자아존중감, 정체감, 또래관계 등의 사회·정서 발달에 부정적인 영향을 미칠 수 있다.

둘째는 사회적 지지이다. 오랜 세월동안 단일민족을 고수하며 민족주의 성향이 강했던 우리 사회에서 다문화아동은 혼혈이라는 편견 속에서 차별대우를 받게 될 우려가 있다. 일반적으로 다문화가족은 관계망이나 교제 범위가 제한적일 수밖에 없고 사회적 편견 및 차별은 이들 가족에게 또 다른 심적 고통을 체험하게 한다. 이러한 상황은 다문화아동에게도 같은 영향을 미치게 될 것이다. 사회적 지지는 다문화가족으로 하여금 삶의 의지와 균형을 유지할 수 있게 도와준다는 측면에서 중요하다.

4) 아동의 언어지체

다문화아동의 다수는 언어발달 문제로 어려움을 겪고 있다. 만2~7세 자녀를 둔 결

---

3) 다문화가족 실태조사 자료이며 표본수는 166가구 임.

혼이민자가정을 대상으로 분석한 자료[4]에 의하면 다문화아동의 26%가 언어지체 문제를 가지고 있는 것으로 나타났다. 다문화아동의 언어지체는 소득수준과 관계가 있는데 소득이 낮을수록 언어를 수용하고 자신을 표현하는 능력이 낮은 경향이 있다. 평균적으로 다문화가정의 사회경제적 지위가 일반가정에 비해 상대적으로 열악하다는 점을 고려할 때 다문화아동이 또래만큼 정확하고 활발한 언어자극을 받기가 쉽지 않다는 것을 알 수 있다. 언어발달을 촉진하기 위한 방안으로는 다문화가족지원센터를 비롯하여 언어치료 프로그램이 있는 기관을 이용하는 사례가 29%이고, 다수인 71%는 치료하지 않고 그대로 방치하는 것으로 조사되었다.

언어지체는 그 자체도 문제지만 더욱 중요한 점은 언어발달이 전반적 발달지연과 관계가 있고 언어발달 수준이 낮을수록 후천적 언어습득에도 부정적인 영향을 미친다는 것이다. 또한 언어는 학습과 밀접한 관계가 있기 때문에 언어지체는 학습능력 저하를 초래할 뿐 아니라 또래와의 관계 형성이 어려워 학교에 대한 흥미상실 및 학습의욕 저하를 초래하게 된다.

아동이 직면한 언어지체를 조기에 발견하지 못하거나 간과하면 언어 및 인지발달의 중재 시기를 놓칠 수 있고 이로 인해 다른 행동문제로 발전될 가능성이 있다. 일반적으로 다문화아동 문제는 가족체계와 밀접한 관련이 있다. 아동은 부모와의 상호작용을 통해 언어적 감각을 기르는데 다문화아동의 경우 언어적 감각을 발달시킬 기회가 부족하다.

아동이 언어지체 문제가 있으면 부모는 심각한 양육문제와 갈등에 직면하게 된다. 여기에 친인척관계, 사회적 격리감, 그 밖의 활동에서 아동 못지않게 부모 역시 일상생활 및 대인관계에서 어려움을 겪게 된다. 심리적으로 자녀가 언어지체가 있을 경우 부모는 불안과 상실감을 가지게 되고 이러한 환경이 가족 간 갈등과 스트레스로 이어져 결과적으로 아동에게 부정적인 영향을 미쳐 언어지체가 더욱 심화될 수 있다.

아동의 언어지체, 부모와 아동간의 정서적 불일치, 부모의 양육문제와 가족 간 갈등 및 스트레스는 상호관련성을 가지고 내재적으로 구조화되는 특성이 있다. 자녀의 언어지체 문제는 부모의 양육갈등을 증폭시키고, 그로 인해 자녀 양육에 따른 즐거움과 보람이 아동의 발달상 역기능으로 상쇄되어 아동에게 필요한 최적의 양육환경

4) NEWSis (2012). 다문화아동 40% 언어발달 '지체'. http://www.newsis.com.

기반이 약화되는 것이다. 이러한 과정에 빈곤과 같은 경제문제까지 겹치면 문제는 더욱 심각해진다. 따라서 아동의 언어지체는 가족환경에 대한 통합적 시각에서 살펴보아야 한다.

다문화아동의 언어발달이 지체되는 주원인은 한국어 능력이 미흡한 엄마와 자녀가 언어적 소통 기회가 부족하기 때문이다. 일반적으로 아동의 언어발달은 부모의 언어 구사력 및 자녀와의 상호작용 의지와 밀접한 관계가 있고 어머니와의 언어적 소통 경험은 아동이 사용하는 언어의 수, 질, 구조에 영향을 미친다. 따라서 다문화아동이 보육시설이나 센터에서 공공서비스를 통해 언어교육을 받을 수 있도록 지원하는 서비스가 필요하고 부모 또한 한글을 배워서 자녀와 언어적 소통이 가능하도록 해야 한다. 특히 이러한 지원과 관심은 농어촌과 같이 시설이 취약한 지역의 다문화아동에게 맞추어 공공서비스 이용의 질과 활용 빈도를 높여야 한다.

3. 다문화가족과 부모

1) 다문화부모의 언어능력과 생활교육 담당자

다문화아동의 문제 중 가장 심각한 것은 언어문제이다. 언어 소통이 원활하지 않기 때문에 또래와의 관계에서 소외되고, 정체성 혼란과 사회심리적 부적응을 겪게 된다. 다문화아동의 언어문제는 부모의 언어능력과 밀접한 관계가 있다. 실태조사 자료를 토대로 다문화여성의 한국어 능력이 어느 정도 인지를 살펴보면 한국어로 의사 표현을 충분히 할 수 있다고 응답한 비율은 10% 정도에 불과하고 못한다고 응답한 비율은 말하기, 듣기가 각각 73.8%이고 읽기가 77.5% 그리고 쓰기가 78.4%인 것으로 나타났다. 이러한 결과는 결국 10명 중 2~3명 정도만 한국어로 자녀와 소통이 가능하고 나머지는 그렇지 못하다는 것을 말해 준다.

〈표 1〉 다문화 어머니의 한국어 능력

	말하기	듣기	읽기	쓰기
잘한다.	9.7	10.3	9.7	10.0
보통이다.	16.5	15.9	12.8	11.6
못한다.	73.8	73.8	77.5	78.4
합계	100.0	100.0	100.0	100.0

부모가 자녀와 언어적 소통에 불편함을 느낀다면 자녀 역시 아동기에 가장 많은 시간 동안 대화를 하게 될 어머니와의 소통이 원활하지 않을 것이다. 결정적인 시기에 어머니와의 대화가 원활하지 않다면 이는 다문화가정의 문제를 넘어서 미래 한국 사회의 인적자원의 질이란 면에서 적지 않은 사회적 비용을 치를 수 있기 때문에 관심을 가져야 할 중요한 문제이다.

다문화아동의 생활교육 및 기초교육을 누가 담당하는지를 살펴보면 어머니가 담당하는 비율이 72%이고, 아버지가 담당하는 비율은 16%, 할머니 및 할아버지가 담당하는 비율은 10%인 것으로 나타났다. 이러한 결과는 다문화 어머니의 70% 이상이 한국어로 의사소통하는 것이 어렵다는 점을 고려한다면 시사하는 바가 크다.

〈표 2〉 생활교육 및 기초교육 담당자

담당자	퍼센트
어머니	72
아버지	16
할머니 할아버지	10
기타	2
합계	100.0

언어지체의 주된 원인은 부모의 한국어 능력과 무관심이다. 부모가 아이와 대화를 하지 않고 단순 보육만 할 경우 또는 부모가 가정에서도 말이 거의 없는 경우에 아이는 언어적 자극을 받을 기회를 놓치게 된다. 언어를 통한 의사소통 기회가 부족하고 언어 자극을 적게 받으면 언어발달이 지연되고 이러한 지연이 오래 지속되면 결국 언

어지체 및 학습지체로 이어질 수 있다. 다문화아동이 학교생활에 잘 적응하지 못하는 이유를 분석한 결과, 학습능력 부족이 원인이라고 응답한 비율은 33%이고 나머지 67%는 또래와 대화가 잘 안되거나 잘 어울리지 못하기 때문인 것으로 나타났다. 언어는 서로 마주보고 정서를 교환하면서 말을 주고받아야 발달하는데 부모가 이에 대해 무관심하거나 소통 자체가 어려우면 언어적 소통이 불가능해 질 수 밖에 없다. 아동이 어릴수록 언어발달을 위한 최고의 환경이 부모와의 상호작용이라는 점은 재론의 여지가 없다.

2) 가족기능

가족기능은 가족이 수행하는 다양한 역할을 반영하는데 영역별로 분류하면 다음과 같다. 첫째, 소통 기능인데 소통은 가족 간 이해와 배려, 공감 및 수용 등의 친밀성이 전제되어야 한다. 다문화가족의 경우 언어적 소통에 한계가 있고 이로 인해 전반적 소통 기능이 원활하지 못한 경향이 있다. 둘째, 경제적 기능이며 가족구성원의 경제력과 자원을 나타낸다. 다문화가족은 일반가족에 비해 경제력과 소득력이 낮은 경향이 있다. 셋째, 자녀양육 및 사회화 기능인데 부모는 자녀를 건강하게 양육하고 건전한 인격과 도덕성을 갖춘 성숙한 사회인으로 키워야 한다. 넷째, 문화적 공유 기능인데 가족 간에 문화적 다양성에 대한 이해가 부족하면 갈등이 생길 수 있다.

다문화가족의 기능적 측면에 대한 실태자료를 살펴보면 언어적 소통 기능(35%)에 한계가 있다고 인지한 비율이 가장 높았고 그 다음이 경제적 어려움과 직업 능력 및 기술 부족으로 인한 소득력 한계(24%)인 것으로 나타났다. 자녀양육 및 사회화 역할에 어려움을 겪는 비율은 16%이며 문화적 다양성을 공유하는데 어려움이 있다고 응답한 비율은 17%인 것으로 파악되었다. 이러한 자료는 다문화가족의 기능을 향상시키기 위한 정책적 대안이 무엇인지를 말해 준다.

〈표 3〉 가족기능의 한계

	빈도	퍼센트
언어적 소통 기능	58	35
경제적 기능	39	24
자녀양육 및 사회화 기능	27	16
문화적 다양성 공유 기능	28	17
기타	13	8
합계	164	100.0

3) 가족환경이 아동문제에 미치는 영향

다문화가족의 근원적인 목표는 오늘보다 내일이 나은 삶 즉 복지를 구현함으로써 삶의 질을 높이는데 있다. 이제 다문화시대로 진입한 시점에 이들 가족의 복지수준을 향상시키고자 하는 노력은 사회가 추구하는 보편적 가치로 자리 잡고 있다. 아동문제 즉 소외, 정체성 혼재, 사회심리적 부적응, 언어지체 등은 가족 간 상호작용, 가족기능 등의 환경적 요인과 관계가 있고, 아동문제는 궁극적으로 가족복지에 영향을 미친다. 이러한 관계는 〈그림 1〉에 나타나 있다. 가족 간 상호작용과 가족기능은 아동문제에 영향을 미치고 관련 문제들은 결국 아동 및 가족복지에 직접 또는 간접적인 영향을 미치게 된다.

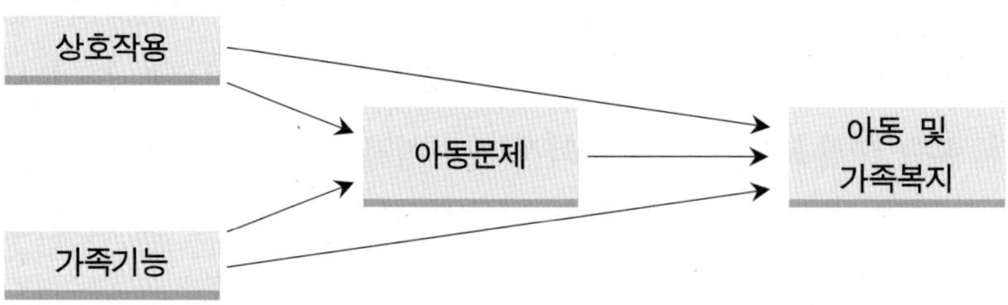

〈그림 1〉 가족환경이 아동문제에 미치는 영향

가족환경이 아동문제에 어느 정도 영향을 미치는지 알아보기 위해 다문화아동과 가족을 대상으로 수집한 자료를 분석하였다. 그 결과 가족 간 상호작용과 가족기능은 아동문제가 발생하는 원인인 것으로 나타났고 이들 두 요인이 아동문제에 미치는 영향에 대한 설명력은 49.5%인 것으로 나타났다. 이러한 결과는 아동문제가 일어나는 원인의 반은 가족 간 상호작용의 부재와 스트레스 때문이라는 것을 말해 준다. 좀 더 구체적으로 살펴보면 가족 간 상호작용은 아동문제와 부적 관계를 가지는 것으로 나타났는데 이는 가족 간 상호작용이 잘 이루어질수록 아동문제가 줄어든다는 것을 말해 준다. 반면에 가족기능의 한계로 인한 스트레스는 아동문제와 정적 관계를 가지는 것으로 나타나 관련 스트레스가 높을수록 아동문제가 심화된다는 것을 알 수 있다. 두 변수 중 상대적 영향력은 가족 간 상호작용 보다 가족기능 한계로 인해 받는 스트레스가 더 높은 경향이 있다.

〈표 4〉 아동문제에 영향을 미치는 가족환경 요인

변 수	표준화 계수	영향력 순위	t
가족 간 상호작용	−0.245	2	2.549**
가족기능 한계로 인한 스트레스	0.536	1	5.678**
설명력 (R^2)	0.495		

*$p < 0.05$ **$p < 0.01$

4) 부모의 정서적 안정성이 아동 애착에 미치는 영향

부모는 자녀에게 가장 친밀하고 신뢰할 수 있는 대상이며 아동은 언제든 부모에게 자신의 감정을 솔직하게 표현할 수 있어야 한다. 그러나 아동이 언어지체가 있을 경우 자신의 감정을 표현하는데 한계가 있고 그러한 욕구가 불안으로 이어져 장기간 지속되면 부모 및 또래와 적절하지 못한 방식으로 반응하면서 불안정 애착을 형성하게 된다. 불안정애착의 가장 큰 문제는 자신의 불안이나 불쾌한 감정을 부모로부터 위로받지 못한다는 데 있다. 그리고 어린 시절에 불안정 애착을 경험한 아동은 커서도 비슷한 행동문제를 보일 가능성이 높다.

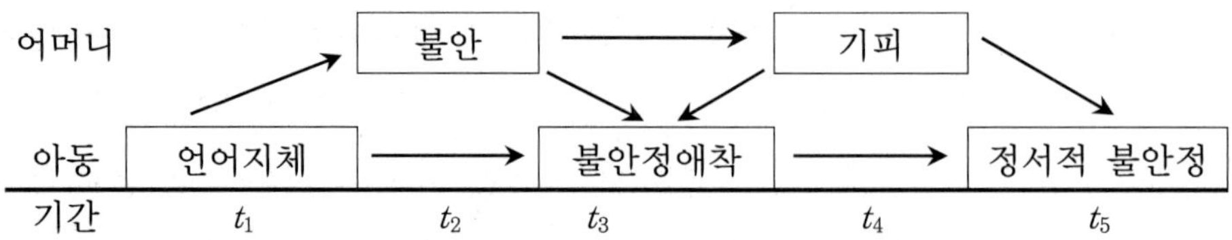

〈그림 2〉 부모와 아동 간 교류관계

〈그림 2〉를 통해 부모와 아동 간의 교류관계를 살펴보면 아동이 부모와의 상호작용 부족으로 언어지체가 있을 경우 부모는 불안해진다. 이러한 부모의 불안은 아동과의 불안정 애착으로 나타나고 그 결과 부모는 이러한 상황을 피하고 싶어져 기피나 방관으로 이어진다. 아동에게 불안정 애착문제가 있을 경우 또래와의 관계를 지나치게 억제하거나 경계하고 때론 양면적으로 상반된 반응을 보이기도 한다. 그리고 애착대상을 선택하는 능력도 부족해서 낯선 사람에 대해 지나치게 친근하게 접근하는 등 애착 대상을 제대로 판단하지 못할 수도 있다. 이러한 교류관계가 지속되면 아동은 정서적 불안정에 노출된다.

부모의 불안과 기피가 아동의 불안정 애착에 어떤 영향을 미치는지 알아보기 위해 자료를 분석한 결과 아동의 언어지체는 부모의 불안을 증폭시키고, 부모의 불안은 아동의 불안정 애착을 심화시키는 것으로 나타났다. 아동의 불안정 애착에 미치는 영향력을 비교해 보면 아동의 언어지체 그 자체보다 부모의 불안으로 인한 자녀양육 기능 약화가 더 큰 영향을 미치는 것으로 파악되었다. 그리고 아동의 정서적 불안정에 영향을 미치는 요인들 중 부모의 불안이 미치는 영향력이 가장 큰 것으로 나타났다.

〈표 5〉 부모 불안이 아동의 불안정 애착에 미치는 영향

결과변수	원인 변수	표준화 계수	영향력 순위	t
부모의 불안	아동의 언어지체	0.11	1	18.32**
	설명력 (R^2)	0.11		
아동의 불안정 애착	부모의 불안	0.54	1	18.01**
	아동의 언어지체	0.24	2	4.63**
	설명력 (R^2)	0.19		
아동의 정서적 불안정	부모의 불안	0.41	1	4.14**
	아동의 언어지체	0.16	2	10.69**
	아동의 불안정 애착	0.13	3	1.97*
	설명력 (R^2)	0.28		

*$p < 0.05$ **$p < 0.01$

5) 다문화가족 정책 방향

아동의 언어 및 정서 발달은 아동과 가족과의 상호작용의 결과이다. 아동의 언어지체가 부모를 불안하게 하고 그로 인해 아동과 안정애착을 형성하지 못하면 정서적 불안정으로 연결될 수 있다. 다문화아동의 언어지체는 아동의 언어능력에 문제가 있어서가 아니라 기본적으로 언어적 자극과 경험이 부족해서이다. 언어는 의사소통의 도구인데 아동이 표현력과 이해력이 낮다면 제대로 소통하지 못할 것이다. 이러한 소통의 어려움은 언어지체에 그치는 것이 아니라 애착문제와 정체성 혼재, 사회심리적 불안 등의 정서적 측면과 연결된다.

앞서 살펴본 다문화아동과 가족 문제를 고려할 때 제도적 차원의 다문화정책도 필요할 뿐 아니라 아동과 부모를 대상으로 한 교육서비스와 프로그램이 더욱 중요하다. 다문화가족 구성원을 대상으로 하는 프로그램은 한글교육을 비롯하여 부모교육, 부모자녀 간 상호작용, 가족기능 향상에 초점을 두고 구성할 필요가 있다. 그리고 부모자녀가 함께 한국어 교육을 받고 자조 모임에도 참여 할 수 있도록 지원해야 한다. 이러한 한국어 교육 지원은 최근 학교사회 부면에서 나타나고 있는 다문화가정 자녀의 학습장애, 언어장애, 정서적 장애 문제도 더불어 해결할 수 있을 것이다.

또한 이중 언어 사용이 가능하도록 지원할 필요가 있다. 다문화, 다국적 시대에 한

국어 뿐 아니라 부모 나라의 언어를 자연스럽게 배울 수 있다면 오히려 다문화가족 아동에게 좋은 교육의 장이 되므로 이러한 교육 기회가 극대화 될 수 있도록 지원서비스를 제공해야 한다.

4. 다문화와 교육정책 담론

우리 사회에는 다문화 수용에 대한 다양한 담론이 있는데 다문화주의와 다문화아동에 대한 교육정책 담론을 제시하면 다음과 같다.[5)][6)]

(1) 문화적 접촉과 경험

이주민 유입으로 인한 사회변화를 문화적 다양성에 대한 경험과 수용이라는 측면에서 논의되는 정책 담론이 있다. 다문화아동을 대상으로 한국어, 역사교육, 문화체험을 통한 한국사회 적응을 강조하고, 일반아동에게는 다양한 나라의 문화에 대한 이해와 체험을 중심으로 한 교육정책으로 타집단에 대한 수용성(예를 들어, 다문화이해교육, 다문화축제)을 강조한다.

(2) 온정주의

다문화교육을 차별과 경제적 어려움을 겪는 다문화아동을 위해 지원하는 정책이라는 시혜적 시각을 가진 담론이다. 다문화아동을 위한 경제적 지원책은 온정에 기반한 시혜적인 배려로 간주함으로써 이주가정에 대한 온정주의를 유발하는 경향이 있다. 이러한 시혜적 담론은 다문화가족과 아동에 대해 낙인을 수반하는 부분 또한 없지 않다.

---

5) 김지혜·정익중 (2009). 다문화 아동청소년 정책에 나타난 통합관점에 대한 고찰. 한국아동복지학회, 30: 7-40.
6) 김예희 (2008). 다문화가족을 위한 지역사회 복지 프로그램. 대구대학교 가정복지학과 대학원세미나 발표자료.

(3) 글로벌 인적자원

글로벌 인적자원 담론은 이중 언어 사용이 가능한 다문화아동에게 미래의 글로벌 리더가 될 수 있도록 지원한다는데 중점을 두고 있다. 이러한 담론은 다문화아동을 글로벌 인재로 육성해야 한다는 당위적 메시지를 담고 있다. 실지로 다문화아동을 새로운 인적자원으로 인식하는 신자유주의적 담론은 세계화, 국제화 측면에서 진지하게 논의할 필요가 있다. 다문화아동을 미래 인적자원으로 키울 수 있는 곳은 역시 가정과 학교이다.

(4) 정체성

결혼이민자 가정의 청소년을 대상으로 한 조사에서 10명 중 5명은 외모나 이름 등을 이유로 따돌림을 당한 경험이 있는 것으로 나타났다. 이런 따돌림은 결국 사회적 갈등으로 이어질 개연성이 있으므로 다문화 교육은 이주자의 문화적 정체성에 대한 인정과 배려가 중요하다는 것을 말해 준다. 진정한 의미의 다문화교육은 다문화아동이 정체성 혼란을 극복하고 자존감을 높일 수 있도록 해야 하고 특히 다민족에 대한 긍정적 마인드를 가지는 것이 중요하다. 이러한 마인드는 일반아동을 대상으로 한 다문화교육에서도 강조하여 다문화를 사회적 다양성이란 시각으로 수용하는 열린 마음을 갖도록 해야 한다.

(5) 인권

다문화가정과 아동이 사회에서 어떤 집단으로 자리매김 되는지에 대해 생각할 때 우선적으로 고려해야 할 문제가 바로 인권이다. 인권은 보편적 가치로 교육권, 시민권, 경제권, 문화권을 포함한다. 다문화 아동에게 이러한 권리를 보장하는 것은 이들을 대상으로 한 제도와 정책만으로는 충분하지 않다. 제도와 더불어 인식 변화가 따라야 한다. 우리는 많은 경험을 통해 다문화아동의 인권이 제도만의 문제가 아니라 그것을 지지하는 힘이 없으면 공허해질 수밖에 없다는 사실을 배웠다. 어떤 정책도 그 자체로 성공할 수 없고, 관련 정책이 성공하려면 인식개선이란 선결조건이 뒷받침되어야 한다. 다문화아동에 대해 사회적 배려와 교육투자가 부족하면 이들의 인권

보장을 위한 그 어떤 정책도 합리적으로 정착하기 어렵고 인권에 대한 담론도 공허한 소리가 되고 말 것이다.

5. 다문화 정책 이념

1) 동화주의

동화주의는 문화적 단일성에 초점을 둔 정책 이념이다. 우리 사회는 오랫동안 다문화가족을 동화의 대상으로 간주해 왔다. 그래서 한국 국적은 소유하고 있으나 권리를 행사하는데 한계가 있고 아동이 학교에서 적지 않은 소외를 경험하고 있다. 다문화아동은 사회경제적 지위 때문이 아니라 인종 차이만으로 소외감을 느낄 수 있다. 왜냐하면 우리 사회에 아직도 이들에 대한 보이지 않는 차이 인식이 존재하고 문화적 다양성을 수용하는데 시간이 걸리기 때문이다. 즉 다문화주의 가치가 합리적으로 정립되지 않았고 다문화아동과 가족을 동화의 대상으로 보고 있다.

동화주의는 사회 내에 공존하는 주류문화와 비주류문화 중에서 주류문화를 중심으로 한 사회통합을 목표로 한다. 따라서 동화주의는 결혼이민자가 자신들의 문화와 언어 대신 주류문화에 동화되는 것을 이상적이라고 본다. 동화주의가 보편적인 사회에서는 결혼이민자가 자신의 고유문화와 언어를 유지할 수 있도록 법적, 제도적 지원을 하는데 소극적이다. 동화주의는 기본적으로 문화적 동질화를 추구하는데 이유는 언어, 문화, 종교 차이로 인한 갈등이 사회불안을 야기할 수 있다고 간주하기 때문이다. 그러나 이러한 정책 이념은 다양성을 수용하지 않고 주류에 흡수 통합한다는 점에서 다소 부정적인 평가를 받고 있다. 즉 소수인종이라 하더라도 동화 자체가 쉽지 않고 동화되었다 하더라도 현실적으로 사회적 분리와 배제로 인해 서로 다른 문화 간의 충돌과 이질감이 증대될 수 있다.[7]

7) 한승준 (2008). 우리나라 다문화정책의 거버넌스 구축에 관한 연구. 제4차 다문화사회 정책 포험, 한국여성정책연구원.

2) 다문화주의

다문화주의는 동화주의가 인종 간, 민족 간 분쟁을 야기한다고 보고 이러한 분쟁을 막기 위해 소수집단의 문화적·사회적 차이를 수용한다는 것이다. 다문화주의는 소수집단이 자신의 특성을 유지하면서 주류사회의 일원이 될 수 있다고 본다. 따라서 한 사회가 다문화주의 가치를 지향한다면 그 사회는 인종 및 민족 간의 문화, 언어, 생활습관 등을 보호하고 유지한다.

다문화주의 정책 목적은 다양성이 공존하는 가운데 집단 간 상호 존중의 질서가 자리 잡도록 하는 것이다. 이유는 사회 내에 소수집단은 자신들의 문화를 통해 자유의지를 가질 수 있다고 보기 때문이다.[8] 따라서 다문화주의는 결혼이민자에게 출신문화를 탈피해 새로운 문화에 동화하도록 요구하지 않고 출신문화를 유지할 수 있도록 배려하고 다양한 문화적 배경을 지닌 주체들이 각 분야에서 함께 활동하고 상호교류할 수 있는 방안을 강구하는데 주력한다.

우리나라의 다문화정책은 처음에는 동화주의에서 출발하였으나 점차 온건자유주의를 거쳐 다문화주의로 전환하고 있다. 아직도 부분적으로 동화주의와 다문화주의가 잔존하는 부분이 있지만 다문화정책이 다문화주의를 지향하고 통합정책의 방향을 분명하게 제시하고 있다.

6. 다문화아동을 위한 정책 방향

다문화아동이 사회구성원으로 성장하기 위해 다문화가족의 노력도 필요하지만 무엇보다 사회적 배려와 지원이 수반되어야 한다. 실제로 적지 않은 다문화아동이 교육현장에서 편견과 차별로 인해 학교에 적응하지 못하고 소외되는 경향이 있으므로 아동복지 차원에서 교육환경이 개선되어야 한다.

다문화아동 교육은 두 가지 측면을 고려해야 한다. 첫째는 다문화아동을 대상으로 한 보상교육 프로그램이다. 특별한 배려가 필요한 다문화아동에 대한 보상교육은 선

8) 한승준 (2008). 우리나라 다문화정책의 거버넌스 구축에 관한 연구. 제4차 다문화사회 정책 포험, 한국여성정책연구원.

별적 교육복지 차원에서 보편적 복지와 균형을 맞춘다는 점에서 의미가 있다. 그리고 취약계층 아동에 대한 교육 투자는 사회적 형평성 뿐 아니라 효율성도 같이 달성할 수 있는 정책이다.[9] 보상교육과 같은 취약계층에 대한 교육투자는 사회계층간 기회와 자원의 불평등을 줄여 줌으로써 가까운 미래에 발생할 수 있는 사회적 비용을 줄일 수 있다.

둘째, 일반아동을 대상으로 한 교육과정에 다문화 이해에 대한 내용이 구체화되어야 한다. 사회에 다양한 민족과 문화가 공존할 수 있다는 것을 이해하기 위한 교육은 사회통합 차원에서도 필요하다. 이러한 교육은 문화적 다양성에 대한 이해를 높이고 각각의 문화는 고유한 가치가 있고 평등하다는 인식을 공유할 수 있을 것이다. 또한 문화체험을 통해 서로 다른 것이 차별이 아니라 차이라는 점을 받아들임으로써 다문화아동에 대한 편견과 차별을 해소하고 다문화주의를 기반으로 한 사회를 만드는데 기여하게 될 것이다.

다문화아동은 더 이상 보호대상이 아니라 사회가 발전하기 위해 적극 지원하고 양성해야 할 인적자원이다. 민족 간의 문화적 차이는 사회적 자산이므로 문화적 다양성을 통해 건강한 다문화사회를 만들어야 한다.

9) Heckman, J.J. (2011). The economics of inequality : The value of early childhood education. *American Educator*, Spring, 31-47.

제 11 장

발달장애아동[1)]

1. 장애아동에 대한 이해

가족이 겪고 있는 변화 중 가장 뚜렷한 변화가 사회문제로 대두되고 있는 장애아동의 증가와 더불어 장애인 가구가 지속적으로 증가하고 있다는 점이다. 이러한 변화는 사회적 변화에 대한 이차적 증상으로써 빠른 경제 성장 속에서 예상되는 잔류수준을 넘고 있다. 사회적으로 이들 가족을 대하는 태도나 시각이 각기 다르고 모두 나름의 논거를 지니고 있다. 그러나 공통 주제는 장애아동과 그 가족이 새로운 이해와 인식에 바탕을 둔 가족형태로 발전되어야 한다는 것이다.

WHO에 의하면 세계 15세 이상 인구의 15.6%가 장애를 가진 것으로 나타났다.[2)] 세계인구 추정치인 71억을 기준(15세 미만까지 포함하여)으로 할 경우 세계 장애인 추정치는 10억이 넘을 것으로 예견되고 있다. 이들 중 특히 발달장애아동에게 관심을 가져야 하는 이유는 인적 자원의 손실을 막고 교육을 포함한 사회 전반의 발전가능성을 증대시키는 것과 밀접한 관계가 있기 때문이다.

---

1) 본 장의 내용은 다음의 저서를 기반으로 하였음. 이상복, 정영숙 (2007). 특수아동지도. 도서출판 공동체.
2) WHO (2012). 세계장애보고서 (World Report on Disability). 한국장애인재단 기획총서Ⅰ.

1) 장애아동의 정의

장애아동이란 신체적, 정신적 문제가 생활이나 활동기능에 방해가 되는 상태에 있는 아동을 의미한다. 아동의 장애문제는 아동이 속한 사회문화적 특성에 의해 영향을 받으며 사회경제적 여건이나 문화적 상황에 따라 장애를 지닌 아동에 대한 이해와 수용 정도가 달라진다. 어떤 사회는 문화적 환경이 장애라는 불편을 충분히 배려해 주기 때문에 문제가 되지 않을 수도 있으나 그렇지 않은 사회에서는 문제가 될 수 있다. 일반적으로 장애를 보는 시각은 의료적 관점과 사회적 관점이 있는데 여기서 사회적 관점은 신체적 문제로 장애인이 되는 것이 아니라 사회적 시각에 의해 장애인이 되는 것이다. 예를 들면, 지체장애아동의 경우, 사회적으로 보장구가 제공되지 않는 여건에서 살고 있다면 걸어 다닐 수 없으므로 장애아동으로 살아야 할 것이다. 그러나 보장구가 제공되는 사회라면 기능적으로 걸어 다니는데 문제가 없다. 이런 경우 사회적 관점이 장애 여부를 결정하는 주요 변수가 될 수 있다.

(1) 개념 정의의 배경

우리는 일반적으로 장애인, 장애아동이라고 부른다. 항상 사람이 장애라는 말 뒤에 접목되어 우선순위로 따진다면 장애가 우선되어 사람을 이끌어 간다. 우리가 사용하는 용어는 그 시대의 문화를 반영한다. 물론 국어의 언어학적 구조는 짧게, 간편하게 통칭하는 데 있어 다양한 사례를 제시하는데 한계가 있을 수 있다. 즉 개념을 보다 합리적이고 명확히 하기 위해 아동장애 또는 사람장애라고 말의 변화 순서를 바꾸어 놓는다면 어색하고 이상해 보인다는 지적도 있다.

그러나 우리가 처음부터 장애아동 대신 아동장애 라고 불렀다면 이상할 일도 아니다. 언어란 훈련이나 습관을 전제로 한 사회문화적 산물이므로 한번 습득된 다음에는 새로운 용어로 대체하기가 쉽지 않은 특성을 지니고 있다. 우리가 장애를 지닌 아동을 장애아동으로 부르면 우선 머리에 떠오르는 문화적 습성이 있다. 아동이 온통 장애만으로 생활하는 듯 한 편견을 줄 수 있다. 그리고 장애가 아동보다 더 중요하게 부각되는 불합리한 현상이 발생할 수 있다. 이러한 개념적 모순을 바로 잡기 위해 미국에서는 1975년에 처음 제정되었던 장애아동 교육법상의 장애아동(handicapped child) 명칭을 1997년에는 아동이 장애가 있음(child with disability)으로 바꾸었다. 이러한 시대적 영향으로 우리나라에서도 장애아동이 발달장애아동으로, 장애 영유아는 발달지체 영유아로 개념이 변화되었다.

(2) 발달지체 용어의 사용

장애라는 말이 어휘 자체가 불편을 표현하는 특성으로 인해 스트레스와 편견을 수반할 수 있다. 용어 자체가 고착적인 낙인의 인상을 남길 수도 있으므로 변화가 급속한 유아기에는 발달지체라는 용어를 사용한다. 미국에서는 장애인 교육법상에 생후 만 9세 이전의 영유아가 발달상 문제가 있을 때는 발달장애(developmental disability)라는 용어 대신 발달지체(developmental delay)라는 용어를 써야 한다고 명시하기 위해 법을 개정하였다. 그리고 발달지체 영유아를 돌보는 범위를 부모와 가족에서 교사와 이웃, 지역사회로 확대 적용하도록 수정하였다. 또한 9세 이후 아동의 경우 장애아동에서 발달장애아동으로 재조정하였다. 이러한 변화는 크게 다음의 두 가지 측면을 시사한다.

첫째, 아동에게 발생한 문제에 대해 장애라는 스트레스 개념을 적용해서는 안 된다.

둘째, 아동에게 발달상의 문제가 있더라도 발달 가능성이 열려 있는 시기이므로 발달지체로 이해되어야 한다. 즉, 발달지체란 느리지만 발달이 계속 진전되고 있음을 의미하므로 이를 방해하는 장애라는 용어를 사용하는 것은 신중해야 한다. 더구나 오늘날 틱 장애나 애착장애 등과 같이 장애는 누구나 한시적으로 경험할 수 있는 개인적 특성으로 일반화되고 있다.

2) 부득이한 장애명칭 사용

(1) 효율적 교육 및 양육방법의 구체적 적용

사람은 각자 주어진 고유 이름이 있다. 이는 어떤 한 개인을 인간이라는 공통 명칭을 사용할 경우 개인이 지닌 특성을 충분히 표현하거나 이해할 수 없기 때문에 시작된 사회제도이다.

같은 맥락에서 어떤 한 개인을 두고 발달장애아동 또는 뇌병변장애인 등으로 구분하여 부르는 것은 특정 개인이 지닌 장애라는 특성을 더욱 잘 이해하기 위함이다. 그리고 장애 특성에 맞는 지도방법과 치료방안을 적용하기 위한 방편으로 장애를 특성에 따라 분류하고 장애명칭을 사용하는 것이다. 단적으로 말하면 보다 효율적으로 지도하고 적합한 치료방법을 찾기 위한 목적으로 장애명칭이 필요하다.

그러나 때때로 장애명칭이 한 개인이 지닌 특성이 아닌 낙인으로 인식되는 사례가 발생한다. 이 경우 자칫 다른 사람의 인격을 손상하는 상처를 남길 수 있으므로 편견에서 비롯되는 장애명칭 사용은 허용되지 않아야 한다.

(2) 개별성 존중

과거에는 한번 장애는 평생 장애로 인식하는 것이 보편적이었다. 그러나 가상공간에서 모든 정보를 공유하는 사이버 시대에는 장애가 더 이상 장애로 존재하지 않는다. 이유는 한 개인이 반드시 집단이나 다른 개인과 비교되지 않기 때문이다. 오늘날 한 개인이 자신이 지닌 어떤 것도 결점이나 결손으로 이해받기를 거부한다. 따라서 비록 장애를 지니고 있다 하더라도 장애가 결손이 아닌 개인의 특성으로 이해되어야 한다. 그런 면에서 현대는 개인의 특성이 삶에 대한 선택의 폭을 넓혀 준다고 볼 수 있다.

삶에 대한 선택의 폭이 넓어진다는 것은 반드시 특정 기능이나 인지능력이 뛰어난 아동에게만 국한된 것은 아니다. 특정 장애나 정서·행동 또는 발달지체를 경험하는 아동 역시 현재 처한 위치에서 권리와 선택 개념으로 이해받아야 한다. 장애라는 개인적 특성을 지닌 아동이 이제는 특수학교나 특수학급의 일정 테두리에만 머물지는 않는다. 어떤 학교, 어떤 학급이든 다른 모든 아동과 똑같이 교육받는데 이를 통합교육이라 한다. 그러나 보편성이 곧 개별성을 의미하는 다양화 시대가 정착된다면 통합교육이라는 용어 자체도 불필요하게 될 것이다.

이제 아동복지사에게 필요한 것은 서비스 혜택을 받는 모든 아동은 나의 책임이므로 아동이 지닌 개별 특성을 명확히 파악하는 일이다. 뿐만 아니라 개별 아동과의 상담 및 의사소통을 하는 전문가는 특정 아동이 지닌 장애 특성에 대한 이해가 선행되어야 한다. 이는 특정 장애를 지닌 아동의 삶이 전문가의 이해수준에 따라 달라질 수 있기 때문이다.

2. 발달장애 정의와 범주

1) 발달장애의 정의

발달장애란 태어나는 순간부터 성장기인 20세까지의 발달기간에 장애가 발생할 경우를 의미하는 포괄적 용어이다. 때로는 발달기간을 고등학생인 만 18세까지로 규정하는 경우도 있다. 어떤 경우이든 인간의 신장이 성인기까지 성장을 지속한다는 관점에서 아동발달 기간을 성인기까지로 볼 수도 있다. 이 기간 중에 특히 신체적 성장 뿐 아니라 정서, 인지, 운동, 사회성, 언어능력 등의 발달 영역 전반의 성장과 성숙이 총체적으로 이루어지는 시기이다. 그러나 어느 한 영역의 발달이 많이 지체되고 그러한 지체가 지속되면 발달지체 또는 발달장애로 간주된다.

일반적으로 발달장애의 평균 출현율은 출생 영아의 5% 정도로 추정되고 있다. 그러나 자폐성 발달장애는 발달 전반에 걸쳐 심각한 지체 현상을 보이고 있으며 이에 따른 출현율은 과거 1만 명당 2~3명 정도였으나 최근에는 5% 이상인 것으로 조사되고 있다.

2) 발달장애의 범주와 범위

우리나라의 발달장애아동의 범주와 범위는 '장애인 등에 대한 특수교육법' 에 명시된 특수교육 대상 범위에 나타나 있다. 특수교육이란 특수교육대상자의 교육적 요구를 충족시키기 위하여 특성에 적합한 교육과정 및 특수교육 관련서비스 제공을 통하여 이루어지는 교육을 말한다. 특수교육 관련서비스란 특수교육대상자의 교육을 효율적으로 실시하기 위하여 필요한 인적·물적 자원을 제공하는 서비스로서 상담지원, 가족지원, 치료지원, 보조인력지원, 보조공학기기지원, 학습보조기기지원, 통학지원 및 정보접근지원 등을 말한다. 특수교육법 15조에 명시된 발달장애 범위는 다음과 같다.

① 시각장애　　② 청각장애
③ 지적장애　　④ 지체장애
⑤ 정서·행동장애　　⑥ 자폐성장애
⑦ 의사소통장애　　⑧ 학습장애

⑨ 건강장애　　　　　　　　　　　⑩ 발달지체

⑪ 그밖에 대통령령으로 정하는 장애

교육장 또는 교육감이 특수교육대상자를 선정할 때에는 진단·평가결과를 기초로 하여 고등학교 과정은 교육감이 시·도 특수교육운영위원회의 심사를 거쳐서 결정하고, 중학교 과정 이하의 각 급 학교는 교육장이 시·군·구 특수교육운영위원회의 심사를 거쳐서 결정한다.

〈표 1〉 발달장애별 특성과 중재 방향

장애영역	장애 특성	중재 방향
지적장애	• 의지력 저하 • 의사소통 문제 • 대·소운동 기능의 약화	•지각운동발달 훈련을 통한 인지력의 증가
정서·행동장애	• 주의력 결핍 / 산만성 • 신경질적 / 정서불안 • 과다행동(지나친 적극성) • 과소행동(지나친 소극성)	• 동기유발을 위한 보상치료교육 • 다양한 행동수정 기법의 적용
자폐성장애	• 대인관계의 어려움 • 의사소통 문제 • 고집성(유사 천재성)	• 1 : 1의 행동치료교육 • 지각훈련 • 환경촉진 언어훈련
학습장애	• 미세뇌기능의 부조화 (특정 학습장애) • 사회, 환경적 부조화 (사회성 학습장애)	• 뇌기능 강화를 위한 반복적 지각운동학습 • 학습경험의 다양화 • 환경의 재구성
지각손상	• 청각적 학습의 결손 (청각장애 : 70dB) • 시각적 학습의 결손 (시각장애 : 0.03)	• 시각적 학습의 강화(문어학습) • 구화훈련 • 청각적 학습의 강화(소리학습) • 청각 도구의 활용방법을 습득
언어장애	• 기질적 언어장애 (신체 구조상의 문제) • 심리적 언어장애 (정신심리, 행동상의 문제)	• 구조상의 결손 재활 및 훈련 • 심리, 행동상의 원인적 환경개선 및 행동치료교육
뇌병변장애	• 근육의 경직 현상에 의한 대·소운동장애 (기동성 결함) • 구강 근육 경직에 의한 언어장애	• 물리치료를 통한 환경 적응 훈련 • 근육이완 작업치료 • 보장구 사용에 따른 적응 훈련

중재 방향에 있어서 발달장애 전반의 공통 관심사항은 다음과 같다.

① 장기 치료교육 계획이 전체 발달기간(0~18세까지)으로 확대
② 개별 치료교육의 요구
③ 장애에 따른 사회, 심리적 적응 훈련의 필요
④ 일반교육 원칙과 특수교육에 대한 이해 및 방법을 동시에 제공
⑤ 특정 장애로 인한 적응행동 문제해결을 위한 행동치료의 선행

3. 발달장애아동의 가족지원 배경과 유의점

1) 가족지원이 필요한 이유

다수 학자는 가족지원이 아동과 가족의 정서적 안정에 초점을 두어야 하고 네 가지 사항 즉 아동발달의 극대화, 제2의 장애발생 예방, 가족의 역할, 장기적 측면에서의 교육 및 사회적 재활 비용의 절감 등을 강조하였다.

특수교육 및 재활과정에서 가족의 역할에 대한 인식은 상당한 변화를 거쳤다. 과거에는 가족지원이 전문가에 의한 부모교육 수혜자로서 가족은 단지 지식과 정보를 전달받는 소극적 참여자에 불과했다. 그러다가 가족참여 형태로 변화되어 가족이 일정한 회의에 참석하거나 전문가들이 요구하는 활동을 수행해 나가는 참여자의 입장에 서게 되었다. 이상의 두 과정을 거치면서 가족의 역할이 가정 내 아동에게 초점을 맞추는 것으로 변화되었다.

현대에는 가족지원의 초점을 아동에게서 아동과 연계된 가족체계에 두는 동시에 개별 가족의 관심과 욕구를 전문가와 함께 나누는 측면에 중점을 두고 있다. 여기서 전문가는 가족의 욕구 충족과 안정된 환경 조성을 위해 조언해 주는 조력자의 역할을 한다. 가족지원은 이러한 변화를 거듭하면서 가족 중심의 본래적 개념이 정착되고 가족은 프로그램의 구심점이 되어 전문가의 파트너로서 그 기능을 적극적으로 수행하는 방향으로 발전하고 있다. 최근에는 전문가에 앞서 가족이 자신의 필요와 욕구

를 가장 잘 파악할 수 있는 가족선도자(family-guided)의 위치에서 프로그램 구성과 적용과정에 독립적인 의사결정을 수행한다.

이렇게 가족지원에 대한 인식변화가 이루어진 배경은 아동과 가족을 하나의 상호 연계된 시스템으로 규정하는 가족체계이론이 현상과 실태를 잘 설명해 주고 실질적으로 상담과 임상에 도움을 주기 때문이다. 여기서 체계란 한 부분의 변화가 다른 부분에 영향을 주는 것을 말하며 가족체계란 가족구성원들이 연관되어 있어 서로의 행동에 영향을 미쳐 변화시킨다는 것을 의미한다. 즉 부모의 상호작용 방식은 자녀의 행동에 영향을 미친다. 이유는 가족구성원은 상호 연계된 체계에 속해 있기 때문이다. 발달장애자녀의 출생은 아동 뿐 아니라 부부관계, 형제관계를 포함한 가족의 상호작용과 가족기능에 영향을 미친다. 또한 발달장애아동이 가족구성원일 경우 그 아동을 위해 가족은 새로운 지식, 기술, 서비스가 필요하다. 따라서 발달장애아동의 치료와 교육을 위해 가족지원은 필수적이다.

2) 가족지원의 기본원칙

발달장애아동을 위한 가족지원 방향은 미국의 가족서비스계획(IFSP)의 기본원칙에 잘 나타나 있다.

① 생존과 양육을 위해 아동은 가족에게 의존한다. 이러한 의존으로 인해 조기중재를 위한 가족중심서비스는 필수적이다.
② 가족 형태와 구조의 다양성을 적용하여 가족 상황에 따라 제공되는 서비스 프로그램을 정의한다.
③ 가족은 각기 다른 구조, 역할, 가치, 신념, 생활 형태를 가지고 있으므로 가족의 개별 특성을 수용하고 인정하는 것이 가족중심 서비스의 질을 결정한다.
④ 조기중재 전략과 체계에서 가족 문화, 사회경제적 다양성 등을 고려해야 한다.
⑤ 가족의 자율성과 독립성을 인정하고 조기중재의 참여 범위와 수준을 가족 스스로 선택하고 결정할 수 있도록 해야 한다.
⑥ 가족과 전문가 간의 인식과 협력은 가족중심 서비스의 핵심이며 가족지원 과정에서 성공적 실행 여부를 좌우한다.

⑦ 전문가는 가족과 함께 일하기 위해 가족 개별성에 대한 검토가 선행되어야 한다. 전문가는 가족의 역할, 습관을 재검토하고 필요하면 새로운 관계를 정립할 수 있도록 지원해야 한다. 관계는 상호존중과 동기의식을 북돋을 수 있어야 한다.

⑧ 조기중재 서비스는 가족욕구와 부합되고 유동적이어야 한다.

⑨ 조기중재 서비스는 정상화 원칙을 준수해야 한다. 즉 서비스는 가능한 일상적 상황이나 환경 내에서 제공하고 아동과 가족의 지역사회 통합을 촉진해야 한다.

⑩ 아동과 가족의 다양한 욕구를 모두 채워줄 수 있는 전문가는 어디에도 없다. 따라서 개별가족서비스를 계획하고 실행할 팀으로 구성된 접근방식이 합리적이다.

4. 발달장애아동 가족에 대한 이해와 의사소통

1) 부모의 심리적 적응과정에 대한 이해

자녀가 중증 발달장애 또는 자폐성 장애라는 진단을 받게 되면 부모에게 가장 먼저 다가오는 것은 충격 그 자체이다. 이러한 충격은 아동에게 필요한 요소를 신속하고 효과적으로 제공하거나 당면 문제에 대해 적절하게 대처하는 데 있어 부정적인 영향을 미친다. 따라서 전문가는 부모나 가족이 겪는 심리적 적응과정에 대해 이해하고 다양한 지원과 배려를 해야 한다.

〈그림 1〉 아동의 장애 진단 후 부모가 겪는 심리적 적응과정

처음에 자녀가 장애 위험요소를 지닌 것으로 진단되면 부모는 충격을 받아 어떠한 조치도 취하지 못하고 막막한 느낌을 받게 된다. 시간이 지나 충격이 점차 완화되면서 부모 자신이 처한 현실을 부정하거나 꿈 또는 영화 속의 장면이 아닐까 하는 내적 무감각의 방어기제를 나타내는 과정을 겪을 것이다. 대부분의 부모는 처음 받은 진단을 신뢰하지 못하거나 다른 방법이 있을지도 모른다고 생각하고 전문가들을 두루

찾아가서 재진단을 받기도 한다. 이러한 과정은 부모로 하여금 아이의 상황을 바르게 인식하는 데 도움을 주는 경우도 있다.

그러나 약이나 처방으로 치료할 수 없다는 것에 대해 낙담하는 경우가 대부분이므로 자칫 합리적 중재 시기를 놓쳐버리는 안타까운 경험을 하지 않도록 지원해야 한다. 자녀의 장애에 대해 생각해 보지 않은 부모들은 당장 무엇을 어떻게 해야 할지 막막하여 무력감에 사로잡히게 된다. 그리고 어떤 방법으로 대처해야 할지 몰라 패배감을 느끼는 경우가 대부분이다. 이러한 정서적 낙담 이후에 부모는 자녀를 위해 서둘러 무엇인가를 해야 한다는 생각이 들기 시작함과 동시에 마치 이러한 상황이 자신의 잘못으로 인한 것으로 생각하고 죄책감을 느끼게 되는 것이 일반적 사례이다. 자녀 양육에 문제가 있었던 것은 아니었는지, 임신 중에 특정한 약을 독하게 처방받았던 것이 원인이 되지는 않았는지 등 자기와 관련된 원인에 대해 불필요한 분석을 함으로써 죄책감을 느끼는 것이다.

죄책감은 점차적으로 왜 하필이면 나에게 이런 일이 일어났는지 등의 분노로 변하고 자신이 의지하는 종교나 주변 사람에 대한 분노도 생겨날 수 있다. 이러한 상황에서 분노의 대상은 특정인이기보다 발달장애 자녀와 관련된 모든 사람에게 향할 수 있다. 아직까지 완치할 수 있도록 치료법을 개발하지 못한 전문가를 비롯하여 아이의 상황을 정확하게 파악하지 못하고 실마리 없는 반복적 교육을 하는 것 같은 교사에 대해서도 서운함을 느낄 수 있다. 뿐만 아니라 근본적인 도움을 주지 못하는 가족이나 친지에게도 화가 날 수 있다. 이러한 감정으로 인해 결국 부모는 자신에 대한 슬픔과 비통함을 뒤로 하고 자녀를 위한 현실적인 방법들을 찾아 나서기 시작한다. 이때부터 부모는 점차 자녀가 지닌 문제를 있는 그대로 받아들이기 시작하면서 자녀를 위한 최상의 방법이 무엇인지에 대한 구체적인 계획을 세우기 위해 적극적인 자세를 취하게 될 것이다.

이러한 심리적 적응과정은 장애자녀에게 최적의 대처방안을 제공하는데 필요한 과정이라고 볼 수 있다. 따라서 전문가는 부모와 가족의 정서적 적응과정을 이해하고 부모가 그러한 과정을 보다 잘 극복하도록 정서적 지원을 해주는 역할을 할 수 있어야 한다. 모든 발달장애아동의 성공적인 조기중재에는 부모와 가족의 역할이 중요하다. 따라서 부모의 정서적 적응과정을 체계적으로 이해하여 부모로 하여금 자신이 겪는 감정을 표현하면서 긍정적으로 헤쳐 나가도록 지원하고 안내하는 것이 바람직하다.

자녀가 자폐로 진단받은 경우 부모 뿐 아니라 다른 가족구성원에게도 변화가 나타난다. 형제자매는 자신의 동생 또는 언니, 누나가 자폐라는 사실과 부모로부터 관심의 불균형 등으로 인해 스트레스를 받을 수 있다. 부부관계 및 조부모와의 관계에도 심리적·경제적 압박감으로 인해 또 다른 갈등이 생길 수 있다. 그러나 이러한 문제를 극복하는 데 가장 필요한 지원은 역시 가족이며 가족의 협력이 없으면 어떤 발달이나 향상도 기대하기 어렵다는 점을 인식하게 된다. 때로는 가족 내의 갈등해결 과정에서 오히려 아동의 장애문제를 극복하기 위해 강한 연대감으로 뭉쳐야 한다는 인식 역시 중요하다. 따라서 전문가들은 가족 내에 발생하는 갈등이 바람직한 응집력을 형성하여 서로 도움이 될 수 있도록 이끄는 중요한 상담자임을 잊어서는 안 된다.

2) 부모의 정서적 안정

자폐성 아동을 위한 중재가 성공적이기 위해서는 아동의 긍정적 발달을 촉진하는 물리적, 심리적, 사회적 환경구성이 중요하다. 이러한 환경을 구성하기 위해 아동의 특성에 대해 잘 알고 있는 부모의 정서적 안정이 우선되어야 한다.

아동발달을 촉진하는 환경을 구성하고 성공적인 중재 프로그램을 진행하는데 있어서 중요한 구성요인은 부모의 적극적 참여이다. 부모의 적극적 참여는 주변의 정서적 지원 하에 중재 프로그램을 계획, 실행하여 평가하는 모든 단계에서 부모의 역할을 다하는 것이다. 또한 가족은 아동이 가장 많은 시간을 보내는 일차적 애착관계를 형성하는 생활공간이다. 이때 부모는 자신이 자녀 교육에 있어서 가장 중요한 존재라는 것을 이해해야 한다. 따라서 중재 전문가는 부모로 하여금 부모 자신의 역할이 중요하며 부모의 참여 정도에 따라 장애 예후가 달라질 수 있다는 것을 분명히 인식시켜 줘야 한다. 이러한 사항은 부모가 아동교육과 관련된 모든 부분에서 기본 권리를 보장받음으로써 원활하게 수행할 수 있다.

또한 부모 뿐 아니라 아동의 형제자매가 참여하는 것도 중요한 지원이 될 수 있다. 또래의 참여만큼 아동의 형제자매는 자연스럽게 건강한 애착관계를 형성하도록 이끄는 원천이며 사회적 모방이나 교육지원자로서의 역할도 하게 된다. 가정은 함께 생활하는 곳이므로 가족을 통해 가장 자연스럽게 보편성을 모방할 수 있는 통합교육의 장이 될 수 있다. 따라서 부모나 전문가는 이 점을 활용하여 중재계획을 세우는 것이 효율적이다.

이와 더불어 전문가는 형제자매가 받게 되는 스트레스도 고려해야 한다. 가족참여 프로그램에서 형제자매가 지나치게 소홀한 느낌을 받을 정도로 장애아동 교육에만 초점을 맞추어 지원을 강요하거나 무조건 이해하고 참아야 한다는 식의 무거운 짐을 지우는 것은 바람직하지 않다. 형제자매가 장애를 지닌 동생이나 형, 누나와 함께 일정한 시간의 교육 프로그램에 적극적으로 참여하고 이해할 경우에는 적절한 동기 부여가 될 수 있는 보상을 해주는 것이 바람직하다.

장애가 있는 아동에게 긍정적 발달을 지원하는 것은 이웃, 친척, 지역사회 등의 지원과 연관된다. 모든 환경은 훌륭한 교육의 장이며 매개체가 될 수 있다. 장애 중재는 일정한 공간 안에서 특정 프로그램을 제공하는 것만이 아니다. 아동이 생활하는 모든 환경이 교육의 장이며 프로그램 제공처가 될 수 있다는 것을 염두에 두어야 한다.

장애가 있는 아동이 길을 지나갈 때 "안녕, ○○○" 라고 인사하고 손을 흔들어 반가움을 표현해 주는 것은 그 아동에게 생생한 교육의 장소가 되는 것이다. 이러한 실제는 슈퍼마켓 주인이나 이웃 모두가 제공해 줄 수 있다. 따라서 발달장애아동의 부모나 가족은 중재욕구를 충족시켜 줄 이웃이나 친척에게 자녀에게 필요한 사항을 구체적으로 당당하게 요구할 필요가 있다. 예를 들면, "우리 아이를 볼 때마다 크게 이름을 불러주면 도움이 됩니다." 라고 요구할 수 있다는 것을 인식하는 일도 중요하다.

3) 효과적인 의사소통 전략

똑같은 내용의 메시지를 전달하는 경우에도 전달하는 사람의 의사소통 전략에 따라 상대방이 메시지를 받아들이는 정도에 차이가 있다. 특히 아동의 장애문제가 삶의 주요 스트레스인 부모에게 있어서 아동과 관련된 정보나 의견은 민감하게 받아들여질 수 있다. 따라서 전문가는 부모와 의사를 교환함에 있어 객관적이고 긍정적인 방법을 선택해야 하며, 다음과 같은 전략은 효과적으로 작용할 것이다.

(1) 아동과 부모의 긍정적인 면에 초점을 맞추어 이야기한다.

전문가는 부모와 다른 입장에서 볼 수 있기 때문에 보다 객관적이고 긍정적인 면을 찾을 수 있다. 긍정적인 면에 초점을 맞춘 시각은 아동과 부모에 대한 긍정적 대화를 이끌며, 그로 인해 아동이 지닌 긍정적인 면에 초점을 두고 중재를 진행할 수 있다. 부모로 하여금 아동의 긍정적인 면에 초점을 맞추도록 하는 것은 가정에서도 아동이 지닌 강점에 중점을 두어 중재를 진행하며, 아동이 자신감을 갖도록 지원하는 데 도움이 된다. 아동의 자신감이 증가하면 아동은 보다 적극적인 학습자가 되고, 성공적인 학습효과를 기대할 수 있다.

발달장애아동이 지닌 장애는 신경생물학적 요인이 주된 원인이라고 할 수 있다. 따라서 개입이나 중재 효과가 생각만큼 눈에 띄지 않고 중증 행동장애의 경우 오히려 특정 행동이 퇴행하는 모습을 보인다고 느껴질 때가 있다. 그러나 체계적이고 지속적인 개입은 아동의 능력을 향상시키며 그 향상이나 변화가 느려서 우리가 알아차리지 못할 뿐이라는 것을 염두에 두어야 한다. 그러므로 전문가는 인내심이 있어야 하고 아동의 부모에게도 이러한 점을 전달하여야 한다. 그러기 위해 전문가는 항상 아동의 강점 및 향상에 민감해야 한다.

그러나 전문가의 근거 없는 주관적인 긍정적 피드백은 아동이나 부모에게 도움이 되지 않으며 오히려 부모로 하여금 낙담하고 전문가의 메시지를 신뢰하지 않게 하는 부정적 영향으로 나타날 수 있다. 따라서 전문가는 아동의 강점에 대한 객관적 자료를 수집하고 그에 대한 긍정적 피드백을 제공하는 것이 필요하다.

(2) 아동과 부모를 존중하고 배려하는 의사소통을 한다.

전문가가 아동의 부모를 어떤 방법으로 대할 것인가는 가족의 문화, 가치, 태도 등의 개별성을 존중하고 배려하는 자세에서 비롯된다. 부모는 아동에 대해 가장 많은 정보를 가지고 있고 다른 사람이 대신할 수 없는 정서적 교류를 나눈다. 그러므로 전문가는 아동에게 최상의 프로그램을 제공하고자 하는 부모의 권리를 존중하고 부모가 자녀양육 과정에서 얻은 실질적 경험에 의한 정보를 얻어야 한다.

배려하고 존중하는 의사전달 방식으로는 '전문가가 부모에게 말을 전달하는 방법'이 아닌 '전문가와 부모가 함께 대화하는 의사소통'이 이루어져야 한다. 전문가는 아동의 부모와 함께 중재와 관련된 지식 및 의견을 나누고 부모로부터 피드백을 받을 수 있다. 만약에 부모와 전문가 사이에 겉으로 표현되지 않은 염려나 문제점이 있다면 효과적인 의사소통을 할 수 없게 된다. 아동에 대한 정보 중 부모만이 구체적으로 알고 있는 사항이 조기중재 계획과 진행에 필수 정보가 되는 일은 매우 흔하다. 그러나 전문가와 부모 간의 역기능적 의사소통으로 중재 프로그램이 오랜 기간 진행된 이후에 중요한 정보를 얻게 된다거나 이미 획득한 중요한 정보를 활용하지 않는다면 단시일 내에 효과적인 중재 결과를 얻을 수 있는 기회를 잃게 된다.

(3) 객관적이고 신뢰할 수 있는 정보를 제공한다.

전문가와 부모는 아동의 중재와 관련된 정보를 서로 교환한다. 전문가가 부모로부터 얻은 정보를 아동의 중재 프로그램에 적절하게 활용하듯이, 전문가로부터 얻은 정보는 부모가 아동과의 관계 설정 및 행동지도에 적용할 수 있는 자료가 된다. 부모는 자녀의 장애 개선을 갈망하며 전문가에게 많은 것을 기대할 수 있다. 그러나 전문가가 부모에게 주관적인 정보 또는 지나간 정보를 제공하여 근거 없는 희망을 주는 것은 오히려 아동과 가족에게 부정적 영향을 미치게 되므로 신중해야 한다.

따라서 객관적이고 신뢰할 만한 정보를 제공하기 위해 아동의 향상 된 모습에 대한 구체적인 자료를 수집해야 한다. 아동의 언어발달이 한 달 동안 얼마만큼 향상되었는지, 행동문제가 일주일 동안 어느 수준까지 감소했는지 등은 부모가 아동을 객관적으로 이해하고 중재 효과를 구체적으로 확인할 수 있는 실질적 정보이다. 이처럼 구체적이고 실질적인 자료는 부모로 하여금 그 자료에 대한 명확성과 신뢰성을 갖고 아동의 중재에 적극 참여하도록 하는 동기부여가 된다.

중재에 도움이 되는 정보의 신뢰성을 뒷받침할 수 있는 것은 과학적이고 체계적인 방법에 의해 실행된 연구 결과이다. 발달장애아동의 행동이나 인지발달에 도움이 된다는 정보가 인터넷과 매스컴에 의해 쏟아져 나오지만 부모 입장에서 그런 정보가 신뢰성이 있는지를 가려내기는 쉽지 않다. 그와 더불어 중재전략 및 의학적 연구보고들이 빠른 속도로 개발되어 실제로 적용하지 않으면 시기를 놓칠 수 있다는 불안감이 고조되는 부분도 있다. 이런 상황에 전문가 뿐 아니라 부모에게도 도움이 되는 정보를 선별해서 신뢰성을 점검하고 실제 중재전략에 활용할 수 있기 위해서 전문가의 지속적인 자기개발이 요구된다.

새로운 정보와 지식은 부모 뿐 아니라 아동이 사회에 잘 적응할 수 있도록 돕는 실질적인 방법을 제시해 준다. 만약 전문가가 신뢰할 수 있는 최신 정보와 지식에 대해 무감각하다면 발달장애아동은 그만큼 효과적인 치료 혜택을 볼 기회를 잃게 되는 것이다. 연구와 관찰로 수집한 신뢰성 있는 자료는 발달장애아동을 위해 부모에게도 전달되어야 한다.

(4) 일상적인 기회에 대화한다.

아동을 위한 중재 프로그램이 진행될 때 전문가와 부모는 협력 관계를 유지해야 한다. 그러나 이를 위해 특별히 시간을 내기보다 전문가와 부모가 아동을 매개로 한 일상적인 기회에 자연스럽게 대화하는 것이 효율적인 방법이다. 부모가 아동을 데리고 오가는 사이에 잠깐씩 대화 할 수 있고, 전화 통화나 메모지, 문자 및 메일 교환도 가능한 방법이다.

전문가가 부모와 의사소통 할 기회는 일상적인 방법 외에도 공개적인 중재 프로그램에서 관찰과 의견 나누기, 오디오나 비디오 기록, 정기적인 소식지 등을 통해서도 가능하다. 또한 교사와 부모가 소그룹 모임을 갖거나 세미나, 설문지, 가정방문 등의 방법이 있다. 의사교환을 할 수 있는 기회가 어떤 방법이든 가능하면 부모에게 사실에 근거한 긍정적 측면이 강조된 메시지를 제공하는 것이 바람직하다. 이러한 방법은 아동의 치료단계를 단축시키고 예후를 긍정적으로 이끌 수 있도록 부모의 참여 동기를 촉진하는 데 도움이 된다.

4) 전문가의 자질과 의사소통 방식

발달장애아동의 치료 효과를 높이고 부모와 효율적인 협력 체계를 이루기 위해서는 전문가의 자질과 의사소통 방식이 중요하다. 부모가 선호하는 전문가의 자질과 부모가 선호하지 않는 의사소통 방식을 살펴보면 다음과 같다.

(1) 부모가 선호하는 전문가의 자질

- 아동의 부족한 점이 아니라 아동이 할 수 있는 것을 먼저 생각하기
- 아동이 배우고자 하는 동기를 갖도록 흥미 북돋워 주기

- 중재 프로그램 회의에서 아동이 노력하여 얻은 것을 말해 주기
- 부모와 솔직하게 의사소통하기(부모의 의견, 역할, 지식, 경험, 두려움, 걱정, 희망 등), 아동과 관련하여 부모가 가지고 있는 전문 지식이나 기술 등을 존중해 주기
- 부모 말에 귀 기울여 주기. 부모는 누구보다 아동을 가장 잘 아는 사람
- 아동에게 동기를 부여하는 다양한 접근방법을 융통성 있게 찾기
- 특정 문제행동을 다룰 때는 부모의 도움을 청하기
- 부모에게 전문가의 연락처를 알려주고 언제든 서로 연락할 수 있게 하기
- 아동의 필요사항, 강점 등을 발견하기 위해 부모와 함께 이야기하는 시간 갖기
- 아동이 배운 것을 지원하기 위한 기법을 부모에게 가르쳐 주기
- 누구나 한계점이 있다는 것을 수용하기
- 누구도 모든 해답을 갖고 있지는 않다는 것을 깨닫기
- 감정적인 자극을 유도하는 아동을 다룰 때 전문가 자신의 감정을 지속적으로 검토하기
- 발달장애에 대해 지속적으로 배우고 학습하는 자세로 관련 장애를 지닌 아동을 가르치는 것에 능숙하기
- 아동을 다루는 방법을 배우고, 중재시스템 내 자원을 잘 활용하기
- 상황이 혼자 감당하기 힘들 경우 그 상황을 인정하고 다른 사람의 도움을 요청하기
- 아동의 권리가 침해당하거나, 아동을 위한 중재프로그램이 소홀해지거나 행정관리 면에서 고의적으로 잘못된 정보를 주는 경우 적극적으로 목소리를 높여 바로잡아 주기

(2) 부모가 선호하지 않는 전문가의 의사소통 방식

- 아동이 문제행동을 나타낸다고 해서 상담실 밖으로 내보내거나 아동과 관련된 일이나 과제를 부모가 해결해 줄 것이라고 기대하지 않기
- 부모에게 문제가 있는 것처럼 말하지 않기
- 아동이 받을 수 있는 서비스나 필요한 정보를 부모에게 알려주는 것을 소홀히 하지 않기
- 부모의 정서 또는 부모가 중재 프로그램에 대해 잘 모르고 있는 것을 이용하지 않기

- 부모가 아동의 상황에 대해 모른다는 듯이 행동하거나 부모보다 전문가 자신이 아동에 대해 더 잘 알고 있다는 듯이 말하지 않기
- 자신이 의학 전문가처럼 행동하지 않기
- 부모에게 어설프게 설명하지 않기
- '걱정하지 마세요, 우리는 전문가예요, 우리가 해 드릴게요' 라고 말하지 않기
- '마음을 잘 알아요. 모든 것이 잘 될 거예요' 라고 쉽게 말하지 않기
- 부모가 걱정하는 것을 무시하지 않기
- 부모가 분명한 근거로 말하는 문제점을 가치 있게 생각하기
- 부모와 약속한 것을 아무런 상의 없이 깨트리지 않기
- 아동이 나타내는 어려움이 부모 때문이라고 하지 않기
- 중재기관에 가능한 서비스가 있는데도 경제적 부담이 되는 다른 방법이나 다른 전문가를 찾아보라고 권하지 않기
- 부모를 실망시키지 않으려고 아동을 낮은 기대수준에 놓지 않기
- '아이가 좀 부담스런 존재' 라는 인상을 부모에게 주지 않기
- 아동의 특정행동과 관련하여 항상 부모에게 어떻게 하라고 말하지 않기
- 발생한 문제 중 부정적인 것만 말하지 말고 긍정적인 발전에 초점 맞추기
- 이야기 할 때 부정적인 말로 시작하지 않기
- 아동을 벌하고 부모에게 알려주지 못할 상황이 발생하지 않도록 하기
- 부모로부터 얻은 정보 특히 치료 정보를 그냥 듣고 흘려보내지 않기
- 문제가 다급할 때 부모에게 알려주지 말고 아동이 어떻게 하는지 모든 사항들을 그때그때 알려주기
- 아동이 활동에 참가하지 않는다는 것 등 학교에서 매일 일어나는 일들을 부모와 신뢰 있게 나누기
- 부모의 동의 없이 아동에 관한 결정을 하지 않기
- 아동이 필요로 하는 것이 비싸다는 이유만으로 필요한 것을 간과하지 않기
- 전문가가 규칙 등으로 인해 아동에게 필요한 사항을 하지 못하게 되었다고 말하면 부모가 그에 동의해 줄 것이라고 기대하지 않기

5. 정서 · 행동장애

1) 정서 · 행동장애의 정의

정서 · 행동장애란 평균 지능지수(지능 90~100 수준)를 지니고 있으나 보통 아동이 생활하는 방식으로 자신이나 타인에게 상당 기간(약 6개월 이상) 동안 지속적으로 심한 불편을 주는 상태를 의미한다. 주의할 점은 정서 · 행동장애를 판단할 때 간단히 서술된 정의에만 의존할 수 없다. 정서 · 행동장애아동을 진단하는 척도가 있는데 이를 참조하고 이와 관련된 사항과의 일치 여부는 최소 6개월 정도의 관찰 기간을 필요로 한다.

(1) 정서 · 행동장애 관찰 행동

① 자기만의 환상세계에서 살고 있으며 심하게 위축되어 있다. 놀이집단이 없고 백일몽에 빠지는 등 사회적으로 고립되어 있다.

② 주의가 산만하고 주의집중이 안 되는 심한 과잉 행동을 보인다. 대상 없이 고개를 자꾸 돌리거나 다리를 심하게 뜬다든가 몸을 긁는 행동을 한다.

③ 전문가 또는 부모에 대해 지나치게 반항적, 부정적이며, 적개심을 갖고 공격성을 보인다. 발길질, 싸움, 성가심, 소란, 이유 없는 거절 행동을 한다.

④ 협동심이 없으며, 대인관계에 어려움을 심하게 겪는다.

⑤ 물건을 부수고 파괴하는 경향이 심하다.

⑥ 사소한 일에 마음이 쉽게 동요되고, 불안해하며, 두려워한다. 기분 변화가 심하여 안정성이 없고 긴장을 잘 한다.

⑦ 특이한 행동습관을 지니고 있으며 한 자리에서 뱅글뱅글 돌거나 양손을 쥐어짜는 행동을 한다.

⑧ 일상생활에 지장을 초래할 만큼 심한 강박 행동을 하고 남의 일에 훼방을 놓거나 심하게 간섭한다.

⑨ 극히 신경질적이다.

⑩ 스스로 자제할 수 없기 때문에 심한 울화증을 보이거나 또래에게 배타적 행동을

한다.

⑪ 말을 전혀 하지 않거나 특정한 사람에게만 말을 한다.

(2) 준거기준

위 항목들 중 2개 이상에서 6개월 정도에 걸쳐 심한 문제행동으로 나타날 경우에 일단 정서·행동장애를 지닌 아동으로 선별하여 특별한 교육적 조치나 중재를 해 주어야 한다.

2) 주의력결핍 과잉행동

학령 전기부터 학령기 전반에 걸쳐 출현 빈도가 가장 높은 것으로 추정되는 대표적인 행동장애가 주의력결핍 과잉행동(ADHD)이며 주의력결핍, 충동성, 과잉행동의 특성으로 나타난다.

(1) 주의력결핍 과잉행동장애 진단[3)]

① 손발을 가만히 있지 못하고 움직이거나 몸을 비비꼰다.

② 가만히 앉아 있으라고 해도 차분히 앉아 있지 못한다.

③ 외부자극에 의해 주의가 쉽게 산만해진다.

④ 놀이 중이거나 단체생활에서 자기 차례를 기다리지 못한다.

⑤ 질문을 끝까지 듣지 않고 불쑥 대답해 버린다.

⑥ 다른 사람의 지시를 잘 따르지 않는다(일부러 안하거나 이해를 못해서가 아니다).

⑦ 과제를 수행하거나 놀이 활동을 꾸준히 하지 못한다.

⑧ 종종 어떤 일을 하다가 끝맺지 않고 다른 일을 시작한다.

⑨ 조용히 놀지 못한다.

⑩ 말을 너무 많이 한다.

⑪ 다른 아이들의 놀이에 끼어들거나 방해한다.

⑫ 다른 사람이 이야기하는 것에 귀를 기울이지 않는 것처럼 보인다.

---

3) 이상복·김영미 (2007). 주의집중 활동이 주의력결핍 과잉행동 아동의 과제불이행 및 과다언어행동에 미치는 효과. 정서·행동장애연구, 23(2), 29-48.

⑬ 자기 일이나 물건(장난감, 연필, 책, 숙제장 등)을 잘 잃어버린다.
⑭ 흔히 일어날 결과를 생각지도 않고 위험한 행동을 한다(살피지도 않고 찻길에 뛰어드는 행동 등).

(2) 준거기준

위 항목들 중 7개 이상에서 6개월 동안 발달수준을 벗어난 부적응 행동을 보일 경우 주의력결핍 과잉행동장애를 지닌 아동으로 선별하여 적절한 치료교육을 해주어야 한다. 주의력결핍 과잉장애는 7세 이전에 주로 나타난다.

3) 정서·행동장애 아동의 정서

정서·행동장애 아동문제의 심각성은 흔히 미성숙한 정서 상태와 연관된다. 따라서 아동이 지닌 정서 성숙도를 파악하는 일은 전문가에게는 기본적인 필수사항이다.

(1) 미성숙 정서 상태 파악 기준

아래에 제시된 사항은 성숙된 정서와 미성숙 정서 상태를 파악하는 기본 구조에 속한다.

① 좌절에 대한 반응의 차이를 알아본다.
② 화를 내는 정도와 빈도의 차이(화를 내는 부정적 반응의 습관화에 유의)를 알아본다.
③ 충동적 행동 빈도와 정도의 차이(주의력결핍 과잉행동 특성 여부에 유의)를 알아본다.
④ 자신과 관련된 행동에 따른 이기심의 차이(연령에 따른 발달 여부에 유의)를 알아본다.
⑤ 정서적 표현이 지닌 과격성 차이(환경적으로 습득된 정서 여부에 유의)를 알아본다.

(2) 연령에 따른 정서발달

위에 제시된 기본구조 적용 시 유의할 점은 특정 장애로 인해(예 : ADHD) 발생한 경우와 발달상 일시적으로 발생한 여부가 구분되어야 한다. 이를 위해 정서발달 단계를 살펴보면 연령에 따른 정서의 특성을 알 수 있다. 단순히 발달상 일시적으로 발생하는 경우는 문제가 되지 않는다.

① 2~3세 : 자율, 독립, 개별화 시기로서 형제간 경쟁 정서가 시작된다.

② 3~6세 : 주도성 시기이며 옳고 그름, 남성과 여성의 분별 정서가 시작된다.

③ 6~12세기 : 자기 인정 욕구시기로 주도적으로 쾌·불쾌 정서를 조정하기 시작한다.

④ 12~18세 : 자아정체성 확립시기로 부모로부터 정신적 독립정서가 발달한다. 청소년기는 이성교제가 시작되므로 부모나 전문가가 적절한 방식의 대화를 통해 상담을 해야 한다.

(3) 정서·행동장애아동 선별

다음에 제시된 선별 조사지는 일반적 환경에서 가장 보편적으로 사용되는 조사도구이다. 우리나라 특수교육법상의 정서·행동장애아동 기준도 이에 기준하고 있다. A형은 정서의 내면화 장애를 반영하고 B형은 외면화 행동장애를 나타낸다.

■ 정서·행동장애아 선별 조사지

〈A형 : 내면화 정서장애〉

① 지능이 75 이상이고 신체장애, 시각, 청각 등 감각적인 면에 이상이 없음에도 불구하고 학업이 매우 부진하다.

② 또래나 교사와의 대인관계가 만족스럽지 못하다(친구 사귀기 힘들거나 친구를 사귀었다가도 원만한 관계를 유지하지 못한다).

③ 일상적인 상황에서 행동이나 감정표현이 부적절하다.

④ 늘 불행해 하고 우울한 기분으로 생활한다.

⑤ 학교나 개인문제와 관련된 정서적 장애 때문에 신체적 통증(병리적 요인에 의하지 않은 두통, 복통)이나 심한 공포(대인 공포증, 등교 거부 등)를 느낀다.

〈B형 : 외현화 행동장애〉

① 심하게 위축되고 실제 생활과 동떨어진 환상 세계에 빠진다.

② 과잉반응을 하며 쉽게 자만해지고 주의집중 시간이 매우 짧다.

③ 어른에게 극도로 반항적이고 부정적으로 적대시한다.

④ 사교성이 극히 부족하여 집단 활동이 곤란하며 타인과 접촉을 피한다.

⑤ 물건을 마구 부수고 파괴하는 경향이 심하다.

⑥ 기분 변화가 심하며 가끔 사소한 일로 당황하고 두려워하며 불안해한다.

⑦ 빙빙 돌거나 두 손을 비트는 등 특정 동작을 되풀이하는 이상한 행동 습관이 있다.

⑧ 일상생활에 지장을 초래할 만큼 행동이 충동적이다.

⑨ 자신의 행동을 통제할 능력이 없어 울화를 터뜨리거나 일상적으로 용납되지 않는 행동을 한다.

⑩ 전혀 말을 하지 않거나 특정한 사람에게만 말을 한다.

■ 해석의 준거

A형의 경우 5개 문항 중 한 개 이상, B형의 경우 10개 문항 중 두 개 이상에 해당되어 상당한 기간 동안(약 6개월) 정상적으로 생활하기 곤란한 경우를 정서·행동장애로 본다. A·B형 모두 지능이 75 이하인 아동과 신체장애, 시·청각장애 아동은 제외한다.

(4) 정서·행동문제 발생 요인과 이해

행동이란 눈으로 확인할 수 있는 마음의 표현이다. 또한 행동에는 두 가지 특성이 있다. 첫 번째 특성은 변화인데 이 특성은 정서의 쾌, 불쾌 구성 법칙에 의존한다. 즉, 쾌의 경험이 주어지면 행동은 지속 가능성이 높아지는 반면 불쾌 정서가 높아지면 그 행동은 약화된다. 두 번째 특성은 습관 형성이다. 이 특성은 주위 반응과 이에 대한 자신의 자극 등에 의존한다. 이러한 행동 특성이 문제행동으로 표출되는 원인은 다음의 네가지로 구분된다.

① 유전 및 생물학적 요인 (예 : 타고난 기질)
② 사회문화적 요인 (예 : 사회, 경제적 요소)
③ 가족 관련 요인 (예 : 가족관계 및 양육형태)
④ 후천적 질병 및 상태 (예 : 불의의 사고)

제4부

아동복지 실천분야

사회적 이슈

제12장 아동학대

제13장 학교폭력

제14장 인터넷 · 스마트폰 중독

제 12 장

아동학대

아동복지실천 영역에서 중요한 문제는 아동학대, 방임, 입양, 가출, 비행, 학교폭력, 인터넷 중독 등 다양하다. 본 장에서는 사회적 이슈로 부각되어 적지 않은 우려를 낳고 있는 아동학대, 학교폭력, 인터넷·스마트폰 중독에 대해 집중적으로 살펴보고자 한다.

1. 아동학대의 개념

아동학대에 대한 개념적 정의는 시대와 문화적 특성에 따라 상이하다. 과거에 아동의 발달적 욕구에 대한 이해가 부족했을 때 아동은 부모의 소유물이며 별도의 인권과 권리를 가진 존재라고 보지 않았기 때문에 아동학대 개념이 정립되지 못했다. 그러다가 1962년에 Kempe 등이 학계에 '매 맞은 아이 증후군(battered child syndrome)'을 소개하면서 신체적 학대를 받는 아이에게서 나타나는 증상이 정신의학적 관심의 대상이 되었다.

아동학대 개념에 대한 본격적인 논의는 1974년 미국 연방정부에서 아동학대방지법(Child Abuse Prevention and Treatment Act)을 제정하면서 활발해지기 시작하였다. 당시에 이 법은 신체적 학대에만 국한되었지만 그 후 점차 확대되어 언어적, 정서적, 성적 학대 및 방임을 포괄하는 의미로 확대되었다. 최근에는 학대 개념이 아동발달을 저해하는 환경적 위험 요인까지 포함하는 방향으로 이루어지고 있다. 외국에서는 학대 정도에 따라 잠재적 위험 또는 위험 상황으로 분류하여 아동학대 사례를 조사하고 있다.

우리나라는 학대 받는 아동을 위해 1979년에 한국사회복지협의회가 아동학대고발센터를 개설하였으나 사회적 호응이 없어 1년 후 문을 닫았다. 그로부터 10년이 지난 1989년에 한국아동학대예방협회가 창설되면서 본격적인 아동학대 예방 및 치료 활동이 전개되기 시작했다. 아동복지법 제3조에 의하면 아동학대란 보호자를 포함한 성인이 아동의 건강 또는 복지를 해치거나 정상적 발달을 저해할 수 있는 신체적 · 정신적 · 성적 폭력이나 가혹행위를 하는 것과 아동의 보호자가 아동을 유기하거나 방임하는 것이라고 규정하고 있다. 그러나 이러한 범 규정에도 불구하고 여전히 아동에게 행해지는 학대에 대한 사회적 인식이 부족하고 분류 기준도 명확하지 않아 아동학대의 피해 정도 및 심각성에 따라 아동이 겪는 신체적, 정신적 고통을 이해하는데 한계가 있다.

연구에 의하면, 학대 경험이 있는 아동은 그렇지 않은 아동에 비해 감정조절 기능의 저하, 자아개념의 손상, 불안정 애착, 충동 조절 문제, 또래관계 부적응, 자기 파괴적 행동, 학교 부적응 등의 정서 · 행동문제가 더 많이 발생하고, 장기적으로는 인지능력 저하와 사회 부적응 문제까지 보이는 것으로 나타났다.[1] 또한 정신질환 발병률이 더 높으며[2] 우울 및 불안장애, 외상 후 스트레스장애, 품행장애, 적대적 반항장애 등이 더 많이 발생하는 것으로 알려져 있다.

아동학대가 미치는 영향을 고려하면 우리 사회도 체계적인 실태조사와 연구를 통해 학대를 근원적으로 예방하는 시스템을 구축하고 학대가 발생했을 때 즉시 개입하여 아동에게 미치는 영향을 조기에 단절하고 적합한 치료를 받을 수 있도록 해야 한다. 이러한 즉각적인 개입과 치료는 후일 청소년 비행, 가정폭력 등으로 나타날 수 있는 사회적 문제를 줄이고 무엇보다 미래의 인적자원을 건강하게 양성한다는 취지

1) 하지혜, 임성후, 조수현 (2015). 아동학대 피해 아동의 정신질환 유병률 조사. 한국정신의학회지, 54(4), 542-548.

2) Teicher, M.H, & Samson, J.A. (2013). Childhood maltreatment and psychopathology: A case for ecophenotypic variants as clinically and neurobiologically distinct subtypes. American Journal of Psychiatry, 170, 1114-1133.

에서 더욱 중요하다. 따라서 본 장에서는 아동학대의 원인과 결과 그리고 영향을 미치는 요인들에 대해 알아본다.

2. 아동학대의 유형

학대는 공격 행위와는 다른 개념이다. 공격 행위는 가치중립적으로 긍정적 또는 부정적 측면을 모두 포함하고 있으나 학대는 언제나 부정적 의미만을 내포하고 있다. 학대에는 신체적 힘에 의한 비합법적 행위, 정서적 위협을 통해 고통을 주는 행위, 위험한 환경에 방치하는 행위 등을 비롯하여 물리적 폭력과 폭력에 의해 지배하는 행위 전반을 포함한다. 즉 학대는 단순한 물리적·신체적 손상을 주는 행위 뿐 아니라 자존감을 해치는 언어적 학대, 성적 학대도 포함되는 포괄적 의미의 폭력 행위이다. 따라서 아동학대는 훈육 또는 사랑의 매 등 어떤 미사여구로도 은폐할 수 없는 부당한 의미를 내포하고 있으며 정당화 될 수 없는 행위이다. 아동은 미숙하고 발달과정에 있으므로 훈육이 필요하다. 그러나 그것은 어디까지나 비학대 또는 비폭력적 훈육이어야 한다.

1) 아동복지법에 규정된 학대 유형

아동복지법(제3조7호)과 '아동학대범죄의 처벌 등에 관한 특례법' 에 규정 된 아동학대의 유형별 내용과 구체적 행위 그리고 학대 받은 아동이 나타내는 행동 징후 등을 살펴보면 다음과 같다.[3)]

(1) 신체적 학대

신체적 학대는 보호자를 포함한 성인이 아동에게 우발적 사고가 아닌 상황에서 신체적 손상을 입히거나, 신체적 손상을 입도록 허용한 모든 행위를 말한다. 신체적 학대에 해당되는 구체적인 행위는 다음과 같다.

• 직접 신체에 가해지는 폭력 행위

3) 보건복지부 산하 중앙아동보호전문기관 http://korea1391.org

- 도구를 사용하여 신체를 가해하는 행위
- 완력을 사용하여 신체를 위협하는 행위(강하게 흔들거나, 신체 부위를 묶고, 벽에 밀어붙이고, 떠밀고, 아이를 던지거나 거꾸로 매달고, 물에 빠트리는 등)
- 유해 물질로 신체를 가해지는 행위(화학물질, 약물 등으로 상해를 입히거나 화상을 입히는 행위 등)

학대 받은 아동이 주로 나타내는 행동적 징후는 다음과 같으며 이런 징후를 보일 경우 학대를 의심해 볼 필요가 있고 지속적으로 보호 관찰이 요구된다.

- 어른과의 접촉회피
- 다른 아동이 울 때 공포를 나타냄
- 공격적이거나 위축된 극단적 행동
- 부모에 대한 두려움
- 집에 가는 것을 두려워함
- 위험에 대한 지속적인 경계

(2) 정서적 학대

정서적 학대는 언어적, 정신적, 심리적 학대라고도 하는데 아동에게 행하는 언어적 모욕, 정서적 위협, 감금이나 억제, 그 외 가학적 행위를 말한다. 아직도 우리 사회는 신체적 폭력은 학대라고 간주하지만 정서적 학대에 대한 인지 수준이 낮아서 학대라고 보지 않는 경향이 있다. 정서적 학대가 아동의 정신건강에 미치는 폐해를 이해한다면 이러한 인식도 바뀔 것이다. 정서적 학대에 해당되는 행위는 다음과 같다.

- 원망적, 거부적, 적대적, 경멸적 언어폭력
- 잠을 재우지 않거나 옷을 벗겨 내쫓는 행위
- 형제나 친구와 비교, 차별, 편애하는 행위
- 가족 내에서 왕따 시키는 행위
- 아동이 가정폭력을 목격하도록 하는 행위
- 아동을 시설 등에 버리겠다고 위협하거나 짐 싸서 쫓아내는 행위
- 미성년자 출입금지 업소에 아동을 데리고 다니는 행위

• 아동의 정서발달 및 연령상 감당하기 어려운 것을 강요하는 행위(감금, 약취 및 유인, 노동 착취 등)
• 다른 아동을 학대하도록 강요하는 행위

정서적 학대를 받은 아동이 나타내는 행동적 징후가 있는데 이런 징후를 보일 경우 지속적인 관찰이 요구된다.
• 특정 물건을 계속 빨고 있거나 물어뜯음
• 반사회적, 파괴적 행동장애
• 신경성 기질 장애(놀이장애)
• 정신신경성 반응(히스테리, 강박, 공포)
• 언어장애
• 극단행동, 과잉행동, 자살시도
• 실수에 대한 과잉 반응
• 부모와의 접촉에 대한 두려움

(3) 성 학대

성 학대는 보호자를 포함한 성인이 자신의 성적 욕구 충족을 목적으로 18세 미만의 아동에게 행하는 모든 성적 행위를 말한다. 구체적 행위는 다음과 같다.
• 자신의 성적 만족을 위해 아동의 옷을 벗기거나, 벗겨서 관찰하거나, 아동에게 성적인 노출을 하는 행위
• 아동을 성적으로 추행하는 행위
• 아동에게 유사 성행위를 하는 행위
• 성교를 하는 행위
• 성매매를 시키거나 성매매를 매개하는 행위

성적 학대를 당한 아동이 나타내는 행동적 징후에는 성적 행동지표와 비성적 행동지표가 있다. 성적 행동지표에는~
• 나이에 맞지 않는 성적행동

- 해박하고 조숙한 성지식
- 명백하게 성적인 묘사를 한 그림들
- 타인과의 성적인 상호관계
- 동물이나 장난감을 대상으로 하는 성적인 상호관계

비성적 행동지표에 해당되는 행동은 다음과 같다.

- 위축, 환상, 유아적 퇴행행동
- 자기 파괴적 또는 위험을 무릅쓴 모험적인 행동
- 충동성, 산만함 및 주의집중장애
- 혼자 남아 있기를 거부하거나 외톨이
- 특정 유형의 사람들 또는 성에 대한 두려움
- 방화, 동물에게 잔혹함(주로 남아의 특징)
- 비행, 가출, 약물 및 알코올 남용
- 자기 파괴적 행동(자살시도), 범죄 행위
- 우울, 불안, 사회관계의 단절, 수면장애, 섭식장애(폭식증/거식증), 야뇨증
- 외상 후 스트레스 장애, 저조한 학업수행

(4) 방임

아동복지법에 의하면 방임이란 아동의 보호자가 아동을 유기하거나 방임하는 것을 말한다. 방임과 유기는 차이가 있는데 방임은 아동이 위험한 환경에 처하게 내버려 두거나 아동에게 필요한 의식주, 의무교육, 의료적 조치 등을 제공하지 않는 행위이고, 유기는 보호자가 아동을 버리는 행위를 의미한다. 방임에 해당되는 구체적인 행위는 다음과 같다.

- 물리적 방임 : 기본적인 의식주를 제공하지 않는 행위, 불결한 환경이나 위험한 상태에 아동을 방치하는 행위, 출생신고를 하지 않는 행위, 아동을 가정에 두고 가출한 경우, 아동을 시설 근처에 두고 사라진 경우, 친족에게 연락하지 않고 무작정 아동을 친족집 근처에 두고 사라진 경우 등
- 교육적 방임 : 특별한 사유 없이 학교에 보내지 않거나 무단결석을 방치하는 행위

• 의료적 방임 : 아동에게 필요한 의료적 처치 및 개입을 하지 않는 행위
• 유기 : 아동을 보호하지 않고 버리는 행위, 병원에 입원시키고 사라지는 경우, 시설근처에 버리고 가는 행위

방임을 경험한 아동이 나타내는 행동적 징후는 다음과 같다.
• 계절에 맞지 않는 부적절한 옷차림
• 음식을 구걸하거나 훔치고 비행 또는 도벽이 있음
• 학교에 일찍 등교하고 집에 늦게 귀가함
• 지속적인 피로 또는 불안정감 호소
• 수업 중 졸거나 잦은 결석

일반적인 생각 중 잘못 된 것은 아동이 훈육의 대상이라는 것이다. 물론 아동이 신체적, 정신적으로 미성숙한 상태에 있으므로 부모를 비롯한 성인의 보호와 배려가 필요하다. 그렇다고 아동이 모든 인간에게 부여된 기본 권리를 가진 주체적 존재라는 사실을 간과하거나 잊어서는 안될 것이다.

2) 합법성, 수단성 측면의 학대 유형

아동학대를 합법성이라는 기준에 따라 분류하면 합법적 행위와 비합법적 행위로 나누는데 이는 아동학대가 문화적 또는 규범적으로 인정될 수도 있다는 것을 전제하는 것이다. 학대의 수단성이란 측면에서는 아동에게 고통과 상처를 주는 것 자체가 목적인 표현적 학대가 있고, 아동이 어떤 행위를 하도록 유도하거나 교정시키기 위한 목적으로 고통과 상처를 주는 수단적 학대가 있다. 학대의 합법성과 수단성의 두 측면을 결합하여 속성에 따라 유형을 구분하면 다음과 같다.[4)]

---

4) Gelles, R.J. (2005). Protecting children is more important than preserving families. In D.R. Donileen, R. Loseke, R.J. Gelles & M.M. Cavanaugh, Current controversies on family violence (2nd ed., pp. 329-340). Thousand Oaks, CA: Sage.

(1) 합법적-표현적 학대

합법적인 공격행위는 긴장과 분노를 완화시키는 카타르시스 작용을 하므로, 어느 정도의 공격행위를 인정하는 것이 좋다고 보는 관점이다. 예를 들어, 자녀 행동에 무작정 화를 참기보다는 가벼운 공격행위로 분노를 해소시키는 것이 더 심한 학대행위가 유발되지 않도록 방지하는 부분이 있다는 것이다.

(2) 비합법적-표현적 학대

아동학대의 대부분이 이 유형에 속하는데, 아동에게 비합리적인 방법으로 과도한 고통이나 상처를 주는 심각한 형태의 학대로 발전할 수 있는 유형이다. 이 유형은 부모자녀 간 또는 부부 간의 폭력과 유기를 넘어 때로는 불행한 사건으로 이어질 수 있기 때문에 심각한 사회문제를 유발할 수 있다.

(3) 합법적-수단적 학대

가정 내에서 빈번하게 발생하는 유형이며 아동에게 바람직한 행동을 유도하기 위한 수단으로 학대 및 폭력 행위를 하는 것이다. 자녀가 잘되라고 때리는 부모의 체벌, 사랑의 매 등은 모두 이 유형에 속한다. 이런 유형의 학대를 하는 사람은 아동도 기본 권리를 가진 주체적 존재라고 생각하기보다 학대나 폭력도 용인될 수 있는 훈육의 대상이라고 간주한다.

(4) 비합법적-수단적 학대

학대가 합법적인지 비합법적인지를 구분하기는 애매한 면이 많다. 비록 부모의 체벌이 어느 정도 인정된다 할지라도 지나치게 심한 고통이나 상처를 주면 학대로 이어질 수 있는데 이런 경우 비합법적 학대에 해당 된다. 처음에 선의의 의도로 시작 된 학대 행위라 하더라도 지나치면 교육적이거나 교화의 목적을 넘어서 권력이나 권위의 남용으로 간주될 수 있다.

3. 아동학대 원인에 대한 이론적 배경

아동학대 및 폭력 현상과 원인을 설명하는 이론은 다양하지만 본 장에서는 일반적 관점 세 가지를 중심으로 살펴보고자 한다.

1) 개인중심적 관점

이 관점에서 보면, 아동학대는 학대 행위자의 정신병리적 산물이거나 알코올 · 약물 · 게임 중독으로 인해 자신을 통제하지 못해 나타난 비정상적 행동 또는 가학적 행동의 결과이다. 학대 행위자는 아동의 언행이나 자극으로 인해 가학적 충동이나 심리적 불안정과 더불어 자기 통제력을 상실하여 주체할 수 없는 학대를 행사하게 된다. 이러한 학대 행위자는 개인적으로 정신병적 증세를 보이는 것으로 볼 수 있지만 그렇다고 모든 학대 행위자가 정신질환자라고 할 수는 없다.

아동학대에 대한 실태조사[5)6)]에 의하면 학대 행위자의 82%는 부모이고, 나머지는 유치원 종사자, 이웃, 친인척, 교원 등인 것으로 나타났다. 이러한 통계는 대부분의 학대가 가정 내에서 부모에 의해 이루어지고 있다는 점을 명백히 보여 준다. 학대가 가정 내에서 부모에 의해 가해진다는 것은 학대의 은폐성과 지속성을 반영하는 것이다. 아동은 주양육자인 부모에게 의존할 수밖에 없고 가해자인 부모와 함께 동거한다는 것은 위협과 공포, 두려움 등의 내현화 문제를 안고 살아간다는 것을 의미하므로 문제는 더욱 심각하다. 신체적 폭력도 문제지만 기본 의식주를 제공하지 않거나 아동을 위험한 상태에 방치하는 물리적 방임은 거의 노출되지 않는 경향이 있다.

학대 원인을 학대 행위자의 특성을 통해 파악할 수 있는데 일반적인 원인은 부모의 양육지식과 기술 부족으로 인한 부적절한 양육태도(34%)이고 그 다음은 사회경제적 어려움과 스트레스(19%), 부부 및 가족갈등(9%), 배우자 폭력(9%), 도박 및 게임 중독(6%), 성격 및 기질문제(6%) 등이다. 이러한 요인들은 가정 내 위기요인으로 작용하여 아동을 향한 가학적 충동으로 나타나고 심리적 불안정과 더불어 자기 통제력을 상실하면서 학대 행위로 이어지는 것이다. 부모의 분노, 좌절, 성적 욕구 및 충동, 감

---

5) 보건복지부 산하 중앙아동보호전문기관, 아동학대 통계. http://korea1391.org
6) 정부부처 합동보고서 (2016). 아동학대 예방 및 가족관계 증진을 위한 부모교육 활성화 방안.

정 등이 조절되지 않고 지속되면 결국 정신병리적 행위로 나타나게 된다.

2) 사회심리적 관점

사회심리적 관점을 대변하는 대표적인 이론은 사회학습이론이다. 이론에 의하면 아동학대는 인간의 다른 행동과 마찬가지로 학습되어진다는 것이다. 즉 인간의 공격 행위는 다른 형태의 사회적 행동처럼 자극, 강화 및 인지적 통제 하에 이루어진 학습된 행위이다. 아동을 학대하는 가정에서는 역할모델을 통해 학대와 폭력을 배우고, 그것이 문제해결에 도움이 된다는 것을 배울 때 학습 효과는 더욱 커진다. 또한 타인의 학대행위를 관찰함으로써 구체적 기술을 습득하고 반복 관찰을 통해 학대에 대한 죄의식이나 양심의 가책을 상실하고 학대를 하나의 행위양식으로 용납하게 된다.

어릴 때 가정과 학교에서의 체벌, 성장 후 군대에서의 체벌 등은 가족이나 사회에서의 폭력의 정당성 내지는 효과를 인정하는 규범의식을 심어 줌으로써 학대와 폭력의 악순환을 형성하게 된다. 학대 행위는 단순한 관찰학습 뿐 아니라 자신이 직접 경험한 학대로부터 학습될 수 있는데, 아동기에 학대 경험을 많이 할수록 성장 후 폭력적인 배우자나 부모가 될 확률이 높다.

그러면 학대 원인이 무엇인지를 규명한 이론적 논의를 살펴볼 필요가 있다. 일반적으로 사회심리적 관점은 학대 원인을 사회 환경과의 상호작용으로 보는데 이를 대표하는 이론은 사회학습이론, 좌절-공격이론, 교환이론 등이 있다.

(1) 사회학습이론

사회학습이론에 의하면 아동학대는 학습된 현상이며 가정이 학대나 폭력을 잠재적으로 학습시키는 장소라고 본다. 즉 학대에 노출됨으로 인해 의식 또는 무의식적으로 관련 행위를 모방하게 되고 이러한 모방이 학대나 폭력의 학습으로 이어진다는 것이다. 결국 성장기에 학대나 폭력을 경험했던 것이 성인기에 아동학대를 하는 원인으로 작용하게 된다. 반두라(Bandura)의 사회학습이론은 인간행동을 모방이라는 기제를 통해 설명하였다. 즉 다른 사람의 행동을 관찰함으로써 학습이 이루어지기도 하지만 모방과 동일시를 통한 학습효과가 더 크다는 것이다. 실태조사에 의하면 아동을 학대하는 부모들 중 30~60%는 자신들이 어릴 때 부모로부터 학대 받은 경험이 있는 것으로 나타났다.

(2) 좌절-공격이론

좌절-공격이론은 인간이 자신이 세운 목표 지향적 활동이 제지당했을 때 관련 대상에게 공격적 행동을 한다는 것이다. 다양한 욕구를 가진 구성원이 포함된 가족은 구조나 기능면에서 갈등과 좌절을 경험할 수 있는 상황이 종종 발생할 수 있는데 이런 상황에서 공격적 행동이 발생할 수 있다고 본다. 일반적으로 사람들은 자신의 욕구가 충족되지 않을 때 좌절을 경험하며 이에 대한 반응으로 공격적 행동을 하게 된다. 도랄드(Dollard)에 의해 정립된 이 이론은 아동학대는 갈등과 좌절에 대한 결과이며, 모든 갈등과 좌절은 상대에게 해를 입히는 공격적 행동으로 나타난다는 것이다. 부모는 자신의 욕구가 충족되지 않거나 스트레스를 받을 경우, 부부간에 심한 갈등이 있을 때 아동에게 그 불만을 학대의 형태로 표출하게 된다.

(3) 교환이론

교환이론의 기본 가정에 의하면 사람은 공평의 원리에 의해 인간관계를 맺으려 하므로 다른 사람에게 시간, 노력, 마음 등을 투자한 만큼 인정이나 대가를 받으려 한다는 것이다. 그러나 공평의 원리가 깨지면 갈등과 분노 등이 발생하게 된다는 것이 이론의 초점이다. 호만스(Homans)의 교환이론은 부모자녀 관계에서 물건이나 마음이 공정하게 분배 되어 적절한 보상을 받는다고 인지하면 공평의 원리가 유지 된다고 본다. 그러나 부부 간 또는 부모가 자녀로부터 기대한 정서적 보상을 받지 못하거나 기대와 달리 비난이나 원망을 듣게 되면 공평의 원리가 깨지면서 그에 대한 보상으로 학대나 폭력을 행사하게 된다는 것이다. 즉 가족 간의 교환관계가 균형을 이루지 못하거나 실패할 경우 힘을 가진 사람이 학대 행위를 하게 된다. 부모는 자녀를 잘 키우기 위해 자신이 희생한다고 믿고 있는데 만약 자녀가 그러한 부모의 정서에 부응하지 못한다고 생각할 경우 공평의 원리를 토대로 한 교환관계가 깨진 것으로 생각하고 부모는 체벌과 훈육이라는 이름으로 학대 행위를 하게 된다.

3) 사회구조적 관점

사회구조적 관점은 아동이 속한 사회의 기준, 규범, 가치 등을 포함한 사회구조에서 원인을 찾는다. 대표적인 이론으로 하위문화이론과 가족체계이론이 있다.

(1) 하위문화이론

하위문화란 일반문화 체계와 구별되는 문화로 특정 집단이 가지고 있는 공통된 가치관이나 신념, 지식 등을 포함하는 행동양식을 말한다. 예를 들어, 아동이 부모의 소유라는 신념을 가지고 있거나, 아동의 권리의식에 대한 이해가 부족하고 체벌과 훈육을 혼동하는 경향은 하위문화권에서 더 보편적으로 나타난다. 하위문화이론의 기본 전제는 학대나 폭력은 사회경제적 수준이 낮은 하위문화에서 더 많이 일어난다는 것이다. 즉 하위문화에서는 학대를 폭력이나 일탈 행위로 보지 않고 정상으로 보는 문화적 가치에 따른 반응이라고 본다. 그리고 하위문화에 속한 아동은 성장하면서 부모나 가족으로부터 동일한 가치를 학습하므로 학대 및 폭력이 하위문화에서 더 많이 일어나게 된다.

(2) 가족체계이론

가족체계이론에 의하면 가족은 동일한 목적을 추구하고 적응하는 체계를 가지고 있으며 아동학대는 일종의 부적응 행동으로 나타나는 것인데 가족체계의 항상성을 유지하는 하나의 방법이라는 것이다. 학대는 가족을 유지시키는 기능을 가지고 있으며, 학대가 쉽게 발생하는 가족은 학대를 사랑과 연결시키는 경향이 있다. 즉 아동학대를 개인의 병리적 행동으로 간주하지 않고 가족체계의 산물로 본다. 가족구성원 간 상호작용에서 파생되는 일상적 긴장은 가족체계 내에서 학대를 포함하는 갈등을 불러일으키게 된다. 가족운영 및 자녀교육의 한 방식으로 발생하는 학대는 긍정적 피드백이 있을 경우 증가하는 경향이 있다.

4) 생태학적 관점

생태학적 관점은 아동학대를 각각의 하부체계(부모, 자녀 등)가 주변 환경이나 다른 체계와 조화를 이루지 못해서 발생하는 갈등 현상이라고 본다. 따라서 아동폭력이나 학대는 부모와 자녀 간의 부적응 및 갈등적 상황에서 발생한 현상이다. 생태학이론은 미시적 요인보다 거시적 차원에서 아동학대 문제를 분석한다. 가족구성원 간의 관계는 어떠한가? 아동학대 예방을 목적으로 한 사회적 지원서비스는 효과적인가? 가정이 위치한 생태적 환경은 폭력 친화적인가? 기술적 측면에서 폭력이 쉽게 발생하도록 촉진시키는 요인은 무엇인가? 대처기능은 어떠한가? 등의 질문을 통해 학대 현상을 설명하고 예방책을 마련한다.

5) 문화적 규범 관점

문화규범 관점은 아동학대를 인권 차별적인 사회구조에서 기인한다고 본다. 아동학대는 개인적 성향이나 학습 행위로 인해 야기될 뿐 아니라, 학대와 폭력을 허용하는 사회의 문화적 규범이 학대 행위를 유발한다는 것이다. 즉 폭력에 대한 가치와 규범이 체벌은 정당한 훈육의 도구이므로 훈육의 의미가 포함된 폭력은 필요하고 합당하다는 관념으로 존재하는 것이다. 따라서 이러한 문화적 규범이 바뀌지 않는 한 아동학대는 근본적으로 해결하기 어려울 수 있다.

문화적 규범 관점에서 아동학대 현상은 두 가지 측면에서 살펴볼 수 있다. 첫째, 아동은 부모의 소유라는 이데올로기에 근거 한 부모의 권위적 태도를 들 수 있다. 이러한 이데올로기는 유교를 근거로 내세워 부모에 대한 아동의 종속을 정당화시켜 부모가 아동을 훈육하고 교화시키는데 행사하는 학대와 폭력을 합리화시킨다. 둘째, 부모역할의 사회적 규범이다. 부모가 가부장적 권위를 내세워 학대나 폭력 등과 같은 일탈행동을 했을 경우에도 아동은 스스로 자책감과 죄의식을 느끼도록 길들여져 왔다. 사랑의 매, 자식이 잘 되라고 때리는 훈육의 매는 아동학대의 정당화 논리를 주장하는 규범적 이데올로기를 단적으로 보여준다. 따라서 아동이 학대를 당하면서도 부모이기 때문에, 내가 잘못했기 때문에, 혼자 살 수 없기 때문에, 누구에게 알리면 더 힘들어지기 때문에 계속 학대와 폭력을 당하는 생활을 지속할 수밖에 없는 것이다.

이러한 학대는 오랜 역사를 통해 주로 아동과 여성에게만 체계적으로 가해져 왔다. 즉 아동학대는 자녀를 자신의 소유물로 생각하는 가부장적 사고 그리고 이러한 가부장적 사고의 테두리에서 아동에게 가해지는 학대와 폭력에 대한 일반적인 관용이나 무관심(때로는 당위성)이 작용을 한 것이다. 게다가 학대는 부모다움의 표출로 간주되기도 한다. 부모에게 의존할 수밖에 없는 생활 속에서 부모자녀 간 관계는 교환의 불균형이 발생할 수 있고 그로 인한 갈등 및 좌절에 대한 공격적 행동이 학대로 이어지는 것이다.

아동은 부모의 권위와 통제 하에 있으며 이러한 종속관계는 사회적 규범과 가치에 의해 지지되고, 가부장적 가족 내에서 제도화 되었다는 것은 널리 알려진 사실이다. 이와 같이 부모 위주의 사회구조와 맞물려 일어나는 아동학대는 가족의 역기능 결과이고, 아동 인권에 대한 차별주의 시각에서 빚어진 행동이며, 가족체계의 혼란의 표출이라고 볼 수 있다. 따라서 아동학대는 현대사회에서 새롭게 발생한 문제이기보다 단지 한쪽으로 치우친 규범적 가치의 모순에 대해 새로운 시각으로 제기된 문제일 뿐이다. 이러한 관점에서 다음의 질문을 통해 문제의 본질을 직시해야 한다. 과연 부모는 아동에 대한 통제를 목적으로 학대 행위를 할 수 있는가?

4. 아동학대 실태와 속성

1) 아동학대 실태

아동학대 실태조사[7]에 의하면 학대 행위자의 82%는 친부모이다. 피해 아동의 연령을 살펴보면 13세~15세가 23%로 가장 많고, 그 다음이 10세~12세(21%), 7세~9세(19%), 4세~6세(13%), 1세~3세(12%) 등의 순이며 1세 미만의 아동도 3%인 것으로 나타났다. 아동학대 유형의 경우, 정서적 학대가 40%로 가장 많고 그 다음이 신체적 학대(37%), 방임(20%) 등의 순이다. 학대 유형 중 두 가지 이상의 중복 학대 비율도 48%로 높다.

피해 아동 다수가 부모로부터 학대를 당했다는 것은 가정 내 학대가 심각하다는 것을 말해 준다. 중복 학대 사례를 보면, 친모의 신체적 학대 및 정서적 학대, 친부에 의한 방임 및 신체적 학대, 실직과 가정해체로 인한 방임과 정서적 학대, 모의 정신

7) 보건복지부 산하 중앙아동보호전문기관, 아동학대 통계. http://korea1391.org

분열증으로 인한 아동의 물리적, 교육적 방임, 부의 가정폭력과 모의 우울증으로 인한 아동의 신체적, 정서적 학대 등이다. 이런 사례를 통해 아동이 겪는 고통과 두려움이 어느 정도 심각한지 알 수 있다.

가정은 다른 사회 집단과 달리 가족공동체 관계를 유지하고 구성원 간 이해타산이나 이익을 초월한 인간 본연의 집단이다. 특히 부모자녀는 혈연으로 맺어진 절대적 관계 속에서 살고 있으며 부모는 자녀의 성장과 발달을 위해 정서적, 물질적 지원을 아끼지 않는다. 그러나 모든 가정이, 모든 부모가 다 그런 것은 아니다. 일부 가족과 부모는 적지 않은 문제를 안고 있다.

우리 사회는 아직도 가정 내에서 일어나는 아동학대에 대한 외부 개입이 쉽지 않다. 부모가 자녀를 '사랑의 매'란 미명 하에 학대를 하고 있으나 이것을 학대로 보지 않고 훈육으로 간주하는 경향이 있다. 건강한 부모자녀 관계가 중시되는 오늘날, 부모에 의한 아동학대는 심각한 사회문제를 낳는다. 학대가 발생해도 아동이 부모와 함께 생활하고 있으므로 아동이 겪는 불안, 공포, 두려움 등의 내현화 문제는 다른 사회적 폭력보다 더욱 심각하고 장기적이다. 그리고 아동의 내현화 문제는 폭력, 비행, 충동성 등의 외현화 문제로 이어질 가능성이 크다. 학대는 또 다른 학대를 낳는 악순환은 가정이 학대 피해를 입는 장소가 되며, 학대의 실습장이 됨으로써 세대를 통한 학대의 재생산으로 이어질 수 있다는 점에서 더욱 큰 우려를 낳고 있다.

매스컴을 통해 알려진 다수의 아동학대 사건은 아동학대가 사회적 현실로서 우리에게 다가오고 학대의 실재를 확인시켜 주지만 사건 발생 시에만 관심을 갖는 것에 그치고 이에 대한 구체적이고 체계적인 대책 마련에 소홀했던 것도 사실이다. 사회의 충격흡수장치로 인식되던 가정, 자생적이고 문제해결의 자동조절 장치가 내재되어 있다고 간주되어온 가정, 이러한 가정에 사랑의 논리 대신 힘의 논리가 앞서는 아동학대에 대해 과감한 외부 개입과 지원이 요구되고 있다.

2) 아동학대의 속성

아동학대는 부모나 성인의 합리적인 분노의 표현이기 보다 충동적이고 자기 통제력을 상실한 상태에서 아동에게 분노를 분출하는 일종의 투사행위이다. 엘보우(Elbow)는 학대 행위자인 부모 및 성인에게서 나타나는 학대 속성을 다음과 같이 분류하였다.

① 지배자형 : 부모나 성인의 입장에서 아동의 행동이 통제가 되지 않는다고 느낄 경우 지배력을 잃었다고 간주하고 학대하는 유형이다.
② 방어자형 : 아동을 보호하려고 하고, 아동이 자신의 말을 잘 듣고 의존적이기를 원하며 독립성을 인정하지 않음으로 인해 아동을 학대하는 유형이다.
③ 승인추구형 : 자기 자신이나 배우자에 대한 불만을 아동에게 표출하지만 곧 죄책감을 느끼고 이런 감정을 만회하기 위하여 구실을 만들어 아동을 학대하는 유형이다.
④ 혼합형 : 약물, 알코올, 게임중독 증상이 있는 부모가 아동에게 트집을 잡고 괴롭히는 경향이 있다. 부모는 자신의 자아와 아동의 자아를 혼동하고 아동의 개체성을 인정하지 못함으로 인해 학대가 발생하는 위험한 유형이다.

아동학대의 빈도를 중심으로 사례를 분석하면 습관적으로 자주 학대가 일어나는 경우, 상황에 따라 우발적으로 발생하는 경우, 악순환이 반복되면서 학대 빈도가 점차 증가하는 경우, 주기적으로 몰아서 학대하는 경우 등이 있다. 이러한 학대의 이면에 내재된 속성을 구체적으로 살펴보면 다음과 같다.

(1) 물리적 힘과 권위

아동학대는 힘이 센 부모나 성인이 힘이 약한 아동에게 가하는 폭력행위라고 볼 수 있다. 즉 아동학대는 물리적 힘과 권위의 표현방식이다. 자녀에게 학대 행위를 하는 부모는 가정 내 권위 구조면에서 강자의 입장에 있다. 이들은 힘이나 자원이 없는 의존적인 아동에게 권위를 행사할 수 있는 자신의 능력에 대한 과시적인 부분도 있으며 통제 및 억압의 수단으로 학대 행위를 한다. 학대는 힘과 권위를 가진 자가 가족구성원과의 교환관계가 실패했을 때 일방적으로 행사하는 일종의 수단인 셈이다.

(2) 병리현상으로서의 학대

학대를 행사하게 하는 합리적 이유 즉 '맞을 만하니까 때렸겠지' '뭔가 잘못했으니

까 맞았겠지' 라는 식의 논리는 아동의 인권을 인정하지 않는 것이다. 그리고 아무리 학대행위를 합리화시킨다 할지라도 결코 정당화될 수 없다. 다수의 아동학대 행위는 구체적인 이유가 없는 경우가 종종 있으며, 신체적, 정서적, 방임 등 중복학대로 나타나는 경향이 있다. 이런 학대는 학대 행위자의 스트레스와 정신적 불안정이 원인일 수 있는데 만성적일 경우 심각한 병리현상으로 보아 치료를 해야 한다.

(3) 학대의 보편성과 은폐성

아동학대는 감추어진 범죄로 은폐되기 쉽다. 학대 받은 아동도 불안, 보복 등이 두려워 외부로 표현하지 않는 경향이 있다. 학대 피해는 아동 스스로 표현하기보다 우연히 또는 신고에 의해 노출되는 것이 일반적이다. 학대는 은폐되면 될수록 심화되기 마련이며, 급기야 되풀이되는 학대와 폭력 속에서 살다보면 가해자와 피해자 모두 학대와 폭력에 길들여져 의례적 행위로 고착되는 경향이 있다.

아동학대는 체벌 및 훈육으로 인식되어 온 오래된 관습이며, 자연스럽게 형성된 관습이 사회적 규범으로 정착되면서 특별한 주의가 필요하지 않다는 통념이 있을 수 있으나, 이러한 규범이 오히려 학대와 폭력을 정당화 한다는 사실에 유념해야 한다. 가정 내에서 아동학대가 보편적으로 행해지고 있음에도 불구하고 외부 제재가 쉽지 않은 감추어진 범죄로 은폐되기 쉽다는 것은 결국 사회가 나서서 아동을 제도적으로 보호해야 한다는 것을 말해 준다.

(4) 내현화된 공포 속에서의 생존

아동의 입장에서 보면 부모나 가족은 아동 스스로 선택한 것이 아니라 자연의 법칙에 의해 비자발적으로 공동체 일원이 된 것이므로 주어진 환경이 마음에 들지 않는다고 해서 임의로 가족을 떠날 수는 없다. 아동의 경우 학대를 피하기 위해 부모를 떠난다는 것은 곧 생존을 포기하는 것이므로 학대와 폭력의 장을 벗어날 수 없는 것이다. 부모가 아동에게 잘못이 있기 때문에 맞았다고 말하고 아동이 이를 수긍하며 당하는 상황에서 보복에 대한 두려움 때문에 외부의 도움조차 받지 못한다면 그것은 삶이 불안과 공포 그 자체일 것이다.

학대 받은 아동을 대상으로 한 연구[8)]에서 51%는 한 가지 이상의 정신질환을 가지고 있으며 가장 높은 유병률을 보인 것은 주의력결핍 과잉행동장애이다. 다음으로 높은 유병률을 보인 질환은 외상후 스트레스장애, 우울장애와 적대적 반항장애, 품행장애 등인 것으로 파악되었다. 그리고 자살에 대한 위험성을 평가한 결과 28%가 자살에 대한 생각을 했던 것으로 진단되었으며 이들 중 일부는 실제 행동을 취한 경우도 있는 것으로 조사되었다. 이는 결국 내현화 된 공포가 외현화 행동으로 나타날 수 있다는 것을 말해 준다.

(5) 학대의 재생산 논리

학대의 실체를 이해하면, 아동학대 및 폭력이 곧 사회적 폭력을 생산한다는 사실을 인정할 수밖에 없다. 가정폭력은 학습성이 강하다. 때로는 가족구성원 간에 폭력의 정당성, 피해자의 무력감이나 죄의식 등이 합리화되어 피해자 스스로 자신이 잘못한 것으로 믿어 버리게 된다. 즉 학대와 폭력이 되풀이되면서 가해자와 피해자 모두 폭력에 길들여지는 경향이 있으며, 일단 한번 행해진 학대와 폭력은 반복될 가능성이 크다. 아동학대는 미래 세대에게 부정적인 영향을 미친다. 이러한 영향을 받고 자란 아동은 사회에 나아가서도 폭력과 가까워지거나 폭력 행사에 무감각해 지는 것이다.

이와 같이 아동학대는 가정이라는 공간에서 친밀성, 반복성, 재생산성의 악순환 고리로 연결되어 있으므로 외부 개입 없이 이 순환을 해체하기 어렵다. 그러나 가족은 사생활이 보장되어야 하는 폐쇄적인 체계이며, 관습상 외부 개입도 인정되지 않는 부분이 있으나 그럼에도 불구하고 가정 내에서 발생하는 아동학대 만큼은 훈육이란 명문 하에 묵과해서는 안 될 것이다.

5. 아동학대 예방 정책 방안

아동학대 실태는 위험 수위를 넘는 사례가 다수이고 이제 더 이상 은폐할 수 없는 실정에 이르고 있다. 아동에게 가장 안전한 보호처가 되어야 할 가족과 가정이 왜곡된 학대의 장으로 변질되는 부분이 있으므로 이제는 아동학대를 개별 가정의 문제로

8) 하지혜, 임성후, 조수현 (2015). 아동학대 피해 아동의 정신질환 유병률 조사. 한국정신의학회지, 54(4), 542-548.

간주하고 방치해서는 안된다. 아동 돌봄 및 양육을 담당한 전통적 가족기능의 상당 부분이 사회화 되었고 오늘날 핵가족이라는 고립된 환경 속에서 발생하는 학대가 아동에게 신체적, 심리적, 정신적으로 깊은 상처를 준다는 점을 고려한다면 학대는 인권을 유린하는 범죄이다.

아동에 대한 훈육이 도를 넘어 폭력 및 학대의 성격을 지닐 경우 관련법에 저촉되는 행위로 보아야 한다. 또한 법적 장치와 더불어 지역사회서비스나 의료서비스가 현실을 반영할 수 있도록 체계화 되어야 한다. 아동학대가 심각한 지금이야말로 아동학대 예방 대책에 대한 심도 있는 논의가 필요하다.

1) 부모교육 활성화 방안

피해아동 10명 중 8명 이상이 부모로부터 학대를 당했고 학대 행위자의 특성 중 양육태도 및 방법 부족이 가장 높은 비중(34%)을 차지하고 있다.[9] 이러한 사실은 학대 예방을 위해 무엇보다 부모교육이 시급히 활성화되어야 하고 효과적인 부모교육 프로그램을 개발해야 한다는 것을 말해 준다. 아동학대를 근본적으로 예방하기 위해 무엇보다 자녀에 대한 올바른 이해와 부모역할에 대한 교육이 필요하다. 과거 대가족이 모여 살 때는 자녀 돌봄 및 양육 지식과 경험이 생활 속에서 자연스럽게 세대 간에 전승되었으나 핵가족이 보편적인 현대에는 별도로 양육태도 및 방법에 대한 학습이 필요하다.

그러나 전반적으로 부모교육 참여 수준이 낮고 특히 여성보다 남성의 참여 경험이 낮은 경향이 있다. 참여하지 않은 이유는 시간이 부족하다는 것도 있지만 부모교육에 대한 정보를 몰라서 참여하지 않은 경우가 많다. 또 다른 문제점은 다양한 기관에서 부모교육을 실시하고 있으나 이에 대한 필요성 및 효과에 대한 인식이 미흡하여 교육 참여율이 낮으며 특히 부모교육이 필요한 취약가정의 부모는 생계문제, 정보부족 등으로 참여가 어려워 교육 사각지대에 놓여 있다.

이러한 실태는 부모교육 내용이 가족생애주기와 아동의 발달단계를 고려해야 할 뿐 아니라 또 가족유형별 특성에 맞는 교육도 필요하다는 것을 말해 준다. 부모교육

---

9) 보건복지부 (2015). 전국아동학대 현황보고서.

을 통해 부모의 양육 역량을 강화하고 아동의 인권 의식을 바로 심어 줄 수 있다면 아동학대로 인해 파생되는 문제와 그로 인해 치러야 하는 사회적 비용을 감소시킬 수 있다. 이를 고려하여 부모교육 프로그램 내용과 질에 대해 점검하고 기관별 상호연계, 부모교육 전문 강사에 대한 체계적인 관리, 부모교육에 대한 효율적인 추진체계가 구성될 수 있도록 해야 한다.

추진방향은 첫째, 부모교육이 일회성이 아닌 지속적 교육이 이루어질 수 있도록 시스템을 구축해야 한다. 둘째, 교육 사각지대에 놓여있는 취약가정 부모를 중점 지원하여 자녀양육에 대한 역량을 강화할 수 있도록 해야 한다. 셋째, 부모교육에 대한 정보와 필요성 및 효과성을 지속적으로 홍보하여 자발적인 참여가 이루어질 수 있도록 해야 한다. 세부별 교육내용에 대해 살펴보면 다음과 같다.[10]

(1) 생애주기별 부모교육

부모교육은 생애주기별로 이루어져야 하며, 교육의 시작은 결혼 전부터 해야 한다. 결혼 전에는 학교교육을 토대로 부모됨이 무엇인지, 부모의 역할과 기능은 어떠해야 하는지를 학습하도록 지원해야 한다. 결혼 전 프로그램으로는 결혼준비 교육, 가족가치 및 예비부모 교육 등이 있고 대학에서는 교양과목으로 부모교육, 결혼과 가족, 아동 인권 등을 개설하여 교육하는 것이 바람직하다. 임신 및 출산기에는 보건소, 산부인과, 건강가정지원센터, 육아상담기관 등과 연계하여 부모교육을 안내하고, 교육 자료 및 정보를 배포해야 한다.

자녀 영육기에는 어린이집, 유치원, 학교를 통해 부모교육을 확산시키고 특히 부모자녀가 함께 하는 가족 프로그램도 확대할 필요가 있다. 자녀 학령기에는 학부모 상담, 학교폭력 예방교육 등과 연계하여 부모교육을 활성화하고 청소년수련원 등 청소년 관련 기관을 활용하여 가족 캠프를 통한 부모교육도 효과적이다.

(2) 취약가정 부모교육

한부모, 조손, 이혼, 다문화, 재혼 가족 등 가족기능이 약화된 취약가정의 특성을

10) 정부부처 합동보고서 (2016). 아동학대 예방 및 가족관계 증진을 위한 부모교육 활성화 방안.

반영한 프로그램을 개발하여 부모교육을 실시하고 특히 아동학대 발생 개연성이 높은 고위험 가정과 부모에 대한 교육을 강화해야 한다. 재학대 및 중복학대 위험이 높은 보호관찰 대상자는 교육과 정기적인 상담을 병행할 필요가 있다. 그리고 무엇보다 취약가정 부모가 직면할 수 있는 복합적인 문제(부모자녀 소통기술 부재, 양육 스트레스 등)를 해결하는데 도움을 주는 실질적인 정보 제공과 정서적 지지를 할 수 있는 멘토를 연결하여 자녀양육에 대한 역량을 강화할 수 있다.

부모교육 참여 수준이 낮은 이유 중 하나가 부모교육에 대한 접근성 때문이다. 따라서 취약가정을 위해 부모교육 서비스를 기존 기관 외에 주민자치센터, 평생학습관 등에서도 이루어질 수 있도록 확대하여 접근성을 높여야 한다. 또 이들 가정을 위해 찾아가는 부모교육, 공동육아나눔터 등을 통해 교육서비스를 제공할 수 있다.

(3) 부모교육에 대한 사회적 공감대

무엇보다도 부모교육이 필요하고 효과가 있다는 인식이 확산되어야 이에 대한 사회적 공감대가 형성될 수 있다. 아동학대 예방을 위한 교육 프로그램이 많이 개발되어 있다할지라도 사회적 공감대가 형성되지 않으면 공허해 질 수 밖에 없다. 즉 교육이나 프로그램 자체만으로는 공감대를 형성할 수 없으므로 접근성도 높이고 부모교육의 필요성 및 효과성을 알려서 일반대중의 관심과 인지도를 높여야 한다.

2) 초기 대응의 중요성과 학대 상습화 방지

학대가 발생 했을 때 초기에 즉각적인 대응으로 학대의 상습화를 방지해야 한다. 가정 내에서 아동이 학대당한 사건을 목격 했거나 보육 및 교육기관 내에서 학대가 발생했을 때 묵인 또는 은폐하지 말고 즉시 관련 기관에 피해 사실을 알려야 한다. 우리 사회는 학대에 대한 신고 정신이 부족한데, 신고 정신만 투철해도 학대의 상당 부분을 막을 수 있다. 아동학대 신고자 실태에 대해 살펴보면 전체의 71%는 비신고의무자이고 나머지 29%는 신고의무자[11]이다. 신고의무자 중에는 교사의 신고 비율이 가장 높고, 비신고의무자 중에는 사회복지관련 종사자의 신고 비율이 가장 높으

11) 중앙아동보호전문기관 자료. 신고의무자 범위에는 시설 및 센터 종사자, 유치원 교사와 보육시설 종사자, 교원, 의료인, 사회복지담당 공무원 등이 포함된다.

며 그 다음이 경찰, 부모, 이웃 및 친구, 아동 본인, 친인척 등의 순이다.

신고는 학대의 습관화를 방지할 수 있다는 점에서 매우 중요하다. 학대가 발생 했을 때 이를 방치하면 재학대 및 중복학대로 이어지므로 신고하여 관련기관과 신속하게 접촉해야 피해 아동을 보호할 수 있다. 그리고 상습적인 학대를 당한 아동에게는 특별히 정서적 지지체계를 구축해 주어야 한다.

3) 법적 지원 및 예방 협력체계

일반적으로 가정 내 또는 보육 및 교육기관에서 아동학대가 발생하면 부모나 기관 종사자는 은폐하고 덮으려는 경향이 있다. 따라서 피해 아동을 보호하고 학대 발생을 감소시킬 수 있는 법적 장치가 절대적으로 필요하다. 법의 사각지대에 놓여 있는 아동학대를 제도적 통제 안에 두고, 아동학대가 중대한 '범죄' 라는 사실을 각인시킬 수 있는 방안을 검토해야 한다. 현재 관련법으로는 『형법』, 『아동학대범죄의 처벌 등에 관한 특례법』, 『정신보건법』 등이 있어 피해 아동을 보호하고 학대 행위자를 처벌할 수 있다.

아동학대 예방 협력체계를 살펴보면 법적 기관으로 법무부와 법원이 있고 법을 적용하고 실행하는 검찰과 경찰이 있다. 그리고 아동의 존엄성과 권익 추구를 목적으로 보건복지부 산하에 설립된 중앙아동보호전문기관이 있고, 지역에는 동일한 목적을 가진 지역아동보호전문기관이 있다. 실제 아동학대가 발생해서 신고가 되었을 경우 피해아동을 보호하기 위해 검찰과 아동보호전문기관이 응급조치를 취하고 학대행위자에게는 사법 경찰관, 검사, 가정법원이 적합한 조치를 취하게 된다.

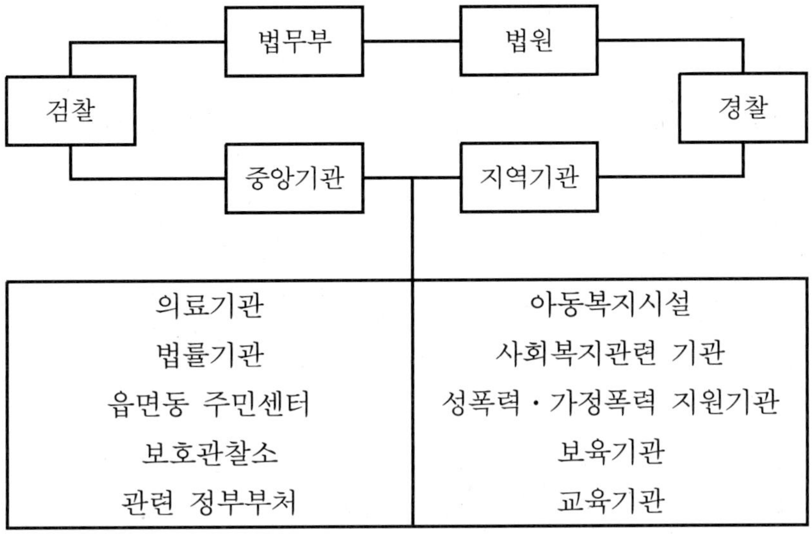

〈그림 1〉 아동학대 예방 협력체계

그러나 아동학대를 예방하기 위해 법적 기준과 예방 협력체계를 구축하는 것만으로 문제가 해결되는 것은 아니다. 그것을 떠받치는 힘이 더욱 중요하다. 우리는 많은 경험을 통해 아동학대 문제가 제도만의 문제가 아니라 그것을 떠받치는 힘이 없으면 공허해 질 수 밖에 없다는 것을 배웠다. 바꾸어 말하면, 어떤 법적 기준과 협력체계를 구축할지라도 그 자체로는 결코 성공할 수 없고, 아동인권을 보호하기 위해서는 반드시 의식개혁이란 선결조건이 떠 받쳐주어야 한다. 다수의 부모가 채벌을 통한 훈육은 정당하다고 생각하고, 신고정신과 아동인권에 대한 인식이 부족하다면 아무리 법적 기준과 체계가 마련되어 있어도 학대 예방에는 한계가 있다. 따라서 『아동학대범죄의 처벌 등에 관한 특례법』과 같이 법명에 학대가 범죄임이 명시되어 있는 만큼 법정신을 살리고 체벌과 학대가 훈계와 훈육의 허용으로 오인되지 않도록 부모교육, 아동교육, 시민홍보 등을 통해 알려야 한다.

4) 공공기관 간의 협력체계의 중요성

학대를 당하는 아동은 학대 행위자가 스스로 멈추지 않는 한 극한 상황에 처하게 되는데 이때 시급히 도움을 청할 수 있는 공공기관은 법적 권한을 가진 경찰이다. 학대 초기단계에 경찰이 개입해서 적합한 조치를 취한다면 더 큰 불행을 막을 수 있다. 그러나 만약 이 단계에 성인의 말만 듣고 학대 행위를 조사하지 않고 간과할 경우 아동은 반복 및 중복 학대로 더 큰 불행에 처할 수 있다. 따라서 최초의 접촉기관인 경찰은 아동학대 대응과정에서 중요한 역할을 맡게 된다.

그러나 현실적으로 상당수의 피해 아동들은 경찰의 무관심 또는 개입에 대한 의지 부족 및 증거부족으로 인해 공공기관으로부터 도움을 받지 못하는 경우가 종종 있다. 따라서 적시에 필요한 보호 조치를 하지 못하고 학대 상황을 방치하게 됨으로 인해 아동은 부모나 성인으로부터의 비난과 공포로 불행한 생활을 하게 된다.

아동학대 사건이 학교, 아동보호기관, 경찰 간의 대응시스템이 미흡해서 아동이 불행한 사고를 당한 사례[12]를 살펴보면 교사가 학대를 당한 아동을 아동보호기관에 신고했으나 초기에 별다른 조치 없이 그냥 넘어갔고 그 후 관련 기관이 현장조사를 통해 학대 행위자인 부모가 아동을 신체 · 정서학대를 하고 물리적 · 의료적 방임을 했다고 판정했다. 그러나 아동의 부모와 일정이 맞지 않아 상담을 못했고 며칠 후 아동은 큰 불행을 당했다. 경찰은 피해아동 형제를 부모와 격리하지 않고 동거 상태에서 조사함으로 인해 부모의 학대 행위를 명확히 확인할 수 없었다. 결국 아동보호기관, 학교, 경찰 간의 대응체계가 원활하지 않아서 불행을 막지 못한 것이다.

미국의 경우, 아동학대 징후가 의심되면 학교에 배치된 전문가가 아동보호기관에 신고하고 학대가 확인되면 법원이 부모의 친권을 제한한다. 그리고 신고에서부터 처리까지 원스톱 체제로 이루어져 아동학대 관련기관 간의 대응체계가 원활하다. 이에 비해 우리나라는 대응체계도 원활하지 않은 부분이 많고 또 학대 조치 및 처벌 수준이 너무 약한 것으로 알려져 있다. 따라서 우리나라도 학대에 대한 양형을 합리적으로 강화할 필요가 있다. 그리고 경찰 및 관계자들이 아동학대에서 파생되는 위험을 분명히 인지하고 아동학대가 발생했을 때 신변보호를 위한 대응요령 즉 무엇을, 어떻게 조치할 것인지에 대해 충분히 숙지하고 있어야 한다. 무엇보다 관리 및 조치가 한 맥락에서 이루어질 수 있도록 효율적인 대응체계를 구축해야 한다.

---

12) 연합뉴스 (2014). 아동학대 대응. http://www.yonhapnews.co.kr

제 13 장

학교폭력

학교폭력은 우리 사회만의 문제는 아니고 세계적인 현상이다. 세계보건기구에 의하면 폭력이란 자신이나 타인 또는 집단 및 지역에 대하여 의도적으로 신체적 또는 심리적 힘을 가하거나 협박하여 상해, 사망, 정신적 피해, 발달이상, 박탈 등의 결과를 초래하거나 이러한 결과를 가져올 개연성이 높은 경우를 의미한다.

1. 학교폭력의 개념과 합법적 조치

(1) 학교폭력의 개념

학교폭력에 대한 개념적 정의는 '학교폭력예방 및 대책에 관한 법률(이하 학교폭력예방법)' 에 명시되어 있다. 학교폭력예방법 제2조에 의하면 학교폭력이란 학교 내외에서 학생을 대상으로 발생한 상해, 폭행, 감금, 협박, 유인, 명예훼손·모욕, 공갈, 강요·강제적인 심부름 및 성폭력, 따돌림, 사이버 따돌림, 정보통신망을 이용한 음란·폭력 정보 등에 의하여 신체·정신 또는 재산상의 피해를 수반하는 행위를 말한다.

따돌림은 학교 내외에서 두 명 이상의 학생이 특정인 또는 특정집단의 학생을 대상으로 지속적 · 반복적으로 신체적 · 심리적 공격을 가하여 상대방이 고통을 느끼도록 하는 일체의 행위가 포함된다. 최근 사이버 폭력도 상당한 논란이 되고 있는데 인터넷, 휴대전화 등 정보통신기기를 이용하여 특정 학생을 대상으로 지속적·반복적으로 심리적 공격을 가하거나 개인정보 또는 허위사실을 유포하여 상대방이 고통을 느끼도록 하는 일체의 행위를 말한다.

(2) 학교폭력에 대한 조치와 법적 처분

학교 내에는 학교폭력 문제를 다루는 학교폭력대책자치위원회[13]가 있으며 이 위원회는 피해 학생의 보호를 위해 필요하다고 인정하는 범위 내에서 다음의 조치를 취할 수 있다.

- 심리상담 및 조언
- 일시보호
- 치료를 위한 요양
- 학급 교체
- 전학 권고
- 그밖에 피해 학생의 보호를 위해 필요한 조치

학교폭력을 행사하거나 그 행위에 가담한 학생이 있을 경우 자치위원회는 피해 학생의 보호와 가해 학생의 선도·교육을 위해 필요하다고 인정하는 범위 내에서 가해 학생에 대해 다음에 해당하는 조치를 할 수 있다. 단, 퇴학처분은 가해학생이 의무교육과정에 있을 경우 적용하지 않는다.

- 피해 학생에 대한 서면 사과
- 피해 학생에 대한 접촉 및 협박 금지
- 학급 교체
- 전학
- 학교에서의 봉사

13) 자치위원회란 학교폭력 예방 및 대책과 관련된 사항을 심의하기 위해 학교에 설치한 기구이다. 「학교폭력예방 및 대책에 관한 법률」 제12조 1항

- 사회봉사
- 학교 내외 전문가에 의한 특별교육 이수 또는 심리치료
- 10일 이내의 출석 정지
- 퇴학처분

학교폭력의 결과가 피해학생의 신체적, 정신적 손상을 가져올 만큼 심각한 결과를 초래하는 경우도 있으므로 학교폭력에 대해 일반 형법이 적용된다. 가해학생이 학내 조치를 받았다고 해서 처벌이 끝난 것이 아니다. 만14세 이상의 학생은 「소년법」의 적용대상이 되는 동시에 「형법」의 적용대상이 되므로, 보호처분 또는 형사처벌을 받을 수 있다. 「소년법」의 적용대상은 19세 미만이며, 「형법」의 적용대상은 14세 이상의 청소년이다. 보호처분은 19세 미만 청소년의 범죄사건 등에 대해서 청소년의 환경을 바꾸고 문제행동을 바로 잡도록 하기 위한 처분조치로 보호자인 부모가 청소년을 돌보는 것부터 소년원에 보내는 것까지 다양하다.

2. 학교폭력의 특성

(1) 저연령화

최근 다양한 매체에서 집단따돌림을 포함한 학교폭력 피해 사례를 빈번이 보도하고 있고 주변에 폭력 피해를 경험한 경우도 쉽게 접할 수 있다. 문제는 이러한 학교폭력이 저연령화 및 집단화되고 있고 폭력 가해자와 피해자가 폭력에 대한 인식부족 및 일상화로 인해 피해정도가 심각한 수준에 이르고 있다.

정부 보고서[14]에 의하면 학교폭력의 최초 발생 연령이 낮아지는 추세이며 피해학생 중 54%가 초등학교 때 최초로 학교폭력을 경험한 것으로 나타났다. 중학생과 고등학생을 비교하면 상대적으로 중학생의 학교폭력 발생 비율이 더 높은 것으로 파악되었다. 학교폭력대책 자치위원회가 심의한 건수 중 중학교가 차지하는 비율이 전체의 69%이고 중학교의 증가율이 초등학교의 7배, 고등학교의 2배 수준인 것으로 나타났다.

14) 학교폭력 근절 종합대책 (2012). 정부 관계부처합동 보고서.

(2) 폭력의 집단화

학교폭력은 학교라는 공간적 특수성으로 인해 지속적으로 반복·강화될 수 있고 가해자와 피해자만 있는 것이 아니라 폭력을 지켜보는 방관 집단이 폭력 과정에 영향을 미칠 수 있다는 점에서 일반 폭력과 특성이 다르다.[15] 최근 저연령화와 더불어 학교폭력의 집단화 경향이 두드러지고 학교 내 일진 등의 영향력이 증가하고 있다. 실태조사에 의하면 학교폭력 피해학생 중 66%가 두 명 이상의 가해자에게 폭력을 당했고 가해학생의 수가 6명 이상인 경우가 16%에 이르는 것으로 나타났다. 그리고 학생들이 피해를 입지 않기 위해 일진 등의 폭력조직에 가입하고 학교별 일진이 정보를 공유하면서 피해자를 지속적으로 괴롭히는 문제까지 발생하고 있다.

두 명 이상으로 구성된 폭력의 집단화가 초래하는 문제는 더욱 심각한데 이유는 피해학생이 다수를 상대해야 한다는 정신적 부담으로 인해 저항도 못하고 보복의 두려움 속에서 무력하게 당하기 때문이다. 최근 학교폭력의 집단화, 조직화 양상이 심화되고 학생 간 단순 폭력이 아니라 불량 서클이나 일진과 연계되고 있으며 이들 집단이 학교 내에 미치는 영향력이 증가하고 있는 것도 폭력의 집단화가 가지는 속성 때문이다.

학교는 학생들에게 가장 안전한 공간이어야 하고, 학교 안전은 학교가 위치한 주변, 이웃과 지역사회, 가정, 기타 사회제도와 모두 연관되어 있다. 따라서 그런 학교에서 폭력이 빈번히 발생한다는 것은 그리고 피해 학생은 물론이고 가해 학생도 정신적·심리적으로 불안정한 상태에 있다는 것은 학교 안전 차원에서 사회적으로 시사하는 바가 크다.

청소년폭력예방재단의 학교폭력 실태조사에 의하면 전체 학생의 42%는 학교폭력 정도가 심각하다고 인식하고 있고 재학 중에 학교폭력을 경험한 학생은 30%로 10명 중 3명 정도인 것으로 나타났다. 그리고 최근 일 년 동안 학교폭력을 당한 경험이 있다고 응답한 학생들 중 31%가 한 번 이상 자살을 생각 한 적이 있다고 하였고 63%는 심리적 고통을 호소하였다.

15) 손경원 (2008). 학교폭력예방을 위한 사회 규범적 접근. 도덕윤리와 교육연구 제26호.

(3) 피해와 가해의 악순환

학교폭력에 대한 특성 중 피해자와 가해자 구분이 불분명하다는 것도 문제로 지적되고 있다. 구분이 불분명한 이유는 학교폭력의 원인이 복합적인 경우가 많아 원인 규명 및 문제해결에 전문적인 조사와 상담이 필요하기 때문이다. 그리고 학교폭력 피해 경험이 있는 학생은 내면적으로 폭력이 학습되어 다시 폭력을 당하지 않기 위해 폭력을 행사하는 악순환이 발생하는 부분도 있다. 실태조사에서 피해와 가해를 모두 경험한 학생의 비율이 10%로 나타났는데 이는 피해와 가해의 악순환 현상을 보여주는 것이다.

(4) 정서적 폭력 증가 및 폭력의 지속성

교육과학기술부[16]가 전국의 초등학생부터 고등학생까지 전원을 대상으로 전수조사를 한 결과에 의하면 욕설 등의 언어폭력, 집단따돌림 등과 같은 정서적 폭력을 경험한 비율이 65%로 학교폭력 유형 가운데 가장 높은 것으로 나타났다. 단순한 신체적 폭력이 아닌 강제적 심부름이 46%, 사이버 폭력 35%, 성적 모독 21% 등 언어적·정신적 폭력이 증가하고 있다. 이러한 폭력은 휴대폰 문자와 SNS 등을 통해 쉽게 반복적으로 이루어지는 경향이 있다.

(5) 학교폭력에 대한 낮은 인식과 대응 수준

전반적으로 학교폭력에 대한 인식과 대응 수준이 낮아 폭력을 방관하거나 확대하는 경우가 종종 있다. 학교폭력을 장난으로 인식하거나 위장하고 학교폭력을 목격하는 경우에도 다수가 방관하는 경향이 있다. 그리고 학교폭력에 대해 온정주의 시각으로 바라보고 처벌보다 교육적 차원에서 계도 조치에 그치는 것도 관련 문제에 대한 낮은 인식을 반영하는 것이며 이러한 인식이 폭력을 재발하게 만드는 요인으로 작용한다.

---

16) 교육과학기술부 (2012). 학교폭력 실태 전수조사결과. http://www.mest.go.kr/web.

〈표 1〉 학교폭력에 대한 인식 및 대응 수준

구분	내용
학생	▸(피해자) 신고를 해도 문제해결이 안되고 보복을 우려 ※ 피해학생의 58%가 도움을 요청하지 않는 이유 : 일이 커질 것 같아서(1위), 이야기해도 소용없을 것 같아서(2위), 보복당할 것 같아서(3위) ▸(가해자) 학교폭력을 단순한 '장난'으로 인식하거나 위장 ※ 가해 이유 : 장난(1위), 상대 학생이 잘못해서(2위), 오해와 갈등(3위) ※ 가해 후 상황 : 아무 일도 일어나지 않음(1위), 피해 학생과 화해(2위) ▸(목격자) 학교폭력을 목격해도 보복이 두려워 방관하는 경우가 다수 ※ 목격자의 62%가 방관하는 이유 : 같이 피해를 당할까봐(1위), 관심이 없어서(2위), 어떻게 해야 할지 몰라서(3위)
학부모	▸(학교폭력에 관대) 아이들은 싸우면서 자라는 것이 당연하다는 인식 ▸(학교폭력 정당화) 학교폭력의 원인을 피해 학생에게 돌리려는 경향
교원	▸(온정주의적 시각) 처벌보다는 교육적 차원의 계도에 치우쳐 조치 ▸(학교폭력 은폐 경향) 학교의 부정적 이미지 유발, 신상의 불이익 등을 우려

출처: 학교폭력 근절 종합대책(2012). 정부 관계부처합동 보고서.

3. 학교폭력의 실태

(1) 가해자 현황

학교폭력 가해자가 선배인 경우가 46%로 가장 많고 그 다음은 같은 반에서 함께 생활하는 반 친구(25%)인 것으로 나타났다.[17] 다른 반 친구에 의한 피해도 15%이며 다른 학교 학생에 의해 폭력이 일어나는 경우(10%)도 적지 않게 발생하고 있어 일과 시간 종료 후의 생활 관리에 대해서도 관심을 가질 필요가 있다.

이러한 실태는 우리 사회에 시사하는 바가 크다. 특히 가해자가 선배인 경우가 많다는 것은 학교 문화가 건전하게 조성되지 못한 부분이 있다는 점과 인권침해 소지가 다분하다는 것을 말해 준다. 학교는 배움의 전당이다. 자율성과 타인을 존중하는 문

17) 장종선 · 이윤호 (2013). 교정시설 소년수용자의 실태분석을 통한 학교폭력에 관한 연구. 교정연구 60호, 170-202.

화가 전제되어야 하는 학교에서 선배라는 명분하에 후배의 자율성을 억압하고 폭력을 휘두르는 것은 인권보호 차원에서도 근절되어야 한다.

(2) 학교폭력의 유형별 피해 실태

학교폭력 실태를 유형별로 살펴보면[18] 심한 욕설과 놀림, 협박이 33.9%로 가장 많고 그 다음이 돈이나 물건을 빼앗는(16.2%) 것으로 나타났다. 집단 따돌림과 강제 심부름은 11.3%의 분포를 이루고 있으며 폭행 및 감금도 9.6%인 것으로 파악되었다. 사이버 괴롭힘과 스토킹은 7.1%이며 강제추행과 성폭력도 3.2%의 분포를 보이고 있다. 이러한 결과는 학교폭력이 매우 다양한 형태로 행해지고 있으며 특히 욕설을 동반한 놀림과 협박이 가장 빈번하게 발생하고 있다는 것을 말해 준다.

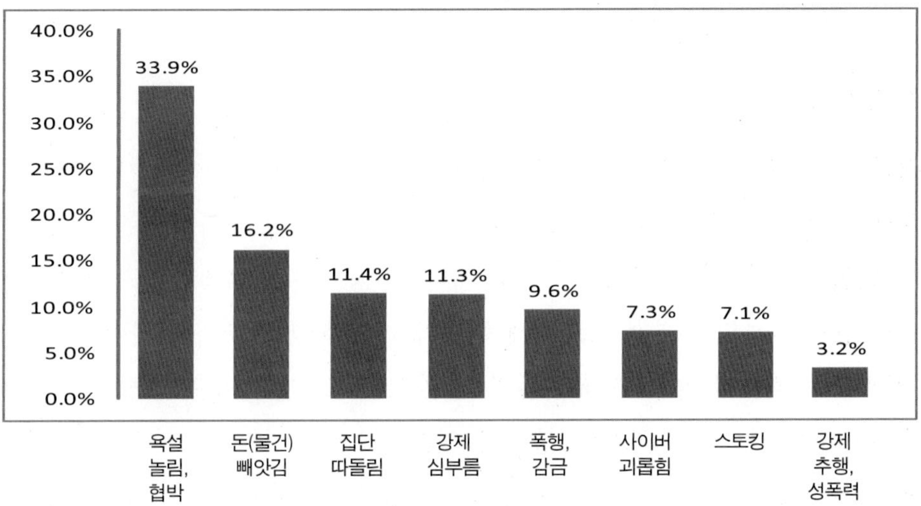

〈그림 1〉 유형별 피해 비율

(3) 학교폭력에 대한 심각성 인지도

학생들이 학교폭력에 대해 어느 정도 심각하게 인지하고 있는지를 살펴보면 상대적으로 집단따돌림(24.4%)과 신체폭력(23.3%)에 대한 인지도가 높은 것으로 나타났다. 언어폭력(13.5%)과 금품갈취(8.6%), 성적추행(6.3%)이 심각하다고 인지하는 비

18) 교육과학기술부 (2013). 학교폭력실태조사.

율도 낮지 않은 것으로 파악되었다.

〈표 2〉 학교폭력에 대한 심각성 인지도

학교폭력 유형	백분율
집단따돌림	24.4
신체폭력	23.3
언어폭력	13.5
괴롭힘	10.1
금품갈취	8.6
성적추행	6.3
심각하지 않음	5.5
사이버폭력	4.7
위협 및 협박	3.6

출처: 청소년폭력예방재단(2013). 전국 학교폭력 실태조사.

(4) 학교폭력이 근절되지 않는 이유

학교폭력이 근절되지 않는 이유 중 부모의 관심 부족이 42.2%로 가장 높고 그 다음이 사회의 관심 부족(17.8%)인 것으로 나타났다. 그리고 교사의 폭력에 대한 인식 부족이 원인이라고 응답한 비율도 16.5%이다. 현장에서 학교폭력을 경험한 학생 및 학부모와 상담해 보면 부분적으로 피해 학생과 가해 학생의 교사들 간에 학생지도 차원의 협조가 원활하지 않고 또 교사들의 인식부족으로 인해 폭력이 발생 할 경우 적합한 조치를 취하는 데 소극적인 경향이 있다.

학교폭력에 대한 교육 부재(12.0%) 역시 폭력에 대한 인식 부족과 같은 맥락에서 해석할 수 있고 또 교육내용이 어느 정도 구체적이고 심각성을 일깨워 줄 수 있는지, 인성교육이 어느 정도 강조되는지에 따라 근절 효과가 다를 것이다. 그리고 교사가 폭력에 대해 분명히 인지하고 책임 있는 지도를 해야 하며 전체 교직원 간의 유기적인 협조를 통해 해결방안을 모색해야 한다.

〈표 3〉 학교폭력이 근절되지 않은 이유

이 유	백분율
부모의 관심 부족	42.2
사회의 관심 부족	17.8
교사의 폭력 인식 부족	16.5
학교폭력에 대한 교육 부재	12.0
기타	11.5

학교폭력을 근절하고 예방하기 위해 중점을 두어야 할 사항은 가정교육이다. 실태조사 자료에서도 학교폭력에 영향을 미치는 요인들 중 가정교육과 부모자녀 관계가 무엇보다 중요한 것으로 나타났다. 특히 청소년에게 있어서 부모자녀 관계는 더욱 중요한 요인으로 작용한다. 세상에 태어나 제일 먼저 만나는 사람이 부모이고, 부모자녀 관계는 전 생애에 걸쳐 지속적으로 영향을 미친다. 일반적으로 청소년이 학교폭력과 같은 어려움에 직면할 때 주된 의논 대상은 가족이고, 또래관계에 어려움을 겪고 있는 청소년은 자신의 문제를 친구에게 말하지 않는 경향이 있다. 이유는 친구에게 마저 따돌림을 당할 수 있다고 생각하기 때문이다.

이러한 결과는 결국 주 의논 대상은 부모이므로 청소년이 가정에서 부모와 건강한 교류와 의사소통을 할 수 있어야 한다는 것을 말해 준다. 그러나 가정이 청소년에게 건강한 교류 기반을 제공하지 못할 경우 심리적 문제 뿐 아니라 또래 관계에도 부정적인 영향을 미치게 된다.[19] 이는 결국 청소년 문제의 본질이 가족 내에서 경험하는 것과의 동적인 상호작용의 결과라고 볼 수 있다.[20]

4. 학교폭력에 대한 이론적 배경

폭력을 보는 시각은 다양한데 신체적 힘에 의한 비합법적 행위, 상대방을 신체적으로 위협하거나 손상을 주는 행위, 타인에게 의도적으로 신체적인 힘을 사용하는

19) Pontzer, D. (2010). A theoretical test of bullying behavior: Parenting, personality, and bully/ victim relationship. *Journal of Family Violence,* 25 (3), 259-273.

20) 정영숙, 홍명선 (2013). 청소년이 인지한 부모갈등차원이 자아개념에 미치는 영향. 재활심리연구, 20(2), 273-288.

행위라고 보는 것이 일반적인 시각이다. 폭력은 물리적 힘을 사용하거나 정신적 학대를 통해 고통을 주는 행위이다. 그리고 폭력은 물리적 행위 뿐 아니라 폭력에 의해 지배하는 행위 전반을 포함한다. 즉 단순한 물리적·신체적 손상을 주는 행위 뿐 아니라 자존감을 해치는 언어적 폭력, 성적 폭력도 포함된다. 따라서 학교폭력은 절대적으로 부정적 의미를 내포하므로 어떤 경우에도 정당화될 수 없다.

폭력에는 타인에게 고통과 상처를 주는 것 자체가 목적인 표현적 폭력이 있는가 하면 어떤 행위를 하도록 유도하거나 교정시키기 위한 목적으로 고통과 상처를 주는 수단적 폭력도 있다. 폭력이 발생하는 원인을 요인별로 구분하면 개인적, 사회심리적, 사회구조적, 사회환경적 요인이 있다.

1) 개인적 요인

개인적 관점은 폭력이 개인의 분노나 충동성과 같은 정서조절 및 행동통제능력 결여, 낮은 자존감으로 인한 산물이며 그로 인해 공격적, 가학적 행동을 한다고 본다. 실제로 폭력행위를 하는 아동에게 나타나는 보편적 특성은 공격성이다. 심리적 특성 중 공격성이 강한 경우 질서나 규범보다 감정에 치우친 행동을 하는 경우가 많다. 이를 공격적 성격장애라고 하는데 욕구가 충족되지 않으면 정서불안과 더불어 불만과 좌절이 커지고 이러한 심리적 갈등이 증폭되어 폭력과 같은 반사회적 행동으로 나타나는 것이다. 따라서 또래 간의 작은 언행이나 자극도 가학적 충동이나 정서불안으로 연결되어 자아통제 및 행동통제력을 상실하고 그로 인해 폭력을 행사하게 된다.

2) 사회심리적 요인

사회심리적 요인에 대한 배경은 사회학습이론에 잘 나타나 있다. 이론에 의하면 폭력은 인간의 다른 행동과 마찬가지로 학습된다. 즉 인간의 공격행위는 다른 형태의 사회적 행동처럼 자극, 강화 및 인지적 통제 하에 학습된 행위이다. 폭력에의 노출은 역할모델을 통하여 폭력을 배우고, 그것이 문제해결에 효과적임을 알 때 학습효과는 더욱 커진다. 또한 폭력행위를 관찰함으로써 구체적 기술을 습득하고 반복되는 관찰을 통하여 폭력행위에 대한 죄의식이나 양심의 가책마저 상실하면서 폭력을 하나의 행위양식으로 용납하게 된다.

어릴 때 가정에서의 신체적 체벌이나 학교에서의 체벌, 성장 후 군대에서의 체벌 등은 가족이나 사회에서 폭력의 정당성과 효과를 인정하는 규범 인식을 심어 줄 수 있고 폭력의 악순환을 형성하게 된다. 폭력에 대한 관찰학습의 중요성은 연구에서 이미 실증적으로 확인되었다. 폭력행위는 단순한 관찰학습 뿐 아니라 자신이 직접 경험한 폭력으로부터도 학습될 수 있는데, 성장기에 폭력 경험의 빈도가 높을수록 폭력 성향이 강화될 가능성이 높은 것도 바로 이 때문이다. 사회심리적 관점에서 폭력 원인을 규명하는 이론으로는 사회학습이론, 좌절-공격이론, 교환이론 등이 있다.

(1) 사회학습이론

사회학습이론에 의하면 폭력은 학습된 현상이며 학교가 폭력을 훈련하는 장소라고 본다. 즉 폭력에 노출됨으로 인해 의식 또는 무의식적으로 폭력행위를 모방하게 되고 이러한 모방이 폭력 학습으로 이어진다는 것이다. 결국 폭력을 경험하는 것이 폭력 원인으로 작용하여 폭력 학습으로 이어지게 된다. 사회학습이론은 인간행동을 모방이라는 기제를 통해 설명하였다. 즉 다른 사람의 행동을 관찰함으로써 학습이 이루어지기도 하지만 모방과 동일시를 통해서도 학습이 이루어진다.

주변에 학교폭력 가해자와 피해자의 구별이 불분명하여 피해자가 가해자가 되는 사례가 종종 있는데 이러한 사례는 학교폭력이 사회구성원 간의 상호작용을 통해 학습된다는 이론적 전제를 뒷받침 하는 것이다. 또한 부모로부터 학대를 당했거나 부모 간 폭력을 목격한 경험은 청소년기 자녀의 우울, 불안, 공격성을 증폭시키고, 학교폭력 가해 및 피해 경험에 영향을 미친다.[21)22)] 이는 가정폭력에 노출된 경험이 잠재적으로 학습되어 있다가 자기표현이 가능해지는 청소년기에 학교폭력으로 표출된다는 것을 말해 준다. 가정폭력이 학교폭력으로 이어지는 것도 이러한 맥락에서 이해 할 수 있다.

---

21) Maas, C., Herrenkohl, T. I., & Sousa, C. (2008). Review of research on child maltreatment and violence in youth. *Trauma Violence and Abuse*, 9(1), 56-67.

22) Boivin, S., lavoie, F., Hebert, M., & Gagne, M. H. (2012). Past victimization and dating violence perpetration in adolescence. *Journal of Interpersonal Violence*, 27(4), 662-684.

가정폭력이 학습을 거쳐 내재화되고 그것이 다시 학교폭력에 영향을 미친다는 것은 실태자료 분석에서 명확히 보여준다. 가정폭력에의 노출을 중심으로 한 상관관계(r)를 살펴보면 가족생활(r = −0.310) 및 학교생활 만족도(r = −0.109)와는 부적인 상관이 있는데 비해 내재화(r = 0.212) 및 학교폭력(r = 0.208)과는 정적인 상관관계가 있다. 이러한 결과는 가족생활과 학교생활 만족도가 폭력의 내재화에 영향을 미치고 가정폭력에 노출되는 것이 내재화를 통해 학교폭력에 영향을 미친다는 것을 말해 준다.

〈표 4〉 가정폭력과 학교폭력 간의 상관관계

항 목	가정폭력 (r)
가족생활 만족도	−0.310
학교생활 만족도	−0.109
폭력의 내재화	0.212
학교폭력	0.208

출처: 김정란(2014). 청소년의 가정폭력 노출이 학교폭력 가해행동에 미치는 영향. 한국생활과학회지, 23권 2호.

(2) 좌절-공격이론

좌절-공격이론은 아동이 자신이 세운 목표 지향적 활동이 제지당했을 때 방해한 대상에게 공격적 행동을 한다는 논리이다. 다양한 욕구와 특성을 가진 아동으로 구성된 학교는 구조적, 기능적으로 갈등과 좌절을 경험하는 상황이 종종 발생할 수 있는데 이런 상황에서 공격적 행동이 나타날 수 있다. 일반적으로 아동은 자신의 욕구가 충족되지 않을 때 좌절을 경험하며 이에 대한 반응으로 공격적 행동을 하게 된다. 이 이론은 폭력은 좌절에 대한 결과이며 모든 좌절은 상대에게 해를 입히는 공격적 행동으로 나타난다고 것이다.

3) 사회구조적 요인

사회구조적 관점은 개인이 속한 사회의 기준, 규범, 가치 등을 포함한 사회구조에서 폭력의 원인을 찾는다. 대표적인 이론으로 자원이론, 하위문화론, 가족체계론 등이 있다.

(1) 자원이론

자원이론에 의하면 개인은 다양한 자원을 가지고 있는데 폭력은 여타의 자원이 부족할 때 사용하는 마지막 자원이라는 것이다. 실제로 폭력 실태를 살펴보면 학업성취, 용모, 가족 배경, 가족 지지 등을 고루 갖춘 아동은 또래의 폭력 허용도가 낮은데 비해 관련 자원이 부족한 아동은 폭력 허용도가 높은 경향이 있다. 폭력을 당한 아동이 다시 폭력을 행한 아동과 관계를 유지하는 경우가 있는데 이는 부분적으로 폭력을 당한 아동이 자원이 부족하기 때문에 폭력의 그늘에 머무는 것이다. 따라서 자원이 부족한 아동일수록 폭력가해 아동으로부터 벗어나지 못하고 폭력을 감수하며 관계를 유지한다.

(2) 하위문화이론

하위문화란 일반문화 체계와 구별되는 문화로 특정집단에 공통된 가치관, 신념 등을 포함하는 행동양식을 말한다. 하위문화이론의 기본 전제는 폭력은 상대적으로 사회경제적 수준이 낮은 하위문화에서 더 많이 일어난다는 것이다. 이 이론은 하위문화에서는 폭력을 일탈행위로 보지 않고 자연스럽게 수용하는 문화적 가치에 따른 반응이라는 것이다. 그리고 그 문화에 속한 아동이 동일한 가치를 학습하게 되므로 폭력이 하위문화에서 더 많이 발생하게 된다. 하위문화에서는 폭력집단 내에서 긍정적으로 평가받는 공격성과 대담성이 폭력 및 비행을 통해 드러나고 이런 성향이 집단적 지지를 받으면 점차 강화된다.

일반적으로 하위문화권에 속하는 아동은 자아존중감이 낮은 것으로 알려져 있다. 낮은 자아존중감은 폭력 및 비행집단 내에서 긍정적으로 평가받고 그로 인해 다시 폭력과 비행으로 연결되는 경향이 있다. 자아존중감이 높으면 자신에 대한 신념을 토대로 대인관계 분화 수준이 높아져서 건전한 관계를 유지한다. 그러나 자아존중감이 낮으면 자신에 대한 신념과 확신이 부족하고 소외, 위축, 불안, 울화 등의 행동 양상을 보인다. 낮고 손상된 자아존중감은 청소년기 동안 사회적 부적응을 초래할 뿐 아니라 그 영향이 성인기까지 이어질 수 있다.

4) 사회환경적 요인

우리 사회는 급격한 변화를 겪고 있다. 경제적 어려움으로 인한 가족해체, 이혼율 증가, 입시위주 교육, 가정교육 약화, 자녀와의 소통 부재 및 무관심으로 인해 현대의 청소년은 이전 세대에 비해 가치관 혼재 및 가족기능의 상실 등과 같은 위험요인에 더 많이 노출되어 있다. 이로 인해 청소년이 겪고 있는 부정적 변화도 만만치 않다. 대표적인 것이 학교폭력, 게임중독, 약물남용 등이다.

이러한 부정적 변화를 가속화하는 요인으로는 가족 간 유대 약화, 입시경쟁의 긴장과 좌절에서 오는 불안과 공격성, 인권 및 전인교육의 부재, 유해 매체 및 환경 등이다. 부모자녀 간 관계에서 갈등적 요소로 작용하는 가장 주된 요인은 입시 및 학업성취이다. 그리고 부모의 부부간 불화의 원인도 자녀의 학업성취도와 밀접한 관련이 있다. 이런 환경에서 학업성취도가 낮거나 부모 기대에 부응하지 못하면 불안과 긴장, 부모와의 갈등, 실망과 좌절 등을 겪게 되고 이에 대한 역기능으로 표출되는 것이 폭력, 가출, 비행 등이다.

기술혁신으로 인터넷 매체는 날로 발달하여 자료와 동영상을 동시 다발적으로 대중에게 전달하고 행동과 패러다임을 주도하는 막강한 영향력을 가지고 있다. 이러한 대중매체가 가지는 역기능 또한 심각하다. 영화, 비디오, 게임, 음악, 인터넷, 간행물, 광고물 등의 대중매체가 청소년에게 유해한 선정적이고 폭력적인 내용을 담고 있고 이를 청소년이 쉽게 접할 수 있다면 의식 또는 무의식적으로 받아들이고 모방하고 학습하게 된다. 폭력영화, 인터넷, 게임 등의 영상매체가 학교폭력에 미치는 영향력을 조사한 결과 54%가 영향력이 있다고 응답한 것으로 나타났다.[23)]

이러한 결과는 인터넷을 통한 폭력영화 및 만화 등의 유해 영상매체에 대한 접근성이 용이하고 그로 인해 폭력에 대한 인식이 무뎌지는 경향을 반영하는 것이다. 그리고 대중매체가 보여주는 공격성과 폭력성은 청소년에게 그대로 반영될 가능성이 크다는 것을 말해 준다. 아직 사회규범과 가치관이 정립되어 있지 않은 청소년에게 대중매체가 상업성에 치우쳐 선정적, 폭력적 내용을 무분별하게 공급한다면 청소년은 이를 무의식적으로 받아들이게 될 것이다.

---

23) 정부 관계부처합동 보고서 (2012). 학교폭력 근절 종합대책.

5. 학교폭력의 유형

학교폭력은 외형적인 피해가 명백한 것도 있지만 그렇지 않은 사례도 적지 않다. 즉 외형적인 피해 정도가 미미해 보여도 피해 학생이 분노、불안 등 정신적 충격을 받았다면 그것도 학교폭력의 범주에 속한다. 학교폭력을 유형별로 구분하면 신체적·물리적 폭력, 언어적·정신적 폭력, 따돌림, 사이버 폭력, 집단폭력 등으로 나눌 수 있다. 각 유형에 속하는 구체적인 행위는 다음과 같다.[24]

(1) 신체적·물리적 유형

현행법은 학교폭력 여부에 대한 판단을 원인이 아닌 행위의 결과를 기준으로 삼는다. 따라서 좋은 의도로 싸움에 개입했더라도 상대방이 다쳤다면 결과적으로 폭력 가해자가 된다. 신체적·물리적 유형에 해당되는 행위는 다음과 같다.

① 고의로 건드리거나 치는 등 시비를 거는 행위
② 때리는 행위 (다른 사람을 시켜서 때리는 행위도 포함)
③ 목을 조르는 행위
④ 꼬집는 행위
⑤ 장난을 가장해서 때리거나 밀치는 행위
⑥ 신체적 위협을 가하는 행위
⑦ 신체적·성적 접촉을 강요하는 행위
⑧ 물건이나 흉기로 상해를 입히는 행위
⑨ 신체부위에 침을 뱉는 행위
⑩ 다수 학생을 운동장으로 불러내어 기합 주는 행위
⑪ 돈, 물건을 빼앗거나 감추는 행위
⑫ 성폭력

24) 학교폭력유형. 생활법령정보 http://oneclick.law.go.kr

(2) 언어적·정신적 유형

언어적 · 정신적 폭력 사례는 유형의 속성상 매우 다양하다. 학생 간 문자 성희롱, 게임 법칙에 의한 특정행위(술, 담배 피기 등) 강요 등은 언어적·정신적 폭력에 해당되는 행위이다. 구체적인 해당 행위를 살펴보면 다음과 같다.

① 말로 위협하거나 협박
② 말을 걸어도 무시하고 면박 주는 행위
③ 욕설, 험담, 조롱하며 비웃는 행위
④ 모욕 (다른 사람이 모욕하도록 설득하는 행위 포함)
⑤ 약점을 들춰서 괴롭히는 행위
⑥ 본인이 싫어하는 별명을 부르며 놀리는 행위
⑦ 이상한 소문이나 나쁜 소문을 퍼뜨리는 행위
⑧ 본인이 싫어하는 별명을 부르며 놀리는 행위
⑨ 특정 행동을 사진 및 동영상을 찍어 본인에게 수치심을 주는 행위
⑩ 부당한 일을 강요하는 행위

(3) 집단따돌림

집단따돌림에 대한 개념은 학자에 따라 다양하게 정의되고 있다. 집단따돌림을 bullying으로 정의한 올위스(Olweus)[25]는 힘의 불균형에 의해 반복적, 의도적으로 가해자가 피해자를 집단적으로 따돌리는 것으로 정의하였다. 이러한 집단따돌림은 청소년의 정신건강에 부정적인 영향을 미치고 특히 또래관계에서 비롯된 부정적인 경험은 심리적 불안을 유발하고 생활 전반을 우울하게 만든다. 학교폭력예방법 제2조 1호에 의하면 따돌림은 학교 내외에서 두 명 이상의 학생들이 특정인이나 특정집단의 학생들을 대상으로 지속적이거나 반복적으로 신체적 또는 심리적 공격을 가해 상대방이 고통을 느끼도록 하는 일체의 행위를 포함하는 것으로 되어 있다.

---

25) Olweus, D., Limber, S. P. & Mihalic, S. (1999). The bullying prevention program: Blueprints for violence prevention, Vol. 10. Center for the Study and Prevention of Violence: Boulder, CO.

① 고의적으로 따돌리는 행위
② 말을 걸어도 대답하지 않고 무시하는 행위
③ 다른 친구들과 어울리지 못하게 하는 행위
④ 친구의 접근을 막는 등 따돌림을 부추기는 행위
⑤ 주변 친구들이 도우려는 것을 방해하는 행위
⑥ 책상, 소지품 등을 감추거나 버리는 행위

(4) 사이버 폭력

사이버 폭력이란 인터넷 매체를 이용해서 다른 사람에게 고의적, 반복적, 적대적인 태도로 피해를 입히는 모든 행위를 말한다. 최근 청소년들 간에 사이버 폭력이 빈번히 발생하면서 사회문제로 대두되고 있다. 학교폭력예방법에는 '사이버 따돌림'이란 개념으로 정의되어 있으며 인터넷, 휴대전화 등 정보통신기기를 이용해서 학생들이 특정 학생들을 대상으로 지속적·반복적으로 심리적 공격을 가하거나 특정 학생과 관련된 개인정보 또는 허위사실을 유포해서 상대방이 고통을 느끼도록 하는 일체의 행위를 포함한다.

① 학교 게시판, 인터넷 사이트 등에 특정인에 대해 비방·험담하는 글을 올리는 행위
② 특정인에게 이메일, 휴대전화 등을 통해 비난하는 메시지를 보내는 행위
③ 특정인에 대해 안티카페를 만들어 게시판에 험담하는 글을 올리고 공유하는 행위
④ 특정인에 대해 허위사실을 다른 사람에게 휴대전화 문자로 발송하는 행위
⑤ 특정인의 휴대전화번호를 인터넷상에 유포하는 행위

(5) 집단폭력

일대일이 아닌 일대 다수의 학교폭력 집단화는 피해학생이 다수를 상대해야 하는 정신적 부담과 보복의 두려움 때문에 폐해가 더욱 심각하다. 폭력서클이나 일진이 학교 내에 미치는 영향력이 증가하고 있는 것도 폭력의 집단화에 내포된 속성이다.

집단폭력에 해당되는 행위는 다음과 같다.

① 두 명 이상이 특정인을 때리는 행위 (다른 사람을 시켜서 때리는 행위 포함)
② 두 명 이상이 특정인을 감금 또는 자기 지배하에 두려고 하는 행위
③ 일진에게 충성을 강요하며 담뱃불로 신체적 위해를 가하고 충성을 증명할 것을 강요하는 행위
④ 일진임을 내세워 쉬는 시간마다 빵을 사오라고 하는 등 부당한 요구를 지속적으로 하는 행위
⑤ 교내 폭력서클에 가입할 것을 강요하는 행위
⑥ 정기적으로 교내 폭력서클 조직원에게 용돈을 바치도록 하는 행위
⑦ 다른 학교의 폭력서클과 세력다툼을 하는 행위

6. 외국의 학교폭력 예방 정책

1) 종합적 vs. 단편적 접근

학교폭력이 발생하면 무관용 원칙하에 서면사과, 접근금지, 심리상담, 사회봉사, 정학 및 퇴학 등의 조치가 취해지는데 이러한 조치가 일시적인 효과는 있으나 여전히 폭력 재발 등 후속적인 문제를 차단하기에는 역부족이다. 학교폭력을 근절하기 위한 정책은 가정, 학교, 지역사회 등 다양한 주체가 각자의 역할을 하면서 다각적으로 모색해야 한다.

OECD국은 학교 안전 문제의 다면성과 장기적 예방 계획의 필요성을 인식하고, 학교(교사, 학생, 직원), 학부모, 청소년 단체, 보건 및 사회복지서비스 기관, 경찰 등 다양한 기관과 연계한 장기적이고 종합적인 대응 방안을 세우고 있다. 성공적인 대응 방안의 공통점[26]은 다음과 같다.

---

26) Shaw, M. (2004). Comprehensive approaches to school safety and security: An international view. International Center for the Prevention of Crime, Canada.

- 사후 대응이 아닌 사전예방(pro-active)
- 관련자 고립 또는 격리보다 사회적으로 지원하고 융합시킴
- 전략과 방안을 세울 때 학교-지역사회 간 파트너십 활용
- 일반 학생에게 적합한 프로그램과 취약(at-risk) 계층의 학생 및 가족을 위한 프로그램을 별도로 개발
- 면밀한 관찰과 평가를 통해 취약 학교를 정하고 이 학교를 중점적으로 지원
- 학생과 함께 학교폭력 대응 프로그램 개발 및 실행
- 학교 문화의 특수성에 중점을 둔 중재 및 갈등해결 프로그램 활용

학교폭력 근절을 위해 OECD가 세운 종합적 접근법과 단편적 접근법을 살펴보면 다음과 같다. 종합적 접근법에는 장기적으로 진행할 프로그램, 구체적 필요와 문제 등에 초점을 둔 방안이 포함된다. 그리고 목표 설정 및 지역사회 이슈와 문제에 초점을 두고 전략을 세우며, 행동계획, 실행계획, 상시적 모니터링 및 평가 방안 수립, 방안 조정 등을 고려한다. 또한 교직원, 학생, 학부모, 지역사회 단체 및 조직, 민간을 포함한 학교사회의 주요 구성원이 동반관계로써 각 주체가 담당해야 할 기능과 역할을 제시하고 있다. 폭력 근절을 위한 조사연구도 수행하고 있는데 배경은 학교와 학교 풍토, 학생, 가족을 거시적 측면에서 지역사회의 주요 부분으로 보고 문제원인을 파악하는 구조주의에 중점을 두고 있다.

단편적 접근법은 직면한 폭력문제 만을 중심으로 제한적 수준에서 학교 내 파트너십을 형성하거나 타 기관과 공조 없이 프로그램을 하향식으로 전달하는 방식으로 접근한다. 목표도 폭력 예방을 위해 즉시 실천해야 할 내용을 중심으로 한 두 개만 설정하고 동반관계는 외부기관과는 제한적으로 연계하며 주로 학교 관계자로만 구성된다. 문제 해결을 위한 프로그램 적용, 데이터 수집, 모니터링 및 평가 등을 실시하지만 장기적 관점에서 실시하지는 않는다. 단편적 접근법은 사회학습이론에 기반을 두고 사회의 구조적 측면보다 개인적 행동과 요인에 초점을 둔다.

[종합적 접근법 vs. 단편적 접근법 : 특징과 목표]

구분	종합적 접근법	단편적 접근법
특징	학교와 지역사회 간 광범위한 파트너십 형성 - 전략적 계획 - 포괄적이고 명확한 정책과 가이드라인을 설정하지만 접근방식은 유연 - 단기적, 장기적 목표 설정	- 학교 내 파트너십을 형성하거나 외부기관과 제한적으로 1개~2개만 연계 - 타 기관과의 파트너십이나 공조 없이 프로그램을 하향식으로 전달
목표	괴롭힘, 폭력, 무단결석, 중도탈락, 약물중독 등의 예방 ; 갈등해결 방안 개발, 상호 존중하는 분위기와 태도 형성, 전반적 건강 및 학교문화 개선 등 구체적이고 종합적인 목표 설정	폭력 예방, 약물중독 예방, 무단결석 예방 등 1개 또는 2개의 목표만 설정
동반 관계	교원, 행정직원, 학생, 학부모, 학교운영위원회, 지역주민, 기업체, 지역단체(경찰, 청소년, 가족, 사회복지 관련)간 파트너십 형성	학교 관계자로만 구성 ; 학부모나 지역사회 참여를 배제하거나 외부기관과 제한적 연계
과정	문제의 내용 평가 : 행동계획 개발, 실행계획, 상시적 모니터링 및 평가 방안 수립, 방안 조정	문제에 대한 프로그램 적용, 데이터 수집, 모니터링 및 평가를 실시하나, 광범위하고 장기적 관점에서 실시하지 않음
대상 지역	학교 안과 밖, 인근 지역 일대 모두 ; 학교 일과시간 및 방과 후 모두	학교부지 안 또는 학교와 인접한 지역만 해당 ; 학교 일과시간만 해당
프로 그램	학교 내 지원센터 등을 통해~ • 갈등해결 지원 커리큘럼 • 피해자 지원 서비스 • 학부모 지원 프로그램 • 교사 지원 및 훈련 • 안전 계획 및 상황적 지원 • 이웃 사회와 연계	특정 학생 또는 일반 커리큘럼에 한정하여 신변 안전, 보안시스템, 상황적 반응에 초점
연구 배경	학교와 학교 풍토, 학생, 가족을 지역사회의 주요 부분으로 보고 문제원인을 파악 (구조주의 모델 등)	사회학습모델 등을 토대로 개인적 행동에 초점을 둠

출처: Shaw, M. (2004). Comprehensive approaches to school safety and security: An international view. International Center for the Prevention of Crime, Canada.

2) 국가별 학교폭력 대응 사례[27)]

(1) 미국

미국 정부는 학교 내 안정성을 높이기 위해 다양한 방안을 모색하였는데 대표적인 방법으로 학생을 모니터링하기 위해 비디오카메라 설치, 무관용 원칙 적용, 학교 순찰을 위해 경찰관 배치 등이 그것이다. 특히 학교폭력과 청소년 비행행동으로부터 학교안전을 개선하는 방법으로 학교담당 경찰관(School Resource Officers) 제도를 운영하고 있으며 이들이 학교 안전을 책임지고 있다. 학교담당 경찰관 제도는 그 효과성이 인정되어 긍정적 평가를 받고 있다. 미국은 연방정부가 민간의 학교폭력방지 프로그램을 지원하고 있으며 주정부에서도 자체 프로그램을 개발하여 시행하고 있다. 워싱턴 소재 해밀턴 연구소(Hamilton Fish Institute)에서는 학교에서 실행할 수 있는 폭력예방 프로그램을 개발하고 효과를 평가하며 학교안전에 대한 종합적인 가이드라인을 제시하였다. 폭력예방 프로그램을 개발하는 단체도 다양한데 대표적인 단체명이 '안전한 학교, 건강한 학생(Safe Schools, Healthy Students)' '괴롭힘은 이제 그만(Stop Bullying Now)' 등이다. 이들 단체는 프로그램 개발을 위해 의료기관, 경찰, 학교, 학생, 학부모 등과 공동으로 작업하고 지역교육청을 지원하고 있다.

미국은 청소년 약물중독도 심각한 사회문제인데 교육부의 '안전하고 약물 없는 학교(Safe and Drug-Free Schools)' 부서는 학교폭력 방지 모범사례집을 발간하여 관련 기관에 배포하고 있고 지역의 정책서비스 기관도 학교단위 프로그램을 개발하고 있다.

코네티컷 주의 하트포더 학교(East Hartford School)에서는 학생지원센터를 설립하여 외부 전문기관의 도움을 받아 학생들 간의 갈등해결과 또래중재 방식을 연계한 프로그램을 실시하였다, 그 결과 퇴학, 정학, 중도탈락 등의 문제를 상당부분 줄인 것으로 나타났다. 콜로라도에서는 콜로라도 대학의 '폭력예방 연구센터'와 연계하여 '안전한 지역사회, 안전한 학교(Safe Communities, Safe Schools)' 프로그램을 공동 운영하면서 학교와 지역사회에 폭력예방을 위한 기술적 지원을 하고 있다.

---

27) 교육과학기술부, OECD국가 학교폭력 현황 및 대응 방안.

(2) 영국

영국은 정학, 무단결석, 비행 등을 줄이고 조기교육에 대한 지원 프로그램을 확충하는데 중점을 두고 있다. 정부 예산은 취약집단과 지역 학교에 집중적으로 지원하고 있다. 그리고 1998년부터 실시한 '중등학교 범죄 줄이기(Crime Reduction in Secondary School)' 프로그램에 상당한 예산을 투입하였고 취약학교 내에서 발생하는 폭력을 줄이기 위해 백 개가 넘는 정책을 시행하였다. 2002년에는 청소년위원회를 비롯하여 교육부, 경찰청 등이 합동으로 '학교안전협력(Safer School Partnership)' 프로그램을 실시하였다. 학교안전협력 프로그램은 영국의 아동학교가족부(Department for Children, Schools and Families), 소년사법위원회(Youth Justice Board:YJB) 등의 기관에서 공동으로 만든 제도이며, 학교와 경찰이 청소년의 안전을 도모하고 지역사회에서 청소년을 보호하기 위해 상호 협력하는 것에 목적을 두고 있다. 영국이 학교안전협력 프로그램을 도입하게 된 계기는 청소년 보호와 학교안전을 위해 학교와 경찰의 동반관계에 기초하여 개입해야 된다는 것이다. 학교안전협력 프로그램은 우범지역 내에 있는 학교에 학교안전 경찰관을 배치하고 학교 내외에서 청소년을 중심으로 일어나는 범죄와 반사회적 행동을 다루고 있다. 이 프로그램을 통해 지역공동체의 응집력이 강화되고 청소년의 시민의식 고양, 청소년과 가족, 더 나아가 지역사회의 삶의 질을 높이는데 기여하고 있다는 평가를 받고 있다.[28)]

또한 범죄발생률이 높은 취약지역에 있는 학교에 경찰관이 배치되고 청소년 범죄예방을 위해 155개의 청소년 범죄예방팀이 설립되었다. 이 팀은 폭력예방 프로그램을 개발하기 위해 보건, 교육, 고용 및 범죄예방 등의 기관과 함께 작업을 하였다. 그리고 교육훈련 및 일자리가 필요한 중도 탈락생을 위한 멘토링과 학교 내 전문 인력이 학생과 부모를 지원하는 프로그램을 개설하여 관련 청소년을 대상으로 퇴학을 방지하기 위해 가정과 학교가 연계될 수 있도록 지원하였다.

취약계층의 가족 및 아동이 사회적으로 격리되는 것을 예방하기 위해 가족세미나와 중재프로그램을 실시하였고 괴롭힘 방지(anti-bullying)프로그램과 안내책자를 발간하여 배포 하였다.

---

28) 유지용 (2013). 미국과 영국의 학교경찰관 제도 비교 연구. 치안정책연구소 연구보고서 2013-08호.

(3) 유럽 국가

유럽 국가도 학교폭력을 심각한 문제로 다루고 있다. OECD 국가별 평균 통계치를 살펴보면 학생 10명당 1명이 괴롭힘을 당하고 있으며, 성별로는 남학생이 여학생에 비해 더 많이 학교폭력 및 괴롭힘의 가해자나 피해자가 되는 것으로 나타났다. 국가별로 비교하면 터키와 그리스가 괴롭힘 사례가 상대적으로 더 많고 스웨덴과 스페인이 적은 것으로 파악되었다.[29] 유럽 국가는 점차 과격해지고 증가추세에 있는 학교폭력과 사회적 안전을 위협하는 행동에 대처하기 위해 제도를 정비하고 있다. 유럽 내 학교폭력 현상을 유형별로 분류하면 다음과 같다.[30]

첫째, 학생 상호간 폭력행위 : 조롱, 괴롭힘, 따돌림, 물건 뺏기, 친구관계 단절, 위협 등

둘째, 학생이 교사에게 가하는 폭력행위 : 최근 몇 년간 급증하는 추세(독일, 핀란드, 헝가리 등)로 심각한 사회문제가 되고 있음.

셋째, 교사가 학생에게 폭력을 가하는 행위 : 발생 빈도는 낮음

문제는 학교폭력이 쉽게 노출되지 않고 있다는 것인데 이유는 휴대폰, SNS 등의 매체를 이용한 사이버 따돌림이 다수 행해지고 있고 이러한 유형의 폭력은 은폐되기 쉬운 특성을 가지고 있다. 사이버 폭력을 당한 학생은 후유증으로 정신과 치료를 받는 사례가 종종 있는 것으로 알려져 있고 경찰에 신고하는 경우도 극히 드문 것으로 나타났다. 이러한 실태는 학교 폭력의 조기 발견이나 사후대책 마련도 중요하지만 사전 예방이 최우선이라는 것을 말해 준다.

유럽 국가로 구성된 유럽위원회는 'Connect 프로그램' 를 도입하여 지원하고 있다. 이 프로그램은 유럽 내 국가에서 일어나고 있는 학교폭력의 실태 및 대응 방안에 대한 연구와 조사를 비롯하여 실천 방향과 연계망 조성 등에 중점을 두고 있다. 그리고 유럽의회는 회원국에게 학교폭력 예방을 위하여 지역사회와 학교 간 파트너십 구축 강화를 적극 권하고 있다.

---

29) OECD (2009). Society at a Glance.

30) 강정현. 유럽 주요국 학교폭력예방 정책. www.gaok.or.kr/gaok/cmm/fms/FileDown.

유럽 국가들 중 성공적인 사례로 알려진 핀란드의 키바 코울루(Kiva Koulu) 프로그램을 통해 우리나라의 학교폭력 문제를 해결하기 위한 정책적 시사점을 살펴보고자 한다.[31] 핀란드에서는 2006년부터 키바 코울루(Kiva Koulu) 프로그램을 운영하고 있다. KiVa는 학교에서 학생들의 괴롭힘(bullying)을 방지하기 위한 학교 차원의 프로그램이다. KiVa라는 용어는 핀란드어로 '괴롭힘에 맞서다' 라는 뜻이고 Koulu는 학교를 의미한다. 이 프로그램은 효과가 입증되어 현재 핀란드 내 대부분의 학교에서 필수 프로그램으로 채택하고 있다. 키바 프로그램의 지침에는 따돌림이 발생했을 때 교사들이 어떻게 대처해야 하는지를 제시하고 있다. 학교 내에서 폭력이 발생했을 때 학생들로 구성된 교내 키바팀에서 개별·집단토론을 실시한 후 처리한다. 피해학생을 위해서는 피해학생을 지지하는 친구집단이 형성되어 단기적 또는 장기적으로 피해학생을 도와주는 역할을 수행한다. 학생들은 토의와 집단 활동, 역할극 등의 프로그램에 참여하며 학급당 규칙을 만들고 이를 지켜나간다. 학교당 3명의 교사가 2일간 '사전 이행 훈련 프로그램' 에 참여하여 연수를 받으며 프로그램 진행 기간 동안 교사는 학교폭력 예방 문구 조끼를 착용해 경각심을 유발하고 학부모용 자료를 만들어 보급한다.

키바 프로그램의 특징은 첫째, 학교, 교사, 학부모를 위한 포괄적인 지원체계를 구축해서 운영하고 있고, 둘째, 따돌림 방지 컴퓨터 게임과 같은 인터넷과 시각 학습 환경을 적극적으로 활용하고, 셋째, 따돌림에 대응하고 피해학생을 도와주는 일에 제3자 학생들을 적극적으로 참여시키는 것이다. 키바 프로그램은 지속적으로 발전하고 있으며 이 과정에 새로 개발된 내용 중의 하나는 학생들이 학교의 키바 프로그램 담당자에게 집단 따돌림을 보고할 수 있는 온라인 메일 박스를 활용하고 정기적으로 새로운 버전의 키바 게임까지 출시하고 있다. 그리고 학생들이 학교에서 집단 따돌림을 예방하기 위해 할 수 있는 일을 고안하도록 장려하는 캠페인을 벌리기도 한다. 이제 키바 프로그램은 유럽과 오세아니아의 여러 국가에서 활용되고 있고 이를 계기로 키바의 학교폭력 예방 프로그램은 더욱 확산되고 있다.

---

31) 김병찬 (2010). 핀란드의 키바 코울루(Kiva Koulu) 프로그램 및 한국 교육에 주는 시사점. 한국교육개발원 교육정책 네트워크 제8호.

(4) 일본[32)]

일본은 학교폭력과 이지메 문제가 심각한 것으로 알려져 있다. 이지메란 동일 집단내의 상호작용 과정에서 우위에 있는 자가 의식적으로 타인에게 정신적, 신체적 고통을 주는 행위를 말한다.[33)] 이에 대한 조치를 살펴보면 1980년대부터 임시교육위원회와 중앙교육심의위원회는 불량 청소년과 비행 청소년 문제를 지속적으로 다루었다. 그리고 비행의 저연령화와 교내폭력이 가시화 되면서 문부성은 전수조사를 통해 교내폭력 실태와 비행 방지를 위한 대안을 각 지역의 교육위원회에 전달했다. 1983년에는 공립 초중학교에 문제 행동을 일으킨 학생에 대해 출석정지 조치를 하였고 '자연교실 추진사업' 을 통해 자연환경 속에서 단체생활을 통한 지도방법이 활용되기 시작했다.

1990년대 중반에 이지메가 다시 사회적 대응을 필요로 하는 문제로 부각되었고 이에 대한 대책으로 '스쿨 카운슬러' 제도와 이지메 대책 연수 강좌 등을 실시하였다. 문부대신이 학교에서 칼을 소지하지 못하게 하고 생명의 소중함을 강조하는 긴급 담화문을 발표했다는 사실은 그 만큼 폭력문제가 심각했다는 것을 말해 준다. 문부성은 각 학교에 가정 및 지역사회와 연대할 것을 강조하고 개성을 살리는 교육, 교원 자질 향상, 교육 상담체제의 확충 등을 지시하였다.

2003년에 청소년육성추진 본부에서 교내폭력 대책을 내 놓았고, 2006년에는 이지메의 조기발견과 대응, 이지메를 허용하지 않는 학교 풍토 조성 방안을 강구하였다. 2010년에는 '폭력 없는 학교 만들기 연구회' 가 결성되었다. 이 연구회는 학교폭력이 생활환경의 변화, 스트레스 증대, 감정조절 능력의 저하가 원인이라고 진단하고 이에 대한 배경으로 규범 및 윤리의식 부족, 가정교육 문제, 대중매체에 의한 폭력 장면에의 노출 등을 지적하였다.

대책으로는 안정된 학습 환경 조성과 학생에 대한 교육적 배려를 바탕으로 지도하고 교직원과 학생 간의 관계 중시, 가정과 지역과의 연대에 의한 대응을 강조하였다.

---

32) 김지영 (2012). 일본의 학교폭력 대처방안: 일본의 학교폭력 현황과 대처 및 예방을 위한 정책. 한국교육개발원.

33) 森田 洋司/도중진역 (2003). 이지메(いじめ)' 에 대한 피해자학적 고찰. 피해자학연구, 한국피해자학회.

학교폭력 예방을 위한 교육 프로그램으로는 스트레스 및 울화 관리, 사회 및 삶의 기술 훈련 등이 있다.

(5) 국가별 학교폭력 대응 방안의 시사점

국가별 학교폭력 대응 사례를 통해 다음의 정책 시사점을 파악할 수 있다.[34)]

첫째, 학교폭력은 성인사회 문화를 반영하는 부분이 크고 특히 학교가 위치한 주변 환경 및 지역사회의 영향을 받기 때문에 학교와 교육 관계자만의 노력으로 해결하는데 한계가 있다.

둘째, 학교폭력의 특성을 고려하면 학교(교사·학생·직원), 교육청, 학부모 개인 및 단체, 청소년 단체, 보건 및 사회복지 서비스, 경찰 등 다양한 기관과 연계한 장기적-종합적 전략과 단기적-단편적 전략을 세워 접근할 필요가 있다.

셋째, 소규모 학급편성, 폭력예방을 위한 학내외 구성원 교육과 같은 일반적 예방 프로그램과 더불어 사회경제적으로 취약한 지역의 학교에 대한 대책을 마련하고 실행해야 한다.

넷째, 학생 자신이 또래를 돕는 상담자 역할을 하거나 민간단체를 활용한 학교폭력 예방활동과 피해자 지원활동이 활성화하도록 유도하고, 매스컴을 통한 폭력예방 캠페인 등을 통해 사회 전반의 분위기 전환이 학교폭력 예방책으로 논의되고 있다.

마지막으로 핀란드의 키바 프로그램이 우리 사회에 주는 시사점에 주목해 볼 가치가 있다. 키바 프로그램은 조급한 마음으로 피상적으로 보이는 현상만을 토대로 제도와 프로그램을 만든 것이 아니라 비록 처음에는 시간이 걸리더라도 관련 분야 전문가들을 구성하여 철저한 관찰과 조사연구를 기반으로 실태를 정확히 파악한 다음 적합하고 정교한 프로그램을 만들어야 실질적인 성과를 거둘 수 있다는 것을 말해 준다. 예를 들어, 핀란드의 경우, 조사연구에서 학교폭력 과정에 방관자의 역할이 매우 중요하며 방관자들이 따돌림이나 괴롭힘을 용인하는 분위기가 학교폭력을 심화시킨다는 것을 파악하였다. 이를 방지하기 위해 학생들이 포함되어 있는 키바팀을 만들어 집단토론도 하고 피해학생을 지지하는 친구집단을 만들어 도와주는 역할을 하도

---

34) 교육과학기술부, OECD국가 학교폭력 현황 및 대응 방안.

록 프로그램에 참여시킨 것이다. 우리나라도 방관하는 학생들이 적극적인 역할을 할 수 있는 방안 마련에 관심을 가져야 한다.

7. 우리나라 학교폭력 대응 방안

학교폭력 근절을 위한 방안은 직접 대책과 근본 대책으로 나뉜다. 직접 대책에는 학교장과 교사의 역할 및 책임 강화, 조사체계 개선, 가해 및 피해 학생에 대한 조치 강화, 건전한 또래문화 조성과 예방교육 확대, 부모교육 확대 및 부모의 책무성 강화 등이 포함된다. 근본 대책으로는 교육 전반에 걸친 인성교육의 실천, 가정과 사회의 역할 강화, 게임·인터넷 중독 등 유해 요인 대책 등이 있다. 이에 대해 구체적으로 살펴보면 다음과 같다.

(1) 학교장과 교사의 역할 및 책임 강화

학교장과 교사가 학교폭력 근절의 중심에 설 수 있도록 학교폭력 대응에 대한 학교장과 담임교사의 권한과 책무성을 강화한다. 그리고 변화하는 학교폭력 양상을 정확히 파악하고 적기에 대응할 수 있도록 교원의 생활지도 역량 강화를 지원한다. 담임교사의 역할 강화 및 생활지도 여건 조성을 위해 아래 조치를 실시한다.

- 복수담임제 도입 등 담임의 역할 강화
- 학생생활지도 기록관리
- 학교폭력 관련 징계사항을 학교생활기록부에 기재
- 생활지도에 전념할 수 있는 환경 조성
- 전문 상담교사 및 상담인력 확충 배치

(2) 신고-조사체계 개선과 가해 및 피해 학생에 대한 조치 강화

학교폭력은 은폐되지 못하며 신고하면 반드시 해결된다고 인식할 수 있도록 신고-조사 대응체계를 개선한다. 학교폭력 피해 학생에 대한 우선적 보호와 치유 지원을 신속하게 실시하고 가해 학생에 대한 엄격한 조치 및 재활치료를 받도록 한다.

- 학교폭력신고센터의 조사 기능 강화
- 학교폭력 은폐 방지를 위한 제도 개선
- 피해 학생에 대한 우선적 보호와 치유 지원
- 가해 학생에 대한 엄격한 조치 및 재활치료 지원
- 일진 등 학교폭력 서클 엄정 대응(경찰청 협조)

(3) 건전한 또래문화 조성과 예방교육 확대

학교폭력이 발생하기 전에 학교 내 갈등과 문제를 학생 스스로 해결하는 건전한 또래문화를 조성한다. 학교에서 체계적인 학교폭력 예방 활동을 연중 실시하여 사소한 괴롭힘도 폭력이고 학교폭력은 범죄라는 인식이 확산될 수 있도록 한다.

- 건전한 학교문화 조성을 위한 또래활동 활성화(정부 관련부처 협조)
- 사소한 괴롭힘도 폭력임을 단계적으로 교육
- 학교폭력 예방을 위한 사이버 상담 지원

(4) 부모교육 확대 및 부모의 책무성 강화

자녀교육에 대해 부모들이 제대로 알고 가정교육을 실천하도록 모든 부모를 대상으로 교육을 확대한다. 일과 후 학교설명회를 개최하고 교사-부모 간 상담 기회를 대폭 확대하며 자녀에 대한 부모의 책무성을 강화한다. 부모 인력풀을 확보하여 학교폭력 예방을 위해 부모의 학교교육 참여를 강화한다.

- 자녀이해 지원을 위한 부모교육 및 교육정보 제공 대폭 확대
- 교사-부모 간 소통 강화 및 부모의 책무성 제고[35]: 부모교육, 부모상담 강화
- 교육기부형 부모 학교참여 활성화 : 교육에 관심이 많고 전문성이 있는 부모 및 지역사회 인사 중심으로 학교폭력 예방을 위한 교육기부 활성화, 부모 교육기부

35) 미국의 부모-학교 간 소통 시스템 : 학기 초에 부모와 교사 간에 아이의 장·단점과 성적, 학업 진행과정 등에 대해 면담을 실시한다. Back to School Nights, Parent-Teacher Conference, Open House 등 1년에 최소 4번 이상 부모가 학교를 방문한다.

인력풀 확보

직접 대책

'사소한 괴롭힘'도 '범죄'라는 인식하에 대응		
1 학교장과 교사의 역할 및 책임 강화		
대처 권한 부족 및 학교폭력 은폐	⇨	대처 권한 및 역할 대폭 강화 은폐시 엄중조치로 책무성 확보
2 신고-조사체계 개선 및 가해 · 피해 학생에 대한 조치 강화		
신고번호 분산 체계적 대응체계 부재 처벌 및 보호조치 미흡	⇨	신고체계 일원화 조사·지원기능 체계화 가해 · 피해 학생 조치 강화
3 또래활동 등 예방교육 확대		
건전한 또래문화 미형성	⇨	학생간의 자율적 갈등해결 학교단위 예방교육 체계화
4 부모교육 확대 및 부모의 책무성 강화		
참여 부족, 무관심 책무성 미흡	⇨	부모교육·자원봉사 확대

출처: 학교폭력 근절 종합대책. 정부 관계부처합동 보고서.

(5) 교육 전반에 걸친 인성교육 실천

학교폭력 근절을 위한 근본 대책은 교육에서 시작되어야 한다. 따라서 누리과정부터 고등학교까지 아래와 같이 단계별로 학생들의 인성교육을 강화한다.

- (누리과정) 바른생활 습관체득 → (초·중등) 학생생활규칙 준수
- 수업 : 실천중심의 프로젝트형 인성교육
- 중학교 : 체육수업 대폭 확대(주당 체육수업시수 증대 등)

학교에서 인성교육이 지식교육 만큼 비중을 두고 실천될 수 있도록 인성관련 학생부 기재를 내실화하고 이를 입학전형에 반영한다.

• 바른 인성의 기초를 형성하는 '3~5세 누리과정' 운영
• 배움이 실천으로 연결되는 프로젝트형 인성교육 실시
• 중학교 체육활동 및 체육수업시수 확대 : 신체활동 욕구가 왕성하고 자기 정체성 확립 시기인 중학생의 체육활동을 확대하여 지·덕·체를 겸비한 인재 육성
• 학생–학부모–교사가 함께 학생생활규칙을 통해 인성교육 실천
• 인성 관련 학생부 기재 강화 및 입학전형에 반영
• 생활지도 등 인성교육을 잘하는 교원과 학교 우대
• 시·도교육청 평가를 통해 책무성 확보

(6) 가정과 사회의 역할 강화

주5일 수업 시행에 맞추어 가정과 사회가 학생들의 바른 인성을 키우고 학교폭력을 예방·근절하기 위해 협력할 수 있도록 한다.

• 가정과 사회의 교육적 기능 회복
  → 바른 인성 함양을 위한 '밥상머리교육 범국민 캠페인' 추진
  → '가족 사랑의 날' 인 수요일과 주말을 활용하여 가족이 함께 식사와 대화를 나누며 기본예절 교육
• 부모 자녀와의 상호이해 확장 유도
• 가정과 사회의 참여 확대를 위한 홍보 및 캠페인 추진

(7) 게임·인터넷 중독 등 유해 요인 대책

게임·인터넷 중독, 음주·흡연 등 학교폭력과 관련이 높은 유해 요인으로부터 학생들이 벗어날 수 있도록 제도를 개선한다.

• 게임·인터넷 중독 예방을 위한 제도 개선
  → 셧다운제 강화 등 과도한 게임이용 제한
  → 쿨링 오프제(cooling off) : 게임 시작 후 2시간이 경과하면 자동으로 게임이

종료되도록 하는 제도

- 게임·인터넷 중독 예방 교육 강화 및 치유 활동 확대
- 흡연·음주 치유 및 예방프로그램 활성화

근본 대책	학교-가정-사회가 함께 인성교육 실천		
	5 교육 전반에 걸친 인성교육 실천		
	학업성취 수준은 높으나 인성·사회성은 낮은 수준	⇨	바른생활 습관, 학생생활규칙 준수 등 실천적 인성교육 추진
	6 가정과 사회의 역할 강화		
	민·관의 유기적 대응 미흡 가정의 교육기능 약화	⇨	민·관 협력체제 강화 가정의 교육기능 회복
	7 게임 · 인터넷 중독 등 유해 요인 대책		
	교육적 시각에서 심의·규제 기능 미흡	⇨	게임·인터넷 심의·규제 및 예방·치유교육 확대

제 14 장

인터넷 중독

1. 스크린 세대와 인터넷 중독

정보화 시대에는 인터넷이 보편화되어 있고 현실과 다름없는 생활공간이 되고 있다. 아동과 청소년은 다른 어느 세대보다 인터넷과 스마트폰에 더 많이 노출되어 있고 상대적으로 정보통신 매체를 다루는 기술도 발달되어 있다. 그래서 이들 세대를 '스크린 세대(screenagers)라고도 부른다.[36] 즉 인터넷 · 스마트폰을 많이 사용한다는 것은 그 만큼 스크린에 많이 노출되는 것이다. 이제 인터넷은 학습 매체이고, 친구와 소통하는 공간이며, 문화적 다양성을 제공하는 필수도구이다. 그러나 인터넷 과다 노출로 인한 부작용 또한 심각하다. 최근 인터넷 중독이 사회적 이슈로 부각되면서 이에 대한 관심이 고조되고 있다.

인터넷에 지나치게 노출되면 긍정적 자극보다 부정적 자극을 더 많이 받게 되고 인터넷 공간 속의 가상관계에 몰입하고 의존함으로써 일상생활로부터 도피하는 수단으로 작용할 수 있다. 이러한 사이버 공간은 현실적 관계나 상호작용을 기피하고 인터넷 상의 가상관계를 추구하는 방향으로 이어진다.

---

36) Jolly, J. (2016). In 'Screenagers,' What to Do About Too Much Screen Time. The New York Times. March 15. http://well.blogs.nytimes.com.

아동 및 청소년을 대상으로 한 실태조사에 의하면 전체의 5.6%는 인터넷 중독 고위험군으로 분류될 만큼 문제가 심각하며, 고위험군은 일반사용자에 비해 따돌림 등의 학교폭력에 시달린 경험이 더 많은 것으로 나타났다. 그리고 청소년의 심리 변화를 살펴보면, 실제 자신보다 인터넷 공간 속에서 자신감과 자신에 대한 애착이 더 생긴다고 인지하는 비율은 중독집단(67%)이 일반사용자 집단(9%)에 비해 월등히 더 높았다. 또한 일반사용자 집단은 사이버 공간과 실제 생활을 명확히 구분하고 있으나 중독집단은 이에 대한 구분이 덜 명확한 경향이 있는 것으로 나타났다.

아동과 청소년이 인터넷과 스마트폰에 과도하게 노출되면 두뇌발달의 손상을 가져올 수 있다. 인터넷·스마트폰을 많이 사용하면 주의력 지속기간이 짧아지고 학습능력을 저하시킨다는 것은 잘 알려진 사실이다. 이와 관련된 두 종류의 실험을 통해 인터넷과 스마트폰의 스크린에 과도하게 노출되었을 때 어떤 문제가 생기는지를 살펴보자.

첫 번째 실험에서는 새끼 쥐들을 대상으로 70 데시벨(db) 소리와 반짝거리는 빛(flashing lights)에 하루 6시간씩 42일간 노출 시킨 뒤 인지 및 행동 능력을 측정하였다. 그 결과, 실험대상 쥐들은 다른 쥐들에 비해 단기 기억력과 인지능력이 크게 떨어진 것으로 나타났다. 이유는 뇌신경 세포가 제대로 발달하지 못했기 때문이다.[37)]

또 다른 실험에서는 유아를 3 집단으로 나누어서 한 집단은 텔레비전으로 9분 동안 화면이 빠르게 진행되는 만화를 보여주었고, 다른 한 집단은 교육 만화를 읽도록 하였으며, 나머지 한 집단은 그림을 그리도록 했다. 이후 집중력, 문제해결 능력, 통제력 등을 측정한 결과 첫 번째 집단의 결과가 가장 나빴던 것으로 나타났다.[38)] 이러한 결과는 비록 짧은 시간이지만 빠르게 바뀌는 스크린은 아이들에게 부정적인 영향을 미친다는 것과 스크린이 작은 스마트폰의 영향력은 더욱 클 것이라는 점을 분명히 보여 주고 있다

37) Christakis, D.A., Ramirez, J.S.B., & Ramirez, J.M. (2012). Overstimulation of newborn mice leads to behavioral differences and deficits in cognitive performance. *Scientific* Reports 2, Article number: 546.

38) *Lillard*, A.S. & Peterson, J. (2011). The immediate impact of different types of television on young children' s executive function. *Pediatrics*, 128(4), 644-649.

인터넷 · 스마트폰 중독이 스크린 세대인 아동과 청소년에게 미치는 영향이란 면에서 두 가지 중요한 사실이 있다[39]. 첫째, 의사결정과 충동 조절을 담당하는 뇌기능은 아동 및 청소년기에 서서히 성장한다는 것이다. 둘째, 인터넷 · 스마트폰을 하면서 스크린을 보는 시간에 뇌는 도파민[40]을 배출한다. 아이들이 게임을 하거나 스마트폰 하는 것을 제한하려고 하면 강한 반발에 부딪친다. 이러한 현상은 두 가지 사실 즉 뇌기능 성장 속도와 도파민 배출이 아이들로 하여금 강하게 반발하게 만드는 이유라는 것을 말해 준다.

게임, 스마트폰 등 스크린을 보는 활동으로 생성되는 도파민은 술을 마시거나 담배를 피울 때 만들어지는 도파민과 동일하기 때문에 뇌에 심각한 영향을 미치는 것으로 알려져 있다. Jolly의 연구에 의하면 비디오 게임을 하루 3시간 이상 하는 사람의 MRI 사진은 약물 중독자의 사진과 비슷한 패턴을 보인다. 즉 중독성을 야기하는 도파민이 생성되는 반면 충동조절 기능은 부족해 지는 것이다. 아이들은 통제력이 약하기 때문에 스스로 인터넷 · 스마트폰 사용을 조절하기가 쉽지 않다. 그래서 적합한 가이드라인이 필요하고 부모가 자녀와 함께 규칙을 만든다면 부모가 먼저 규칙을 따르는 모습을 보여야 자녀에게도 규칙을 강요할 수 한다. 여기서 무엇보다도 중요한 사실은 아동은 처벌 보다 보상에 더 긍정적으로 반응하고 바람직한 행동을 강화할 수 있다는 것이다.

2. 인터넷 중독 개념과 특성

중독 개념은 담배, 알코올, 약물 등과 같은 물질과 일, 도박, 게임 등과 같은 행위와 관련된 부분에 주로 적용되어 왔다. 중독이란 특정 물질이나 행동에 집착하고 관련 물질을 취하지 않거나 행동을 하지 않을 경우 금단 및 내성 현상이 생기고 그로 인해 일상생활을 유지할 수 없을 정도로 신체적, 심리적 장애에 직면하는 것을 말한

---

39) Jolly, J. (2016). In 'Screenagers,' What to Do About Too Much Screen Time. The New York Times. March 15. http://well.blogs.nytimes.com.

40) 도파민은 뇌신경 세포 간에 신호를 전달하기 위해 분비되는 신경전달물질 중의 하나로 일종의 신경호르몬이다. 도파민 분비가 과다하면 조울증이나 정신 분열증을 일으키고, 분비가 줄어들면 우울증을 일으킨다. 니코틴이나 마약 등은 도파민을 활성화 시켜 환각이나 쾌감을 느끼게 한다.

다. 인터넷 중독 문제도 이런 맥락에서 이해할 수 있다.

인터넷 중독 개념은 인터넷이 보편화 되면서부터 언급되기 시작하였다. 최초로 인터넷 중독 용어와 진단 기준을 만든 골드버그(Goldberg)[41]는 DSM-Ⅳ[42]의 물질중독을 기반으로 인터넷 중독 개념을 정립하였고 초기에는 중독 장애로 분류하다가 후에 병리적 컴퓨터 사용이란 개념으로 대체하였다. 인터넷 중독의 진단기준에는 내성과 금단, 과도한 사용, 집착, 다른 활동에의 흥미감소 등이 포함된다.

인터넷 중독에 대한 개념 정의는 관점에 따라 다양하지만 일반적으로 인터넷 사용에 대한 금단과 내성을 지니고 있으며 그로 인해 자기 통제력을 상실하고 일상생활의 장애가 유발되는 상태를 말한다. 즉 인터넷 중독은 인터넷을 과다 이용하는 것만 해당되는 것이 아니고 과다 사용으로 인해 내성과 금단 증상이 생기고 그러한 증상들이 생활에 심각한 영향을 미치는 결과를 초래하는 경우를 말한다.

인터넷 중독이 일상생활에 미치는 영향을 시간적 순서와 경로를 통해 살펴보면 다음과 같다. 인터넷에 중독이 되면 현실적 관계가 아닌 인터넷 공간 속 가상세계에 대한 집착이 강해지고 그로 인해 금단과 내성이 생긴다. 금단과 내성 현상은 다시 일상생활에 부정적인 영향을 주면서 장애 요소로 작용하게 된다. 금단과 내성 간에는 상호변화 관계가 있어 금단이 심해지면 내성도 더불어 심화되는 경향이 있다.

가상세계지향이란 현실보다 인터넷 속 가상세계나 관계에 의미를 두는 것을 의미한다. 즉 가상공간과 온라인에서 더 인정받고 실제보다 인터넷에서 만난 사람을 더 잘 이해하게 되는 속성을 반영한다.

일상생활 장애란 인터넷 과다사용으로 인한 생활기능 저하, 갈등 등의 문제를 의미한다. 즉 인터넷으로 인해 일상생활에서 어려움과 장애를 경험하는 것을 반영하는데, 무리한 인터넷 사용으로 시력이 나빠지거나 두통이 있고 계획한 일을 제대로 못하고 피곤해서 수업시간에 책상에 엎드려 자기도 한다.

금단 현상은 인터넷을 못하게 되면 불안, 초조, 짜증 등이 나고 인터넷을 하는 동안 자신감이 생긴다. 인터넷을 하다가 그만 두면 또 하고 싶고, 인터넷을 하지 않을

---

41) Goldberg, I. (1996). Internet addiction. Electronic message posted to research discussion list.

42) DSM-IV(Diagnostic & Statistical Manual of Mental Disorder, 4th Edition)는 미국정신의학회가 정한 일반적인 장애진단 기준이다. 아동의 ADHD 진단기준도 DSM-IV에 제시되어 있다.

때도 머릿속은 인터넷 생각으로 가득 차게 된다. 내성은 인터넷 사용을 점점 더 많이 해야 만족감을 느끼며 사용시간을 줄이려 노력하지만 실패한 경험 정도를 반영한다.

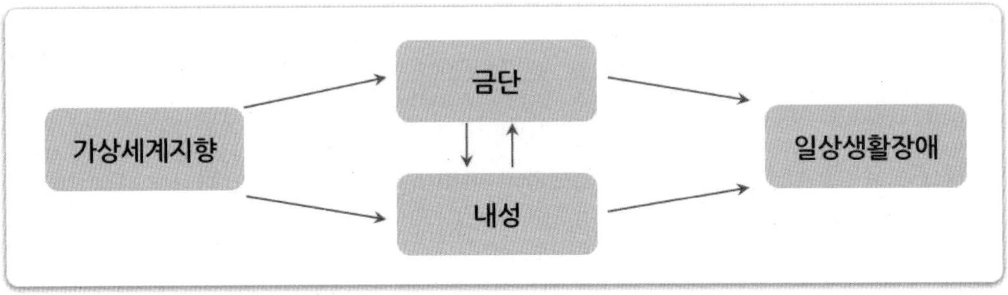

〈그림 1〉 인터넷 중독이 생활에 미치는 영향

출처: 한국정보화진흥원(2014). 인터넷 중독 실태조사.

인터넷 중독이 심각한 사회문제가 되는 이유는 인터넷 중독자 수가 증가할 뿐 아니라 특히 증상이 심각한 사람들의 수가 증가하고 있기 때문이다. 인터넷 중독의 심각성은 중독 특성을 보면 알 수 있다. 인터넷 중독 특성을 수준별로 살펴보면 고위험에 해당되는 경우 금단과 내성 증상을 비롯하여 일상생활 장애까지 발생한다. 따라서 중독이 심해 고위험군에 해당되면 전문기관의 지원과 개입이 필요하고 집중치료를 받아야 한다. 잠재적 위험군은 금단, 내성, 일상생활 장애 중 한 가지 이상의 증상을 경험하고 자기 통제력이 감소하며 이로 인해 심리적·사회적 기능이 저하되는 상황에 직면하게 된다. 따라서 잠재적 위험군에 속하게 될 경우 집중 치료는 아니지만 더 심해져서 고위험군에 속하기 전에 전문가와 상담을 받아 볼 필요가 있다.

〈표 1〉 인터넷 · 스마트폰 중독의 특성

구 분	주요 특성	개입 방향
고위험	인터넷 · 스마트폰 사용에 대한 금단과 내성 증상을 보이며, 이로 인해 일상생활 장애를 겪게 됨	인터넷 · 스마트폰 중독 정도가 심하므로 전문기관의 지원 및 개입 필요 ⇒ 집중치료 요망
잠재적 위험	인터넷 · 스마트폰 사용에 대한 금단, 내성, 일상생활 장애 중 1 가지 이상의 증상 경험 ; 사용조절력 감소, 이에 따른 심리적·사회적 기능저하	인터넷 · 스마트폰 중독 관련 정신건강 분야의 전문상담 필요 ⇒ 상담개입 요망
일반 사용자	이용 목적에 맞게 사용	⇒ 자기관리 및 예방

출처: 한국정보화진흥원(2014). 인터넷 중독 실태조사.

3. 인터넷 · 스마트폰 중독 실태

아동과 청소년을 대상으로 인터넷 · 스마트폰 중독에 대한 실태조사를 하였고, 그 결과는 다음과 같다.

1) 사회인구학적 실태

인터넷 · 스마트폰 중독 정도에 따라 분류한 결과, 전체의 12.1%는 잠재적 위험군으로 분류되었고 5.4%는 고위험군 특성을 가진 것으로 나타났다. 그리고 82.5%는 일반 사용자로 파악되었다. 이러한 분포는 성별에 따라 차이가 있는데 인터넷 중독 특성을 보이는 비율은 남학생이 더 높았다. 중독 특성별로 비교해 보면 잠재적 위험군의 경우, 여학생 비율은 8.5%인데 비해 남학생은 13.6%의 분포를 이루고 있다. 고위험군 특성을 가진 경우도 여학생(4.2%)보다 남학생(6.1%)이 더 많았다.

〈표 2〉 성별에 따른 인터넷 · 스마트폰 중독 특성

구 분	남학생	여학생	전체	χ^2
일반사용자군	80.3	87.3	82.3	10.32**
잠재적 위험군	13.6	8.5	12.1	
고위험군	6.1	4.2	5.6	
% (N)	100.0 (1,028)	100.0 (1,028)	100.0 (1,453)	

*p 〈.05 **p 〈 .01

인터넷 · 스마트폰 중독 특성을 연령별로 비교해보면 전반적으로 위험군에 속하는 비율은 청소년보다 아동이 더 높은 경향이 있다. 잠재적 위험군에 속하는 비율은 아동(16.9%)이 청소년(9.5%)에 비해 거의 배에 가깝게 높은 것으로 나타났다. 고위험군 분포도 같은 맥락을 보이고 있다.

〈표 3〉 연령별 인터넷 · 스마트폰 중독 특성

구 분	아동	청소년	전체	χ^2
일반사용자군	75.1	86.2	82.3	28.16**
잠재적 위험군	16.9	9.5	12.1	
고위험군	8.0	4.2	5.6	
% (N)	100.0 (510)	100.0 (943)	100.0 (1,453)	

*p 〈.05 **p 〈 .01

어머니의 취업 여부는 자녀가 방과 후에 집에 혼자 있을 시간이 많고 따라서 인터넷이나 스마트폰에 노출될 가능성이 크다는 점에서 비교할 필요가 있다. 분석결과, 비취업모에 비해 취업모의 자녀가 인터넷 · 스마트폰 중독 특성을 보이는 비율이 다소 더 높았다. 비취업모(10.1%)에 비해 취업모(13.2%)의 자녀가 잠재적 위험군에 속하는 비율이 더 높았을 뿐 아니라 고위험군에 속하는 비율도 다소 더 높은 경향을 나타내었다.

〈표 4〉 어머니 취업 유무와 인터넷 · 스마트폰 중독 특성

구 분	비취업모	취업모	전체	χ^2
일반사용자군	85.9	80.3	82.3	7.21*
잠재적 위험군	10.1	13.2	12.1	
고위험군	4.0	6.5	5.6	
% (N)	100.0 (502)	100.0 (895)	100.0 (1,397)	

*p 〈.05 **p 〈 .01

결과를 요약하면 여학생 보다 남학생이, 청소년보다 아동이, 그리고 비취업모보다 취업모의 자녀가 중독 특성에 노출될 가능성이 더 크다. 이러한 사회인구학적 요인별 분석결과는 인터넷 · 스마트폰 중독으로 인해 행동문제가 있는 아동 및 청소년과 그 가족을 대상으로 임상과 심리치료 프로그램을 적용할 때 고려해야 한다.

2) 중독 요인 및 항목별 특성

(1) 중독 요인별 특성

인터넷 · 스마트폰의 중독 요인은 앞서 살펴보았듯이 일상생활장애, 가상세계지향, 금단, 내성으로 구분된다. 중독 요인과 성별을 같이 고려하여 특성별 차이를 분석한 결과, 일상생활장애를 경험한 비율은 잠재적 위험군과 고위험군 모두 여학생이 더 높은 것으로 나타나 상대적으로 여학생이 일상생활장애를 더 많이 경험한다는 것을 알 수 있다. 가상세계지향에 대한 경험은 잠재적 위험군에서는 남학생(10.7%)이 여학생(8.3%)보다 더 높았으나 고위험군에서는 여학생의 비율이 더 높은 것으로 나타났다. 금단에 대한 경험 비율은 잠재적 위험군에서는 여학생(19.4%)이 더 높았으나 고위험군에서는 남학생(46.0%)이 더 높았다. 내성도 금단과 같은 양상을 보였다.

〈표 5〉 성별에 따른 중독 요인별 특성

구 분	일반사용자		잠재적 위험군		고위험군	
	남학생	여학생	남학생	여학생	남학생	여학생
일상생활장애	30.7	37.2	42.9	58.3	85.7	94.4
가상세계지향	3.8	3.2	10.7	8.3	31.7	38.9
금단	2.1	1.1	8.6	19.4	46.0	44.4
내성	8.0	5.9	32.1	36.1	69.8	61.1
% (N)	100.0 (1,196)		100.0 (177)		100.0 (81)	

주) 성별 차이에 대한 $\chi 2$값 유의도는 모두 p=.000 수준에서 유의함.

연령별 차이 분석을 살펴보면, 일상생활장애를 경험한 비율은 잠재적 위험군과 고위험군 모두에서 아동보다 청소년이 더 높은 것으로 나타났다. 가상세계지향을 경험한 비율은 잠재적 위험군에서는 아동과 청소년 간에 별 차이가 없었으나 고위험군에서는 청소년(12.5%)에 비해 아동의 비율(53.7%)이 월등히 높았다. 이러한 양상은 금단에서도 같은 모습을 보이고 있다. 그러나 내성의 경우, 잠재적 위험군에서는 아동의 경험 비율이 더 높았으나 고위험군에서는 청소년이 조금 더 높은 것으로 파악되었다.

전체적으로 일반사용자군, 잠재적 위험군, 고위험군 모두 일상생활장애를 경험한 비율이 상대적으로 더 높았다. 잠재적 위험군은 일상생활장애 외에 내성을 경험한 비율이 더 높았으나 고위험군은 청소년 보다 아동이 더 심각하고 아동 2명 중 1명이 내성 뿐 아니라 가상세계지향과 금단을 경험한 것으로 나타났다.

〈표 6〉 연령에 따른 중독 요인별 특성

구 분	일반사용자		잠재적 위험군		고위험군	
	아동	청소년	아동	청소년	아동	청소년
일상생활장애	33.4	32.3	45.3	46.7	85.4	90.0
가상세계지향	3.9	3.4	10.5	10.0	53.7	12.5
금단	2.6	1.4	10.5	11.1	51.2	40.0
내성	5.7	6.1	34.9	31.1	68.3	67.5
% (N)	100.0 (1,196)		100.0 (177)		100.0 (81)	

주) 연령별 차이에 대한 χ^2값 유의도는 모두 p=.000 수준에서 유의함.

(2) 중독 항목별 특성

인터넷 · 스마트폰 중독에 대한 항목별 분포를 비교하면 전반적으로 일반사용자보다 중독위험군의 비율이 월등히 더 높았다. 중독위험군을 기준으로 살펴보면 일상생활장애 요인 중 인터넷을 하다가 계획한 일을 제대로 못한 적이 있다가 87.7%로 가장 높고, 인터넷을 너무 많이 사용해서 시력 등에 문제가 발생했다(72.8%)와 인터넷 사용으로 건강이 전보다 나빠진 것 같다(61.7%)가 그 다음 순인 것으로 나타났다.

가상세계지향 요인에서는 실제보다 인터넷에서 만난 사람을 더 잘 이해한다와 온라인에서 나를 인정해 주는 사람이 더 많다가 각각 37.0%인 것으로 나타났다. 일반사용자의 경우 관련 요인들의 비율이 3% 정도에 불과하여 집단 간 차이가 뚜렷한 것으로 파악되었다.

금단 요인 중에는 다른 할 일이 많을 때도 인터넷을 하게 된다가 90.0%로 가장 높고, 다음으로 인터넷을 하지 못하면 생활이 지루하고 재미없다가 80.2%, 인터넷을 하다가 그만 두면 또 하고 싶다가 79.0%, 인터넷을 할 때 누가 방해하면 짜증과 화가 난다가 78.5%, 인터넷 사용시간을 속이려고 한 적이 있다가 75.3%의 분포를 보이고 있다. 내성 요인에서는 인터넷 사용을 더 많이 해야 만족감을 느낀다가 72.8%로 가장 높고 그 다음이 온라인 게임에서 폭력 장면을 봐도 무덤덤하다(70.4%)인 것으로 나타났다.

〈표 7〉 중독요인의 항목별 분포

중독요인 (신뢰도)	항 목	중독 위험군	일반 사용자군
일상생활 장애 (α =0.82)	인터넷 사용으로 건강이 전보다 나빠진 것 같다.	61.7	13.5
	인터넷을 너무 해서 시력 등에 문제가 발생했다.	72.8	27.3
	인터넷을 너무 사용해서 머리가 아프다.	51.9	4.0
	인터넷을 하다가 계획한 일을 제대로 못한 적이 있다.	87.7	32.7
	인터넷을 하느라 피곤해서 수업시간에 자기도 한다.	59.3	7.6
가상세계 지향 (α =0.92)	실제보다 인터넷에서 만난 사람을 더 잘 이해한다.	37.0	2.6
	현실보다 인터넷에서 알게 된 사람이 더 잘해 준다.	33.3	3.6
	온라인에서 나를 인정해 주는 사람이 더 많다.	37.0	3.1
금단 (α =0.88)	인터넷을 하다가 그만 두면 또 하고 싶다.	79.0	12.9
	인터넷 사용시간을 속이려고 한 적이 있다.	75.3	17.9
	인터넷 때문에 돈을 더 많이 쓰게 된다.	66.7	8.9
	다른 할 일이 많을 때도 인터넷을 하게 된다.	90.0	21.1
	인터넷을 하지 않을 때도 인터넷 생각이 자꾸 난다.	70.4	6.0
	인터넷을 할 때 누가 방해하면 짜증과 화가 난다.	78.5	19.0
	인터넷을 하지 못하면 불안하다.	45.7	1.8
	인터넷을 하는 동안 나는 자신감이 생긴다.	66.7	6.9
	인터넷을 하지 못하면 생활이 지루하고 재미없다.	80.2	11.5
내성 (α =0.85)	인터넷 사용시간을 줄이려 노력했지만 실패한다.	67.9	7.4
	인터넷 사용을 더 많이 해야 만족감을 느낀다.	72.8	15.1
	온라인 게임에서 폭력 장면을 봐도 무덤덤하다.	70.4	7.7

주1) 집단 간 차이에 대한 χ^2값 유의도는 모두 p=.000 수준에서 유의함.

주2) 중독 요인은 요인분석(factor anlaysis) 결과에 의해 분류된 것임.

3) 인터넷·스마트폰 사용 목적 및 시간

(1) 인터넷 · 스마트폰 사용 목적

아동과 청소년을 대상으로 인터넷과 스마트폰을 사용하는 목적이 무엇인지를 조사한 결과, 전체의 48.2%는 채팅 등으로 친구를 사귀기 위해 사용하고 32.0%는 게임과 오락이 목적인 것으로 나타났다. 성별에 따른 차이를 비교해 보면 남학생은 게임과 오락이 53.0%로 가장 높은데 비해 여학생은 친구 사귐, 채팅, SNS 등이 48.2%로 가장 높았다. 그 외 목적으로 남학생은 동영상, 프로그램 다운로드 등을 위해 그리고 여학생은 쇼핑과 이메일 등을 위해 사용하는 것으로 나타났다. 이러한 사용 목적은 아동과 청소년 간에는 차이가 없고 유사한 것으로 파악되었다.

〈표 8〉 인터넷 · 스마트폰 사용 목적

구 분	남학생	여학생	전체	x^2
게임, 오락	53.0	18.5	32.0	301.85^{**}
친구사귐, 채팅, SNS	31.8	58.8	48.2	
쇼핑, 동영상 등	5.2	22.7	19.8	
% (N)	100.0 (840)	100.0 (1,300)	100.0 (2,140)	

$^{*}p < .05$ $^{**}p < .01$

인터넷 · 스마트폰 사용 목적은 중독 요인과 관계가 있는데 일상생활장애, 가상세계지향, 금단, 내성 등의 문제는 게임과 오락을 목적으로 인터넷과 스마트폰을 과다사용하는 경우에 중독 정도가 더 심한 것으로 나타났다.

온라인 게임을 하는 주된 이유는 자유로움과 해방감을 느끼기 위해서가 가장 많고 그 다음이 성취감을 느끼기 때문에, 사람들과 교류할 수 있어서 등의 순이다. 성취감을 느끼기 때문이라는 응답 비율은 일반사용자보다 중독위험군이 더 높은 경향이 있다. 온라인 게임을 통해 알게 된 사람과의 친밀성도 일반사용자에 비해 중독위험군이 월등히 더 높았다.

(2) 인터넷 · 스마트폰 사용 시간

하루에 인터넷 · 스마트폰을 1시간미만 하는 비율은 여학생(11.9%)보다 남학생(14.0%)이 조금 더 높았다. 그러나 시간 단위가 올라갈수록 남학생 보다 여학생 비율이 더 높은 것으로 나타났다. 구체적으로 비교하면 남학생은 1시간~2시간미만 하는 비율이 23.1%로 가장 높고 그 다음이 2시간~3시간미만(21.8%)이다. 이에 비해 여학생은 4시간~5시간미만 하는 비율이 23.4%로 가장 높고 그 다음이 1시간~2시간미만(20.7%)

이다. 5시간 이상 하는 비율도 여학생이 6.7%로 남학생의 4.4% 보다 조금 더 높다.

〈표 9〉 인터넷 · 스마트폰 사용 시간 (1일 평균) : 성별

구 분	남학생	여학생	전체	x^2
1시간 미만	14.0	11.9	12.6	14.99**
1시간~2시간	23.1	20.7	21.6	
2시간~3시간	21.8	19.0	20.3	
3시간~4시간	18.0	18.3	18.2	
4시간~5시간	18.7	23.4	21.5	
5시간 이상	4.4	6.7	5.8	
% (N)	100.0 (840)	100.0 (1,300)	100.0 (2,140)	

*p 〈.05 **p 〈 .01

연령별 실태를 살펴보면 아동의 경우, 하루에 인터넷 · 스마트폰을 1시간~2시간미만 하는 비율이 25.8%로 가장 높고 그 다음이 2시간~3시간미만(22.2%) 하는 것으로 나타났다. 그러나 청소년의 경우 4시간~5시간미만 하는 비율이 23.0%로 가장 높았고, 5시간 이상 하는 비율도 아동은 4.1%인데 비해 청소년은 6.6%로 더 높은 경향이 있는 것으로 파악되었다.

〈표 10〉 인터넷 · 스마트폰 사용 시간 (1일 평균) : 연령별

구 분	아동	청소년	전체	x^2
1시간 미만	14.0	12.3	12.8	22.01**
1시간~2시간	25.8	19.9	21.6	
2시간~3시간	22.2	19.2	20.1	
3시간~4시간	16.0	19.0	18.2	
4시간~5시간	17.9	23.0	21.5	
5시간 이상	4.1	6.6	5.8	
% (N)	100.0 (616)	100.0 (1,524)	100.0 (2,140)	

*p 〈.05 **p 〈 .01

아동 및 청소년이 하루 평균 4시간 또는 5시간 이상 인터넷과 스마트폰 스크린을 보며 생활한다는 것은 학교 수업시간이나 가족과의 대화시간 보다 더 길수도 있다는 점과 제한 된 시간에 많은 시간을 인터넷과 스마트폰에 할애하면 결국 수면시간이 짧아진다는 것을 의미하기 때문에 중독 문제의 심각성을 엿볼 수 있다.

4) 성인용 콘텐츠

(1) 성인용 콘텐츠 이용 횟수

아동과 청소년이 성인용 콘텐츠를 어느 정도 이용하는 지를 살펴보면 초등학생은 모두가 1일 1회 정도 이용하는 것으로 나타났다. 중학생은 93.4%, 고등학생은 90.2%가 이용하고 있다. 하루에 3회까지 이용하는 경우는 고등학생이 6.9%로 가장 많고 그 다음이 대학생(5.0%), 중학생(4.3%)의 순이다. 전체적으로 2회 이상 3회까지 이용하는 비율은 고등학생이 9.1%로 가장 많은 것으로 파악되었다.

〈표 11〉 성인용 콘텐츠 1일 평균 이용횟수

구분	1회	2회	3회 이상
초등학생	100.0	0	0
중학생	93.4	1.4	4.3
고등학생	90.2	2.2	6.9
대학생	93.2	0.6	5.0

출처: 한국정보화진흥원(2014). 인터넷 중독 실태조사.

(2) 성인용 콘텐츠의 유해성

성인용 콘텐츠의 유해성 여부에 대해 전체적으로 유해하지 않다는 인식(62.3%)이 유해하다는 인식(37.7%)보다 더 높은 것으로 파악되었다. 인터넷 중독 유형별로 비교하면 중독위험군이 인지하는 비율(45.5%)이 일반사용자군(36.9%) 보다 더 높은 경향이 있다. 연령별로는 청소년이 성인보다 성인용 콘텐츠가 유해하다고 인식하는 비율이 더 높았다. 연령별 차이를 비교하면 유해하다고 인지하는 비율은 초등학생(58.6%)과 중학생(53.8%)이 고등학생과 대학생보다 높은 것으로 나타났다.

〈표 12〉 성인용 콘텐츠의 유해성 여부

구분	유해하지 않다	유해하다
초등학생	41.3	58.6
중학생	46.1	53.8
고등학생	63.9	36.1
대학생	64.4	35.6
전체	62.3	37.7

출처: 한국정보화진흥원(2014). 인터넷 중독 실태조사.

(3) 성인용 콘텐츠가 생활에 미치는 영향

성인용 콘텐츠를 이용 한 후 생활에 변화가 있었는지의 여부를 알아본 결과, 연령이 낮을수록 생활에 미치는 영향력이 더 큰 것으로 나타났다. 구체적으로 비교하면 영향을 받았다고 인지하는 비율은 초등학생이 55.0%로 가장 높고 그 다음이 중학생과 고등학생이며 대학생이 15.0%로 가장 낮았다.

〈표 13〉 성인용 콘텐츠 이용 이후 생활 변화 정도

구분	영향을 받지 않았다	영향을 받았다
초등학생	45.0	55.0
중학생	75.1	24.9
고등학생	83.1	16.9
대학생	85.0	15.0

출처: 한국정보화진흥원(2014). 인터넷 중독 실태조사.

성인용 콘텐츠는 대부분 폭력적, 선정적인 내용을 담고 있고 댓글도 외설 및 욕설 등 유해한 것이 많이 포함되어 있다. 아동이 인터넷이나 스마트폰으로 이러한 성인용 콘텐츠를 제약 없이 볼 수 있고 그로 인해 영향을 많이 받는다는 것은 우리 사회에 시사하는 바가 크다.

(4) 아동 · 청소년이 인지하는 중독의 심각성

인터넷 · 스마트폰 중독의 심각성에 대해 아동과 청소년들 스스로 어떻게 인지하는지를 살펴보면 전체적으로 심각하다는 비율이 월등히 더 높았다. 심각성 인지 비율은 대학생이 87.5%로 가장 높고 그 다음이 고등학생(85.3%), 중학생(82.6%) 등의 순이다. 초등학생 비율이 상대적으로 낮지만 여전히 10명 중 8명은 인터넷 · 스마트폰 중독이 심각하다고 인지하는 것으로 나타났다.

〈표 14〉 학년별 중독의 심각성 인지 비율

구분	심각하지 않다	심각하다
초등학생	20.0	80.0
중학생	17.4	82.6
고등학생	14.7	85.3
대학생	12.5	87.5

출처: 한국정보화진흥원(2014). 인터넷 중독 실태조사.

4. 인터넷 · 스마트폰 중독과 학교 및 가족생활

1) 중독위험군과 일반사용자 간의 학교생활 비교

아동 및 청소년기에는 대부분의 시간을 학교에서 보낸다. 학교는 삶과 배움의 현장이고 자신의 미래를 설계하는 곳이기도 하다. 더불어 살아가는 법을 터득하고 공동생활을 통해 사회성과 사회적 합의에 근거한 가치를 구축하는 곳이다. 그런 의미에서 아동과 청소년에게 있어서 학교생활은 중요할 수밖에 없고 이에 대한 사회적 관심도 지대하다. 인터넷 · 스마트폰 중독이 학교생활에 어떤 영향을 미치는지 알아보기 위해 먼저 학교생활 유형을 분석한 결과, 학업지향성, 자기효능감, 자기상실감 등으로 구분되었다.

① 학업지향성 : 학업에 자부심을 가지고 만족하고, 학업과 관련된 문제는 스스로

해결할 수 있는 유형이다.

② 자기효능감 : 학교에서 중요한 역할을 맡거나 수업시간에 호명되는 것을 좋아하고, 자신의 발표능력에 만족한다. 그리고 자신은 반에서 중요한 사람이라고 생각하고 인정받는 것이 좋으며 학교 가는 것이 즐거운 유형이다.

③ 자기상실감 : 수업시간에 무엇을 해야 할지 모르고, 무엇이든 쉽게 포기하며, 반 친구들이 하는 일에도 흥미를 못 느낀다. 뿐만 아니라 학급 일에 소외된 느낌을 받는 유형이다.

이러한 유형들 모두 인터넷 · 스마트폰 중독 특성과 밀접한 관계가 있다. 구체적으로 중독위험군과 일반사용자 간 차이를 비교해 보면 학업지향성의 경우 성적에 자부심을 가지거나 학업에 만족하는지의 여부는 집단 간에 차이가 없다. 그러나 공부를 못한다고 느끼거나 흥미를 가지지 못하는 비율은 중독위험군이 더 높다. 그리고 학업과 관련 된 문제를 스스로 해결할 수 있다는 비율은 일반사용자(48.0%)에 비해 중독위험군(12.0%)이 월등이 낮다.

〈표 15〉 학교생활 유형 : 학업지향성

학업지향성 항목	일반 사용자	중독 위험군	x^2 (N=1,468)
성적에 자부심을 가지고 있다.	15.1	13.6	1.11
공부를 못한다고 느낀다.	8.8	25.8	19.68**
공부에 만족한다.	16.7	9.9	3.16
친구보다 공부를 더 잘한다고 생각한다.	15.4	6.3	13..68**
공부에 흥미를 느끼지 못한다.	15.0	29.8	18.25**
학업과 관련된 문제를 해결할 수 있다.	48.0	12.0	12.94**

*p 〈.05 **p 〈 .01

아동과 청소년이 자신에 대해 가지는 효능감은 일관되게 중독위험군이 낮은 경향이 있다. 학급에서 중요한 역할을 맡거나 수업시간에 호명되는 것을 좋아하고 인정

받는다는 느낌과 학교 가는 것이 즐겁다는 인식은 모두 집단 간에 유의한 차이가 있고 일반사용자가 상대적으로 더 높았다. 집단 간 차이가 특히 큰 항목은 수업시간의 발표 능력에 대한 만족도이며 20%의 차이를 보이고 있다.

〈표 16〉 학교생활 유형 : 자기효능감

자기효능감 항목	일반 사용자	중독 위험군	x^2 (N=1,468)
학급에서 중요한 역할을 맡는 것을 좋아한다.	31.3	20.5	23.96**
수업시간에 호명되는 것을 좋아한다.	36.5	24.5	6.67*
수업시간에 나의 발표 능력에 만족한다.	46.7	26.3	7.56*
반 친구들에게 중요한 사람이라고 생각된다.	37.9	229	5.01
학교에서 인정을 받고 있다.	23.2	17.3	6.11*
학교 가는 것이 즐겁다.	36.6	20.9	9.29**

*p 〈.05 **p 〈 .01

아동과 청소년이 기본적으로 학교생활에서 자기효능감을 가지고 있지만 때로는 상실감에 빠지는 경우도 있다. 자기상실감을 반영하는 항목들은 모두 집단 간에 유의한 차이가 있고, 일관되게 중독위험군이 월등히 더 높다. 수업시간에 무엇을 해야 할지 모르겠다는 항목은 일반사용자도 65.6%로 높았으나 중독위험군은 86.7%로 더욱 높은 분포를 나타내었다. 무슨 일이든 쉽게 포기하는 비율도 77.9%에 이르고 있다. 반 친구들이 하는 일에 흥미를 못 느끼고(88.5%), 특히 학급 일에서 소외된 느낌을 받는 경우는 일반사용자가 48.5%인데 비해 중독위험군은 95.0%로 중독위험군에 속하는 거의 모든 학생이 자신을 아웃사이더(outsider)로 인식하는 경향이 있어 문제의 심각성을 여실히 드러내고 있다.

〈표 17〉 학교생활 유형 : 자기상실감

자기상실감 항목	일반 사용자	중독 위험군	χ^2 (N=1,468)
수업시간에 무엇을 해야 할지 모르겠다.	65.6	86.7	48.09**
무슨 일이던 쉽게 포기해 버린다.	54.6	77.9	27.24**
반 친구들이 하는 일에 흥미를 못 느낀다.	58.2	88.5	33.99**
학급 일에서 제외되고 소외된 느낌이 든다.	48.5	95.0	44.56**

*$p < .05$ **$p < .01$

2) 중독 요인이 학교생활에 미치는 영향

인터넷 · 스마트폰 중독 요인이 미치는 영향력이 학교생활 유형에 따라 차이가 있는지를 살펴볼 필요가 있다. 먼저 학업지향성의 경우, 4개 요인 중 일상생활장애와 금단이 영향을 미치는 것으로 나타났다. 두 요인 모두 학업지향성과 부적인 관계를 가지고 있는데 이는 일상생활장애나 금단 경험이 많을수록 학업지향 의지가 약화된다는 것을 말해 준다. 상대적 영향력은 일상생활장애(2 순위) 보다 금단(1 순위)이 더 크다.

〈표 18〉 인터넷 · 스마트폰 중독 요인이 학업지향성에 미치는 영향

중독 요인	표준화 (β)	영향력 순위	t
일상생활장애	−0.203	2	−2.192*
가상세계지향	−0.017		−0.473
금단	−0.230	1	−2.804**
내성	−0.034		−0.842
F	8.676**		
R^2	0.15		

*$p < .05$ **$p < .001$

자기효능감에는 일상생활장애와 가상세계지향이 영향을 미치는데 두 요인 모두 자기효능감을 낮추는 방향으로 작용한다. 학업지향성과 달리 자기효능감에는 일상생활장애의 영향력이 더 큰 것으로 나타났다. 자기효능감은 자신의 능력에 대한 인지 정

도를 반영하고 어떤 목표를 정하거나 필요한 행동을 계획하고 수행하는 능력에 대한 스스로의 판단이다. 인터넷 · 스마트폰 중독 요인인 일상생활장애는 결국 자기효능감을 낮추는 방향으로 작용한다.

〈표 19〉 인터넷 · 스마트폰 중독 요인이 자기효능감에 미치는 영향

중독 요인	표준화 (β)	영향력 순위	t
일상생활장애	−0.208	1	−2.950**
가상세계지향	−0.168	2	−1.962*
금단	−0.058		−1.242
내성	−0.035		−0.870
F	11.405**		
R^2	0.18		

*$p < .05$ **$p < .001$

학교생활이 학업을 지향하고 다양한 활동을 통해 자기효능감을 증진시키는 것이 목적이지만 때론 자기상실감에 빠져 수업시간에 무엇을 해야 할지 모르고, 매사에 쉽게 포기해 버리거나, 자기만 소외된 것 같은 느낌을 받는 부분도 있다. 인터넷 · 스마트폰 중독 요인 중 자기상실감을 심화시키는 요인은 일상생활장애와 가상세계지향인데 상대적 영향력은 가상세계지향(1순위)이 더 크다. 결국 현실에서 멀어지고 가상세계에 더 가까워질수록 아동과 청소년이 느끼는 자기상실감 또한 커진다는 것을 말해 준다.

〈표 20〉 인터넷 · 스마트폰 중독 요인이 자기상실감에 미치는 영향

중독 요인	표준화 (β)	영향력 순위	t
일상생활장애	0.265	2	4.633**
가상세계지향	0.274	1	5.161**
금단	0.065		1.440
내성	0.066		1.691
F	35.49**		
R^2	0.30		

*$p < .05$ **$p < .001$

중독 요인이 학교생활에 미치는 영향력을 전체적으로 비교해 보면 일상생활장애는 세 유형 모두와 밀접한 관계가 있는데 특히 자기효능감에 미치는 영향력이 크다. 가상세계지향은 학업지향과는 관계가 없으나 자기효능감과 자기상실감에는 적지 않은 영향을 미치는 것으로 나타났다. 금단은 학업지향에만 부정적인 영향을 미쳐 학업에 대한 의지를 약화시키는 경향이 있다. 내성은 학교생활에 직접적인 영향을 미치지는 않지만 가상세계지향과 일상생활장애를 심화시킴으로써 간접적인 영향을 미치고 있다.

〈표 21〉 인터넷 · 스마트폰 중독 요인의 영향력 순위 비교

중독 요인	학업지향	자기효능감	자기상실감
일상생활장애	2	1	2
가상세계지향		2	1
금단	1		
내성			

3) 중독 요인이 가족생활에 미치는 영향

인터넷 · 스마트폰 중독은 학교생활 뿐 아니라 가족생활에도 영향을 미친다. 어떤 경로를 거쳐 영향을 미치는지 살펴보면, 가상세계지향과 일상생활장애는 금단과 내성에서 비롯된다. 다시 말하면 금단과 내성이 원인이고 가상세계지향 및 일상생활장애는 금단과 내성에 의해 초래된 결과인 것이다. 결국 금단과 내성은 가상세계지향 및 일상생활장애에 영향을 미치고, 이들 두 요인은 가족생활에 부정적인 영향을 미치게 된다. 여기서 가족생활은 부모자녀 관계와 가족단절 등을 포함하는 개념이다.

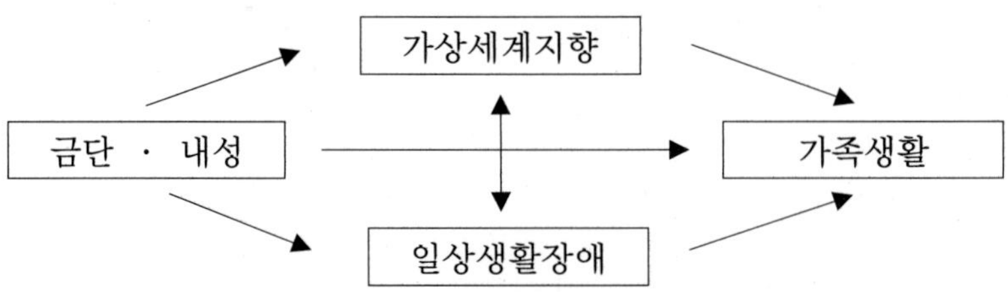

〈그림 2〉 중독 요인이 가족생활에 영향을 미치는 경로

중독 요인이 미치는 영향력을 비교하기 위해 가족생활을 반영하는 요인들 중 부모자녀 관계부터 살펴보면, 4개의 중독 요인은 모두 부모자녀 관계에 부정적인 영향을 미치고 있다. 요인 중에 영향력이 가장 큰 것은 가상세계지향인데 자녀가 인터넷·스마트폰 중독으로 인해 가상세계에 몰입할수록 부모와의 관계는 더 멀어지는 경향이 있다. 그 다음은 금단, 내성, 일상생활장애 등의 순으로 영향을 미친다. 일상생활장애가 학교생활에 미치는 영향력은 크지만 부모자녀 관계에 미치는 영향력은 상대적으로 작은 것으로 나타났다.

〈표 22〉 인터넷·스마트폰 중독 요인이 부모자녀 관계에 미치는 영향

중독 요인	표준화 (β)	영향력 순위	t
일상생활장애	−0.075	4	−2.111*
가상세계지향	−0.242	1	−7.147**
금단	−0.146	2	−3.225**
내성	−0.139	3	−3.518**
F	41.85**		
R^2	0.13		

*$p < .05$ **$p < .001$

중독 요인이 가족단절감에 어떤 영향을 미치는지 살펴보면 영향력 순위는 부모자녀 관계와 마찬가지고 가상세계지향이 가장 크다. 이러한 현상은 전체적으로 학교생활에는 일상생활장애가 학업지향을 약화시키고 자기효능감을 낮추며 상실감을 심화시키는 요인이라는 것, 그리고 가족생활에는 가상세계지향이 부모자녀 관계에 부정적인 영향을 미치고 가족 간의 단절을 초래할 수 있다는 것을 말해 준다.

〈표 23〉 인터넷 · 스마트폰 중독 요인이 가족단절감에 미치는 영향

중독 요인	표준화 (β)	영향력 순위	t
일상생활장애	0.072	4	2.054*
가상세계지향	0.263	1	7.822**
금단	0.130	2	2.904**
내성	0.126	3	3.242**
F	45.52**		
R^2	0.34		

*p 〈.05 **p 〈 .001

5. 인터넷 · 스마트폰 중독 예방 방안

1) 인터넷·스마트폰 중독 원인

인터넷 중독 예방 방안을 모색하기 위해서는 먼저 중독의 원인부터 알아야 한다. 실태조사에 의하면 아동·청소년 중독률이 성인보다 두 배 높은 것으로 나타났다. 아동과 청소년에게서 중독 비율이 높게 나타나는 이유는 무엇인가? 인터넷 중독은 개인적, 심리적, 환경적 요인과 인터넷 특성 등 다양한 요인 간의 상호작용으로 발생한다.43)

개인적 요인에는 성별, 연령 등의 인구통계학적 특성과 중독에 취약한 기질, 인터넷 사용기간 및 시간 등이 포함된다. 심리적 요인에는 우울, 외로움, 충동성, 무력감 등을 비롯하여 자극추구 성향 등이 포함되며 이러한 특성이 인터넷에 집작하게 하는 요인으로 작용한다. 환경적 요인에는 부모갈등 및 부모의 양육태도, 가족 간 건강한 소통방식의 부재 등의 가정환경, 교사와 학생 간 소통방식과 또래관계 등의 학교환경, 그리고 대인관계, 사회적 스트레스, 대안적 놀이문화 부족, 건전한 정보문화 미형성 등의 사회적 환경이 포함된다.

인터넷 자체가 가지고 있는 특성도 청소년을 쉽게 몰입하게 만드는 요소로 작용한다. 특히 이용의 편리성, 익명성 등을 반영하는 내재적 특성은 시간적, 공간적 한계

43) 한국정보화진흥원 (2015). 인터넷 · 스마트폰 중독예방 교육과정 개편 연구.

를 넘어 인터넷에 쉽게 접속하게 하고 가상세계에서의 관계형성과 사회적 지지 등은 인터넷에 몰입하고 집착하도록 만드는 속성을 지니고 있다.

〈표 24〉 인터넷 중독 원인

요인	내 용
개인적 요인	인구통계학적 요인 : 성별, 연령 등 중독에 취약한 유전적 기질 인터넷 사용특성 : 사용시간 및 기간
심리적 요인	우울, 외로움, 충동성, 무력감, 자극추구 성향
환경적 요인	가정환경 : 부모갈등, 부모의 양육태도, 의사소통부재 학교환경 : 사제 및 교우관계에서 비롯된 자기상실감 사회환경 : 대인관계, 사회적 스트레스, 대안적 놀이문화 부족, 건전한 정보문화 미형성
매체 요인	내재적 특성 : 이용의 편리성, 익명성, 시간적·공간적 초월성 사회적 특성 : 사회적 지지, 가상세계 내 비대면적 관계

이러한 다양한 요인들 중 부모의 부부관계와 양육태도를 포함한 가정환경은 다른 어느 요인보다 청소년에게 중요한 영향을 미친다. 세상에 태어나 제일 먼저 만나는 사람은 부모이고, 부모관계는 전 생애에 걸쳐 지속적인 영향을 미친다. 청소년에게 가정은 부모를 중심으로 형제자매와 건강한 교류를 하고 정서적 안정을 유지하며 적절한 돌봄을 받는 곳이다.

그러나 정서적 안정과 돌봄을 제공해야 할 가정에서 빈번한 부모의 부부갈등으로 청소년이 적절한 돌봄과 정서적 욕구를 충족하지 못할 경우 문제가 유발된다. 부모의 부부갈등은 부모자녀 관계와도 직결되어 자녀의 성장에 영향을 미치고, 자녀가 부모갈등으로 인한 변화에 적절히 대응하지 못할 경우 우울, 불안, 외로움, 충동성 등의 정서적 부조화를 야기할 수 있다. 이러한 정서적 부조화를 겪는 동안 탈출구의 하나로 인터넷에 몰입하고 가상세계를 지향하게 되는 것이다. 여기에 인터넷의 내재적 특성과 사회적 특성이 더해져 청소년이 추구하는 욕구와 부합되어 가상관계가 형성되고 사회적 지지를 받으면 인터넷에 대한 집착을 넘어 중독으로 이어질 수 있다.

2) 인터넷·스마트폰 중독 예방 방안

인터넷 · 스마트폰 중독 원인이 다양하다면 예방 방안도 그에 부합해야 한다. 우선적으로 예방교육 확대와 학교 내 전문상담 서비스 체계를 구축할 필요가 있다. 그리고 유해정보 차단 기술 및 서비스 개발 보급, 인터넷 과다 사용을 조절하는 프로그램의 개발 및 보급, 인터넷 콘텐츠 사업 규제 강화도 예방 방안으로 제시되고 있다. 인터넷 · 스마트폰 중독 극복 후 사후관리와 전문치료 병원을 확대하는 것도 재발 방지 차원의 예방 방안이다.

우리는 앞서 인터넷 · 스마트폰 중독 요인이 학교생활과 가족생활에 어떤 영향을 미치는지 살펴보았다. 인터넷 중독 요인 중 학업지향 의지를 저하시키고 자기상실감을 심화하는 요인이 가상세계지향과 일상생활장애이다. 그리고 가상세계지향과 일상생활장애의 원인으로 작용하는 요인은 금단과 내성이다. 이러한 인과관계는 중독 요인이 상호 밀접한 관계가 있고 이러한 관계가 학업지향과 자기효능감을 약화시킴으로써 상실감을 심화시키는 방향으로 작용하는 것이다.

이러한 현상은 인터넷 · 스마트폰 중독 문제를 다룰 때 모든 아동과 청소년을 동질적 집단으로 간주하기보다 중독 요인 및 특성에 따라 이질적 속성을 가지고 있는 집단이므로 해결방안도 달라야 한다는 것을 말해 준다. 이유는 중독에 노출된 아동과 청소년은 개별적으로 중독 요인과 특성이 다를 뿐 아니라 학교와 가정에서 겪는 어려움도 각기 다르기 때문이다. 아동복지 전문가의 역할은 청소년이 자기상실감을 극복하고 자기효능감을 증진 할 수 있도록 도와주는 것이다. 그러기 위해 개별 아동과 청소년이 직면한 중독 요인과 특성에 대해 알고 있어야 한다. 중독 요인 및 특성을 토대로 한 접근은 아동 및 청소년의 건강한 자아 형성에 목적을 둔 임상 및 심리치료의 효과를 높일 수 있을 것이다.

3) 인터넷·스마트폰 중독 예방을 위한 정책과 프로그램

인터넷 · 스마트폰 중독을 예방하기 위해 필요한 정책과 프로그램은 다음과 같다.[44)]

---

44) 보건복지부, 교육부 외 정부 각 부처 (2015). 인터넷 중독 예방 및 해소 추진계획.

① 중독 확산을 억제할 수 있는 포괄적 정책 확대

인터넷 · 스마트폰 중독 예방을 위한 정책은 아동과 청소년을 포함하여 주요 대상자를 포괄하도록 확대하여 사전에 확산을 방지할 수 있어야 한다. 전반적으로 성인보다 아동 및 청소년 연령층의 중독 비율이 두 배 이상 높고 이들을 중심으로 중독이 확산되고 있으므로 아동과 청소년을 비롯하여 사회적 취약계층을 주요 정책대상으로 확대해야 한다.

② 정책집단별 특성에 따른 체계적·전문적 대응

모든 정책대상자에게 동일한 예방교육, 동일한 임상과 상담을 적용하는 것이 아니라 인터넷 중독 요인과 특성을 고려하여 중독 전 단계→중독 단계→치유 단계→치유 후 단계로 체계화하여 전문적으로 대응함으로써 아동 및 청소년이 중독위험군으로 재진입하는 것을 방지해야 한다. 예방교육도 연령별, 계층별 특성을 고려하고 아동과 청소년 뿐 아니라 부모교육도 강화해서 중독에 대한 지식과 정보를 체계적으로 전달하고 부모자녀가 자율적으로 실천할 수 있도록 지원해야 한다.

③ 중독 대응을 위한 전문 인력 양성

아동 청소년 문제를 포괄적으로 다루는 일반상담 인력보다 인터넷 · 스마트폰 중독 요인과 특성이 가지고 있는 문제점에 대한 지식과 정보가 있고 효과적으로 대응할 수 있는 전문 인력을 양성해야 한다.

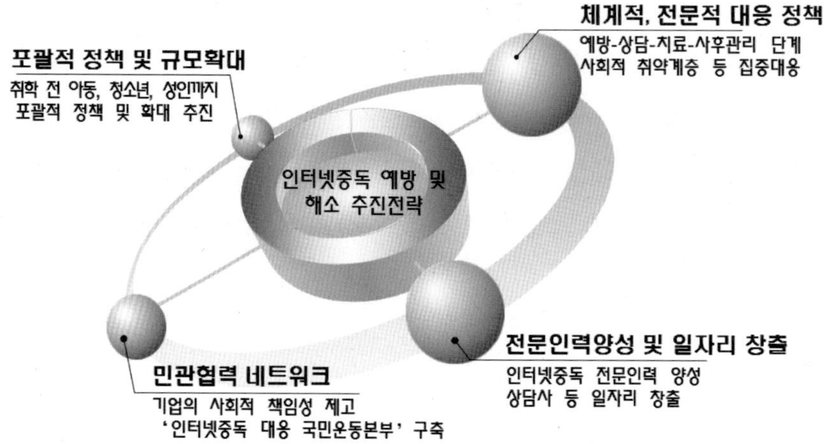

〈그림 3〉 인터넷 중독 예방 및 해소 전략[45)]

인터넷 · 스마트폰 중독 예방을 위해 무엇보다 가정과 사회가 아동과 청소년에게 관심을 가져야 한다. 그리고 인터넷 매체를 건전한 정보 활용과 학습도구로 이용할 수 있도록 인식을 확고하게 심어 주어야 한다. 그러기 위해 다음 방안이 필요하다.

① 자기통제력이 부족한 아동 · 청소년을 대상으로 한 정책, 법, 제도적 기반을 보완하고 사회적 안전망을 구축해야 한다. 게임, 통신, 음란물에 대해 아동 · 청소년을 대상으로 한 포괄적 예방교육을 실시하는 의무규정을 두어야 하고 사각지대 없는 상담 인프라를 구축해야 한다.

② 중독 해소를 위한 예방교육이 효과적이기 위해 인터넷 · 스마트폰 중독 요인과 특성이 학교 및 가족생활에 어떤 부정적인 영향을 미치는지에 대해 알려주어야 하고, 과다이용 예방을 위한 안전 수칙 등에 대해서도 알려주어야 한다.

③ 인터넷 · 스마트폰 중독의 잠재적 위험군에 속하는 아동·청소년을 대상으로 진단·상담·치료·재활 등이 효율적으로 이루어질 수 있도록 관련 서비스를 체계적으로 구성하고 확대해야 한다.

④ 인터넷 · 스마트폰 중독 예방 및 해소를 위해 정부만의 정책추진 보다 민간부문과 협력 네트워크를 구축하고 상호 이해 조정을 통한 거버넌스 협력체계를 구

45) 한국정보화진흥원 (2013). 인터넷 중독 해소 정책 및 시사점, p.13.

축해야 한다.

아동과 청소년은 우리 사회의 중요한 인적 자원이므로 이들이 인터넷·스마트폰을 건전한 목적으로 활용함으로써 필요한 정보를 획득하고 효과적인 학습을 할 수 있도록 가정, 사회, 국가가 협력하여 지원해야 한다. 법과 제도도 중요하지만 무엇보다 이들에 대해 관심을 가지고 보호하려는 노력과 사회적 공감대 형성을 위한 인식개선이 선행되어야 한다.